Die Völker im kolonialen Wettstreit

von

Poultney Bigelow.

Deutsche Bearbeitung des Buches
The children of the nations

von

Prof. Dr. Ph. Woker.

Berlin.
Druck und Verlag von Georg Reimer.
1902.

Vorwort.

Dies Buch ist von einem überaus weltkundigen nordamerikanischen Schriftsteller für ein englisch sprechendes Publikum geschrieben worden.

Ich habe es durch eine Anzahl jüngerer Kräfte ins Deutsche übertragen lassen, habe es alsdann zu einem deutschen Buche umgedacht und umgeformt und lege es nun einem deutschen Leserkreise vor. Warum?

Es glänzt nicht mit geschichtlicher Gelehrsamkeit; es prunkt nicht mit einem großen Apparat von statistischen und ähnlichen Angaben; es ist auch gar keine systematische Darstellung.

Aber es vermittelt eine weite, rasche und anziehende Ueberschau über die gesamte koloniale Entwickelung und ihren gegenwärtigen Stand. Und dazu ist die Darstellung in allem Einzelnen im besten Sinne subjektiv.

Wohin der Verfasser uns führt, dort ist er zuvor gewesen, und er berichtet fast nur, was er an Ort und Stelle beobachtet hat. In diesen Beobachtungen aber erkennt man die originelle und selbständige Persönlichkeit, den Mann, dem Kenntnisse und Erfahrungen den Blick schärfen und dem Kleinlichkeiten und Voreingenommenheiten das Urteil nicht trüben, so zwar, daß er in Bezug auf die Thätigkeit der Jesuiten in der Kolonisation sogar zu einer Anschauung gelangt, die ich als eine zu günstige nicht in allen Teilen zu vertreten vermöchte.

Mir ist, ich gestehe es offen, die Grundrichtung seiner Betrachtungen das Anziehendste und die Hauptsache. Diese Grundrichtung ist eine pangermanische. Indem der Verfasser die Völker im kolonialen Wettstreit schildert, läßt er sie zugleich in ihrer Zusammengehörigkeit nach Rassen erscheinen, und den Siegespreis gewinnt nach ihm die germanische Rasse.

In der That, ein Zug ins Große und Gemeinsame beherrscht heute die Menschheit. Hinter dem teilweise gelösten Problem des Zusammenschlusses der Einzelnationalitäten steigt immer deutlicher empor das größere Problem der Vereinigung zu Völkergruppen, des Zusammenschlusses der Rassen. Daraus braucht sich durchaus nicht mit Notwendigkeit eine Verschärfung des Gegensatzes von Rasse zu Rasse zu ergeben; vielmehr kann die Bildung größerer Gruppen ein weiterer Schritt auf der Bahn der Einigung der Kulturmenschheit sein.

Nun scheint mir keine Einzelnation so geeignet zu sein, das natürliche Bindeglied in der germanischen Völkerfamilie darzustellen, wie die nordamerikanische, weil in ihr angelsächsische und skandinavische, deutsche, deutschschweizerische und holländische Elemente sich am meisten mischen und durchdringen. Es ist daher von besonderem Wert, daß in Nordamerika so erlesene Geister wie der gegenwärtige Präsident der Vereinigten Staaten und der Verfasser dieses Buches den pangermanischen Gedanken vertreten. Auch in England hegen ihn führende Persönlichkeiten, und er ist das Element der Versöhnung, das diese Männer mit sich tragen, mitten in aller leidenschaftlichen Anfechtung des Tages.

Für das deutsche Volk, das durch andere Rassengruppen eingeklemmte und umdrängte, hat er vielleicht die größte Bedeutung. Möge es nicht geschehen, daß das deutsche Volk vor Verstimmungen und Bedenklichkeiten zweiter Ordnung den großen Anschluß verfehlt!

Bern, den 1. Januar 1902.

Dr. **Philipp Woker**,
Professor der Geschichte an der Universität Bern.

I.

Wie Spanien zu kolonisieren begann.

„Blinde Thorheit, unedle Selbstsucht, zerdrückende Tyrannei und scheußliche Grausamkeit stehen auf jeder Seite der Geschichte von Spaniens Herrschaft."

Lecky, „Rationalism in Europe", II, 335.

Columbus und der Sklavenhandel — Goldgier am spanischen Hofe — Las Casas versucht die Eingeborenen zu schützen.

In Spaniens Mitte, auf der frostigen und steinigen Hochebene, die der Landschaft im Norden von Madrid ihren Charakter verleiht, steht der weltberühmte Escurial wie ein gewaltiges, monotones Mausoleum in der Todesöde einer Wüste von Granitgeröll aufragend. Er verkörpert den Geist seines Erbauers, den Geist eines Mannes, der halb Monarch, halb Mönch war, eines Königs, der zum Audienzsaal die Zelle eines Klausners hatte, dessen Schritte nicht hinausgingen über die Mauern eines vom Sonnenschein und vom Vogelsang abgesperrten Klosters, dessen Wachen und Schlafen unter dem Zwang der mönchischen Regel stand. Philipp II.[1]) erbaute diese

[1]) Philipp II. wurde geboren 1527 und starb 1598. Er wurde im Jahre 1556 König; das Land war also 42 Jahre unter seiner Regierung. Er überlebte vier Frauen.

mächtige architektonische Monstrosität. Alte und neue Welt wurden geplündert, um den Bau zu schmücken. Innerhalb seiner Umfassungsmauern liegt eingebettet eine Kathedrale, die in den meisten Städten der Welt einen dominierenden Eindruck machen würde; aber in dieser großen granitnen Einöde erscheint sie nur wie die Kapelle im Schloß eines Edelmannes. Fenster reihen sich zu Hunderten an einander; die Länge der Gänge wird nach Meilen berechnet. In den Kellern allein würde, so könnte man glauben, für mehr als eine königliche Residenz Raum genug vorhanden sein. Der Besucher von heute sieht nach drei Jahrhunderten wenig Veränderungen, — Priester besitzen den Bau heute wie von allem Anfang an; und nachdem man gestaunt hat über die riesige Aufwendung von Kosten und Arbeit, die in diesem öden Bau sich darstellt, verläßt man mit einem Seufzer die Stätte; denn der Escurial ist das Symbol des Hochmuts eines Reiches der Priesterplage und Unfruchtbarkeit.

Unter den großen Schätzen des Escurial ist keiner so kostbar wie das kleine Zimmer in einer Ecke des gewaltigen Baues, wo Philipp II. Gesandte von allen Monarchen der Welt zur Audienz empfing, und von wo er Vicekönige, Missionare und militärische Befehlshaber nach Mexico, Manila, Cuba oder Peru entsandte. Dies seltsame kleine Zimmer — nicht größer als ein Schlafzimmer in einem heutigen Hotel — wurde auf künstliche Weise dunkel gehalten, damit der Monarch weniger zerstreut werde durch den Anblick der wirklichen Dinge.

Während die brennende Sommersonne hoch am Himmel stand und die Berge der Guadarrama bestrahlte, und während Schaf- und Ziegenheerden ihre Glöcklein ertönen ließen und wenigstens etwas unschuldiges Leben in dieser Steinwüste verkündeten, zündete der Beherrscher der halben Welt sein Lämpchen in der dunkeln Zelle an und las seine Depeschen oder gab Instruktionen für die raschere Bekehrung der Heiden. Hier verfügte er über Leben und Glück einer halben Menschheit, hier, von seinem Schreibtisch aus, gab er die Entscheidung über die delikatesten Fragen, von denen das Gedeihen der Kolonien abhing: Handelsfragen, Beziehungen zwischen herrschender und dienender Bevölkerung, gesetzliche Regelung der Grundbesitzverhältnisse, Schiffahrtsakte, Besteuerungswesen, Bestimmung und Abgrenzung der Machtbefugnisse der bürgerlichen und militärischen Beamten, — Fragen, deren Lösung den fähigsten Regierungen überaus schwierig geworden ist, auch wenn ihnen die größten Sachverständigen auf allen Gebieten der Nationalökonomie zur Seite standen.

Philipp II. verschloß seine Zelle dem Licht und beriet sich mit Geistern, finster wie er selbst. Er suchte Leitung bei seinen Betbrüdern, und sein politisches Glaubensbekenntniß bewegte sich im Gedankenkreise seines Beichtvaters. Ob es sich nun um seine Entschließung in Bezug auf den Krieg mit England oder um die Erhöhung der Kopfsteuer in Porto Rico oder um Beförderung der Auswanderung oder um Einschränkung der Ausfuhr von den Philippinen handelte, immer war derjenige, der darüber entschied, ein Mönch.

Als Kolonialreich hat Spanien eine ungefähr vierhundertjährige Geschichte. 1492 segelte Columbus von Spanien aus und legte die erste Niederlassung in Westindien um Weihnachten 1492 an. 1493 kehrte er zurück und beschenkte Ferdinand und Isabella mit einer neuen Welt, die innerhalb der nächsten Generation in ein spanisches Nebenland umgewandelt wurde, reichend von den südlichen Gestaden der heutigen „Vereinigten Staaten" bis zu den nördlichen Gebieten des heutigen Argentinien und Chile. Von der ersten Entdeckung Cubas und Porto Ricos an bis zu den Tagen, da die spanische Flagge endgültig aus den amerikanischen Gewässern vertrieben wurde, liefert Spanien einen der wundersamsten Abschnitte der Kolonialgeschichte, von großem, allgemeinem Interesse und wichtig wie eine Lebensfrage für diejenigen, welche die Aufgabe, an der andere gescheitert sind, übernommen haben.

Es ist beachtenswert, daß das Auftreten Spaniens als Kolonialmacht zusammenfiel mit der Vertreibung desjenigen Teils der spanischen Bevölkerung vom spanischen Boden, der damals allein fähig war, wirtschaftliche Aufgaben vom rein geschäftsmäßigen Gesichtspunkte aus zu behandeln. Die Juden waren damals (1492), wie sie es Jahrhunderte lang gewesen, die Geldausleiher, die Makler und Handelsagenten der Welt — sie waren die passendsten Leute für Geschäfte, bei denen politische und religiöse Leidenschaft besser fern blieben. Spanien besaß damals eine Bevölkerung von nur 4½ Millionen, verteilt auf ein Areal beinahe so groß wie Frankreich — rund 500 000 Quadratkilometer.

Auf den ersten Blick scheint es daher nicht übermäßige Bevölkerungsdichtigkeit gewesen zu sein, was Spanien zu einer Gebietserweiterung veranlaßte, wenngleich wir jedes Land als übervölkert betrachten, das schlecht regiert ist.

Als Columbus sich auf seiner ersten Reise befand, regierten Ferdinand und Isabella über ein Land, in welchem soeben die langen Kämpfe zwischen den weißen Einheimischen und den Mauren, zwischen der Kirche Roms und den Ungläubigen mit dem Siege der Christen geendet hatten.[1]) Religiöse Glut und kriegerischer Siegesmut, mit Beutelust vereinigt, erzeugten einen Geist, zu Abenteuern geneigt auf jedem Feld, wo immer sich ein Spielraum bot, sei's dem Missionar, sei's dem Soldaten, sei's dem Beamten der Regierung. Allen dreien war gemeinsam der Durst nach Eroberung, — Eroberung für die Kirche, Eroberung des Ruhmes wegen, Eroberung des Plünderns wegen. So lange die Eroberung von Erfolg begleitet war, sprach der Beichtvater seinen Segen dazu.

Wenige Völker haben so viel des Ruhmes wegen gethan wie das spanische, und noch wenigere haben so wenig Rühmliches zu zeigen gehabt. Gegen Ende des 15. Jahrhunderts war der Landbau noch auf sehr niedriger Stufe. Valencia brachte bloß ein Drittel seines Bedarfes hervor, während Katalonien und Aragonien beinahe vollständig von der Einfuhr abhängig waren. Ironie des Schicksals! Während Spanien seinen Ruhm in der Austreibung der Juden und Mauren sah, bemerkt der Reisende noch heute mit Erstaunen, daß das christliche

[1]) Ferdinand, der „Katholische", wurde geboren 1452 und starb 1516. Er heirathete Isabella 1469, sie starb 1504. Dieser König errichtete die Inquisition in Sevilla 1480.

Spanien den größten Teil seiner Bewässerungsanlagen, ohne welche noch die gegenwärtige Bevölkerung nicht leben könnte, den herrlichen Arbeiten der Mauren verdankt. Karthager, Juden und Mauren bauten das Spanien von 1492 auf. Die Generation der Eroberer, der Kolonisatoren und Erforscher war das rechte Resultat der Kriege, die mit fanatischer Sorglosigkeit geführt wurden, und ihr Spanien hatte den Zenit seines Ruhms erreicht, als es in die Laufbahn des Kolonisators eintrat, wozu es nur mangelhaft ausgerüstet war. Die Eroberung der westlichen Welt durch Spanien wurde zu Lebzeiten eines einzigen Mannes beendigt; aber kaum hatte sich seine Macht thatsächlich festgesetzt, als es in einer Weise zu regieren begann, bei der uns Wunder nimmt nicht so sehr die Massenhaftigkeit der Kolonien, die verloren gingen, als vielmehr die Thatsache, daß es noch bis zum Jahr 1898 einige zum Verlieren übrig behalten hatte.

Wie Jedermann weiß, zerlegte Papst Alexander VI. im Jahre 1493 die Welt in zwei Teile; den einen gab er Portugal, den andern Spanien. Dies war eine Art Freigebigkeit, bei der es den beiden bezeichneten Ländern herrlich ging, die aber, wie der Fortgang der Dinge zeigte, Wirren und Kämpfe hervorrufen mußte, sowie Engländer, Franzosen und Niederländer zu Unternehmungen in die Ferne sich anschickten.

Die Bulle des Papstes nahm Bezug auf die erste Entdeckung des Columbus. Der hatte soeben Westindien erreicht, das er für einen Teil Chinas oder Japans hielt, während portugiesische Seefahrer den Weg ostwärts nach Ostindien suchten.

König Ferdinand kümmerte sich wenig um Columbus. Isabella war die eigentliche Entdeckerin Amerikas, und in Anbetracht unserer Verpflichtungen dieser Frau gegenüber bedürfen wir, als Amerikaner, keiner Schutzrede, wenn man uns des Frauenkultus beschuldigt.

Die Bilder des Columbus, welche ich bis dahin zu Gesicht bekommen habe, geben ihn wieder als besonders freundliche, wenn nicht als weichherzige Erscheinung. Zur Ausrüstung seiner zweiten Expedition jedoch (1493) wurden die konfiscierten Güter verbannter Juden verwendet, und er ließ nur davon ab, als ihm die Kirche, zugleich mit der Sendung von einem apostolischen Vikar und elf Benediktinern in die neue Welt, einen Teil ihrer Zehnten vorschoß.

Auf seiner dritten Expedition regte Columbus an, daß die eingeborenen Westindier, die sanften Kariben, als Sklaven verkauft werden könnten, um der Regierung Geld zu verschaffen, nachdem schon 1494 500 Menschen nach Spanien gebracht und verkauft waren. Sklavenauktionen über karibische Indier wurden in Sevilla eine stehende Einrichtung; aber das dadurch gewonnene Geld vermochte nicht im geringsten die mit Gold und kostbaren Steinen gefüllten Kisten zu ersetzen, die Columbus seinen Freunden zu Hause vorgemalt hatte.

Cuba, Hayti, Porto Rico, Jamaica — das waren bittere Enttäuschungen für die ersten Ankömmlinge, als sie Schilfhütten fanden, wo sie Schatzkammern von Nabobs erwartet hatten. Es war ein harter Schlag für diese Pioniere, da sie inne wurden, daß Kolonisieren den Boden pflügen hieß, unter einer Sonne, die zwar nicht heißer, aber andauernder braunte als zu Madrid oder Alicante.

In den Instruktionen für Columbus war die Wichtigkeit der Bekehrung der Eingeborenen zum Christentum sehr bestimmt hervorgehoben, und während die Kirche ihre Bedenken gegen die Sklaverei hatte, sofern es sich um Anwendung der Sklaverei bei ihren Angehörigen handelte, sah der Papst darin eine gerechte Strafe für diejenigen, welche im Unglauben verharrten. Nun wäre es natürlich sehr unbequem gewesen, wenn alle Eingeborenen Christen geworden wären; denn dann hätte die Sklaverei ein Ende gehabt. So wurden denn die Eingeborenen durch Bluthunde gehetzt; man redete sie in spanischer Sprache an; und sie antworteten karibisch. Der weiße Sklavenräuber beteuerte alsdann, daß der Karibe sich geweigert hätte, Christ zu werden, während der arme Karibe nicht gewußt hatte, was man von ihm verlangte. Auf jeden Fall galt das Wort des weißen Mannes: man brannte dem Kariben das Zeichen in die Haut, verkaufte ihn als Sklaven und legte so den Grund zu Spaniens Kolonialglück. Von Anfang an machte es Columbus zu einem Grundsatz der Kolonialpolitik, daß jeder Indier mehr oder weniger von seiner Arbeit dem Europäer schulde, ohne Lohn. Und dieser Grundsatz blieb aufrecht, bis Admiral Dewey im Sommer 1898 seine 12 cm Geschütze auf Manila richtete.

Und doch lauteten die ersten Verordnungen mäßig genug; sie wurden wenigstens durch die christliche Kirche von damals sanktioniert. Jeder über 14 Jahre alte Eingeborene wurde verpflichtet, vierteljährlich, je nach der Gegend, so und so viel Gold oder Baumwolle abzuliefern; dafür empfing er eine Kupfermedaille als Empfangsbescheinigung. Wenn er diesen Nachweis seiner

Arbeitsleistung nicht erbringen konnte, so wurde er natürlich so wirkungsvoll bestraft, wie sein weißer Herr es für gut hielt.

Im Jahre 1497 war es so schwierig für Columbus, freie Leute für die neue Welt zu finden, daß auf sein Verlangen ein Gesetz erlassen wurde, wonach er seine Kolonie aus den Gefängnissen rekrutieren durfte. Und so konnte er in jenem Jahr mit 200 Verbrechern als seinen einzigen Rekruten nach der neuen Welt zurücksegeln.

Die Geschichte des Columbus ist uns allen vertraut, und wir brauchen hier nur daran zu erinnern, daß er nach acht Jahren Arbeit als Entdecker, Forscher, Ansiedler und Eroberer nach Spanien als Gefangener zurücktransportiert wurde (1500). Er wurde seiner Würden beraubt; seine Bittschriften blieben unbeantwortet. Er starb 1506 an gebrochenem Herzen in Valladolid und hat Isabella um zwei Jahre überlebt.

Das Haus, worin er starb, Nr. 7 „Calle de Colon", ist so gut erhalten, daß es neu zu sein scheint; es ist ein Heiligtum, zu welchem der amerikanische Reisende heute in Ehrfurcht pilgert.

Die Männer, welche Spanien in jenen Tagen groß machten, erregten Neid unter ihren Zeitgenossen; nur wenige machen eine Ausnahme von der Regel, daß Erfolg schwieriger zu ertragen ist, als Unglück. Angefangen mit Columbus, der in Ketten zurückgebracht wurde, lassen sich nur wenige nennen, deren Lebensabend in uns andere Gefühle als dasjenige des Mitleids erweckt. Balbao, welcher den pacifischen Ocean entdeckt, verlor seinen Kopf im Alter von 42 Jahren. Cortez kam in

Ungnade und in's Gefängnis, die Eroberung Mexiko's schützte ihn nicht vor einem Tode in der Enttäuschung. De Soto, der den Mississippi entdeckte, wurde durch das Sumpffieber im Jahre 1541 dahingerafft; im gleichen Jahre wurde Pizarro durch seine eigenen Leute ermordet. Man vermag kaum einen der großen spanischen Eroberer zu nennen, dem das Leben nicht verbittert wurde durch Verdacht oder Eifersucht der Regierung in Madrid, der er diente, oder durch den Verrat seiner Mitabenteurer. Das Schlimmste, das den englischen Eroberern in Indien begegnen konnte, war in der That mild zu nennen, verglichen mit der durchschnittlichen Behandlung, welche den edelsten Söhnen Spaniens in jenen Tagen zu Teil wurde, als der Einfluß der Kirche am Hof allmächtig war. Clive und Warren Hastings würden in den finstersten Stunden ihres Lebens gezögert haben, mit Cortez oder Columbus zu tauschen.

Der Sklavenhandel.

Ferdinand war ein frommer und menschenfreundlicher Mensch, so lange seine Frömmigkeit nicht in Konflikt kam mit seiner Geldtasche. Durch eine merkwürdige Gedankenfolge war er zu der Anschauung gelangt, daß es gottlos sei, Indier, die ihn als ihren König anerkannten, zu versklaven, daß es aber durchaus in der Ordnung sei, Afrikaner, denen er keine königlichen Privilegien gewährt hatte, zu Sklaven zu machen.

Das erste Erscheinen der Negersklaverei in Amerika fällt in's Jahr 1501, und von dieser Zeit an hat sie einen Gegenstand gebildet, über den die Geister sich schieden, die Geister von Priestern und Laien, überall in der Welt, wo einer das Vorrecht hatte, die Arbeit eines anderen auszubeuten. Die Kirche donnerte gegen den Sklavenhandel in abstracto; aber man fand bei den Schwarzen oder Kariben manch plausiblen Vorwand, eine Einrichtung zu dulden, die seither durch die gesamte protestantische Geistlichkeit mancher englischen und amerikanischen Staaten verteidigt worden ist, nicht zu gedenken der puritanischen Pastoren im Lande Paul Krügers. Schon 1493 lesen wir in der päpstlichen Weltverteilungs-Bulle folgende Ermahnung an Ferdinand und Isabella:

„Ihr werdet das Volk, welches diese Inseln und Kontinente bewohnt, zur Annahme des christlichen Glaubens bewegen.... Wir prägen Euch ein ... Eurem Versprechen gemäß ... ehrenhafte Männer auszuwählen und sie nach diesen Kontinenten und Inseln zu senden, — Männer, die Gott fürchten — die unterrichtet und geschickt und geeignet sind, die Eingeborenen im katholischen Glauben zu unterrichten und sie zu guten Sitten zu erziehen."

In ihrem letzten Willen schärfte Isabella humane Behandlung der Indier ein, zu gleicher Zeit aber drängte sie auf ihre Bekehrung zum Christenthum.

Aber diejenigen, welche am tapfersten für milde Behandlung redeten, waren geneigt, die Einrichtung der Sklaverei zu beschönigen, mit der Begründung: es sei für den Heiden besser, der Sklave eines Christen zu werden, als frei umherzulaufen ohne Hoffnung auf Erlösung und ewige Seligkeit. Im Jahre 1509, drei Jahre nach dem Tode seines Vaters, wurde der älteste Sohn des Columbus nach Amerika geschickt; dieser eröffnete eine solche Sklavenhetze, daß sogar die damaligen Mönche in den Kolonien sich darob entsetzten. Unter ihm blühte das Sklavengeschäft, so gut das mit Indiern wie das mit Negern betriebene. Um einen Vorwand für eine Indierhetze zu haben, erließ er eine Proklamation, worin ein ganzer Stamm aufgefordert wurde, sich zum Christenthum zu bekehren; ohne lange zu fragen, ob dieser Stamm seine Sprache verstand oder wußte, worum es sich handelte, entsandte er darauf eine Abteilung Soldaten, die mit Waffengewalt über die Indier herfallen und die Gefangenen in Ketten herbeischleppen mußten.

Bei der Würdigung von Vorgängen, die vier Jahrhunderte hinter uns liegen, müssen wir darauf bedacht sein, eine gerechte Nachsicht walten zu lassen mit Rücksicht auf die Verschiedenheit der Sitten, und die Menschen zu beurtheilen nach dem Maßstab ihrer Zeit und dem Stande der Gesellschaft. Untersuchen wir also, wie weit die Behandlung der Eingeborenen in Westindien unterstützt wurde durch das Gemeingefühl des spanischen Volkes oder der Kirche, die den Hof kontrollierte.

Im Jahre 1510 kamen etwa vierzehn Dominikaner nach San Domingo und begannen auf einmal öffentlich zu predigen gegen die Grausamkeiten, die man an den Eingeborenen verübt hatte. Es ist ihnen hoch anzurechnen, daß sie die ersten Ordensleute gewesen sind, die öffentlich gegen die Sklaverei in der neuen Welt auftraten. Der neue Gouverneur, Columbus, kümmerte sich so wenig um den Buchstaben seiner Instruktionen, wie Ferdinand. Dieser christliche König hatte den Gouverneur gedrängt, ihm Geld zu schicken: „Schaff' Geld her, wenn möglich mit milden Mitteln, aber schaff' es her!“ Columbus wußte, daß alles verziehen würde, vorausgesetzt, daß das Geld zur Stelle war, daß es dagegen für einen leeren Kasten keinen Pardon geben würde. So hatte die Sklavenjagd ihren Fortgang, — sogar bis auf die benachbarten Bahamainseln hinüber. Dort wurden die nichts ahnenden Eingeborenen durch Versprechungen von Geschenken an Bord gelockt; einmal auf dem Schiff, wurden sie ergriffen, gefesselt und als Sklaven weggeführt.

Noch bevor die Spanier achtzehn Jahre in Westindien gewesen waren, war die öffentliche Meinung bezüglich der Sklaverei so vollkommen „herangebildet", wie später in Südcarolina oder Südafrika. Jeder Ansiedler wußte, daß seine Pflanzung bei dem System der Sklaverei sich rentierte und daß er ohne dasselbe ein verlorner Mann wäre. Jeder Geistliche rechnete sich aus, daß bei Sklaverei seine Pfarrkinder hübsche Zehnten abliefern konnten, daß sie dagegen bei dem System der freien Arbeit alle zusammen arme Leute wären. Die Kronbeamten erkannten in der Sklaverei ein Mittel, um reichen Tribut für das Mutterland zu bekommen; auch hielten sie es so für leichter, eine Bevölkerung, die sonst Unheil anrichten mochte, zu bändigen. Ist es hiernach zu verwundern, daß inmitten eines solchen Gemeinwesens der Gouverneur und der Geistliche, der Soldat und der Ansiedler, alle den gleichen Schluß zogen, nämlich, daß es Gottes Wille sei, daß der Indier des weißen Mannes Sklave ist?

Auch ist diese wachsende Begünstigung der Sklaverei durch die öffentliche Meinung durchaus nichts Neues. Wo immer ein großer Theil der Gesellschaft es für in seinem Interesse liegend fand, Sklaven zu halten, da hat es nie an Dienern des Evangeliums gefehlt, die bereit waren, von der Kanzel herab zu beweisen, daß die Sklaverei eine göttliche Einrichtung sei. Es setzte nicht gewöhnlichen Mut voraus, wenn im Jahre 1510 ein Priester „Sklaverei-Abschaffungspredigten" in einer Sklavencolonie wie San Domingo hielt.

Wie vorauszusehen war, erregten die Predigten gewaltige Entrüstung unter den Ansiedlern. Sie schickten einen Franziskaner nach Spanien, damit er Klage erhebe gegen die ränkevollen Dominikaner. Aber die Dominikaner verstanden sich ebenso gut auf Diplomatie; einer von ihnen fuhr auf dem gleichen Schiffe nach Spanien.

Zuerst wollte Ferdinand den „Abschaffungsmönch" nicht vorlassen. Er brauchte nun einmal Geld und war daher sehr ärgerlich, daß sich dieser Dominikaner zwischen ihn und seinen Profit drängte. Aber der Dominikaner verschaffte sich einen starken geistlichen Rückhalt und erhielt endlich eine Audienz beim König. Und nun entrollte er ein solches Bild von den Grausamkeiten, daß sogar Ferdinand einen Moment seinen Anteil an diesem gottlosen Handel vergaß und mitleidsvoll der Erzählung des Mönches lauschte — wie unter anderem ein Spanier ein zwei Jahre altes Indierkind aus Mutwillen in's Wasser geworfen und wie er zugeschaut habe, bis es ertrank, als wäre es ein unnützes Kätzchen, und wie der weiße Herr straflos ausgegangen sei.

Ferdinand that, was alle schwachen Regenten thun — er wälzte die Verantwortung auf andere; mit anderen Worten, er bildete ein Untersuchungs-Komitee, eine Art Weißwaschungs-Kommission, wie sie seither in hohen politischen Kreisen Mode geworden ist.

Diese Kommission bestand aus Geistlichen und Hofleuten, die eine solche Reform auf die Bahn brachten, wie sie dem Könige genehm war. Sie verurteilten die Sklaverei in der Theorie — befürworteten humane Maßregeln in der Theorie — thaten alles, was zum Christen gehört, in der Theorie — aber im gegebenen Fall ließen sie alles, wie es war. Es hieß nun einmal: die Indier müssen bekehrt werden, und die sich dagegen sträuben, sollen zu Sklaven gemacht werden!

Nur ein wenig Menschenkenntnis gehört dazu, um zu verstehen, daß dies gerade den sklavenhaltenden Plantagebesitzern von Westindien genügte.

Im Jahre 1512 erging diese neue Verordnung. Sie änderte weiter nichts an der Sache, als daß nun Ferdinand leichteren Herzens beichten konnte, da die theologische Junta ihm versichert hatte, daß sein Gewissen in Bezug auf die Sklavenangelegenheit jetzt vollkommen rein sei.

Der gute Dominikaner feierte eine Art akademischen Triumph, was man in der Künstlerwelt einen „succès d'estime" nennt — einen Triumph dem Namen nach, keinen Triumph der Tat. Es wurde sogar gesagt, daß seine leidenschaftlich bewegte Rede den feindlichen Franziskaner zu einem „Abschaffungsmann" bekehrt habe. Auf jeden Fall bekam man von alledem, was der Dominikaner mit seinen Anstrengungen in Spanien in den Gemütern bewirkt haben mochte, wenig zu spüren in den Kolonien.

Nach zeitgenössischen Angaben war Hispaniola (San Domingo) im Jahre 1492 stark bevölkert. Im Jahr 1517 aber stellten königliche Kommissare an Ort und Stelle fest, daß die indische Bevölkerung auf San Domingo von ungefähr einer Million im Jahr 1492 bis zum Jahr 1510 auf 46000 zusammengeschmolzen sei, und daß es im Augenblick nur noch 1000 Indier auf der Insel gäbe[1]) -- die thatsächliche Ausrottung!

Ein neuer Freund der Indier entstand in der Person des großen Dominikaners Las Casas. Er war der Sohn eines Mannes, der mit Columbus nach der neuen Welt gesegelt war. Im Jahre 1502 kam er als Geistlicher nach San Domingo und wurde bald wie die übrigen sklavenhaltender Pflanzer. Aber sein Gewissen plagte ihn eines Tages, und er schenkte seinen Sklaven die Freiheit. Von da an widmete er sich Werken der Menschenfreundlichkeit; er arbeitete sein ganzes Leben lang und starb im Alter von 92 Jahren, geachtet von allen, die ihn und seine Arbeit kannten.

Nach vielen Schwierigkeiten erlangte er eine Audienz bei Ferdinand (1515) — dank der Verwendung des Beichtvaters; aber, obgleich er sehr eindringlich redete, that Ferdinand in diesem Fall so wenig wie in der Sache des andern Dominikaners. Las Casas wurde an den Leiter der Kolonialangelegenheiten — einen Bischof — gewiesen, diesem erzählte er, wie innerhalb dreier Monate 7000 Indierkinder zu Grunde gegangen waren! Des Bischofs Antwort war bloß: „Was geht denn mich oder den König dies an?"

Da brach Las Casas los:

„Wie, ist es etwa nicht das Werk Euer Gnaden oder des Königs, daß alle diese Seelen verloren gingen? Großer und ewiger Gott! Wessen Sache ist es denn?"

Ferdinand starb im folgenden Jahre.

---

[1]) Baumgarten, Karl V., II., p. 161.

Er wird ohne Zweifel im Himmel einigen von den Seelen begegnet sein, um die hienieden sich zu kümmern er keine Zeit gehabt hatte. Ferdinand war wie viele schwache Sterbliche; er wäre ein anständiger Mensch gewesen, wenn er für seinen großen Aufwand Geld genug gehabt hätte.

Im Jahre 1516 wurde der große Karl V. im Alter von 16 Jahren König von Spanien und bald nachher (1519) Kaiser des heiligen römischen Reiches. Die Regierung war während seiner Minderjährigkeit in den Händen des Kardinals Ximenes, ein Name, verknüpft mit vielen Thaten raffinierter Grausamkeit, die unter dem Mantel der Inquisition verübt wurden. Sein Palast ist heute Wohnung des englischen Gesandten in Madrid. Von dem Hause aus führt ein unterirdischer Gang unter der Straße durch, nach der ehemaligen Folterkammer. Das Haus des Kardinals sieht heute aus, wie es zu Beginn 16. Jahrhunderts ausgesehen hat. Die Zimmer sind meist kleine Zellen für Mönche; in die Thüren sind kleine Löcher eingebohrt, damit der draußen Stehende gelegentlich beobachten konnte, was der Klosterbruder drinnen trieb.

Ximenes hatte einen weiten Gesichtskreis für einen Mann seiner Zeit. Er unterstützte den Las Casas. Das lag nicht so sehr darin, daß der Großinquisitor nicht etwa Menschenleid hätte mit ansehen können, aber als ein wirklicher Staatsmann schaute er mit Besorgniß auf die allmähliche Entvölkerung der Kolonien seines Herrn. Er erließ Verordnungen mit Rücksicht auf die caribischen Indier, wie ein Forstaufseher sie aufstellt zum Schutz eines wertvollen Waldbestandes gegen mutwillige Zerstörung.

Aber Karl V. brauchte ebenso viel Geld wie Ferdinand — vielleicht noch mehr. Schon als König von Spanien hatte er nicht zu viel; sein Ehrgeiz aber hatte ihn getrieben, den Kaiserthron in Europa zu besitzen, ein Weltreich mit den Kolonien in Amerika. Den Aufwand, der damit verbunden war, hätte ein wohlhabendes Land kaum zu leisten vermocht, für ein so armes Land wie Spanien war er geradezu erdrückend. Karl suchte das Geld aus der neuen Welt zu bekommen, um sich in seiner europäischen Stellung zu behaupten, und mit drängenden Gläubigern vor der Thüre konnte er nicht allzu genau sein in der Prüfung der Mittel, die ihm eine glänzende Regierung ermöglichten. Sein Beichtvater beruhigte ihn und sagte, es komme vor allem auf die Sache an, für die man das Geld ausgebe, weniger auf die Mittel, durch die man sich das Geld verschaffe. Wir beobachten daher all diese Jahre hindurch wohl fortdauernde Bemühungen edler Männer von der Art des Las Casas, auch auf Seiten der Krone ein gleichfalls fortdauerndes theoretisches Interesse für Humanität; humane Verordnungen wurden erlassen — aber sie traten nie in Kraft. Die Eingeborenen sollen allzeit freundlich behandelt werden, aber sie sollen allzeit thun, was der weiße Mann verlangt!

Las Casas wurde zum Protektor der Indier ernannt; er hätte ebenso gut zum Beschützer der Eisbären ernannt werden können!

Ein Franziskanermönch, der 1514 Pedrarias Expedition nach Darien mitmachte, schrieb, das ganze Land sei geplündert und verwüstet, keine Grausamkeit oder Verräterei unterlassen worden, um zu Gold oder Sklaven zu gelangen; bei einer einzigen Hetzjagd seien 40 000 Indier umgebracht worden. Pedraria besaß auch Instruktionen, die ihm befahlen, freundlich mit den Eingeborenen zu verfahren.

Die Art und Weise, wie Cuba ursprünglich erobert und kolonisiert wurde, ist ein sprechendes Gegenstück der Lage unter Weyler im Jahre 1898. 1511 beschloß die „Chartered Company" von Sevilla — die Casa de Contratacion, Centralstelle für Kolonialangelegenheiten — eine Unternehmung auf Cuba von Hispaniola (San Domingo) als Basis aus. Sie sandte 300 Freiwillige nach der Insel, welche kein anderes Ziel hatten als zu plündern. Sie landeten und forderten die Eingebornen auf, sich zur christlichen Religion zu bekennen und sich zu unterwerfen. Die cubanischen Eingebornen waren indessen weniger geneigt, sich zu unterwerfen, als diejenigen von San Domingo, — kein Zweifel, eine Kunde von dem Hausen der Spanier in San Domingo war dem Missionsunternehmen vorangeeilt. Doch die Eingebornen wurden schließlich geschlagen und ihr Häuptling gefangen genommen. Er wurde vorgeführt und aufgefordert, sich zum Christentum zu bekehren, bevor er in den Tod ginge. Der Häuptling wünschte zu wissen, was es ihm frommen würde, noch in so später Stunde Christ zu werden.

Man sagte ihm, daß er durch seinen Uebertritt zum Christentum Zutritt zum Himmel hätte.

„Würde ich denn im Himmel auch Spanier treffen?" fragte der Cubaner.

„Gewiß", antwortete ihm der Priester.

„Dann möchte ich lieber irgendwo anders sein", sagte der aufrichtige Wilde.

Cuba wurde erst 19 Jahre nach der ersten Reise des Columbus kolonisiert; aber von Anfang an wurde es ein Land von höchstem kommerziellen, strategischen und landwirtschaftlichen Wert, obschon es nicht so viel Aufmerksamkeit auf sich zog wie die Kolonien mit Reichtümern an Edelmetallen.

Schon 1518 gab es acht Ansiedlungen von Weißen auf der Insel, und im folgenden Jahre fühlte sich die Kolonie stark genug, um die Expedition des Cortez nach dem Festlande auszurüsten. Der erste spanische Gouverneur, Velasquez, eröffnete ein Regierungssystem, welches nachher mit trauriger Eintönigkeit im ganzen spanischen Amerika vorherrschte. Man teilte das Land unter die weißen Ansiedler auf, ohne die Indier zu fragen. Natürlich behielt sich die Krone alle Rechte vor über jegliches, worüber nicht ausdrücklich anderweitig verfügt war. Alsdann wurden die Eingebornen gezwungen, für die Europäer zu arbeiten. Wenn sie sich weigerten, so wurden sie gehetzt und in die Sklaverei gebracht, mit der Ausrede, daß sie hartnäckige Heiden seien. Aber die Indier auf Cuba gaben viel zu schaffen. Die Kolonisten sagten sich am Ende, daß es auf die Länge billiger zu stehen käme, Neger aus Afrika zu erwerben, als sich fortwährend mit dem Eingebornen herumzuschlagen. So begann seit 1522 die Ausrottung. Es war dies leichte Arbeit und bald gethan. Der schwarze Mann trat an die Stelle des kupferfarbigen, — das war alles!

II.

Wie der spanischen Kolonisation zum erstenmal Einhalt gethan wurde.

„Ich glaube, das furchtbarste aller Schauspiele ist — die Civilisation mit ihren Gewaltmitteln ohne ihr Erbarmen.“

Macaulay — „Clive“.

Die Reformation — Konflikt zwischen germanischen und romanischen Ideen — Eroberung Perus — Spaniens beständiges Bedürfnis nach Gold.

Um die Zeit, da Karl V. heranwuchs, brütete in einem norddeutschen Kloster ein obskurer Mönch, sann und brütete mit teutonischer Gründlichkeit, bis ihm am Ende der Mut kam von oben und er die Kirche Roms in die Schranken forderte, im Namen des Gewissens und der religiösen Freiheit. Seine Stimme fand einen Widerhall im ganzen Norden Europas, an den Höfen der regierenden Fürsten, in den Schulen und Studirzimmern der Gelehrten, auf den Ritterburgen, in den Werkstätten und ganz besonders auch in den Stuben der ungebildeten, aber grübelnden Bauern, zu deren Herzen Martin Luthers ungestüme Sprache unmittelbaren Eingang fand. Päpstliche Exkommunikation und Gewaltandrohungen steigerten nur die Wucht dieses großen Erwachens. Jeder Eilbote brachte nach Rom Nachrichten von neuem Unglück, das die Unfehlbarkeitsarmee betroffen, von neuen Errungenschaften der Reformation. Es eröffnete sich die Aussicht, daß die ketzerischen Elemente gleich einer Lawine vom Nordkap hinweg bis über Alpen und Pyrenäen dahinrollten. Die Gefahr war groß — und Rom war sich ihrer bewußt. In solch' einer Krisis wurden die Schwachen und Trägen beiseite geschoben, und neue Männer von jugendlicherer Thatkraft und weiterer Weltkenntnis konnten als Vorkämpfer der päpstlichen Autorität hervortreten gegen die „gottlosen Rebellen“. In Italien und Spanien wurde die That des Wittenberger Mönches als Beschimpfung der romanischen Rasse aufgenommen. Männer genug gab's in den päpstlichen Reihen, welche Reform herbeiwünschten, welche meinten, die Kirche müsse die Führung übernehmen in der Ausbreitung der Gelehrsamkeit und wissenschaftlichen Wahrheit, nicht bloß in der Theologie und Moral. Der Protestantismus brachte in die römisch-katholische Entwicklung neues Leben, eine Kraft, welche aufgebaut war auf Weltkenntnis, Beherrschung der Wissenschaften, gesellschaftlichen Schliff, Gewandtheit der Rede, diplomatischen Takt — kurz, jede Kunst, womit der eine Gewalt bekommt über den Geist des anderen. Diese Kraft allein bedeutete in gewissem Maße Reform, und als erst noch der verwegene und fanatische Eifer eines Loyola [1]) hinzukam, war eine Macht geschaffen, fähig, dem Werke Luthers Grenzen zu setzen.

[1]) Loyola wurde geboren 1491 und starb 1556. Von Geburt Spanier, Höfling durch Erziehung, Soldat von Beruf; wurde „General“ der Gesellschaft Jesu und flößte seinen Jüngern den Soldatengeist ein.

Allerdings zeigte sich, daß die große Reformation neben der theologischen auch eine ebenso wichtige politisch-nationale und intellektuelle Seite hatte.

Die Bürger Londons fühlten sich beleidigt durch die Herrschaft eines italienischen Priesters, obgleich sie von einem Einheimischen ein gleichwertiges Maß von Tyrannei willig hinnahmen.

Die denkenden Männer in Rotterdam, Stockholm, Leipzig oder Bremen waren nicht von gleichem Schrot und Korn wie die Mönche jenseits der Alpen. Nationale Abneigung, Rassenantipathie vereinigten sich mit intellektuellem Widerwillen, um die päpstliche Autorität im nördlichen Europa zu schwächen und sie mehr auf ihren Ausgangspunkt zu beschränken. So betrachtet, glich der Streit mit Luther so ziemlich einem Krieg zwischen romanischer und angelsächsischer oder germanischer Civilisation und beide hatten ihre Grenzen. Auch seit dem Ende des Dreißigjährigen Krieges (1648) hat sich das Gebiet des Protestantismus in Europa nicht merklich vergrößert, eben so wenig dasjenige Roms.

Aber in Amerika fand der Papst Ersatz. Schon in den Augen Karl's V. wurden die Eroberungen des Protestantismus in Nordeuropa mehr als aufgewogen durch den Triumph des Kreuzes in den weiten Gebieten, die der Papst Borgia dem spanischen König zugeteilt hatte.

Das Jahr 1519, das Jahr der Leipziger Disputation, da Martin Luther den bewußten Bruch mit der römischen Kirche vollzog, war auch das große Jahr des Fernando Cortez. Was der Papst in Deutschlaod verlor, gewann Spanien wieder in Mexiko.

Es war im März des Jahres 1519, als Cortez an der mexikanischen Küste in Tabasco landete, mit ihm

550 Weiße, 2300 Indier, einige Pferde, Kanonen und Neger. Von diesen brachen nur 300 Weiße nach dem Inneren auf. Cortez besaß außer 15 Berittenen 7 Geschütze und 1300 eingeborne Soldaten. Viele seiner Leute hatten sich geweigert, ihn zu begleiten, und ohne seinen Ruhm als Soldat mindern zu wollen, sind wir doch geneigt zu glauben, daß er beim Imzaumehalten seiner eigenen Leute mehr Mut bewies, als in der Unterwerfung Montezumas.

Nie hatten die Mexikaner ein Pferd oder einen Mann in Rüstung gesehen, noch eine Feuerwaffe irgend welcher Art. Sie besaßen keine Waffen, die nur halbwegs mit denjenigen des Cortez hätten verglichen werden können. Ihr Land war geteilt durch Bürgerkrieg, und ihre Religionslehrer hatten unter ihnen die Furcht vor der spanischen Invasion verbreitet. So waren sie moralisch geschlagen, bevor der Kampf nur begann; und wenn sie auch einmal fochten, so thaten sie es wie Menschen, die, durch Ungerechtigkeit in Verzweiflung getrieben, nicht mehr kämpfen in der Hoffnung auf Sieg, sondern bloß mit der Absicht, daß dem Tyrannen der Sieg teuer zu stehen komme.

Der Mut des Cortez war groß; wer aber gerne die Tapferkeit eines Helden an der eines anderen mißt, der kann passender Weise dem Eroberer Mexikos den Mann gegenüberstellen, der Indien für die britische Krone gewann. Als Clive mit nur 200 Engländern und 300 Sepoys zum Entsatz von Arcot ausmarschirte (1751), hatte er es mit wohldisziplinierten, von Europäern geführten Heeren aufzunehmen, mit Waffen versehen so gut wie er, berühmt als Reiter und vertraut mit der Kampfweise des Weißen. Keine abergläubische Scheu schüchterte die Eingebornen Ostindiens ein. Nein — wenn sie die Waffen niederlegten, unterwarfen sie sich nicht wie einem Gott, sondern einem Menschen, dessen Ueberlegenheit an Mut, Körperkraft, organisatorischer Befähigung und vor allem in der Kunst des Regierens sie allerdings fühlten.

Clive betrat Indien als der Mann mit der Kriegsgeißel: dankbare Eingeborene weinten ihm nach, als er es verließ.

Der Spanier erschien in Mexiko als ein Gast; er blieb als eine Geißel des Landes, und nach dreihundertjähriger Mißwirtschaft zog er wieder ab, begleitet von den Flüchen eines mißhandelten Volkes.

Sklaverei zog mit Cortez in Mexiko ein und blühte von Anbeginn. In der Hoffnung, das Los der Indier zu verbessern, drang der edle Las Casas in Karl V. mit der Bitte, das Negersklavenwesen zu unterstützen und zur Ergänzung die Arbeit weißer Auswanderer heranzuziehen. In der Tat wurde Neger-Sklaverei gefördert, doch Indier-Sklaverei hörte nicht auf, noch erfolgte irgendwelcher Antrieb zur Arbeit Weißer; denn selbstverständlich legte kein weißer Spanier in der heißen Sonne Hand ans Werk, wenn Indier für ihn zur Arbeit angehalten werden konnten. So wurde thatsächlich Las Casas, einer der größten „Menschenfreunde", der Vater des afrikanischen Sklavenhandels.

Karl V. veranlaßte eine Nachforschung über die Anzahl der für Westindien notwendigen Neger, worauf die „Chartered Company" in Sevilla antwortete, daß 4000 genügen würden — 1000 für jede der Inseln: Jamaica,

San Domingo, Porto Rico und Cuba. (Nebenbei wollen wir bemerken, daß anno 1870 auf Cuba allein 360000 schwarze Sklaven waren.)

Die Erlaubnis, diese 4000 Neger zu importieren, erhielt ein Hofgünstling, welcher sie seinerseits einem Genueser Makler für 25000 Dukaten oder ungefähr 56000 Dollar abtrat. Mit dieser Summe erwarb er sich für 8 Jahre ein Monopol des amerikanischen Sklavenhandels. Im Interesse des Genuesers lag es, den Negerpreis auf der Höhe zu halten; deshalb lieferte er stets nur eine kleine Anzahl auf einmal. Die Pflanzer, damit gar nicht zufrieden, deckten den Ausfall durch gründliche Sklavenjagden unter den eingebornen Kariben. Recht bezeichnend für den damaligen Zeitgeist ist folgendes: Während Las Casas Karl V. bestürmte mit der Bitte, den Sklavenhandel unter den Indiern aufzuheben, bewies der Bischof von Darien demselben Monarchen, daß eben diese Eingeborenen vom Allmächtigen selbst zu Sklaven bestimmt worden seien. Kein Wunder, daß der „allerkatholischste“ Monarch verwirrt wurde, wenn die Kirche selbst Zweifel zeigte! So erließ er denn Gesetze, welche den Las Casas der Theorie nach unterstützten, während in der Praxis die Sklaverei der Schwarzen wie der Indier blühte.

Das Plantagesystem in Mexiko war ähnlich dem auf den Inseln eingeführten. Ländereien wurden an Ansiedler abgegeben; dieselben gingen erst nach 8jähriger Bebauung in ihren Besitz über. Mit Eifer warf sich die Kirche auf dies neue Gebiet, und bereits nach dreißig Jahren verkündigte sie, 9000000 Bekehrte gemacht zu haben. Die Richtigkeit dieser Zahlangabe ist fraglich;

wie sie aber auch modificiert werden möchte, so besteht doch darüber kein Zweifel, daß — in Ermangelung des Mitbewerbes irgend einer religiösen Sekte —, die römischkatholische Kirche wesentliche Fortschritte in Mexiko gemacht hatte.

Noch waren nicht mehr als fünf Jahre seit der Eroberung Mexikos verstrichen, als eine Expedition ausgerüstet wurde zur Unterwerfung Perus (1524). Francisco Pizarro hatte die kriegerische Expedition zu befehligen, während der Gewinn einer kleinen Gesellschaft zukommen sollte, einem Syndikate, bestehend aus drei Personen, von welchen die eine der Vikar von Panama war. Im Jahre 1526 wurde eine geschriebene Uebereinkunft aufgesetzt, wonach jedem der drei finanziellen „Gründer", Pizarro, Almagro und De Luque, sein Anteil an dem erhofften Raube gesichert ward. Der Vikar, welcher zur Ausrüstung der Expedition 20000 Pesos (Dollars) vorgestreckt hatte, sollte einen Dritteil von allem zu gewinnenden Land, von allen Schätzen und von allen Sklaven erhalten. Alle Verluste, die der Vikar erleiden würde, versprach Pizarro zu decken. Er mußte sehr sorgfältig mit dem Vikar umgehen; denn es war bekannt, daß dieser heilige Mann einiges Kapital vertrat, das vom Oberrichter (Chief Justice) eingelegt war, obschon ihm das Gesetz verbot, an solchen Geschäften teilzunehmen. Auch war es nötig, den Gouverneur, an diesem Unternehmen zu interessieren, und das bedeutete einen anderen Anteil am Geschäft. Dank dem vereinten Bemühen dieser drei brach Pizarro nach Peru auf, begleitet vom Segen der Kirche, dem Schutze des Gesetzes und dem Wohlwollen des

Gouverneurs. Um diese Zeit ging Alles glatt bei Pizarro.[1])

Auf seiner ersten Reise empfingen ihn die Eingebornen gastfreundlich; er aber kehrte zurück mit Plänen der Unterjochung dieses arglosen Volkes.

Zuerst ging er nach Madrid, wo er seine Entdeckung umständlich vorbrachte und zum General-Gouverneur mit allen möglichen Privilegien ernannt wurde. Der Vikar wurde zum Bischof befördert, und der König stellte dem Pizarro eine Vollmacht aus, worin er ihm vor allen Dingen Milde gegenüber den Eingebornen einschärfte.

Pizarro versprach Alles und segelte 1531 zur Eroberung Perus ab.

Einzelheiten (die Prescott in anziehender Weise erzählt) beiseite; — im Jahre 1532 traf Pizarro mit 177 Soldaten und 67 Pferden auf den Inka zu Caxamarca. So weit war man auf einer Reihe von Plünderungszügen, durch welche die Eingebornen in Schrecken gesetzt wurden, seit dem Jahre 1529 gelangt, dem Jahre der Ausstellung des Patentes für Pizarro.

Der Inka kam Pizarro unbewaffnet entgegen, umgeben von seinen Hofwürdenträgern und unter großem Zulauf der Neugierigen. Man hatte ihm eine Zusammenkunft mit Pizarro vorgespiegelt; doch kam ihm statt dessen ein Dominikaner entgegen, in der einen Hand ein Buch, in der andern ein Cruzifix. Mit lauter Stimme forderte er den Inka auf, sich zum Christenthum zu be-

---

[1]) Pizarro war der illegitime Sohn eines spanischen Offiziers. Er wurde um 1471 geboren und in seinem 70. Jahre von den Leuten Almagros umgebracht. Wie und wann er nach Amerika kam, ist unbekannt.

kehren und Karl V. als seinen Herrn anzuerkennen. Der Inka war natürlicherweise erstaunt und aufgebracht über diese unerwartete Aenderung im Programm und äußerte sich auch in diesem Sinne. Das war's eben, was der Mönch wünschte. Er gab ein Zeichen, und die spanischen Geschütze eröffneten das Feuer auf die Volksmasse, in der großen Verwirrung griff die Reiterei an, Frauen und Kinder niedertretend. In einer halben Stunde war Peru spanisch geworden — eine beschämende Eroberung, zum Erröten für die Rasse, zu der wir Weiße gehören. Tausende von Leichen wurden in jener Nacht verscharrt; doch die Beute war reichlich. Pizarro feierte seinen Sieg durch ein Gelage, bei welchem sein Opfer ihm zur Seite saß; eine zaghafte, sanfte Natur, hoffte er vielleicht, seinem Lande noch nützen zu können durch demütiges Sichbeugen unter das spanische Joch.

Um seine Freiheit zu erkaufen, anerbot sich der Inka, seinen Kerker mit Gold anzufüllen und lieferte ungefähr das Versprochene. Doch Pizarro glaubte vielleicht, den Kerker ebenso gut selbst füllen zu können und brachte 1533 seinen königlichen Gefangenen um, nachdem er ihn vorsorglicherweise erst hatte taufen lassen!

Hierauf verteilte Pizarro die gewaltige Beute (die Goldlieferung des Inka allein wird auf $4^1/_2$ Millionen Dukaten berechnet).

Peru wurde nun unter die Genossen des Eroberers verteilt. Soldaten, welche früher nichts Besseres als das Leben eines katalonischen Bauern gekannt hatten, wurden Granden an Landbesitz, bedient von einer Menge Sklaven. Da hatte niemand den Wunsch, heimzukehren; denn die spanische Heimat versprach ihnen nicht von ferne solches Glück, wie es hier auf den Ruinen der Inkapaläste zu finden war.

Die Aufrechterhaltung der Sklaverei wurde hier, wie anderswo, der wichtigste Faktor der Kolonialeinrichtung. Von Männern, welche unschuldige Frauen und Kinder ermordet hatten, war nicht wohl zu erwarten, daß sie einen aufkommen ließen, der angriff, was sie als ihr verbrieftes Recht ansahen.

Erste Insurrektion im spanischen Kolonialgebiet.

Elf Jahre nur nach der Ermordung des Inkas Atahuallpa durch Pizarro befand sich Spanien seinem ersten Kolonienaufstand in Peru gegenüber. 1544 versuchte Karl V. die successiven Verordnungen gegen Sklaverei, welche ohne Ausnahme unbeachtet geblieben waren, besonders eine solche vom Jahre 1543, zur Durchführung zu bringen. In Mexiko wurden 150000 Eingeborene dem Namen nach in Freiheit gesetzt; denn das Gesetz Spaniens erklärte die Indier in ihrer Eigenschaft als Vasallen Karls V. für frei. Doch es war zu spät — verbriefte Interessen waren zu stark geworden. In Mexiko wurde das Gesetz umgangen; denn da es nur auf Kronvasallen Bezug hatte, behaupteten die Pflanzer, welche Sklaven hielten, ihre Sklaven hätten wegen Gehorsamsverweigerung ihre Eigenschaft als Kronvasallen verloren, und diese Ausrede wurde selten durch einen Kolonialgerichtshof beanstandet. Im Jahre 1530 wurde in Spanisch-Amerika die Sklaverei ebenso eifersüchtig bewacht, wie es drei Jahrhunderte später in einem Teile der Vereinigten Staaten der Fall war. Keinem Priester war es erlaubt, einem Eingeborenen etwas beizubringen, das seinem Herrn schaden konnte; einem Eingeborenen ein Pferd oder eine Feuerwaffe zu verkaufen, war bei Todesstrafe verboten.

Die Politik Karls V. war in Mexiko gescheitert; es war daher nicht wahrscheinlich, daß sie in einem so entfernten Land wie Peru von Erfolg begleitet sein würde. Als daher die Kronbeamten mit von Las Casas verfaßten Verordnungen gegen die Sklaverei erschienen, war dies das Zeichen zu offenem Aufstand.

Die Beauftragten des großen Karl wurden öffentlich beschimpft und aus Peru vertrieben. Es war eine Art Bostoner Theeputsch in groberer Auflage, wenigstens insofern es sich hier um die direkte Vernichtung eines königlichen Befehles handelte. Und was noch merkwürdiger war, es beugte sich dieser Monarch, von dessen kleinem Finger der Wink weit und breit in ganz Europa gefühlt wurde, vor dem Sturm im Winkel, den diese weit entlegene Kolonie erregte. Er entsandte eine Weißwaschungskommission, begnadigte die Aufständischen, gewährte alle Forderungen der Kolonisten und überlieferte die Eingeborenen dem weißen Mann als Sklaven.

Das Geheimnis dieser Feigheit ist nicht weit zu suchen; denn Geld, Geld und wieder Geld war der Notschrei Karls. Er befürchtete, daß ein Kampf mit den Kolonisten von Peru die Zufuhr von Barmitteln stören könnte, und Bargeld war ja das Lebenselement für seine Pläne in Europa. Dies war in Spanien nicht erhältlich; es konnte nur von Amerika bezogen werden. So beruhigte Karl sein Gewissen, indem er Reformen versprach und ein Auge zudrückte, wenn seine Gesetze als tote Buchstaben behandelt wurden.

Bis zu dieser Zeit war die Herrschaft Spaniens über seine Kolonien von keiner europäischen Macht ernsthaft in Frage gestellt worden. Sein Anrecht auf Amerika schien von der ganzen civilisierten Welt anerkannt zu sein. Die spanischen Goldschiffe segelten zwischen Spanien und seinen Kolonien so gefahrlos wie auf einer Reise von Cadiz nach Barcelona. Gegen Ende 1568 aber war ein neuer Vicekönig, der mit einer starken Flotte in Vera Cruz ankam, erstaunt, diesen Hafen von zwei englischen Schiffen besetzt zu finden. In den Augen Spaniens waren dies Piraten; aber in den Augen ihrer Landsleute gehörten sie als wichtige Elemente mit zu demjenigen, was den Ruhm von Königin Elisabeths Regierung ausmacht. Sir John Hawkins und Sir Francis Drake waren die ersten, welche in den spanischen Bereich eindrangen. Dies hatte nicht nur eine große Panik an den spanischen Küsten zur Folge, sondern spornte auch den Wagemut in allen Häfen der britischen Inseln an.

Die Zeitgenossen Shakespeares waren nicht die Leute, die Hände in den Schoß zu legen und müßig zuzusehen, während Gold und Silber nicht teurer als durch einen harten Kampf zu erlangen waren. Es hat immer eine starke magnetische Anziehungskraft der Verwandtschaft bestanden zwischen Goldminen und Menschen unserer Rasse, und in die Meilensteine am Wege des Fortschritts der Menschheit sind solche Namen gleichsam eingegraben wie Johannesburg, Californien, Australien und die Goldgaleonen Karls V.

Drake und Hawkins gehören zu den Heroen der Welt; denn ihre Arbeit legte den Grund zu gewaltigen Erfolgen und erfüllte große nationale Zwecke. Wären sie im Jahr 1568 von dem mexikanischen Vicekönig gehängt worden, so hätte man sie in die lange Reihe der erfolglosen Freibeuter vom Schlage Jamesons eingefügt. Königin Elisabeth zeigte ihnen wenig Entgegenkommen, als sie, ihr Leben in ihrem Dienste aufs Spiel setzend, in See gingen; doch empfing sie dieselben ehrenvoll, wie sie heimkehrten als Helden der Nation. Drake und Hawkins begannen den schweren Kampf zwischen dem kleinen England und dem großen spanischen Reiche, einen Kampf, der weithin Teilnahme erregte, da sich in ihm die Kraft des Protestantismus mit der Macht des Papsttums maß. Den Spaniern erschien der englische Seefahrer nicht nur als gewöhnlicher Pirat, sondern als ein Pirat, der die Frechheit besaß, die Autorität des Papstes zu leugnen. Für einen solchen war der Tod noch eine milde Strafe. Glücklich der englische Gefangene, der vor seiner öffentlichen Hinrichtung nicht noch in die Hände der Inquisition übergeben wurde. In „Westward Ho" hat Charles Kingsley eine dramatische Schilderung des abenteuerlichen Lebens jener Zeit entworfen, und wie schrecklich seine Erzählung auch ist, sie wirkt kaum stärker als die kalten sachlichen Berichte der officiellen spanischen Akten. Seit der Einführung der Inquisition in Mexiko (1571) sind in den ersten 30 Jahren 2000 Fälle als vor diesem Gericht behandelt in den Registern aufgeführt, d. h. 66 Fälle pro Jahr, mehr als einer in der Woche — ein schreckliches Schauspiel in einer jungen Kolonie mit nur einer Handvoll

Weißer und mit einer eingeborenen Bevölkerung von weibischer Lenksamkeit; kein Wunder daher, daß am Ende des sechzehnten Jahrhunderts die Inquisition unter Beihülfe der Kronbeamten solches Elend gezeitigt hatte, wobei die eingeborene Bevölkerung auf ein Viertel des Bestandes zurückgegangen war, den sie zur Zeit der Landung des Cortez (1519) gehabt hatte.

Die britischen Seekämpfer jener Tage waren nicht achtbar in den Augen des Gesetzes, aber ihre Freibeuterei erwarb sich den jubelnden Beifall der öffentlichen Meinung, wie immer allgemeiner bekannt wurde, daß ihre Raubzüge ausgeführt wurden auf Kosten der Feinde ihrer Königin und ihrer Religion, solcher Feinde vor allem, die selbst die mohamedanischen Korsaren an Grausamkeit ihren Gefangenen gegenüber übertrafen.

In den Tagen, als Japan noch eine Eremitennation war und es für einen Japaner den Tod bedeutete, sein Land zu verlassen oder einen Ausländer zu beherbergen, finden wir dort keine Grausamkeiten, die den von den Spaniern verübten und von der christlich-kirchlichen Autorität sanktionierten gleichkämen.

Die Chinesen stehen nicht im Ruf, ihre Feinde mild zu behandeln; aber in den drei Jahrhunderten unseres Verkehrs mit jener Nation wird man — abgesehen von Ausschreitungen der Piraten, Briganten und des fanatischen Pöbels — die Geschichte ihres Verhaltens gegenüber Europäern vergebens durchsuchen nach offiziellen Grausamkeiten, so barbarisch und so häufig, wie sie uns auf jeder Seite der spanischen Kolonialgeschichte entgegentreten.

Den englischen Abenteurern folgten bald protestantische Niederländer und Franzosen, die, ob Protestanten oder nicht, durchaus nicht weniger erpicht waren auf das Kapern der Goldschiffe und auf die Plünderung der Paläste der Vicekönige. In den letzten 20 Jahren des sechzehnten Jahrhunderts gingen elf Silberflotten von Vera Cruz nach Spanien ab; aber häufig machten sie sich nicht bezahlt, infolge der Kosten, die aus ihrer Sicherung vor Kaperei entstanden. Es ist unmöglich, genau zu sagen, wieviel Gold und Silber während all der Jahre, da die spanische Flagge von Golden Gate bis zum Rio de la Plata herrschte, die Schatzkammer von Madrid erreichte. Wieviel es auch immer gewesen sein mag, so war es doch nie genug, um das unaufhörliche Verlangen nach mehr, welches den Hauptinhalt jeder Depesche von Spanien nach der Neuen Welt bildete, zu stillen. Es war nie genug, um landwirtschaftlichen und industriellen Wohlstand im Mutterlande zu begründen; nie genug, dem spanischen Volke Zufriedenheit zu bringen; nie genug, die schreckliche Abnahme der Bevölkerung bei den Eingeborenen Amerikas aufzuhalten.

Spanien wurde zu frühe mit einem großen Kolonialreich belastet. Es besaß keine fruchtbare, einheimische Bevölkerung, noch marktsuchende Industrien. Auch beim Anwachsen der Kolonien trat nicht, wie man selbst für jene Zeit hätte erwarten dürfen, das Bestreben ein, auf Kosten der Kolonien die Industrie des Mutterlandes zu heben. Spanien that nichts, eine Zuwanderung in sein heimisches Gebiet zu befördern, obschon der hohe Stand der Lebenshaltung in Spanien, eine Folge der Entdeckung Amerikas, normalerweise einen Strom von Arbeitern aus den benachbarten europäischen Ländern herangezogen haben würde. Während Spanien beständig seiner kräftigsten Kinder beraubt wurde, tat es nichts, die dadurch entstandenen Lücken auszufüllen. Allerdings unterstützte Spanien andererseits die Auswanderung nach der Neuen Welt nur insoweit, als es das Personal entsandte, das zur Ausübung der Regierung und zur Eintreibung der Kolonialabgaben nötig war. Es betrachtete seine Spanier in der Neuen Welt lediglich als Okkupationsarmee, welche nach den ihnen von zu Hause zugekommenen Befehlen handeln und keinerlei Interessen in der Neuen Welt als diejenigen der Krone wahren sollten. Die Regierung erließ zahlreiche Reglemente, die abschreckend auf Auswanderungslustige wirkten. Die Schiffe wurden vor ihrer Abfahrt sorgfältig durchsucht; der angehende Kolonist hatte eine besondere Bewilligung vorzuweisen, und um diese Bewilligung zu erlangen, hatte er unter anderm den Beweis zu erbringen, daß während zweier Generationen kein Mitglied seiner Familie bei der Inquisition in Verdacht gekommen war.

In der That war Argwohn und Verdacht der Grundton spanischer Kolonialverwaltung. Der Gouverneur oder Vicekönig hatte Spanien kaum verlassen, so folgte ihm eine Kommission mit dem Auftrage, heimlich Bericht über ihn zu erstatten. Die Krone traute niemandem. Jedermann war ihr verdächtig, und die Inquisitionsmaschine wurde nicht nur wegen theologischer, sondern ebenso auch wegen politischer Ketzerei in Bewegung gesetzt. In Peru gehörten im Jahre 1569 vor das Forum der Inquisition, ebenso wie die Vergehen in Glaubenssachen, auch die Anstände in den Beziehungen zwischen Herr und Knecht und alle Fragen der Moral. Die Partnerschaft von Staat und Kirche in Madrid zeigte ihr Spiegelbild in jeder spanischen Kolonie wieder, mit dem einzigen Unterschiede, daß auf amerikanischem Boden die Kirche der einzige ernstlich berücksichtigte Partner war.

Die Verordnungen der spanischen Regierung gegen Auswanderung beruhten weniger auf ökonomischen Beweggründen als auf chronischem Mißtrauen ihren Kolonisten gegenüber. Instinktiv fühlte Spanien seine eigene Schwäche, und handelte in der Voraussetzung, als ob Losreißung das ganz naturgemäße Verhalten seiner Kinder sei. Es befolgte daher die Politik, sie individuell schwach zu halten; aber nicht nur dies, sondern auch jeden kommerziellen Verkehr zwischen der einen Kolonie und der andern bei Todesstrafe zu verbieten. Der spanische Hof brauchte Gold und Silber; darüber hinaus wünschte er keinen weiteren Verkehr mit der Neuen Welt. Er beschränkte die Anzahl der Schiffe, welche jährlich den Ozean durchkreuzen durften, ebenso wie die Zahl der Leute, die mitsegelten. Er zeigte kein Interesse, die Neue Welt mit spanischen Produkten zu versehen; — er war nicht intelligent genug, „protektionistisch“ zu sein. Die Webstühle Hollands, Frankreichs und Englands lieferten die Produkte, mit welchen die spanischen Besitzungen im Westen von Spanien aus versorgt wurden. Einheimische Industrielle klagten; doch die Regierung zog das auf dem Zollamte eingenommene bare Geld den weiter abliegenden Vorteilen vor, die sich aus emsig arbeitenden Fabriken im eigenen Lande ergeben konnten. Auf diese Weise führte die vollendete Gleichgültigkeit, um nicht zu sagen Verachtung, welche die spanische Regierung für den Handel bekundete, indirekt zur Gründung von Webereien und Fabriken in Amerika. Schon im sechzehnten Jahrhundert wurden sowohl in Santiago (Cuba) als auch in Mexiko Kanonen gegossen. Doch die angeerbte Abneigung des spanischen Edelmanns gegen alle nützlichen Beschäftigungen ließ ihn den militärischen Vorteil übersehen, welchen der Besitz einer Armee von industriellen Arbeitern darbot, deren er sich im Notfall hätte bedienen können.

III.

Die Entwickelung Südamerikas.

„Jedermann sucht Gewinn und liebt, mehr oder weniger, das Geld; aber die Art und Weise, wie Gewinn gesucht wird, übt einen sehr deutlichen Einfluß aus auf den Gang des Verkehrslebens und auf die ganze Geschichte eines Volkes."
Mahan, „Sea Power on History", 50.

Ausrottung der Eingeborenen — Einfluß der Jesuiten in Paraguay.

Pizarro eroberte Peru im Jahre 1532; im Jahr 1556 zählte es 8000 Spanier, von welchen 1000 Beamte waren und 499 Großgrundbesitzer. Schon damals meinte der Gouverneur, er habe zu viele Kolonisten unter sich. Deshalb stellte er ein Verzeichnis seiner Landsleute auf, verbot neue Zuwanderung und befahl denjenigen, welche bereits zugelassen waren, an einem und demselben Orte zu bleiben und nicht umherzuziehen. Dann sammelte er alle diejenigen, deren Beschäftigungen ihm nicht ganz gesetzmäßig erschienen — und schlug ihnen die Köpfe ab. „So wurde Friede und Ruhe wieder hergestellt", schreibt ein philosophierender Chronist.

Im Jahre 1571, vierzig Jahre nach Pizarros Eroberung, wurde der regierende Inka verräterischerweise ergriffen und hingerichtet; mit ihm eine große Anzahl anderer Eingeborenen, welche unter dem Verdachte der Untreue gegenüber dem Vicekönige standen. Alle Symbole der einheimischen Religionsübung wurden zerstört. Hatte man Sklaven nöthig, so wurden Eingeborene der Ketzerei angeschuldigt, durch die Kirche verurteilt und den Plantagen oder Minen überliefert. Das Schweigen der Hülflosigkeit brütete über dem Lande der Inkas am Schlusse des sechzehnten Jahrhunderts.

Fünfzig Jahre lang versuchte Spanien, Chile zu unterwerfen. Da traf es aber auf einen Widerstand, der einen stärkeren und wilderen Menschenschlag ankündigte. Chile hat ein Klima und eine Bodenbeschaffenheit wie gemacht für ein Kriegervolk; da fanden die Spanier keine sanften Inkas, die beim ersten Anblick eines weißen Eindringlings um Gnade anhielten. Daß die Spanier ihre Gefangenen marterten und hie und da einen Häuptling pfählten, hatte nur zur Folge, daß die Chilenen umso mutiger fochten. Schließlich (1603) verzichtete Spanien auf dies Land und widmete seine Kraft der immer vollständigeren Aussaugung von Peru.

Die St. Bartholomäusnacht zu Paris (1572) ist ein bequemes Datum, um sich daran das Erscheinen der Jesuiten in Amerika zu merken; und das letztere Ereignis ist von Bedeutung, weil von da an die Eingeborenen mit andern Gefühlen als dem der bloßen Furcht die katholische Kirche zu betrachten begannen. Den besten Beweis hierfür liefert uns vielleicht die Thatsache, daß, als nach zwei Jahrhunderten die Jesuiten aus den spanischen Kolonien vertrieben wurden, ihr Weggang als ein Landesunglück — wenigstens von den Eingeborenen — betrauert wurde. In Mexiko hatte das Edikt ihrer Ausweisung Aufstände zur Folge, und in andern Kolonien hatte die Krone militärische Vorkehrungen zu treffen gegen rebellische Kundgebungen zu ihren Gunsten. Im Jesuiten sah der Eingeborene nicht bloß einen Priester wie diejenigen der andern Orden, sondern einen überlegenen Menschen, der dank seiner Kenntnisse diejenigen, die er unterrichtete, auf eine höhere Stufe hob. Es war ein Jesuitenmissionar, der (1636) uns mit der Heilkraft des Chinins bekannt machte. Dieser Priester war Arzt und heilte die Gräfin Chinchon, die Gemahlin des Gouverneurs, vermittelst dieser nach ihr „Chinchona“ benannten Arznei, die er von Eingeborenen erhalten hatte. In der Missionsarbeit war der Jesuit jener Tage Meister — die „Gesellschaft Jesu“ bildete eine Art „corps d'élite“ — einen Sammelpunkt von Intelligenz — einen Generalstab in der großen Armee der römischen Kirche. In höhern Regionen, in feinen Unterhandlungen, in der Behandlung von Problemen, welche wissenschaftliche Bildung sowohl als auch Menschenkenntnis erforderten, erwiesen sich die Jesuiten vielen Aufgaben gewachsen; ausgenommen war die Aufgabe, das Regierungssystem zu reformieren.

Im Jahr 1573 wurden für die Potosi-Minen 11 199 Sklaven erworben; ein Jahrhundert später (1673) dagegen ließen sich unter der Herrschaft der gleichen Gesetze nur 1673 aufbringen.

Dieses eine Beispiel ist ein beredtes Zeugniß in Sachen der Ausrottung der Eingeborenen — und wie es in Peru zuging, so auch so ziemlich anderwärts. Jedes Jahr brachte diesen sanften Wesen schwerere Lasten, bis schließlich das Leben für sie nicht mehr lebenswert war. Knaben im Alter von acht Jahren wurden in die Minen geschleppt — in einigen Ortschaften blieb nicht ein Mann übrig, nachdem die Sklavenjagd über sie ergangen war. Nicht ein Zehntel der eingeborenen Bevölkerung, welche einst die christliche Herrschaft Spaniens begrüßt hatte, war am Ende des achtzehnten Jahrhunderts übrig geblieben. Besitzungen, die einst tausend Arbeiter hatten, unterhielten nur noch hundert. Dörfer wurden besteuert ohne Rücksicht auf ihre Steuerkraft, und jede Form der Unterdrückung war erlaubt, um Geld aus verarmten Gemeinden zu erpressen.

Es war immer die alte Geschichte — das Schatzamt von Madrid verlangte mehr Geld und wiederum mehr Geld —, die Proteste ehrlicher Leute wurden mißachtet oder aber widerwillig befriedigt durch Dekrete, die tote Buchstaben blieben. — Solch ein Dekret wurde 1664 für Peru erlassen; doch half es nicht mehr als dasjenige vom Jahre 1543 oder die vielen anderen, welche die Eingeborenen vor Vergewaltigung angeblich schützen sollten. Sogar die Kirche selbst, deren Mission es war, die Hilflosen zu beschützen, erhob ihre Zehnten mit Gewalt — laut dem im Jahre 1657 von Juan de Padilla dem Könige von Spanien erstatteten Bericht.

Das Jahr der Befreiung schien für die Eingeborenen im Jahre 1780 angebrochen zu sein, als der Letzte der Inkas — nachdem er für die Sache seines unterdrückten Volkes vergeblich das Recht angerufen hatte — sich an die Spitze eines Aufstandes stellte. Der, nebenbei gesagt, auch bei den Spaniern im Geruche der Grausamkeit stehende spanische Gouverneur wurde nach regelrechtem Gerichtsverfahren durch einen eingeborenen Gerichtshof zur öffentlichen Hinrichtung verurteilt. Doch wurde schließlich die Erhebung unterdrückt, und gegen 80000 Eingeborene wurden niedergemetzelt. Es war ein Blutbad nach dem Muster von 1572. Alle überlebenden Glieder der Inkafamilie, etwa 90 an der Zahl, wurden getötet; der regierende Inka selbst gerieth durch Verrat in Gefangenschaft und wurde umgebracht. Die letzte Spur einheimischer Religion wurde ausgerottet. Wenn jetzt ein Weißer einen reichen Bewohner zu berauben wünschte, war es nicht mehr nötig, gegen ihn die Anklage auf Ausübung des heidnischen Kultus zu erheben, es genügte, ihn heidnischer Gesinnung zu bezichtigen.

Kann es uns daher überraschen, wenn wir hören, daß nach zweihundert Jahren spanischer Herrschaft in Peru die Zahl der Bewohner von 8000000 auf weniger denn 1000000, alle Rassen mitgerechnet, herabgesunken war? Davon waren 136000 Spanier, 80000 Neger und 244000 Mischlinge. Bei dieser Zählung wurden nur 609000 Indier berechnet. Dieser Bericht stellt alle früheren Ausrottungen durch ganz heidnische Nationen in den Schatten.

Zur Zeit dieser Volkszählung (1794) erfreute sich Peru des christlichen Kirchendienstes von 5496 Mönchen und Nonnen, d. h. es kam eine geistliche Person auf beinahe 100 Indier. Sogar der spanische König hatte ein Auge für derartige Ueberwucherungen des Kirchentums; denn im gleichen Jahre, als die Pilgerväter in Massachusetts landeten, übersandte Philipp III. dem Vizekönig von Peru ein Schreiben, in welchem er sich darüber beklagte, daß der Besitz der Kirche in Lima „mehr Platz einnehme als die ganze übrige Stadt“.

Wir sprechen von der Kirche im allgemeinen, auf die Gefahr hin, den Eindruck zu hinterlassen, als ob ein Priester wie der andere gewesen wäre, oder als ob sogar religiöse Orden einander aufs Haar geglichen hätten. In vielen wesentlichen Punkten stellt die römisch-katholische Kirche in ihren Lehren und in der Form ihres Gottesdienstes eine Einheit dar, welche in scharfem Gegensatz zu den Divergenzen unter den Protestanten steht. Die große Reformation fand die römische Kirche, vom päpstlichen Palast bis zur Dorfpfarre herab, geschwächt durch Mangel an Ordnung und Disziplin — vom ausschweifenden Leben gar nicht zu reden. Rom ruhte auf seinen Lorberen, gänzlich vergessend, daß oft schwieriger als die Eroberung selbst das Bewahren des Eroberten ist. Die Mächte, welche hinter Luther standen, kämpften mit dem Enthusiasmus der moralischen Ueberzeugung, geführt von den geistigen Größen jener Zeit als ihren Vorkämpfern. Rom wurde erschüttert durch den Stoß, im Augenblick schien es zusammenstürzen zu wollen, um nie wieder zu erstehen.

Aber bald veränderte sich die ganze Kriegslage. Nachdem die Protestanten in Siegen über Rom die Kunst des Kämpfens erlernt hatten, fuhren sie fort, das Kriegshandwerk auszuüben — nicht um ihrem Herrschaftsgebiete innere Festigkeit zu schaffen und es in Wehr zu setzen gegen den gemeinsamen Feind — sondern zum Zweck der Selbstbefehdung. Da erhob sich Rom aus seiner zeitweisen Erniedrigung; die Widerwärtigkeiten hatten etwas wie eine reinigende Wirkung gehabt; seine Truppen wurden reorganisiert; es setzte sich in Bewegung zur Wiedereroberung Europas, mit dem Machtmittel ausgerüstet, das zu siegreicher Kriegführung wesentlich ist — mit Einheit im Kommando.

Die spanischen Kolonien bestanden beinahe schon ein Menschenalter, als Rom von Martin Luther seine scharfe Lektion erhielt. Cuba, San Domingo, Hayti, Porto Rico, Jamaica waren aufgeteilt und standen unter der Leitung von Mönchen, auferzogen in der Schule der Weichlichkeit und Unwissenheit. Mexiko und Peru waren erobert und durch Priester christianisiert, deren Christentum nicht höher stand als das in Havana herrschende. Mexiko besaß schon 1525 Klöster. Aber beinahe ein halbes Jahrhundert verging, bis Jesuiten in die Neue Welt einzogen. Die ersten spanischen Priester kamen nicht als Missionare in unserem Sinne, sondern als Eroberer. Sie verstanden es nicht, auf Menschen eines anderen Glaubens und einer anderen Rasse mit Ueberredung einzuwirken. Ein Heide war in ihren Augen lediglich ein gegen die Kirche Ungehorsamer, und zu jener Zeit galt es schon für einen Akt der Gnade, einem der Kirche nicht Gehorchenden Gelegenheit zum Widerruf zu geben. Der Priester ließ den amerikanischen Indiern thatsächlich keine andere Wahl als sklavische Unterwerfung unter die kirchliche Autorität oder den Tod. Die Zögernden wurden zuerst gemartert; im Uebrigen war der Prozeß der nämliche.

Die Tausende von Priestern, welche seit 1492 gewohnt waren, die Donnerbüchse in der Hand oder mit Zuhilfenahme der Daumenschraube die Eingebornen zu taufen, waren aufgebracht bei der Nachricht, daß Schüler Loyolas mit anderen Begriffen von Missionsmethode nach der Neuen Welt unterwegs seien.

Der Jesuit, gefürchtet und gehaßt im ganzen protestantischen Europa wegen seiner raffinierten, durch feinere Bildung unterstützten Schleicherei, hat sich in anderen Erdteilen vielfach als civilisatorisches Element in der Geschichte der Missionsunternehmungen erwiesen. Und wenn er auch nichts anderes gethan hat, als die brutalen Methoden seiner Mitpriester in Südamerika zurückzuweisen, so kann ihm die Geschichte dafür nur erkenntlich sein.

Uebersteigen wir die Anden und betrachten wir das Werk, das von zwei Jesuiten begonnen wurde, welche (1610) den Hauptstrom des Parana erreichten. Der spanische Gouverneur jenes Gebietes (jetzt geteilt unter Argentinien und Paraguay) war seit Jahren bestrebt, die Eingebornen der Nachbargebiete des La Plata zu „beruhigen", d. h. zu unterjochen und auszurotten.

Die beiden Jesuiten verloren keine Zeit, drangen in die Wildnis ein und organisierten Missionsstationen auf der Grundlage einer halb religiösen, halb kommunistischen landwirthschaftlichen und handeltreibenden Gesellschaft. Der Gouverneur unterstützte sie durch die Einschärfung von Verordnungen gegen die Sklavenjagd, und das war alles, was die Jesuiten zur Förderung ihres Werkes verlangten. Eingeborne strömten ihnen von allen Seiten zu, angezogen von der Klugheit und Milde des Jesuitenregiments, im Gegensatz zu der ihnen bisher bekannten spanischen Herrschaftsweise. Eine Nation nach der anderen wurde gegründet, jede Nation ein Muster nutzbringender Farmengründung, aufgebaut auf der freien Zustimmung derjenigen, deren Arbeit den Erfolg sicherte. Jede Gemeinde umfaßte wenigstens 2500 Indier, an deren Spitze ein Jesuitenpater der Gemeindekirche vorstand. Jede Familie hatte einen Strich Landes zu bebauen, und diese verschiedenen Landstreifen umgaben das Dorf, so daß alle zur Bebauung der Felder gleich weit zu gehen hatten. Jenseits dieser kultivierten Zone lag eine weite Fläche von Gemeindeland oder Weideland, worauf Schaf- und Viehheerden gehalten wurden.

Das Leben war nach strengen, aber vernünftigen Regeln geordnet, wenigstens waren sie den direkt Beteiligten angepaßt. Privateigentum gab es bei ihnen nicht, den Schmuck der Frauen ausgenommen. Das Recht des Einzelnen bestand darin, das Land lebenslänglich benutzen, die Früchte seiner Arbeit in Sicherheit genießen zu dürfen, — aber das war alles. Erbschaft war ausgeschlossen. Die Kirche bot allen, die arbeiteten, ein ordentliches Auskommen und ein Lebensglück, das — wenigstens was die eingebornen Indier betrifft — höher stand als sonst irgendwo in Südamerika.

In dieser jesuitischen Theokratie sorgte der Jesuit für landwirtschaftliche Geräte, Land, Häuser und Verwaltung. Als Gegenleistung forderte er vom Eingebornen wöchentlich drei Tage Arbeit zum Nutzen der Gemeinschaft. Mit anderen Worten: der Jesuit entriß einen rohen Wilden und seine Familie einem zum mindesten unsicheren Dasein, beschützte ihn einerseits vor seinen Stammesgenossen, andererseits vor den Sklavenjägern, verschaffte ihm und seinen Kindern als Landmann ein gutes Fortkommen und alles dies, ohne daß zum voraus ein Stock von Kapital, Erziehung oder selbst Erfahrung nötig war. Für die erste Generation war dies in der That eine gewaltige Förderung, vielleicht auch für die zweite; aber als dauernde Einrichtung betrachtet, mußte das System die allgemeine Kritik herausfordern, da die auf solche Weise aufgepäppelten Gemeinden es auf die Dauer an Ehrgeiz und Energie fehlen lassen und sich nicht zu kraftvollen selbständigen Körperschaften entwickeln. Der Nordamerikaner kann das noch heute beobachten an den französisch-kanadischen Dörfern des St. Lorenzthales und an der Qualität der Auswanderer, die von dort in die Fabriken von Maine und Massachusetts kommen.

Die Kolonien Paraguays bestanden erst 10 Jahre, als sie (1620) einen schweren Schlag erlitten, nicht durch Einfälle kriegerischer Indier, sondern durch ihre Mitchristen, ja durch den Gouverneur der Kolonie selbst.

Er war mit einer portugiesischen Dame verheirathet, die im benachbarten Brasilien Plantagen besaß.

Um mehr Arbeitskräfte zur Ausbeutung dieser Besitzungen zu erhalten, veranstaltete er Sklavenjagden, nicht nur in seiner eigenen Kolonie, sondern auch auf den Missionsstationen der Jesuiten, wo die arglosen Indier mit Leichtigkeit zu Tausenden gefangen wurden. Die Zeit genug hatten, entflohen mit den Jesuitenpatern in die Wälder.

Viele Jahre vergingen, bevor der Gouverneur für sein Verbrechen zur Rechenschaft gezogen wurde, und als das Urteil bekannt wurde, diente es nur dazu, zukünftige Sklavenjäger zn ermutigen. Es wurde ihm eine Buße von einigen Dollars auferlegt; er wurde auf einige Jahre in seinem Amte eingestellt — das war die ganze Strafe.

Diese Erfahrung bewies den Jesuiten, daß sie in Südamerika ihre Feinde im eigenen Lager zu suchen hatten. Sie begannen sofort ihre Stationen gegen ihre Landsleute zu befestigen; militärische Uebungen wurden eingeführt und jede Gemeinde wurde auf Kriegsfuß gesetzt. So wuchsen diese Missionsstationen von Jahr zu Jahr heran, als Centren der Civilisation in den Wildnissen des La Plata.

Aber gerade die Verdienste der Jesuiten zogen ihnen Feinde zu. Insbesondere der Bischof, ein Franziskaner, haßte die Jesuiten. Er haßte die von ihnen unter den Eingebornen organisierten Schulen, er haßte den gewaltigen Einfluß, den dieser rivalisierende Orden erlangt hatte. Er überbrachte nach Rom alle möglichen Geschichten, die dazu dienen sollten, den Einfluß der Jesuiten im Hauptquartier zu untergraben, und er ging sogar so weit, den Pöbel aufzureizen, die Gebäude der Jesuiten in Asuncion niederzubrennen. Es dauerte noch einige Jahre, bis dieser Bischof endlich (1648) hierfür abgesetzt wurde; dann mußte man sich seiner mit Gewalt bemächtigen, weil er sich weigerte, sein Amt niederzulegen, als er im Namen des Papstes dazu aufgefordert wurde.

Die Jesuiten machten sich nach allen Seiten hin Feinde, in demselben Maße, wie sie die Eingebornen begünstigten. Die Kolonisten verlangten für ihre Besitzungen den Sklavenhandel und waren ungehalten darüber, daß durch die Jesuiten Indier dem Sklavenmarkt entzogen und durch ihre Erziehung untauglich zu Sklaven gemacht wurden. In der That gefährdeten die Jesuiten das Gedeihen der Kolonie durch ihr Eintreten für die Abschaffung der Sklaverei. Sie waren ein öffentlicher Feind und sollten als solcher ausgerottet werden — so dachte der Pflanzer. Auch hatten die Händler keine Zuneigung zu den Jesuiten, da diese ihre Konkurrenten auf den Märkten waren und unter dem Preise verkaufen konnten. Sie produzierten große Mengen an Vieh, Kochenille, Thee und Baumwolle und verluden nach Europa, was sie in Asuncion nicht absetzen konnten. Im Jahre 1645 erlangten die Jesuiten Handelsbewilligung, nicht für eigene Rechnung, sondern zu Gunsten ihrer Indier. Dies ärgerte die Kolonialhändler so sehr, daß sie eine Verordnung erwirkten, die den Jesuiten verbot, mehr als ein beschränktes Quantum von Produkten auf den Markt zu bringen.

Schließlich waren die Jesuiten sogar den Kronbeamten nicht mehr genehm, da sie die Staatskasse nicht genügend speisten. Sie brauchten das Geld eben zur Erstellung neuer Schulen und indem sie auch in andrer Weise die Verhältnisse der Eingebornen zu verbessern suchten. Wie aber anderswo im spanischen Kolonialbereich, so würden auch hier alle jene Indier der spanischen Krone nützlicher geworden sein, wenn sie zur Zwangsarbeit verkauft worden wären und so einen größeren Gewinn eingebracht hätten. Der Theorie nach hätte Madrid die Eingebornen gerne zufriedengestellt; doch in der Praxis wußte jeder Vizekönig, daß die Gunst, die er bei Hofe genoß, abhängig war von der Summe des Geldes, das er dem Schatzamte zuschicken konnte, wobei wenig auf die Art und Weise ankam, wie dasselbe beschafft worden war.

So war die Kolonialbevölkerung jeden Berufs — die Franziskaner an ihrer Spitze — den Jesuiten in Paraguay übelgesinnt. Man klagte sie an, einen Staat im Staate errichtet, die Eingebornen gegen die Autorität des Königs bewaffnet und den Indiern Lehren beigebracht zu haben, welche dem Fortkommen der sklavenhaltenden Pflanzer nachteilig seien.

Endlich (1767) wurden die Jesuiten aus Paraguay vertrieben und die Missionsstationen, die sie mit so vieler Mühe und Klugheit errichtet hatten, zerstört. Gerade diese Missionen waren es, welche sie zu Falle brachten. Der Gouverneur verlangte ihre sofortige Entfernung zu einer unmöglichen Zeit und an einen unmöglichen Ort; und als sie ein wenig zögerten, wurden Truppen herbeigerufen, die Stationen angegriffen, die Gebäulichkeiten geplündert und die Eingebornen aufs neue in die Wälder zerstreut.

Die Jesuitenpatres wurden wie Missethäter nach Europa deportiert; die Kolonisten aber jubelten über die Wegräumung des einzigen Hindernisses, das bisher zwischen ihnen und ihrer Beute — den Indiern, die sie als Sklaven begehrten — gestanden hatte.

Die Missionsstationen, welche im Jahre 1767 144000 arbeitende Leute umfaßten, zählten am Ende des Jahrhunderts nur noch deren 45000.

IV.

Die Beziehungen Spaniens zu Cuba und Manila bis zum Ende des 19. Jahrhunderts.

„Ich glaube, daß er, als Militärgouverneur, einen schweren Fehler beging und den Chinesen großes Unrecht that, indem er auf den Philippinen die Chinesen-Ausschließungsakte einführte, wodurch Rassenvorurteile aufgestachelt und diesen Inseln Schädigungen bereitet wurden."

Aus einem Brief Wu Ting Fang's, des chinesischen Geschäftsträgers in Washington vom Februar 1901, mit Bezug auf General Otis, amerik. Gouverneur in Manila.

Der Einfluß der Freibeuterei auf die Entwicklung des Kolonialhandels im 16. Jahrhundert — Besetzung von Havana und Manila durch England — Behandlung der Chinesen.

Spanien erfreute sich des Besitzes von Cuba während 387 Jahren, bis es endlich im Jahre 1898 den Vereinigten Staaten den Platz räumte. Sobald die Vereinigten Staaten zur Nation geworden waren (1783), begann diese, Spaniens Stellung auf Cuba zu erschüttern. Yankee-Händler waren nicht weniger geschäftig, als diejenigen von London und Amsterdam; auch hatten sie überdies den Vorteil des nähergelegenen Marktes. Der ganze Handel mit den spanischen Kolonien war mehr oder weniger Schleichhandel, und die schnellsegelnden Küstenschoner von Baltimore und Salem wurden bald heimisch in den cubanischen Gewässern. Diese Yankees waren Schmuggler in den Augen der Behörden, Wohlthäter aber in den Augen des Volkes und für beide eine Quelle des Gewinnes. Spaniens Haß gegen England führte dazu, daß es sich im Jahre 1777 Frankreich anschloß, um die amerikanische Republik gründen zu helfen. Spanien erhielt damit einen Nachbar, der bald seine Flagge von Florida und Kalifornien verdrängte, seine Sprache durch die englische ersetzte und sich den Weg zu einer solchen Ueberlegenheit in der Welt des Westens bahnte, daß die spanischen Kolonieen eine nach der anderen unabhängig wurden, mit Verfassungen, nachgebildet der Verfassung der Vereinigten Staaten.

Fast beispiellos in der Geschichte ist die riesige Thorheit Spaniens, das seine eigenen Kolonien despotisch regierte und dennoch mit dabei war, eine angelsächsische Demokratie vor seinen Thoren zu bilden. Es erkannte freilich seinen Irrtum beinahe zur selben Zeit, wie er begangen war; denn im Jahre 1783 arbeitete Graf Aranda, der erste Minister Karls III., einen Plan aus, der Spanien gegen eine solche revolutionäre Bewegung schützen sollte, wie diejenige, durch welche die Trennung der amerikanischen Kolonieen von England herbeigeführt war. Er schlug die Gründung von 3 Königreichen vor, eines in Mexiko, ein anderes in Peru und ein drittes, bestehend aus dem ganzen übrigen noch nicht besetzten Gebiete, das den Namen Costa Firme tragen sollte. Diese Gebiete sollten von Prinzen des königlichen Hauses regiert und die letzteren wieder ans Mutterland gebunden werden durch starke Verträge mit gegenseitiger Handelsfreiheit, gemeinsamer Aktion im Kriegsfall, Handelslicenz gegenüber Frankreich, nicht gegenüber England. Dieser Plan, der lange und ernsthaft erörtert wurde, beweist uns, daß Spanien selbst eine schattenhafte Vorstellung von der Unmöglichkeit hatte, sein großes Reich noch länger beisammenzuhalten, wenn den Kolonien nicht ein gewisses Maß von Selbstverwaltung — und sei dies noch so gering — gewährt würde.

Die amerikanische Revolution war für die spanische Kolonialmacht ein ebenso wuchtiger Stoß wie die protestantische Reformation des 16. Jahrhunderts für die katholische Kirche. Dazu ließ sich das Grollen der französischen Revolution in Europa bereits vernehmen, und sogar in Spanien gab es Staatsmänner, die es für besser hielten, ihren Untertanen lieber etwas anzubieten, als des Ganzen verlustig zu gehen.

Aber in seltsamer Verblendung verschob die spanische Regierung die dringende Angelegenheit, bis es zu spät war.

Cuba war in der früheren Zeit eine sehr vernachlässigte Kolonie; erst in unseren Tagen belegte Spanien diese Kolonie mit dem zärtlichen Namen „Perle der Antillen". In der That erinnert Spaniens Liebe zu Cuba an die Liebe Frankreichs zu Elsaß-Lothringen — eine Liebe, welche erst dann sichtbar wurde, als die deutsche Flagge über Metz und Straßburg wehte. Fünfzig Jahre nach der ersten Reise des Columbus hatte Cuba nur 1000 weiße Ansiedler, — während zu gleicher Zeit Ausstattungen in Mexiko und Peru bei den Günstlingen des Hofes schon begehrte Dinge waren.[1]) Freibeuter suchten beständig Cuba's Küsten heim, und im Jahre 1555 wurde Havana von den Seeräubern niedergebrannt. Drake und seine Genossen blockierten die Insel mehrere Jahre mit Erfolg, und der Verkehr mit dem Mutterlande war gegen Ende des sechzehnten Jahrhunderts beinah gänzlich abgeschnitten. Im Jahre 1569 war die Insel bankerott und wandte sich an den Vizekönig von Mexiko um einen Geldvorschuß zur Erstellung der notwendigsten Verteidigungswerke. Das Geld wurde vorgestreckt; und von dieser Zeit an deckte Mexiko, solange es zu Spanien gehörte, die Defizite Cubas.

Nach 100 Jahren spanischer Herrschaft und trotz des hohen Zuckerpreises in Europa, schickte Cuba kaum etwas von dieser gangbaren Ware ins Ausland, infolge seiner ökonomischen und politischen Mißwirtschaft.

Die Indier waren fast vollständig ausgestorben. Arbeit durch Neger war unzulänglich, und der kleine Handel, den es noch gab, war unternehmenden Seeräubern, Schmugglern und nichtkonzessionierten Sklavenhändlern zu verdanken.

Den Kolonien Spaniens hat England einen sehr großen Dienst erwiesen, den Spanien allerdings zur Zeit nicht als solchen anerkannte: englische Freibeuter hoben nämlich die schlechten Wirkungen der spanischen Gesetzgebungen zum Teil auf und retteten die Kolonisten vor den unheilvollen Folgen vollständiger kommerzieller Abschließung. Auch war es eine Wohlthat für Spanien,

---

[1]) Im Jahre 1540 besaß Cuba 600 Neger und 2000 eingeborene indische Sklaven.

daß Oliver Cromwell ihm 1655 Jamaica wegnahm, von wo aus Freibeuter aller möglichen Nationalitäten mit ihren Handstreichen den Spaniern einen Begriff davon beibrachten, was Seemacht wert sei für Handelsentwicklung.

Von dieser Zeit an übte England in Westindien Seepolizei und sicherte dem spanischen Handel die Aufrechterhaltung vertragsmäßiger Verhältnisse.

Der Friede von Utrecht (1713) bildet einen ferneren Abschnitt in der Geschichte der spanischen Kolonien; denn durch diesen erhielt England die gesetzliche Berechtigung, Sklaven nach Spanisch-Amerika zu bringen.[1]) Oberflächlich betrachtet, schien dies nicht allzu viel zu bedeuten; denn die Einschmuggelung von Negern war seit beinahe 2 Jahrhunderten von unternehmenden Seeleuten aller Nationen betrieben worden; aber England erlangte nun das Vorrecht, offen in spanisch-amerikanischen Häfen einzulaufen und dort über Ladungen zu verfügen. Dieser Handel war zwar auf Neger beschränkt, aber unter dem Vorwande, Neger zu landen, schifften englische Fahrzeuge beinahe alles aus, was sie wollten. England besaß bald den Hauptanteil am Handel aus dem spanischen Amerika, während Spaniens Anteil nur 20 pCt. betrug. Von der Zeit Elisabeths an bis auf den heutigen Tag ist es Spaniens Geschick gewesen, immer wieder mit England und Englands Abkömmlingen in Krieg zu liegen; und obschon es in diesen Kriegen durchweg den Kürzeren zog,

---

[1]) Sir John Hawkins brachte in den Jahren 1562, 1564 und 1567 Sklavenladungen nach den spanischen Kolonien. Dieser kühne Freibeuter starb (1595) zur See, auf der Höhe von Porto Rico, im Alter von 62 Jahren, wovon er den größten Teil dem Kampfe gegen Spanien gewidmet hatte.

so hat Spanien es doch nur diesen Feinden zu verdanken, daß es sich überhaupt jenes geringen kommerziellen Wohlstandes erfreuen konnte, der sein Los ist.

Im 17. Jahrhundert hörte der Verkehr Spaniens mit seinen Kolonien infolge des Flibustierwesens lange Zeit beinahe auf. Vera Cruz wurde einmal während dreier Tage durch diese „Wegelagerer der Meere" geplündert, und als sie schließlich mit ihrer Beute abzogen, strömten die Spanier in den Kirchen zusammen, anstatt zu den Waffen zu greifen, Gott für ihre Befreiung dankend!

Als Spanien schließlich England Konzessionen machte, geschah dies nicht in der Hoffnung auf gegenseitigen Gewinn, sondern lediglich um einer Seeräuberei zu entgehen, welche beinahe seinen ohnehin kleinen Vorrat an Schiffen vernichtet hatte. Im Jahre 1654 vollbrachte Mexiko seine „Höchstleistung" mit einer Sendung von Edelmetallen nach Spanien, — nachher hausten die Bukkanier oder Flibustier zu schlimm. San Domingo zählte zu jener Zeit 10000 dieser Leute. Das Wort „Seeräuber" war in der That gleichbedeutend geworden mit dem Begriffe „Schiffahrt", und sogar die puritanischen Vorväter der Nordamerikaner zeigten nur geringes Bedenken, an Handelsunternehmungen teilzunehmen, welche heutzutage ins Zuchthaus oder an den Galgen führen würden.

Englisches Blut fühlt sich an Bord ganz anders in seinem Element, als der Spanier oder selbst der Franzose. Dies mag uns erklären, weshalb Spanien — obschon die Vorsehung seinen Schiffen Inseln in den Weg legte — diese Besitzungen im Wasser vernachlässigte zugunsten des Festlandes, wo es sich sicherer fühlte. Zu keiner

Zeit war Spanien imstande, seine Inseln vor Ausplünderung zu schützen; ihre Bewohner mußten die Küstengebiete verlassen und im Innern Zuflucht suchen, wenn sie den Raubzügen des Feindes entgehen wollten. Den Engländern war umgekehrt die See der beste Freund, und die Kolonien, welche sie am meisten anzogen, waren die von Salzwasser umfluteten. Die Marksteine englischer Kolonialentwicklung tragen die Namen: Barbados, Jamaica, Hongkong und Singapur, Bermuda, Mauritius, St. Helena. Kaum hatte England in Westindien Fuß gefaßt, als auch schon die Produktion aus seinen Kolonien diejenige Spaniens zu überflügeln begann, es richtete dabei in zehn Jahren mehr aus als Spanien in einem Jahrhundert.

Der Vertrag mit England vom Jahre 1713 hatte eben begonnen, in Cuba gute Früchte zu zeitigen, als im Jahre 1717 Spanien ein Gesetz erließ, das alle Tabakpflanzer zwang, ihre Produkte an Regierungsagenten zu Regierungspreisen zu verkaufen. Dies hatte den ersten Aufstand auf der Insel zur Folge. Havana verweigerte den Gehorsam und schickte die verhaßten Beamten ins Mutterland zurück. Spanien gab für den Augenblick nach, übertrug aber im Jahr 1739 das Tabaksmonopol einer Gesellschaft — ein heftiger Schlag für den cubanischen Handel. Die Aktionäre verteilten im Jahre 1746 30 pCt. Gewinn; doch war dies für diejenigen kein Trost, auf deren Kosten der Gewinn erzielt wurde. Im Jahre 1760, anderthalb Jahrhunderte nach Cubas erster Besiedelung, hatte diese Kolonie nur 140000 Ansiedler. Während französisch Hayti 400000 Ansiedler zählte, auf 500 Plantagen zerstreut, konnte

San Domingo (spanisch), das $^4/_5$ der ganzen Fläche darstellte, eine Bevölkerung von nur 40000 Menschen aufweisen. Und während die französische Kolonie für 6000000 Frs. exportierte, war San Domingo auf eine jährliche Subsidie von Mexiko angewiesen. Im nämlichen Jahre (1760) war Jamaica ein starker Exporteur von Zucker, Rum und Kaffee.

Bei solch einem entmutigenden Zustande des spanisch-amerikanischen Handels sehnte sich Cuba nach einem Wechsel. Der kam im Jahre 1762, da dreiundfünfzig britische Kriegsschiffe als Eskorte von zweihundert Transportschiffen vor Havana erschienen. Das ganze Geschwader stellte eine Gefechtsstärke von zwanzig englischen Regimentern dar, eine Macht, die schleunig Havana einnahm, eine Beute von 736000 Lstr. in Sicherheit brachte und daran ging, dem Lande eine bessere Verwaltung zu geben, als es jemals besessen hat, vorher oder nachher, mit einziger Ausnahme vielleicht der kurzen Amtsperiode General Ludlows unmittelbar nach dem spanisch-amerikanischen Kriege.

Der Hafen wurde sofort dem englischen Handel eröffnet, und während früher nur ein halbes Dutzend Schiffe jährlich in Havana anlegten, erhielt es jetzt in den 10 Monaten englischer Besetzung den Besuch von 1000 Schiffen. In dieser kurzen Zeit importierte England 3000 Neger, d. h. ebenso viele, als während zwanzig Jahren spanischen Monopols. Die Insel begann wieder aufzublühen; thatsächlich blühte sie jedes Mal auf, wenn Spanien gedemütigt wurde.

Drei Monate nach der Einnahme Cubas erschien eine andere britische Flotte unter Admiral Cornish vor

Manila, setzte 3700 Mann ans Land und nahm die Stadt ein. Das England jener Tage hätte sich auf den Kopf gestellt, wenn ihm gesagt worden wäre, daß eine seiner Kolonien nach weniger als anderthalb Jahrhunderten stark genug sein würde, diese Inseln anzugreifen und zu behalten!

England hatte sie bis zum Frieden von 1763. So kurz diese Besetzung auch war, gab sie doch den spanischen Kolonisten einen Vorgeschmack für bessere Verwaltung und mehr Freiheit.

Stellen wir fest, daß der Cubaner im Jahre 1762 die Herrschaft des Angelsachsen freudig annahm, wie er es auch im Jahre 1898 that — eine Zeit lang. Auf den Philippinen aber wollten die Eingeborenen nichts wissen von dem neuen „régime", und England sah sich in einen Guerillakrieg verwickelt, der sich ins Unendliche hinauszuziehen drohte.

Es scheint ein großer Sprung zu sein von Manila nach Cuba; aber zu jener Zeit betrachtete der Papst die Philippinen nicht als einen Theil Ostindiens, sondern als eine Dependenz von Mexiko! Den Kaufleuten von Manila war es nicht erlaubt, mit dem nur 600 Meilen entfernten China Handel zu treiben, weil dies die Portugiesen in Macao beeinträchtigt hätte, die Portugiesen, welchen ja durch den gleichen Papst die ganze östliche Hemisphäre oder doch wenigstens so viel sie sich davon anzueignen beliebten, geschenkt worden war.

Daher war Manila angewiesen, ausschließlich mit dem Hafen von Acapulco in Mexiko zu verkehren, von welchem Orte aus seine Produkte über den Isthmus geführt wurden, um schließlich Sevilla oder Cadix als Teil einer mexikanischen Sendung zu erreichen.

Die Geschichte der Philippinen ist keine sehr interessante Lektüre; sie ist im großen und ganzen eine Wiederholung von Dingen immer der nämlichen Art: unterdrückten Aufständen, Hinrichtung und Folterung von eingeborenen Rebellen, Streitigkeiten zwischen Erzbischof und Gouverneur, Hungersnöten und Epidemien, räuberischen Einfällen, Reibungen zwischen Sklavenbesitzern und Gegnern der Sklaverei, zwischen Kaufleuten und Beamten.

Das erste pittoreske Ereignis in der Geschichte der Insel fällt in das Jahr 1574, als ein unternehmungslustiger chinesischer Admiral mit zweiundsechzig Dschunken in die Mündung des Pasigflusses einfuhr und die Uebergabe der Stadt verlangte. Seine Forderung wurde abgewiesen, worauf die Chinesen landeten, die Spanier vor sich hertrieben, ins Fort eindrangen und es in Brand steckten. Schließlich wurden die Himmlischen zurückgeworfen, doch hinterließen sie einen Ruf der Tapferkeit und Unternehmungslust, der die spanischen Beamten beunruhigte, so oft das Gerücht von chinesischen Piraten in der Luft war.

In der Geschichte Manilas sind als die einzigen Völker, die je als Feinde in jene Feste eindrangen, verzeichnet: Angelsachsen und Chinesen. Die letzteren haben seit unvordenklichen Zeiten die Philippinen als zu ihrer „Interessensphäre" gehörig betrachtet, obschon sie niemals eine „Monroe Doctrin" formulierten, an die der Rest der Welt sich halten zu müssen geglaubt hätte.

Als die Engländer im Jahre 1762 Manila einnahmen, erhielten sie viel Unterstützung von seiten der chinesischen Bevölkerung; denn dank der großmütigen Behandlung der Eingeborenen in Indien durch England hatten die Chinesen britische Gerechtigkeit schon ebenso sehr wie die Macht britischer Kanonen achten gelernt. Indem ich mich hieran erinnerte, war ich im Jahre 1898 nicht erstaunt, zu beobachten, wie in Manila der Sieg des Admiral Dewey und der amerikanischen Truppen durch Aushängen von englischen Flaggen aus jedem chinesischen Hause gefeiert wurde. Auf irgend eine Weise verknüpfte sich den Chinesen „England“ mit „Amerika“, teils wegen der gemeinsamen Sprache, teils wegen der guten Beziehungen, die zwischen den englischen Kriegsschiffen und den unsrigen gepflogen wurden, vielleicht hauptsächlich auch, weil englische und amerikanische Kaufleute zur Förderung gesellschaftlicher Zwecke einen gemeinsamen Club bildeten. Es ist übrigens auch möglich, daß sich die Chinesen gegen allfällige Plünderung zu schützen suchten, indem sie die Rechte von angeblich britischen Unterthanen in Anspruch nahmen; denn eine Zeit lang war es nicht recht klar, ob Amerikaner, Spanier oder Filippinos die Situation beherrschen würden. Nach der Eroberung des Jahres 1762 hatte man Plünderung gestattet, wenn auch nur für drei Stunden. Da aber die Engländer damals eingeborene indische Truppen mit sich führten, so zweifle ich nicht daran, daß drei Stunden allen billigen Anforderungen reichlich genügten. Im Jahre 1762 hatten die Chinesen besondere Ursache, die Spanier nicht zu lieben; denn damals wurden sie gezwungen, entweder die Insel zu verlassen oder zur römischen Kirche überzutreten. Denjenigen unter uns, die den Chinamann kennen, ist es verständlich, daß sie in Mehrheit keine Schwierigkeit darin fanden, ihren Ahnencultus und „Josspidgen“ mit Transsubstantiation und unbefleckter Empfängnis in Einklang zu bringen.

„John Chinaman“ weiß sich jedem Verhältnis anzupassen. In einer Ecke seines Joßhauses verehrt er St. Franziskus mit Kerzen und geweihtem Wasser, in der andern bringt er seine Angelegenheiten mit den angestammten Götzen ins Reine. Das Heiligtum eines bekehrten Chinesen war für einen Großinquisitor ungefähr ebenso ärgerlich wie für den Durchschnittsprotestanten Altar und Altarschrein in einer ritualistisch-anglikanischen Kirche.

Wie auf Cuba, so war auch auf den Philippinen die Behandlung der Eingeborenen die erste und wichtigste Frage, welche den spanischen Hof beschäftigte. Die eine Hälfte der Kirche behauptete, die Sklaverei laufe der christlichen Moral zuwider, die andere vertrat mit einem ebenso großen Aufwand an Gelehrsamkeit und bedeutend größerer Heftigkeit die Ansicht, daß die Sklaverei eine wesentlich erzieherisch wirkende Einrichtung sei, namentlich wenn es sich um einen Heiden handelte, den man arbeiten machte, und um einen Spanier oder Christen, der von der Arbeit den Nutzen hatte. Mit dieser Frage war unmittelbar die andere verknüpft, ob die Filippinos mit Gewalt zu Christen gemacht oder durch Vernunftgründe überredet werden sollten. Offenbar hatte der Bischof von Manila mit der Anwendung der sanften Methoden kein Glück gehabt; denn gegen das Ende des sechzehnten Jahrhunderts behauptete er steif und fest, es sei die Pflicht der Kirche, jeden Eingeborenen zu bekehren oder ihn dem Henker zu überliefern.

Die Kirche hielt daran fest, daß Ketzerei ein Kapitalverbrechen sei; und wir sehen nicht, wie man es einem wohlbestallten Bischof jener Tage hätte verzeihen können, wenn er rein menschlichem Fühlen einen Platz eingeräumt hätte zwischen häretischen oder heidnischen Eingeborenen und der Strenge des „christlichen" Gesetzes. Der Streit wurde so heftig, daß sich die Krone schließlich ins Mittel legte und Verordnungen für die Verwaltung der Insel erließ, durch die thatsächlich die Eingeborenen den Bischöfen und Gouverneuren in die Hände geliefert wurden ohne jeglichen Schutz, außer dem scheinbaren, der in der Phrase von einer „Empfehlung zur Gnade" lag.

Von nun an sollte ein jeder Eingeborene eine jährliche Kopfsteuer von 8 Realen bezahlen. Von dieser Steuer kamen 90 pCt. der spanischen Krone, dem Klerus und der Militärverwaltung zu Gute. Der übrigbleibende eine Real wurde angeblich zum Wohle der Kolonie verwendet. Ob dies wirklich geschehen ist, steht dahin.

Da Spanien damals nur einen sehr kleinen Theil der Eingeborenen unter seiner wirklichen Herrschaft hatte, und es ihm in dieser Hinsicht nach 400jährigen Anstrengungen nie gelang, Luzon vollständig zu kolonisieren, so erwies sich die Steuer als sehr unzureichend, wenigstens für diejenigen, welche alle Filippinos als steuerpflichtig rechneten.

Ein deutscher Beamter, der in Afrika angestellt gewesen war, schilderte mir einst die Panik, welche unter seinen Kollegen ausbrach, als von Berlin Regulative und Formulare eintrafen, die detaillirte Angaben über die Steuerfähigkeit der Eingeborenen verlangten. Kolonne um Kolonne sollte ausgefüllt werden mit Angaben über Geburt, Art der Beschäftigung, Beschaffenheit der Wohnung und die mancherlei einem preußischen Polizeibeamten wohlbekannten Einnahmequellen. Die Panik im Regierungsbureau aber war nichts im Vergleiche mit dem weißen Schrecken eines nackten Kaffern, dessen irdisches Inventar aus einer Kriegskeule und einer Schilfhütte bestand.

Stelle man sich diesen Wilden des Urwaldes in der Krone einer Kokospalme beim Frühstück vor, wie er plötzlich von einem preußischen Schutzmann aufgefordert wird, herunterzusteigen und seine Steuern zu bezahlen!

Regierungen, welche mit Kolonien spielen, verüben wunderliche Streiche!

Spanien würde seine Kolonien schon viel früher verloren haben, hätten nicht seine Beamten an Ort und Stelle das Gesetz von Madrid weithin als toten Buchstaben behandelt. Der König schaffte Zehnten ab, schaffte die Sklaverei ab, schenkte nur bona fide-Ansiedlern Land und untersagte sogar Missions- und Militärexpeditionen, sofern sie nicht die Genehmigung des Bischofs hatten. Doch sind diese Verfügungen kaum erwähnenswert; denn in der Praxis preßte die Kirche mit Hilfe des Gemeindepriesters und Ortsgouverneurs aus dem Eingeborenen alles, was zu erpressen war und der Staatsschatz in Madrid erhielt, was übrig blieb, nachdem alle weißen Beamten in Manila befriedigt worden wareu. Cuba und Manila sind zwei der reichsten Inseln der Welt; doch so lange sie jedem Einfluß außer dem spanischen verschlossen waren, fielen Cuba wie Manila dem Mutterlande nur zur Last.

Noch zu Anfang des siebenzehnten Jahrhunderts wurde vom König eine Specialkommission eingesetzt zur Prüfung der Philippinen-Angelegenheiten, und es wurde beschlossen, die Inseln ganz aufzugeben. Daß dies nicht geschah, ist dem Bruder Moraga zu verdanken, der, von feurigem Eifer für die Sache der Mission beseelt, sich Philipp III. zu Füßen warf und inständig flehte, Seine katholische Majestät möge nicht alle diese heidnischen Seelen der Verdammnis überlassen! Der König gab aus rein theologischen Beweggründen nach, und Mexiko wurde von neuem angewiesen, die Deficite der philippinischen Verwaltung auf sich zu nehmen.

Natürlicher Weise trug auch die in den östlichen Gewässern fast ebenso sehr wie in Westindien getriebene Freibeuterei zum Elend auf den Philippinen bei; Holländer und Engländer fingen die zwischen Mexiko und den Philippinen verkehrende Flotte öfters auf, von den gelegentlichen Plünderungen der Küstenstädte gar nicht zu reden. Im Anfang des achtzehnten Jahrhunderts war der Handel auf den Philippinen durch die Verordnungen des Mutterlandes so gelähmt, daß Manila nicht einmal Ladung hatte für die gesetzlich zulässigen drei jährlichen Galleonen. Seinen Kaufleuten war es untersagt, chinesische Waaren nach Mexiko (und von da nach Spanien) zu senden, obschon zur gleichen Zeit Portugal direkte Beziehungen mit Macao unterhielt. Die mexikanische Dame, welche ein Kleid von chinesischer Seide wünschte, mußte dasselbe in Spanien bestellen, und wenn sie das Kleid erhielt, hatte es mehr als eine halbe Reise um die Welt gemacht. Das nämliche Stück Seide war wahrscheinlich auf seinem Wege nach Spanien an ihrem eigenem Hause vorbeigeführt worden. Doch auch diese „Protektion" erwies sich als ungenügend; denn im Jahre 1718 wurde, infolge von Petitionen Seide fabrizierender Städte wie Toledo, Valencia und Granada, der Handel mit chinesischer Seide den Philippinen gänzlich verboten. Diese Verordnung wurde von den mexikanischen wie philippinischen Kolonisten als so grausam empfunden, daß der Vicekönig von Mexiko in Spanien Einspruch tat, in der Hoffnung, ihre Aufhebung durchzusetzen. Doch wurde im Gegentheil die drastische Maßregel nur noch verschärft und chinesische Seide weder in Spanien noch in dessen Kolonien überhaupt zugelassen. Der gründlichste „Protektionismus" moderner Zeiten scheint im Vergleich hierzu noch erleuchtete Zollpolitik zu sein. Das Ergebniß dieses „Hochschutzzollsystems" war, daß der chinesische Markt, von Spanien verschmäht, durch die unternehmungslustigen Seeleute von England und Holland reichlich benutzt wurde; und die Spanisch-Amerikaner wie die Spanier daheim fanden, daß geschmuggelte Seide ebenso schön und nicht teurer sei als irgend andere. So litt darunter der spanische Handel; die Entwicklung der Kolonien wurde gehemmt, und die einzigen, die florierten, waren Schmuggler und Beamte. Im Jahre 1734 wurde die Wirkung dieser Politik, besonders im Sinken der Einkünfte von Manila so offenbar, daß das Gesetz abgeändert und der entlegenen, östlichen Kolonie gestattet wurde, jährlich asiatische Waren im Werte von 500000 Pesos (Dollars) nach Acapulco zu senden, und dafür von Mexiko Waren im Werte bis zu 1000000 Pesos in Empfang zu nehmen.

Diese geringfügige Nachgiebigkeit hatte eine sofortige und erfreuliche Wirkung. Die Geschäfte nahmen allenthalben einen neuen Aufschwung, und in der Bucht von Manila war lustiger Rummel. Wer immer einen Dollar besaß oder einen solchen geliehen bekam, beeilte sich, mitzuhelfen bei der Befrachtung der beschränkten Anzahl Schiffe, die von der Regierung gewährt waren. Soldaten, Beamte, Priester, Wittwen — alles eilte herbei, um an dem Gewinn des neu eröffneten Handels teilzunehmen. Die reichen Klöster liehen Geld zu Zinsfüßen von 25—50 pCt. Die Kronbeamten gestatteten das zwei- oder dreifache der gesetzlich zulässigen Befrachtung der Schiffe. Der Kapitän eines Kauffahrteischiffes erhielt 40000 Pesos als Unternehmeranteil, der Steuermann 20000, der Superkargo 9 pCt. — kurz jedermann, mit Ausnahme der Eingeborenen, kam schnell zu Vermögen. Doch sollten diese goldnen Tage auf den Philippinen nur von kurzer Dauer sein; denn die Regierung des Mutterlandes begann von neuem, Gesetze zu machen — diesmal zum Zweck der Chinesenaustreibung (1755). Daraufhin sanken die Einnahmen aus der Verwaltung der Philippinen sofort um 30000 Pesos pro Jahr, obschon die Chinesen in großer Zahl sich taufen ließen und bleiben durften. Die Regierung versuchte, die Chinesen durch eine Aktiengesellschaft vereinigter Kaufleute zu ersetzen; doch wurde diese bald bankerott.

Als England (1763) die Philippinen zurückgab, richteten die Spanier zur Warnung 6000 Chinesen hin und suchten, den Handel auf die alte Weise zu beleben; doch hieß das, einen alten, vor Ueberanstrengung zu Boden gestürzten Gaul durch Peitschenhiebe wieder auf die Beine bringen wollen. Im Jahre 1763 übernahm Carlos III. 4000 Anteilscheine einer Aktiengesellschaft, welche den philippinischen Handel monopolisieren und den Aktionären ungeheure Gewinnste einbringen sollte. Der königliche Hof in Spanien stand zu dieser Ausbeutung der Philippinen in ganz ähnlicher Beziehung, wie die britische Aristokratie zur „Chartered Company“, welche Rhodesia zur Entwicklung brachte und den Dr. Jameson nach Johannesburg sandte. Diese Gesellschaft fiel schließlich zusammen; doch diente sie eine Zeit lang einem guten Zwecke; denn in ihrer Geldgier bewilligte die Krone Reformen, die indirekt den Inseln sowohl als auch dem Mutterlande zum Nutzen gereichten. Der Gesellschaft wurde nämlich gestattet, direkt mit Spanien Handel zu treiben, ohne wie früher den Weg über Acapulco nehmen zu müssen. Schiffe durften zwei Jahre lang überall gekauft werden; Schiffsmaterial und philippinische Waren hatten zollfreien Eintritt in Spanien. Spanien wurde jetzt erlaubt, chinesische und japanische Produkte von Manila direkt nach Spanien zu bringen. Vier Procent des Gewinns sollten auf die landwirtschaftliche Entwicklung der Kolonie verwendet werden. Doch diese nützliche Veranstaltung wie die übrigen verhältnismäßig liberalen Verfügungen wurden neutralisiert durch das bei der Auswahl der Beamten hervortretende Günstlingswesen.

Immerhin, von nun an figurieren in der Ausfuhr von den Philippinen große Sendungen von Pfeffer, Zucker, Baumwolle, Tabak und Indigo. Im Jahre 1825 wurde die Gesellschaft durch Vorschüsse des Königs vom Bankerott errettet, verschwand aber im Jahre 1834.

Mit dem 19. Jahrhundert beginnt für die Philippinen wie auch für Cuba eine neue Aera. Die beiden Revolutionen in den Vereinigten Staaten und in Frankreich hatten in der ganzen Welt einen Widerhall gefunden, sogar in den Kolonieen Spaniens. Die Jesuiten, welche diese Strömung vielleicht hätten leiten, wenn nicht aufhalten können, waren vertrieben worden, und die öffentliche Meinung suchte ihre Führer unter Männern, deren vorwaltende Leidenschaft der Haß gegen Spanien, gegen dessen unwissende Mönche und korrupte Beamte war. Nach und nach hatte Spanien seinen eigenen Kindern offenbar gemacht, daß es nicht nur grausam und habgierig, sondern, was weit schlimmer — daß es schwach war.

V.

Schwanken und Zusammensturz des spanischen Kolonialreiches.

„Napoleon war jede Art von Erfolg beschieden, er mißbrauchte sein Glück ohne Maaßen."
Talleyrand, „Memoires" I., 302.

Einfluß der „Monroe Doctrin" auf Südamerika — Der Kampf zwischen Spanien und seinen Kolonieen.

Im Jahre 1823 verkündigte Präsident James Monroe den europäischen Mächten, daß die Vereinigten Staaten einen gewissen beschützenden Einfluß auf den ganzen amerikanischen Kontinent für sich beanspruchten. Hier einige seiner Worte, die Summe der sogenannten „Monroe Doctrin": „Wir (die Vereinigten Staaten) könnten eine Einmischung von seiten irgend einer europäischen Macht zum Zweck ihrer (der spanisch-amerikanischen Republiken) Unterdrückung, oder irgend einen anderen Eingriff in ihre zukünftige Entwicklung nur auffassen als eine Kundgebung unfreundlicher Gesinnung gegenüber den Vereinigten Staaten .... die amerikanischen Kontinente sollen nicht länger der Boden für irgendwelche neue Kolonialgründung von seiten europäischer Mächte sein."

Diese Erklärung garantierte thatsächlich die Unabhängigkeit jeder spanischen Kolonie; von Californien bis zum Kap Horn. Und als kurz darauf die englische Regierung unter Canning[1]) die von den Vereinigten Staaten eingenommene Stellung bestärkte durch Anerkennung der Unabhängigkeit der verschiedenen Republiken, da war jeder Gedanke an Wiedergewinnung der verlorenen Kolonien im Keime erstickt, und die Freigewordenen konnten ihre Freiheit benutzen, um einander zu bekämpfen und Revolutionen zu veranstalten, so oft es ihnen beliebte, ohne fremde Dazwischenkunft, wenigstens ohne Dazwischenkunft von Madrid.

Aber Spanien schwankte lange, bevor es schließlich zusammenbrach. Es beweist dies, daß in seiner Verwaltung noch einige gute Elemente mit viel schlechten vermischt, zu finden waren; in der That hätte auch kein ganz verderbtes Regierungssystem eine Sprache und ein Kirchentum in so kurzer Zeit über ein so ausgedehntes Gebiet verbreiten können.

Spaniens Verwaltung der Kolonien war, vom Standpunkt des Nationalökonomen aus betrachtet, eine schlechte; sie war aber denjenigen, die darunter zu leiden hatten, nicht halb so anstößig, wie sie es uns heutzutage ist. Das Ausschlag gebende Moment bei der Trennung des amerikanischen Festlandes vom spanischen Mutterlande war nicht sehr verschieden von demjenigen, das im Jahre 1776 die dreizehn Kolonien der Vereinigten Staaten zusammenführte. In beiden Fällen war es das Gefühl, daß das vom Mutterland geübte Regiment nicht nur ungerecht, sondern auch anmaßend war; es griff ebenso

[1]) George Canning, geboren 1770, war Minister des Aeußern von 1822 bis zu seinem frühen Tode im Jahre 1827.

sehr an den persönlichen Stolz des Kolonisten, wie an seine Geldtasche. Die Beamten der heimatlichen Regierung betrachteten die Kolonien nicht nur als Mittel, sich selbst und die Krone zu bereichern, sondern behandelten ihre Stammesgenossen in den Kolonien mit Gleichgültigkeit, wenn nicht mit Verachtung.

Solange die Macht Spaniens überwältigend war, fügte sich der spanische Kreole mit leidlich guter Miene; aber die französische Revolution und die Napoleonischen Kriege, wobei für Spanien herauskam, daß es als französische Provinz behandelt wurde, weckten in den Spaniern Amerikas das Gefühl, daß ihr nationaler Ruhm an den Ufern des La Plata oder im Schatten des Chimborazo eine ebenso sichere Heimstätte habe, wie in den Palästen von Madrid.

Und obschon sich nun Spanien unfähig zeigte, seine überseeischen Besitzungen zu verteidigen, verweigerte es denselben doch die Berechtigung, in der Verwaltung ihrer eigenen Angelegenheiten mitzusprechen und fuhr beharrlich fort, Kreolen (in den Kolonien geborene Spanier) von allen verantwortlichen Stellungen auszuschließen. Von hundert und sechzig spanischen Vizekönigen sind nur vier und von sechshundert und zwei Generalkapitänen nur vierzehn Kreolen gewesen. Argwohn und Eifersucht bezeichneten die Haltung Spaniens ihren entfernten Kindern gegenüber. Wer kann sich daher wundern, daß diese es an Loyalität fehlen ließen, als man ihrer Hilfe bedurfte? Und doch!

Im Jahre 1898 stand die öffentliche Meinung von spanisch Amerika auf der Seite des Mutterlandes gegen die Vereinigten Staaten; im Jahre 1823 wurden die

Vereinigten Staaten als der uneigennützige große Bruder begrüßt, der die jüngeren Republiken gegen die Grausamkeit der Mutter schützte; — so sehr haben sich die Zeiten geändert!

Während der Kriege des revolutionären Frankreich gegen die Koalition des monarchischen Europa wurde Pitt schon ein Plan nahegelegt, bei der Losreißung der Kolonien von Spanien mitzuwirken. Eine revolutionäre Gesellschaft bildete sich in London mit der ausgesprochenen Absicht, für die Befreiung der südamerikanischen Kolonien thätig zu sein. Aber erst seit dem Wiederausbruch des Krieges nach dem Frieden von Amiens und seit der Vernichtung der französischen und spanischen Flotte bei Trafalgar (1805) hatte England völlig freie Hand.

Admiral Popham war in Kapstadt. Nachdem er die englische Macht aufs neue im holländischen Südafrika etabliert hatte, segelte er (1806) über den südatlantischen Ocean und ankerte in der Mündung des La Plata.

Er war durch die Vorstellungen der revolutionären Partei bewogen worden, hier zu landen. Die Besetzung von Buenos-Ayres bot keinerlei Schwierigkeiten, obschon General Beresford, der die Landtruppen befehligte, bloß 1800 Mann unter sich hatte. Die Engländer verfuhren hier, wie sie es (1762) in Havana und Manila gethan hatten, gewährten vollständige Kultusfreiheit und öffneten den Hafen dem Freihandel, wenigstens mit England — eine gewaltige Vergünstigung für die in ihren Freiheiten bis jetzt so beschränkten Kolonien. Sofort belebte sich der Handel, der Fluß wimmelte von Schiffen und nach der kurzen Besetzung durch die Engländer war es für jene Kolonien ein Ding der Unmöglichkeit, sich jemals wieder mit einer Politik spanischer Ausschließlichkeit zufrieden zu geben.

Wenngleich nun die Aufständischen für ihre Lostrennung von Spanien gekämpft hatten, so waren sie doch nicht gewillt, die Engländer im Lande zu dulden. Sie wandten sich gegen ihre Befreier, wie es später (1898) auch die Filippinos gethan haben.

Der bei heißblütigen Rassen so häufig sich zeigende jähe Umschlag der Gefühle ermöglichte es den Spaniern und Kreolen, ihren Zwist zu vergessen und sich in gemeinsamem Haß gegen den Erbfeind, den längst gehaßten Angelsachsen zu verbinden.

Zwei Wochen nach der ersten Besetzung von Buenos-Ayres durch die Engländer wurden diese von einem argentinischen Heerhaufen angegriffen und gezwungen, in der Citadelle Zuflucht zu suchen. Die „Patrioten", welche dem Admiral Popham einen leichten Sieg verheißen hatten, waren nun nirgends zu finden.

Im Juni des Jahres 1807 trafen unter dem Befehl des General Whitelock Verstärkungen aus England ein: 12000 Mann auf achtzehn Kriegsschiffen und achtzig Transportschiffen. Zum großen Erstaunen der Welt mißlang dieser Truppenmacht der Versuch, den Argentiniern die Stadt zu entreißen; mehr als dies, die Engländer wurden gezwungen, sich auf ihre Schiffe zurückzuziehen und heimzusegeln. Es war das kein Kriegsunglück erster Ordnung, und eine Nation, welche soeben die Schlacht von Trafalgar gewonnen hatte und im Begriffe war, Napoleons Armeen aus Spanien zu vertreiben, brauchte durch eine so kleine Niederlage sich nicht entmuthigen zu lassen. Aber wenn man die Natur des Feindes und

Beschaffenheit der angreifenden Truppen in Betracht zieht, so erscheint diese Niederlage als besonders auffallend in der Reihe der denkwürdigen britischen Verluste — wie Majubahill, Saratoga, Yorktown, New Orleans, Colenso —; immer wieder die alte Geschichte: tapfere Leute, unfähige Führer.

Dies war die Zeit der großen Schlachten. Das Jahr 1805 war das Jahr von Austerlitz und Trafalgar, 1806 das Jahr von Jena, als Napoleon die preußische Armee von der Grenze Süddeutschlands bis an die Gemarkungen Rußlands vor sich hertrieb, sie in alle Winde zerstreuend. Die Schlacht von Friedland fällt in das Jahr 1807. Das folgende brachte Napoleon sein „Parterre von Königen zu Erfurt". Das Jahr 1809 war erfüllt von erneutem, gewaltigem Kriegslärm, die Schlacht von Wagram inmitten. Der russische Feldzug fällt in das Jahr 1812, in das Jahr 1813 derjenige von Leipzig, in das Jahr 1814 die Einnahme von Paris und Waterloo in das Jahr 1815. Allfällige Lücken in der Reihe dieser Ereignisse wurden durch die Kämpfe Wellingtons in Spanien und die kleinen Expeditionen Englands in allen Teilen der Welt ausgefüllt. Kein Wunder daher, daß der Verlust von Buenos-Ayres so schnell vergessen werden konnte.

Für die Geschichte der spanischen Kolonien aber war kein Ereigniß von größerer Tragweite. Die Nachricht von der Niederlage der Engländer bei Buenos-Ayres brachte Leben in jede revolutionäre Vereinigung, nicht nur am La Plata, sondern auch in Chile und Peru, Venezuela und Mexiko. Kolonisten hatten gezeigt, wessen sie fähig waren. Sie hatten nicht nur Spanien standgehalten, sondern auch Argentinien vom fremden Feinde — keinem geringern als England — errettet! Während Spanien zu machtlos war, ihnen Schutz zu gewähren, hatten die Kolonisten selbst eine Streitmacht organisiert und ohne jegliche Hülfe von Seiten des Mutterlandes den Sieg davongetragen!

Von nun an konnte nicht mehr die Rede sein von Duldung der Tyrannei früherer Tage. Viele der Kolonisten waren bereit, auf Grund einer gerechten und gleichen Behandlung, wie sie den Bewohnern des Mutterlandes zu Teil werde, Spanier zu bleiben und den König anzuerkennen. Spanien aber gebrach es an Mut oder an Einsicht, die sich ihm darbietende Gelegenheit auszunützen. Es ließ den Dingen ihren Lauf, hemmte nicht die stets an Ausdehnung gewinnende revolutionäre Strömung und machte erst Konzessionen, als es zu spät war. Wenn Spanien je einen Augenblick aus seiner Angst aufatmen konnte, so stellte sich auch gleich seine Anmaßung wieder ein, und es suchte die Handelseinschränkungen, welche in der Vergangenheit soviel Unheil angestiftet hatten, wieder ins Leben zu rufen. Die kurze englische Occupation hatte dagegen alle Klassen der Kolonisten wenigstens in dem einen Punkte geeinigt, daß sie freilich keine britischen Soldaten im Lande haben, daß sie aber jene Freiheit haben wollten, zu der diese Soldaten ihnen den Weg gewiesen hatten.

Im selben Jahre, da Preußen sich gegen das französische Joch erhob (1813), erklärte Argentinien seine Unabhängigkeit, und von diesem Tage an bis zur Proklamation des Präsidenten Monroe bildete, neben den Ereignissen auf dem europäischen Kontinent, sein Freiheitskampf eine Quelle der Ermutigung für das übrige Südamerika. Als Spanien Napoleon zu Füßen lag, waren seine Kolonien verhältnismäßig obenauf; als aber Wellington die Franzosen endlich aus der spanischen Halbinsel vertrieben hatte, trübten sich die Aussichten der Freiheitsfreunde drüben, denn nun bekam das Mutterland freie Hand, ihr rebellisches Gelüste mit Waffengewalt zu dämpfen. Argentinien allein behielt seine Selbstverwaltung, um nicht zu sagen seine vollständige Unabhängigkeit, in diesen stürmischen Zeiten der Revolution und Gegenrevolution. Im Jahre 1810, als noch nominell ein spanischer Vicekönig das Land regierte, erhob ein Volksausschuß die Steuern, leitete die Verwaltung und duldete den Vicekönig nur als dekorative Figur. Die Hälfte der Regierungsbehörde bestand aus Kreolen, und die Anwesenheit der spanischen Flagge that dem Fortschritt des Landes nur geringen Eintrag.

Nach dem Sturze Bonapartes bildeten indeß die Monarchen Europas einen „Bund zum Schutz und Trutz", ein Syndikat, würden wir sagen, oder eine Art „Ring", dessen Zweck es war, den ewigen Fortbestand der Monarchie von Gottes Gnaden zu gewährleisten. Die politische Polizei übertrieb oder erfand Geschichten von revolutionären Umtrieben, und es ist möglich, daß die meisten Monarchen, welche die sogenannte heilige Allianz bildeten, aufrichtig glaubten, durch die Unterdrückung jeder Kundgebung von Volkswünschen nach Selbstverwaltung Gott zu dienen. Auch England — wenigstens die englische Regierung — kämpfte um diese Zeit gegen politische Unzufriedenheit mit nahezu denselben Waffen wie Alexander von Rußland sie gebrauchte. Unzufriedenheit herrschte weit und breit in Großbritannien, und Tumulte ereigneten sich in vielen Städten. Um sie zu dämpfen, sahen sich nun dieselben Truppen, die auf den Schlachtfeldern des Kontinents sich ausgezeichnet hatten, gezwungen, ihre Bajonette gegen das gemeine Volk ihrer Heimatorte zu kehren. Allgemeine Erregung wurde hervorgerufen durch Verschwörungen gegen das Leben von Monarchen und von Staatsministern. Und so ließ sich eine Zeit lang eine Mojorität des englischen Parlaments bereit finden, jede Maßregel zur Unterdrückung der Revolution zu unterstützen, — folglich auch Spanien zu unterstützen gegen seine auf die Republik zusteuernden Kolonien. Aber es gab eine Grenze für Englands Dreinfahren und Englands geduldiges Zuschauen. Spanien bewies solche Hülflosigkeit im eigenen Hause, daß sich seine Absichten auf Unterdrückung der amerikanischen Rebellen beinahe wie eine Narrheit ausnahmen. Im Jahre 1819 sammelte es bei Cadix ein Heer, um unter den Auspicien der heiligen Allianz eine großartige Wiedereroberung Südamerikas zu versuchen. Aber die Officiere, welche die Expedition anführen sollten, waren nicht bezahlt, und sie waren nur halb befriedigt, als die Regierung ihnen eine Rangerhöhung versprach statt Bargeld. Die Soldaten aber, 22000 an der Zahl, wurden von Freiheitsfreunden unablässig daran erinnert, daß Spanien seit dem Jahre 1811 schon 42000 Mann ausgeschickt habe, die alle entweder durch Krankheit oder durch die Kugeln der Feinde den Tod gefunden hätten. Die Abfahrt erlitt Verzögerung, die Regierung hatte nicht für Transportschiffe genug gesorgt; der Widerwille gegen den Krieg erhielt neue Nahrung und machte sich endlich Luft in einer

Militärrevolte, die für den Augenblick allen transatlantischen Plänen ein Ende bereitete.

Dann kam der Sturz des absolutistischen Regiments in Spanien und in England ein liberaleres Ministerium (1822) an Stelle des Ministeriums Castlereagh.

Canning erwog, daß unabhängige Republiken in Spanisch-Amerika weit mehr Handelsvorteile boten, als sich erlangen ließen durch Unterstützung der Ansprüche einer Monarchie, die, wie daheim so in den Kolonien, so oft ihre Regierungsunfähigkeit bewiesen hatte.

Durch die Unterstützung der Vereinigten Staaten und der „Monroe Doctrin" zahlte Canning jener Liebe zur Freiheit den Tribut, die dem englischen Volke angeboren ist. Er erwarb sich den Dank des britischen Kaufmannes, welcher die kommerziellen Vorteile einer solchen Politik zu würdigen wußte; er erwab sich auch das Wohlwollen der Vereinigten Staaten.

Präsident Monroe anerkannte im Jahre 1822 die Unabhängigkeit Venezuelas, und das monarchische Europa berief sofort eine Konferenz der Großmächte, um die spanischen Ansprüche zu unterstützen.

England lehnte es nicht nur ab, den Beschlüssen dieser Konferenz (in Verona) beizustimmen, — sondern drohte mit der Anerkennung der Unabhängigkeit der spanischen Kolonien. Und dies ereignete sich, als Georg III. erst zwei Jahre im Grabe lag, unter der Regierung eines Georg, der kaum weniger als der Vater Feind der Demokratie war.

Die Ereignisse folgten sich in jenen Tagen Schlag auf Schlag. Im Jahre 1823 schickte sich, im Auftrag der Heiligen Allianz, Frankreich an zur Intervention in Spanien für König Ferdinand VII.

England beschied sich, den Dingen auf dem europäischen Kontinent den Lauf zu lassen. Aber es beantwortete im Jahre 1824 die Intervention zu Gunsten des Absolutismus in Spanien durch die Anerkennung der Unabhängigkeit Argentiniens, indem es mit Argentinien einen Handelsvertrag abschloß.

Diese jährlichen Ueberraschungen erreichten ihren Höhepunkt im Jahre 1825, als England der Welt bekannt machte, daß es trotz der Einwendungen Spaniens diplomatische Vertreter in die südamerikanischen Republiken senden werde.

Der Sturm der Revolution, welcher die spanische Flagge vom amerikanischen Festland hinwegfegte, ließ an der Stelle der spanischen Herrschaft zurück eine große Zahl anerkannter Republiken, deren Verfassungen nach dem Muster Washingtons und Adams, Jeffersons und Franklins gebildet waren. Doch wurden auch verschiedene Versuche gemacht, Unabhängigkeit mit monarchischer Staatsform zu verbinden; ein Beweis, daß jenes Projekt eines spanischen Ministers vom Jahre 1783 bei der Kolonialbevölkerung selbst Unterstützung gefunden haben würde. Die ideale Republik ist noch nirgends in der Welt verwirklicht worden, am wenigsten unter Menschen der romanischen Rasse. Es ist interessant zu sehen, daß von allen amerikanischen Staaten diejenigen, welche am weitesten vom Aequator entfernt sind — Chile und Argentinien im Süden, Mexiko im Norden — noch am meisten bürgerliche Energie und politische Stabilität gezeigt haben. Die zwei südlichst gelegenen wiesen das größte Maß von politischer und religiöser Freiheit auf, was eine bedeutende Einwanderung auch aus nichtspanischen Ländern zur Folge hatte.

Mexiko, welchem es an guten Hafenplätzen fehlte und wo der Zugang zu den Hauptsitzen der Bevölkerung mit Schwierigkeiten verbunden war, entwickelte sich politisch und kommerziell langsamer als Argentinien, trotzdem sein Gebiet an die Vereinigten Staaten grenzte.

Sobald aber der regelmäßige Eisenbahndienst zwischen „Mexiko City" und dem Eisenbahnnetz über den Rio Grande hergestellt war, machte Mexiko so rasche Fortschritte, daß darob sogar diejenigen erstaunt waren, die Mexiko am besten kannten. Sein heutiges Gedeihen steht in erfreulichem Gegensatz zu den Zuständen, wie sie eine Generation früher in Mexiko selbst und seinen Schwesterrepubliken herrschten.

Lang und heftig war der Kampf der spanischen Kolonien mit dem Mutterlande. Nach der Lostrennung aber, und besonders nachdem alle die zur Ruhe gegangen waren, die am Kampf persönlich teilgenommen hatten, wurden die alten Bande neu geknüpft. Mitglieder derselben Familie, welche während des Krieges auf verschiedenen Seiten gefochten, begannen nun, sich für die Nachkommen gemeinsamer Vorfahren hüben und drüben zu interessieren. Der Spanisch-Amerikaner, stolz auf seine Abkunft und vergangene Triumphe, sehnte sich aus dem Alltagsleben nach Feiertagen in der Alten Welt, und wohin vor allem es ihn mächtig zog, das war das Heimatland seiner Väter.

Das gleiche Gefühl, das den Neu-Engländer treibt, die Geburtsstätte Shakespeare's aufzusuchen und mit heiliger Scheu das ehrwürdige Pergament der Magna Charta zu betrachten, bewegt auch den republikanischen Bürger von Buenos-Ayres oder Mexiko, das Heim des Cervantes zu besuchen und die hohen Treppen des Escurial zu ersteigen.

Der spanisch-amerikanische Kolonist ist eben trotz allem Spanier; das soll man nicht vergessen bei den mancherlei Anstrengungen zur Verwirklichung panamerikanischer Ideale, die heutzutage gemacht werden.

Die Bücher, die seinen Geist nähren, die Zeitschriften, die seine Familie unterhalten, die Nachrichten, die ihm am liebsten sind, die Besuche, die er am höchsten schätzt, — das alles kommt ihm nicht von New York, London oder Hamburg, sondern aus dem alten Spanien zu. Der ehrgeizige Diplomat im Dienst spanisch-amerikanischer Staaten kennt sehr wohl den Rang, den die verschiedenen Großmächte rücksichtlich der kommerziellen Beziehungen für ihn einnehmen; dennoch ist der Hof von Madrid derjenige, an welchen versetzt zu werden ihm (und seiner Gemahlin) die größte Genugtuung bereitet.

Wir in Nordamerika sind geneigt zu glauben, daß der Spanisch-Amerikaner uns zugetan sei und auf eine gewisse, undefinierbare Art und Weise zum großen Familienbunde unserer westlichen Hemisphäre mitgehöre. Das ist in einem sehr beschränkten Maße richtig, — einem Maß, weit beschränkter, als viele von unseren Staatsmännern zugeben wollen. Der Spanisch-Amerikaner ist nicht abgeneigt, anzuerkennen, daß es in vergangenen Zeiten im politischen Interesse Amerikas lag, wenn

Spanien seine Kolonien verlor, — gerade so wie Frankreich im Jahre 1777 es in seinem Interesse liegend fand, sich auf die Seite von George Washington gegen Georg III. zu stellen. Wir waren damals Frankreich dankbar und erschöpfen uns noch heute in Demonstrationen, wenn am Viertenjulibankett der Name Lafayette genannt wird. Doch hinderten Gefühle der Art die Vereinigten Staaten und Frankreich nicht, noch bei Lebzeiten Washingtons mit einander in Krieg zu geraten; noch ließ Napoleon III. sich dadurch abhalten, zur Zeit unseres Bürgerkrieges der amerikanischen Union nach dem Leben zu trachten.

Während des letzten Krieges (1898) war die öffentliche Meinung in den spanisch-amerikanischen Republiken durchaus auf seiten des Mutterlandes gegen die Vereinigten Staaten. Diese Parteinahme war in Montevideo und Santiago gerade so ausgesprochen, wie in Paris, Rom und Barcelona. In der Tat war die ganze romanische Welt in dieser Frage offenbar einig, aus Gründen, die mit rein kommerziellen Erwägungen sehr wenig zu tun hatten.

Hätte Spanien die Fähigkeit besessen, den Krieg in die Länge zu ziehen, so würde es in seinen ehemaligen Kolonien wahrscheinlich Freiwillige in großer Zahl gefunden haben, die mit Begeisterung gegen den Yankee zu den Waffen gegriffen hätten. Denn Spanien ist trotz allem die Mutter, und seine Sünden sind ihm längstens vergeben.

VI.

Das neuere Cuba.

„Wir müssen beweisen, daß wir unseres Landes würdig sind, dadurch daß wir andern zeigen, daß wir wissen wie es zu verteidigen. Wenn wir zeigen, daß wir eines solchen Vertrauens unwürdig sind, dann werden wir untergehen."

Brief Blüchers an den König von Preußen, Oktober 8, 1809.

Gleichgültigkeit gegen Emancipation zu Anfang des Jahrhunderts — Gedeihen unter der Sklaverei — Einfluß der Vereinigten Staaten.

Es hat einige Verwunderung hervorgerufen, daß, als sich zu Anfang des neunzehnten Jahrhunderts alle übrigen bedeutenden Kolonien Spaniens unabhängig erklärten, Cuba, Manila und Porto Rico treu oder wenigstens gleichgültig blieben. Die Philippinen waren durch ihre geographische Lage so sehr isoliert, daß die Bewegungen Europas kaum gefühlt wurden; die Herrschaft der Kirche war nichts weniger als vollständig, und der Mann der rechten Stunde war nicht dort. Cuba anderseits war Spanien am nächsten, an der direkten Verkehrslinie zwischen dem Mutterland und seinen rebellischen Provinzen; die Küsten der Vereinigten Staaten waren bloß ein hundert Meilen von Havana, und die Volksstimmung in Nordamerika war der cubanischen Unabhängigkeit nicht weniger freundlich als diejenige von Mexiko oder Argentinien. Wenn jemals ein Volk als reif zur Revolution bezeichnet werden konnte, so war es dasjenige der Insel Cuba zu Anfang des neunzehnten Jahrhunderts.

Aber gerade die Nähe der Vereinigten Staaten lieferte den Hauptgrund für Cubas Zufriedenheit mit den bestehenden Verhältnissen. Seine erste Periode eigenen Gedeihens begann mit dem Krieg zwischen England und seinen amerikanischen Kolonien (1776—1783), und die Kriege, die folgten (1793—1815), erhoben die Königin der Antillen auf eine noch höhere Stufe des Gedeihens. Die Schiffe, die bei Beginn des achtzehnten Jahrhunderts nach Havana kamen, zählten nach Dutzenden, während der napoleonischen Kriege kamen sie zu Hunderten. Die neutrale Flagge der Vereinigten Staaten vertrieb cubanischen Zucker über die ganze Welt; die Pflanzungen nahmen zu, die Sklaven vermehrten sich, die Bevölkerung überhaupt wuchs an, die Zufriedenheit war allgemein dank der Hülflosigkeit des Mutterlandes und der folgerechten Ungestraftheit, mit welcher der Schleichhandel betrieben wurde. Cuba, einst die ärmste von Spaniens Besitzungen und für die Schatzkammer von Mexiko ein Geldschlucker, wurde im ersten Viertel dieses Jahrhunderts seinen Schwesterkolonien ein Gegenstand des Neides, von europäischen Nationen gar nicht zu reden. So lange das Mutterland die Sklavenwirtschaft nicht störte, bekümmerten sich die Pflanzer von Cuba wenig darum, ob ihr Beherrscher Vicekönig oder Präsident hieß. Wie ihre Berufsgenossen, die Pflanzer von Süd-Carolina oder Louisiana, stellten sie an die Spitze ihres politischen Glaubensbekenntnisses die Behauptung, daß Sklaverei Gedeihen bedeute. Als Spanien 1812 einige Gesetze gegen Sklaverei in den Kolonien ausgehen ließ, behandelte Cuba sie als toten Buchstaben. Der erste ernstliche Streit mit dem Mutterlande entstand im Jahre 1817 infolge eines Vertrages Spaniens mit England, der festsetzte, daß die Sklaverei im Jahre 1821 abgeschafft werden sollte. Das trieb die Cubaner beinahe zu einer Revolution. Das Mutterland besänftigte indessen seine erzürnten Kinder, indem es ihnen erlaubte, in der Zwischenzeit Sklaven zu erwerben, wo immer sie wollten. Das Resultat war eine noch weitere Zunahme des Gedeihens: noch mehr Pflanzungen, mehr Sklaven und fortdauernd gute Preise für Zucker und Tabak. Cuba zählte damals eine halbe Million Menschen, von denen 200000 afrikanische Sklaven waren.

Es ist möglich, daß Cubas Aussöhnung mit dem Anti-Sklaverei-Erlaß der Ueberzeugung entsprang, daß er nicht im Ernste zur Ausführung gebracht würde; — und diese Annahme erwies sich als richtig. Es scheint beinahe, als habe die Vorsehung Cuba von 1776 bis zum Ende des amerikanischen Bürgerkrieges entschädigen wollen für die harten Zeiten, die es in früheren Jahrhunderten durchgemacht hatte. Ereignisse, die für andere Länder Unheil bedeuteten, erwiesen sich ihm als Segnungen. Die Umwälzungen auf dem Festland veranlaßten eine große Anzahl von spanischen Familien, ihr Vermögen nach Havana in Sicherheit zu bringen.

Im Jahre 1819 erschien das erste durch Dampf betriebene Schiff in den cubanischen Gewässern, und

Dampfbetrieb wurde nun auch in den Zuckermühlen eingeführt. Cuba war jetzt so reich, daß es mit seinen Schätzen dem Mutterland Unterstützung leistete bei der Verteidigung von Florida gegen die Vereinigten Staaten und sogar im Kampf gegen seine rebellischen Schwesterkolonien. Die Abschaffung der Sklaverei selbst, die England in seinen eigenen westindischen Besitzungen durchsetzte, häufte den Reichtum dieser begünstigten Kolonie. Britische Pflanzer wurden von Tag zu Tag ärmer; ihre Pflanzungen gingen ein oder erlitten mindestens eine ernstliche Einbuße an Wert, und was der Engländer verlor, kam dem Cubaner zu gute, denn der Engländer schaffte die Sklaverei wirklich ab, während Spanien es bloß dem Namen nach tat. Cuba gedieh nie so gut wie damals, wo es bei tatsächlicher Sklavenwirtschaft seine Ländereien auf Kosten bankerotter Engländer bebaute. 1850 hatte es eine Bevölkerung von 1000000, wovon etwa 324000 Sklaven waren. Die Regierungseinkünfte betrugen ungefähr 10000000 Dollar, davon waren 65 pCt. Zolleinnahme. Dieser außerordentliche Zustand des Gedeihens ist herbeigeführt worden durch eine seltsame Aufeinanderfolge günstiger Umstände, und das Unvermögen des Mutterlandes, seine nachteiligen Gesetze zur Ausführung zu bringen, hat mächtige Beihülfe geleistet.

Und als die Sklavenhaltertruppen der Vereinigten Staaten die Anfügung des großen südwestlichen Gebietes (Texas, 2c.) erfolgreich durchgeführt hatten, das sie zuversichtlich als ein künftiges Land der Sklaverei betrachteten, begannen sie eine Bewegung für die Annexion Cubas aus praktisch denselben Gründen. Im Jahre 1850 ging die erste von vielen Freibeuterexpeditionen von unsern Küsten aus, in der Absicht, auf Cuba einen Aufruhr gegen Spanien zu erregen. Der Führer war ein abgesetzter spanischer Offizier Namens Lopez, der am 19. Mai 1850 mit vierhundert Mann in Cardenas landete. Das war ungefähr die nämliche Anzahl Leute, über die Jameson verfügte, als er 1896 Krügersdorp erreichte, und es wurde ihnen auch das nämliche Schicksal zu teil, insofern das Unternehmen der einen wie der anderen verunglückte. Lopez indessen versuchte es nochmals im folgenden Jahr, wurde gefangen und als Seeräuber hingerichtet. Sein Verbrechen war dasselbe wie dasjenige von Dr. Jameson, und die Bestrafung konnte vorbildlich sein. Aber wie halb England den volkstümlichen „Dr. Jim" als einen Helden anjubelte, so rief in Amerika die Presse zur Rache auf gegen Spanien, und in New-Orleans schrieben sich Freiwillige ein für die Eroberung von Cuba.

Anstatt diese Warnung zu beachten und die führenden Persönlichkeiten unter den Cubanern zu einem Anteil am Regiment zu berufen, suchte Spanien jede Kundgebung der Unzufriedenheit in der alten fehlerhaften Weise zu unterdrücken. Der damalige Generalkapitän von Cuba hatte den Mut, gegen bloße Maßregeln der Unterdrückung zu protestieren, und er machte in Madrid darauf aufmerksam, daß gewisse Reformen für das bleibende Gedeihen der Insel wesentlich seien. Die Madrider Regierung drückte ihren Dank dadurch aus, daß sie ihn aus seinem Amt entließ.

So lange Spanien gänzlich hülflos war, gedieh Cuba. Aber in dem Verhältnis wie Spanien wieder Kräfte gewann, sein unedles Verwaltungssystem aufzuzwingen, ging Cuba nieder, bis bei Beginn des amerikanischen Bürgerkrieges selbst die Pflanzer ziemlich allgemein bedauerten, ihr Schicksal nicht an das ihrer Schwesterkolonien geknüpft und von der Monroe-Doctrin Nutzen gezogen zu haben. 1861 versuchte Spanien San Domingo an sich zu bringen. Nach einem Krieg, der so lange dauerte als der Sklavenkrieg in Amerika, zog es sich zurück, geschlagen und bankerott, und bürdete Cuba nicht bloß die Kosten dieser Unternehmung auf, sondern auch diejenigen des elenden gemeinschaftlichen Anschlags mit Napoleon III. gegen Mexiko. Das Resultat war, daß Cuba, anstatt im stande zu sein, dem Mutterlande jährlich 12000000 Dollar beizusteuern, von dieser Zeit an bloß seine eigenen Verpflichtungen decken konnte. Banditen zeigten sich auf den Landstraßen, und die Pflanzungen begannen unter einer Steuer zu leiden, die sie nicht tragen konnten. Für wenige Jahre hatte die Insel einigen Nutzen gezogen aus dem amerikanischen Bürgerkrieg, besonders durch Blockadedurchbruch und Sklavenhandel, denn während des Kampfes verkauften viele amerikanische Pflanzer — indem sie entweder den schließlichen Sieg des Nordens voraussahen oder gezwungen waren Geld aufzutreiben — ihre Sklaven an Händler, die sie nach Cuba hinüber schmuggelten. Im Jahre 1863 wurden durch die spanischen Behörden nicht weniger als 4300 Schwarze aufgefangen und zurückgewiesen, aber das hinderte nicht, daß sie zuletzt ihren Bestimmungsort erreichten zugleich mit den übrigen, die nicht zurückgewiesen worden waren.

Mit dem Sturz der Macht der Sklavenhalter in Nordamerika beschleunigte sich Cubas Verfall; denn er ging Hand in Hand mit vergrößerten Erpressungen von seiten Spaniens und zunehmender Berührung mit den Vereinigten Staaten. Im Jahre 1868 wurde die Königin Isabella vom Throne vertrieben, fünf Jahre später dankte König Amadeo ab, für einen Moment wurde Spanien Republik und Castelar ihr Präsident, und die Cubaner erwachten endlich, mit einem seltsamen Bild des neuen Spanien vor Augen: alle Theile der spanisch-sprechenden Welt erfreuten sich der Selbstverwaltung mit Ausnahme von Cuba, Porto Rico und den fernen Philippinen.

Wenn irgend etwas um diese Zeit die Unzufriedenheit der Cubaner vermehren konnte, so war es die durch die spanische Republik verfügte endliche Vernichtung der Sklaverei. Cuba hatte von nun an von der Demokratie des alten Spanien so wenig zu hoffen wie von seiner Aristokratie. Der Unabhängigkeitskrieg, der 1868 begann, dauerte zehn Jahre und vervollständigte die Entfremdung der zwei Länder, wenn gleich die spanische Fahne noch zwanzig Jahre länger über die Insel wehte. Daß Cuba damals nicht vollständige Unabhängigkeit erlangte, war hauptsächlich dem Mut, der Ehrlichkeit und dem Scharfsinn des General Martinez Campos zuzuschreiben, der nicht bloß erfolgreich war im Feld, sondern dessen Charakter auch für die Erfüllung von Verpflichtungen der Regierung in solcher Weise bürgte, die viele zu ihm hinzog, welche sonst niemandem getraut haben würden. Im Jahre 1876 sandte Spanien 145000 Soldaten nach Cuba, und Cubas monatliches Deficit wegen des Krieges belief sich auf ungefähr 200000 Dollars. Es hatte auf sinkenden Credit zu borgen und gelangte finanziell vom Schlimmen zum Schlimmeren. Da die afrikanischen

Neger frei gemacht waren, suchte es Kulis aus China und Indien zu beziehen, aber mit mittelmäßigem Erfolg. Pflanzungen wurden in kleinere Parzellen zerlegt, in der Hoffnung, daß freie Neger dieselben bearbeiten würden, aber das Ergebniß war nicht ermutigend. Die Ausfuhr von der Insel nahm nicht zu, und die Neigung amerikanisch zu werden wurde nichts weniger als allgemein. Havana war bankerott, die Insel mit Schulden überladen, dennoch wurden ihr die Kosten der ganzen consularischen und diplomatischen Vertretung Spaniens in Amerika aufgebürdet. Sie hatte außerdem an Spanien große Summen zu entrichten als Subsidien für die Post und für Dampfschiffahrtslinien, auch als Entschädigungen der Reisekosten spanischer Beamten. Es war ein schwacher Trost für einen Cubaner, wenn man ihm sagte, daß er dieselben Rechte wie jeder andere Spanier genieße, daß er eine Stimme in den Cortes zu Madrid habe, daß Cuba eine Provinz Spaniens sei und nicht mehr eine Kolonie. Alles das stand auf dem Papier. Kein Einfluß im Mutterland war stark genug und kein Versuch redlich genug gemeint, um Gerechtigkeit für Cuba zu erwirken.

Für seine Klagen über Mißregierung, seine Reden für besseres Regiment fand der Cubaner in New-York und Boston ein Publikum, bereit, ihm Gehör zu schenken, und zur Hülfeleistung bereit, um ihm Gerechtigkeit zu schaffen. In Madrid wurde derselbe Mann mit Achselzucken aufgenommen von Leuten, die Cuba bloß dem Namen nach kannten, die eigene Kümmernisse mehr als genug hatten und sich wunderten, weshalb die Cubaner es nicht machen könnten wie sie: leiden und schweigen.

Im Frühjahr 1898, zwischen der Katastrophe der Maine und der Kriegserklärung, machte ich auf dem Zweirad eine Fahrt durch Spanien, von der nordwestlichen Ecke aus über Madrid, an die Küste bei Valencia und so hinauf nach Barcelona. Diese kleine Spritzfahrt erklärte mir mancherlei, das mir bis dahin wunderlich vorgekommen war. Als ich New-York verließ, wurde von nichts anderem gesprochen, als von der Möglichkeit des Krieges — in London war die Aufmerksamkeit getheilt zwischen den Parlamentsverhandlungen und dem bevorstehenden Kriege. Auf dem Festland von Europa war der Krieg das tägliche Thema der großen Zeitungen. Ueberall in der Welt herrschte das gespannteste allgemeine Interesse für die schwebende Frage, ausgenommen in dem Lande, das am unmittelbarsten davon berührt wurde. Von dem Augenblick an, als ich Spanien betrat, bekam ich keine Zeitungen mehr zu sehen, besprachen die Leute keine politischen Angelegenheiten mehr; alle waren in gemütsruhiger Unkenntnis in Bezug auf die Händel jenseits des Oceans und, ein Glück für mich, völlig indifferent.

In gewissen kaufmännischen Kreisen von Barcelona oder Madrid äußerte sich Haß gegen die Amerikaner; aber das hatte nicht viel zu sagen und berührte nicht die breite Masse der Bevölkerung, welche die Felder pflügte und ihre mit Wein, Käse und Holz beladenen Esel zu Markte trieb. Niemand bekümmerte sich darum, ob ich ein Amerikaner oder Chinese oder Deutscher wäre. Ich war ein Fremder, und das war für den höflichen und gastfreundlichen Durchschnittsspanier genug. Wenn ich einen Krieg mit Amerika oder Cuba erwähnte, so rief das eine ähnliche Antwort hervor, wie man sie von einem englischen Arbeiter zu hören bekäme, wenn man ihn über eine militärische Expedition an der afrikanischen Westküste oder in den Hügeln von Indien befragte. Dem spanischen Bauer wurde nachher gesagt, daß der Krieg notwendig war; er erlebte, daß der Krieg seine Nachbarn, vielleicht seine Kinder fortriß; daß sie nach den Philippinen gingen oder nach Cuba oder zu irgend einer fernen Stadt der Halbinsel, wo gerade ein Streik oder ein Putsch war, — und manchmal kamen sie nie wieder. Das ist alles, was der spanische Bauer von heute darum weiß. Amerika ist ihm ein dunkler Begriff von halb civilisiertem Land, weit, weit weg, wo die Leute immerfort Unfug machen und wohin Spanien viele Truppen zu senden hat, um das Rebellieren zu unterdrücken. Die Vereinigten Staaten sind bloß eins mehr, ein größeres oder kleineres, in diesem Sammelsurium, weit da drüben! In Barcelona sah ich Karrikaturen von Amerikanern — durchweg polterndes Pack mit kotigen Kleidern, völlig unfähig zu fechten, auch als Schweine dargestellt, die davon laufen in dem Moment, wo sie einen spanischen Soldaten erblicken.

Das war Spanien am Vorabend des Krieges, der ihm die Ueberreste seines Kolonialreiches kosten und ihm eine Niederlage bereiten sollte, zu Wasser und zu Lande, so vollständig, wie sie eher die Hand Gottes vollstreckt als eines Menschen Hand.

Dies war das Spanien, das Cuba zu rühren trachtete, Spanien — zu dessen tauben Ohren Cuba solange seine Klagen getragen, für das es so geduldig gelitten hatte. Viele Jahre hindurch liebte Cuba das Mutterland, und es erhob die Waffen nicht eher, als bis seine besten Männer sich überzeugt hatten, daß von Spanien nichts zu erwarten war als fernere Erniedrigung und weiteres Elend.

Auf einem der Streifzüge während des spanisch-amerikanischen Krieges nahmen unsere Leute einen Cubaner gefangen, der verdächtig war, in den spanischen Reihen gekämpft zu haben. Er war in Lumpen, und sein Schreck war ungeheuer, denn er erwartete schon Gehängtwerden als sein mildestes Los — nach dem, was er von seinen Officieren gehört hatte.

Unsere Leute (vom ersten Infanterieregiment) begannen gleich, ihn zu ihrem Liebling zu machen, ihre Ration mit ihm zu teilen und ihm Material zu geben, um seine Garderobe auszubessern.

Kurz bevor wir Key West erreichten, fragte ich ihn nach seinem Befinden.

„Oh, Herr, ich habe einen großen Kummer!"

„Wo fehlt's?" fragte ich in der Hoffnung, ihm helfen zu können.

„Es thut mir weh, zu denken, daß Ihr nicht meine ganze arme Familie zu Gefangenen gemacht habt."

Die Worte gingen mir oft durch den Kopf, während ich die Kolonialgeschichte Spaniens studierte.

Man stelle einen Augenblick die Verhältnisse eines Canadiers oder Australiers, der nach England geht, denjenigen eines Cubaners gegenüber, der Spanien besucht. Der Cubaner ist vertraut mit den modernsten Maschinen, die in Massachusetts oder Conecticut hergestellt worden sind. Er kehrt zu einem Lande zurück, wo die Landwirtschaft nach Grundsätzen betrieben wird, die sich kaum über jene Zeit hinaus entwickelt haben, da die Mauren durch Ferdinand und Isabella vertrieben wurden. Zwischen Havana und New-York ist der Cubaner zu Wasser und zu Lande mit allem Luxus gereist und mit einer Schnelligkeit, welche die Bewunderung erfahrener Reisender erregte. Wie er in der Heimat seiner Väter ankommt, muß er sich Eisenbahnen anvertrauen, deren Expreßzüge nicht so schnell gehen wie die Güterzüge in Amerika, und deren fortgeschrittenste Bequemlichkeit der rückständigsten nach amerikanischen Begriffen noch nicht gleich kommt.

In einem mit Militär- und Polizei-Ausgaben überlasteten Lande ist das Eisenbahnwesen so unsicher, daß selbst heute noch jeder Zug, der Madrid verläßt, unter militärische Bedeckung gestellt wird — eine Vorsichtsmaßregel, die selbst in den entlegensten Gegenden der Vereinigten Staaten nicht als notwendig erachtet wird.

Der Cubaner lernt auf seinem Wege nach Madrid über New-York eine öffentliche Meinung kennen, die für Menschenrechte wach ist; er liest Zeitungen, die, bei all ihren Fehlern, Neuigkeiten aus aller Welt mit einiger Genauigkeit darbieten. In den Vereinigten Staaten findet er eine verständige Sympathie für seine Lage und vor allem die Verheißung kommerziellen Gedeihens im Falle naher Verbindung.

Verglichen mit dem, was er in Amerika erfahren hat, ist Spanien eine rückständige Provinz — ein roher Staat von Priestern, Beamten und Bauern, die einen Boden beschweren, der einst strahlte von Ruhm.

Der Cubaner kann den Yankee nicht lieben, noch kann er gegenwärtig mit Achtung zu Spanien aufblicken. Es ist die Pflicht des nordamerikanischen Volkes, ihm ein Regiment zu geben, das er wenigstens respektieren kann, und das sich mit der Zeit für die Perle der Antillen zu vollständiger Selbstregierung entwickeln wird.

VII.

Die Philippinen in unserer Zeit.

„Hat ein Volk Wohlstand, Aufklärung, Sittlichkeit, bürgerliche Freiheit, dann wird es sich eher vernichten lassen, als solche aufgeben."

Pertz, Leben des Feldmarschalls Gneisenau, I, 322.

Spanische und englische Systeme verglichen — Einfluß der römischen Kirche — Der Yankee in Manila.

Durch das ganze 19. Jahrhundert blieb die spanische Verwaltung der Philippinen praktisch, was sie in den vorhergehenden drei Jahrhunderten gewesen war. Der Handel der Inseln verbesserte sich, wie derjenige von Cuba, nicht so sehr deshalb, weil Spanien selbst aus der Erfahrung Nutzen gezogen hatte, als vielmehr weil seine völlige Ohnmacht und Verderbnis die Gesetze des Mutterlandes beinahe ungestraft zu verletzen gestattete. Der Verlust seines großen südamerikanischen Reiches im ersten Viertel des Jahrhunderts veranlaßte Spanien, den übrig gebliebenen Bruchstücken mehr Wichtigkeit beizulegen, und sein fortwährender Geldmangel machte es geneigt, einem Statthalter, der die finanzielle Klemme mildern konnte, beinahe alles zu vergeben. Dieses ganze Jahrhundert hindurch wurden die Philippinen als eine Kolonie be=

trachtet, wo der fremde Einfluß ausgeschlossen sein sollte; selbst chinesischer Tabak wurde behandelt als ein Monopol der Regierung, und die Eingeborenen waren nicht nur gezwungen, ein bestimmtes Quantum anzubauen, sondern ihn der Regierung zu 20 pCt. unter dem Marktpreis zu verkaufen.

Die Filipinos waren nominell frei, hatten aber eine schwere Kopfsteuer zu bezahlen, fünfzehn Tage im Jahr Zwangsarbeit zu verrichten und ferner der Regierung beizuspringen mit der Zahlung von hohen Taxen auf alles nur irgend Erreichbare, vom Hahnenkampf bis zur Hypothek. Aber mit den größten Anstrengungen in dieser Hinsicht konnte Spanien, so wenig wie China, die Einwirkungen ausschließen, die sich aus dem Fortschritt des britischen Handels im fernen Osten ergaben. Der Filipino, der Chinese und der kreolische Kaufmann sahen überall, wo ein britischer Gouverneur sich niederließ, Handel aufblühen, und nur der spanische Priester und Beamte wünschte diesen Einfluß zu hemmen. Im Laufe dieses Jahrhunderts wurden Singapur und Hongkong Nachbarn von Manila, und jeder dieser Häfen wimmelte bald von geschäftigen Handelsleuten, die in zehn Jahren mehr ausrichteten, als in drei Jahrhunderten unter spanischer Herrschaft geschehen war. Hongkong wurde ursprünglich von der britischen Regierung zu weiter nichts dienlich erachtet als weggeworfen zu werden. Ungleich den Philippinen, wurde es der Krone erhalten, nicht durch den religiösen Fanatismus eines Missionars, sondern durch jenen kaufmännischen Instinkt, der im britischen Wesen liegt. Die Vereinigten Staaten träumten 1841 nicht von überseeischer Ausdehnung, aber ihr Handel mit China und den Philippinen gestatteten den Vergleich mit dem Handel von England. Ihre Theeschiffe erhöhten die Geltung des Sternenbanners durch die ganze östliche Welt. Vor dem Bürgerkrieg und bevor der Protektionismus seine welkmachende Hand auf die amerikanische Schiffahrt gelegt hatte, verfügten die Rheder von Salem und New-York über Schiffe, die besser gebaut und besser bemannt waren als diejenigen irgend eines anderen Landes; und worauf es noch mehr ankommt, sie ernteten hübschen Gewinn für diejenigen, die ihr Geld auf's Spiel setzten. Amerikanische Kaufleute arbeiteten Hand in Hand mit englischen an dem Aufbau des angelsächsischen Prestige von Tokio bis Calcutta; und in den Tagen, da ich jene Gewässer zum ersten Mal besuchte (1876), genoß in China und Manila kein Handelshaus größeren Credit als Russel & Cie.

Um dieselbe Zeit war die Verwaltung von Manila sprichwörtlich für Unvermögen und Korruption; wenn sie in dieser Hinsicht einen Nebenbuhler hatte, so war es das portugiesische Macao. Und dennoch könnte der Spanier mit einem Anschein von Recht auf eine solche Beschuldigung antworten, — indem er schlechtes Regiment daheim vorschützte — daß Spanien seinen Kolonien die beste Verwaltung giebt, die zu Madrid zu Wege gebracht werden kann. Dies dient ihm zur Entschuldigung zu Hause, kann aber die nicht befriedigen, die unter seiner Kolonialregierung leiden. Wenn ein allgemeines Gesetz aus dem Gang der Weltgeschichte sich ergiebt, so ist es dieses, daß ein Land früher oder später demjenigen zufällt, der am besten davon Gebrauch machen kann. In dem Kampf um die Güter dieser Welt waren die Starken erfolgreich, weil Kraft im allgemeinen mit Zucht, Mäßigung und gewissen rauh männlichen Tugenden zusammen geht. Der stärkste Mann kann nicht lange so bleiben, wenn er nachsichtig ist gegen schwächende Gepflogenheiten, wenn er unterläßt, seine Gemütsstimmung und andere Nervenkräfte zu beherrschen. So ist es mit einer Armee und vor allem mit einer Nation.

Das Spanien, das die westliche Hemisphäre eroberte, war eine Nation, erzogen zur Ausübung staatlicher Freiheiten. Das Spanien, das die Mauren vertrieb, hatte seine Entwickelung gehabt in einer politischen Atmosphäre, in welcher der Herrscher nicht allein nach göttlichem Recht regierte, sondern unter der Mitwirkung der Regierten. Wenn wir daher den Fortschritt Europas verfolgen durch die glänzenden Regierungen solcher Despoten wie Karl V. und Ludwig XIV. und durch die französische Revolution hindurch bis zu unseren Tagen der Zeitungen und Agitationsreden, dürfen wir nicht glauben, bloß Entwicklung vom Absolutismus zu volkstümlicher Selbstregierung vor uns zu haben. Im Gegenteil, die Glorie jener Monarchen ruhte ihrerseits wieder auf den Ruinen von lokalen Freiheiten, die sie unbarmherzig niedergetreten hatten. Ein noch in Freiheit herangewachsenes Geschlecht war es, das die Schlachten des Despotismus kämpfte unter dem Namen der Religion. Die spanischen Krieger, die jeder Gefahr der westlichen Welt trotzten, schritten vorwärts im Namen des Kreuzes, und es träumte ihnen dabei nicht, daß die Kirche, deren Kreuz sie hoch trugen, helfen werde, die Ketten ihrer nachfolgendeu Sklaverei zu schmieden. Das Geld, das von den neuen Kolonieen zuströmte, machte die spanische Monarchie Karls V. und

Philipps II. glänzend in den Annalen der Geschichte; aber das Ergebnis wurde gewonnen auf Kosten der spanischen Freiheit. Und all die Pracht des Escurial konnte die Unterdrückung der alten Rechte des Spaniers, Abgaben zu votieren und Ausgaben zu beaufsichtigen, nicht gut machen.

Die Kirche leistete Heldendienst in der Anspornung kriegerischer Energie und zur Begründung indischer Kolonien; aber mit der Zeit zeigte sie sich der Aufgabe nicht gewachsen, die sie vor 400 Jahren mit so großer Energie übernommen hatte.

Es gab eine Zeit, da das England der Königin Elisabeth in groben Zügen eine gewisse Analogie zu dem Spanien Philipps II. darbot. Elisabeth beging solche Willkürakte, daß sie selbst dem feurigsten Befürworter des Absolutismus damit genug gethan hätte; sie schickte ausgezeichnete Leute aufs Schaffot oder zur Folterbank mit ebensowenig Zögern und Zagen wie ein Großinquisitor. Nach außen schien sie die personifizierte Tyrannei zu sein, und ihr Volk unterwarf sich scheinbar mit knechtischer Ergebung. In Spanien anderseits erhielten sich die alten Formen, und der Monarch bewegte sich in einer Wolke von Priestern und Gesetzgebern. Verglichen mit der eigensinnigen und leidenschaftlichen Elisabeth bot Philipp II. die äußere Erscheinung eines Monarchen, den ein schwerfälliger Zaun von religiösen und gesetzlichen, verfassungsmäßigen und örtlichen Einschränkungen umgab! Aber hiermit hören auch diese Analogien auf. Die Macht Philipps war eine militärische, gegründet auf eine große stehende Armee und die stärkste Flotte seiner Zeit. Obschon er überdies noch die Kirche zum Verbündeten hatte, war er in der Lage, wenn nötig, seinem Willen Gehorsam zu erzwingen, durch Militärgewalt allein. Zu einer gewissen Zeit schien es, als ob seine gepanzerte Faust bis an jedes Ende von Europa reiche, einen ketzerischen oder rivalisierenden Monarchen zu zerschmettern.

Die Königin Elisabeth dagegen hatte nicht ein einziges Regiment oder Schiffsgeschwader, auf das sie sich hätte stützen können, um eine That auszuführen, die ihr Volk vielleicht als unrecht verurteilte. Als die spanische Armada England bedrohte, konnte seine Königin nicht mehr thun, als die Mitwirkung ihrer berittenen Freiwilligen der Miliz (Yeomen) und der Seeleute anzurufen, ihren Thron vor Vernichtung zu bewahren. Tyrannen können bei solchen Aufrufen nicht auf enthusiastische Antworten zählen. Die Tyrannei der Elisabeth war eben nicht die Tyrannei Philipps. Elisabeth verübte gelegentlich Thaten der Tyrannei in einer langen Regierung, die sonst gerade gekennzeichnet war durch kluge Rücksicht auf englische Freiheit und verfassungsmäßiges Recht. Philipp II. gestattete gelegentlich einen Akt der Freisinnigkeit inmitten einer Regierung des eintönigen Despotismus und fanatischer Grausamkeit. Wenn Elisabeth als Königin einherzog, begrüßte ein begeistertes Volk sie mit Jubelrufen, und für ihre Unternehmungen unterschrieb es mit Enthusiasmus artige Summen. Der spanische Monarch starb, ohne erfahren zu haben, daß sein Volk lachen oder tanzen konnte. Man gehorchte, und mehr verlangte er nicht.

Das spanische Regiment hat erstaunlich lange gedauert mit all seinen Mißbräuchen. Auf den Philippinen war es beinahe ausschließlich Regiment der Kirche, und von diesem können wir Amerikaner viel lernen; denn der römisch-katholische Missionar macht Regieren zu seinem Lebensstudium. Er geht nicht aus für eine kurze Frist von Jahren, um sich auf Kosten der Eingebornen zu bereichern und dann zurückzukehren und seinen Gewinn zu Hause zu genießen, sondern in der Regel verbringt er die besten Jahre seines Lebens auf seinem Posten; er versteht wenigstens das Naturell des Volkes, das er leitet und kann die kostspieligen Fehler vermeiden, die durch dilettantische Verwalter begangen werden.

Wenn der englische Kolonialbeamte heute ein höchst fähiger Diener des Gemeinwohls ist, so hat das seinen Grund darin, daß er seine Pflichten lernt; und wer auf einen Posten im Kolonialdienst gestellt ist, weiß, daß er auf Beförderung zu rechnen hat, daß er gut bezahlt wird und sich nach einer gewissen Reihe von Jahren mit einer Pension zurückziehen kann. Im großen und ganzen gleicht die Stellung des Kolonialbeamten derjenigen des spanischen Priesters auf den Philippinen, mit gewissen augenscheinlichen Unterschieden. Der weiße Beamte hat Frau und Kinder zu erhalten; der Priester ist frei von dieser Schererei. Der weiße Beamte muß dafür sorgen, seine Kinder zu erziehen, seine Söhne in eine Stellung zu bringen, für seine Töchter Ehemänner zu bekommen. All diese Sorgen kennt der Priester nicht.

Aber der Kolonialbeamte, mehr als der Regierungsgehülfe auf irgend einem anderen Verwaltungsgebiet, muß durchaus in der Lage sein, Tag für Tag persönliche Autorität und Einfluß auf Leute auszuüben, die zu gehorchen haben und deren Gehorsam dennoch wenig wert ist, wenn er nicht willig geleistet wird. Die Spanier haben vierhundert Jahre kolonialer Erfahrung gehabt und trotzdem den Fehlschlag erlebt. Haben wir daraus den Schluß zu ziehen, daß wir auch fehlschlagen müssen? England wurde 1783 gezwungen, das Gebiet der Vereinigten Staaten aufzugeben — dennoch kann man sagen, daß der Anfang seiner kolonialen Größe in jenes denkwürdige Jahr fällt.

England hat auf dem Kolonialgebiet eine Menge Rippenstöße bekommen. — Es verübte mehr Schnitzer als irgend eine andere Nation hätte wieder gutmachen und überleben können. Es hatte furchtbare Empörungen zu unterdrücken, seine Kolonialkriege hörten beinahe nie auf. Spanien anderseits erfreute sich im Vergleich dazu beinahe während dreier Jahrhunderte der Ruhe in seinen Kolonieen. Wenn je eine Nation freies Feld zu kolonisieren hatte, war es Spanien in seinen früheren Tagen: und es hat hoffnungslos fehlgeschlagen.

War es in seinen Unternehmungen unglücklich wegen der Kirche oder trotz der Kirche? Diese Frage wird sich nie entscheiden lassen. Für die Kirche würde reden, daß sie der Faktor war, der die Eingebornen der bürgerlichen Verwaltung treu erhielt, lange nachdem die heimische Regierung aufgehört hatte, sich gefürchtet zu machen. Es ist bemerkenswert, daß die Geistlichkeit auf den Philippinen ihre isolierten Stationen erfolgreich besetzt hielt ohne großen Aufwand von Militärgewalt. Die ganze innere Verwaltung der Kolonie wurde praktisch geleitet durch Priester, und wenn ihnen auch viele Ausschreitungen zur Last gelegt werden, so liegt das Heilmittel doch nicht in unmittelbarer Beseitigung der Priesterschaft, sondern in allmähliger Verbesserung der Mißbräuche und im Aufbau eines kolonialen bürgerlichen Dienstes, der alles besorgen wird, was die Priester thaten und es besser macht als sie.

Wenn die Priester schlecht sind auf den Philippinen, so ist das ein Zeichen, daß die Regierung zu Hause schlecht gewesen ist. Jedermann hat nur Lob für die römisch-katholischen Missionare in China, besonders für die Jesuiten in Shanghai. Warum sollten Priester derselben Kirche Tyrannen sein in Manila und Engel der Barmherzigkeit in Hongkong?

Es ist von höchster Wichtigkeit, daß wir bei Beginn unserer kolonialen Laufbahn die Ueberlegenheit unserer Civilisation über diejenige der Spanier den Filipinos eindrücklich machen. Unsere Beamten und Soldaten sollten nicht bloß anständiger und mutiger sein als jene; sie sollten den Eingeborenen in jeder Beziehung der Nachahmung würdiger erscheinen. Der amerikanische Beamte sollte spanisch sprechen und wenigstens eine oder mehrere der einheimischen Sprachen.

Während des Krieges waren die Soldaten der Vereinigten Staaten so lumpig gekleidet, daß sie im allgemeinen litten im Vergleich mit den 13000 spanischen Gefangenen, die in den Straßen von Manila herumschlenderten. Die Eingeborenen und andere, die unserer Regierung bei der Neueinrichtung der Verhältnisse guten Willen entgegen brachten, erhielten keinen günstigen Eindruck von amerikanischer amtlicher Würde. Unsere Truppen waren hauptsächlich Freiwillige, und während die meisten derselben tapfer gefochten hatten, bestand die Masse der Officiere aus Leuten, die ihre Stellung politischem Einfluß verdankten und die nicht tauglich waren, Stellungen in der Verwaltung einzunehmen, am wenigsten in einer neuen Kolonie. Viele von ihnen hatten keine militärische Erfahrung und vernachlässigten ihre Mannschaften — folglich war die Disciplin locker. Die amerikanischen Freiwilligen, die ich bei Manila sah, glichen allem eher als den Kriegern einer großen Nation — und der Fehler lag nicht bei ihnen, sondern bei einer unfähigen Militärverwaltung zu Washington.

Für eine anständige Regierung wäre es ganz natürlich gewesen, sich des Beistandes von Amerikanern zu bedienen, die lange auf den Philippinen gelebt hatten, und wenn das unmöglich war, die Hülfe solcher Leute zu suchen, die wenigstens im allgemeinen mit diesem Teil der Welt vertraut gewesen wären.

Im Jahre 1898 konnte ich aber nur einen einzigen amerikanischen Konsul finden, der ein Jahr im fernen Osten gewesen war, und keinen, der eine Sprache verstand außer Englisch. Die Männer, die uns amtlich in den chinesischen Gewässern vertraten bei Ausbruch des spanischen Krieges, waren nicht nur ohne Geltung in der amtlichen Welt, sie waren in den meisten Fällen ein Schimpf für den Staat, der sie aussandte. Bemerkenswerte Ausnahmen, wie John Towler zu Cheefoo, verschärfen nur dies nationale Aergernis.

Gleich zu Anfang machten wir also die Filipinos eher mit den schlechtesten als mit den besten Zügen unserer Gesittung bekannt. Unsere Armee war ihnen ein wirrer Haufen sehr tapferer und sehr verlumpter Männer; unsere Beamten waren Politiker von der Gasse, die viel Whisky trinken konnten und nichts wußten von dem Lande oder seiner Sprache. Das Resultat konnte man voraus wissen.

Der Filipino hat vor allen Eingeborenen des fernen Ostens einen Charakter, der ihn mir lieb und werth macht. Er hat in seinem Blut einen Tropfen vom ritterlichen Japanesen; er hat etwas von der Würde und Gastfreiheit des unverdorbenen Spaniers, der Wildheit des Malayen und der Verschlagenheit des Chinesen. In Amerika machten wir uns ein Vergnügen daraus, ihn zu karrikieren als ein Geschöpf halb Neger, halb Affe. Das ist weit von der Wahrheit. Die Filipinos sind höchst intelligente Geschöpfe, und unser Fehler ist es gewesen, vorauszusetzen, daß wir solche Leute durch Gewalt allein regieren können. Andere Nationen sind bei diesem Spaß schlecht weggekommen, und es liegt an uns, aus ihrem Beispiele Nutzen zu ziehen.

VIII.

Die Neger als ein Element in der kolonialen Ausdehnung.

„Es ist dasselbe überall in Hayti ...... alles was Energie, Fleiß und Verstand der Weißen einst einführte und betrieb, ist seit dem Zurückgehen des Weißen und dem Uebergewicht des Schwarzen wirklich aus dem Dasein verschwunden."

Hesketh Prichard, September 1900. „The Geographical Journal."

Der Neger in Amerika — Süd-Afrika — Westindien — als Soldat — Gleichheit mit Weißen.

Reden wir vom Neger mit einem gewissen Maß von Freimut. Vor vierzig Jahren stand uns die Verwerflichkeit der Sklaverei so fraglos fest wie der Wert des Christentums — oder des Republikanismus. Die Leute waren entweder Sklavenhalter oder Freunde der Aufhebung der Negersklaverei; durchaus nicht notwendigerweise aus Sachkenntnis, sondern auf Grund einer Ueberzeugung, verwandt jener Gläubigkeit, durch die Anhänger einer religiösen Sekte dahin gebracht werden, eher den Tod zu erleiden als einen Glaubenssatz aufzugeben, in Bezug auf welchen doch alle gleich unwissend sind. Im siebenzehnten Jahrhundert bekriegte die eine Hälfte der weißen Rasse die andere Hälfte wegen der nicht übereinstimmenden Auslegung einiger weniger mystischer Worte in der Bibel, und von 1860 bis 1865 verklagte die eine Hälfte der Geistlichen der Vereinigten Staaten die andere wegen ihrer abweichenden Ansichten von der Fähigkeit des Negers zur Freiheit, wo nicht zur Selbstregierung. Diese Frage wurde nicht entschieden durch Berufung auf das kompetente Urteil von sachkundigen Männern, sondern durch einen langen Krieg, der mit dem Sieg derjenigen Partei endete, die das meiste Geld und die meisten Leute hatte. Der amerikanische Bürgerkrieg entschied, daß Neger in den Vereinigten Staaten nicht als Sklaven gehalten werden sollten, aber sonst ließ er das schwarze Problem ungelöst.

Unter den vielen Ursachen, die den Norden einten zur Unterdrückung der Sklaverei im Süden, herrschte zweifellos der sittliche Beweggrund vor. Die leidenschaftliche Beredsamkeit von so mutigen Menschenfreunden wie Henry Ward Beecher fand ein Echo weithin in den meisten nördlichen Staaten, wo der weiße Mann Arbeit achtete und glaubte, daß die Erklärung der Unabhängigkeit Anwendung habe auf jede menschliche Kreatur ohne Unterschied der Rasse.

Indessen der Schwarze hat keinen größeren Feind als den enthusiastischen weißen Philantropen, der seine ethnologischen Kenntnisse aus „Onkel Toms Hütte" gewonnen hat, und der endet mit der Hinopferung der Afrikaner, denen er Wohlthaten zu schaffen wünscht.[1])

---

[1]) Neger waren im Sommer 1900 Gegenstand der Gewaltthätigkeit des Pöbels in den Straßen von New York. Der Rev. William Brooks, der farbige Pastor von St. Marks, Bischöf-

Seit den Tagen, da Columbus den ersten Afrikaner als Sklaven nach Westindien brachte bis herab zum Jahre 1900, wo Negerhatz und Lynchen von Negern einen ständigen Artikel in unseren Zeitungen bildete, ist der Neger von zwei äußerst verschiedenen Gesichtspunkten aus studiert worden, von demjenigen des berufsmäßigen Menschenfreundes zu Hause und demjenigen des Pflanzers

---

licher Methodistenkirche in der West Fifty-third-Straße, hielt vor einer großen Versammlung eine Predigt über „Die Geschichte vom Aufruhr in New York". Während der Rede steigerten sich die Gefühle der Gemeinde zur Fieberhitze, und ungeachtet der häufigen Ermahnungen des Seelsorgers, ruhig zu bleiben, unterbrachen seine Zuhörer die Predigt zwei Mal durch lebhaften Beifall.

Er sagte:

„Ich habe die Opfer des Aufruhrs besucht und Nachforschung gehalten. Ich habe ein Buch voll Thatsachen. Was ich hier heute Abend sage, kann mich vor Gericht bringen, vielleicht ins Gefängnis. Indem ich gegen die Polizei folgende Anklagen erhebe, lade ich zur Nachforschung ein:

„Unschuldige Männer wurden grausam angefallen.

„Das Zusammenschießen geschah beinahe in jedem Falle durch die Polizei.

„Wir haben unter den mißhandelten Opfern nicht einen einzigen „festen" Charakter gefunden, aber ehrbare schwerarbeitende Personen.

„Ehrbare und hülflose farbige Weiber, welche die Polizei um Schutz angingen, wurden wegen ihrer Bitte beschimpft und bedroht.

„Männliche und weibliche Gefangene wurden von der Polizei geschlagen, während die Patrouille ein- und ausging, und auf dem Wege zu den Polizeiposten.

„Männer wurden geschlagen auf dem Posten.

„Männer und Weiber wurden durch die Polizei in nacktem Zustande aus ihren Betten weggeschleppt."

„an Ort und Stelle". Die Befreiung der afrikanischen Sklaven nicht nur in den Vereinigten Staaten, sondern auch von England und Spanien in ihren bezüglichen Kolonien, wurde hauptsächlich durch die Geistlichkeit bewirkt, welche die Sklaverei als eine Sünde in den Augen Gottes betrachtete. Bei ihrer Stellung im Staat war ihre Meinung entscheidend in einer Frage, die zugleich Frage nach der Ansicht des Allmächtigen über den Gegenstand war; und ihre Gründe waren unwiderstehlich, weil sie weder bewiesen noch widerlegt werden konnten. Die kirchliche Auffassung im alten Spanien war nicht sehr verschieden von derjenigen, die heute in England und in den Nordstaaten der Union durch die heimischen Kirchen gehegt wird. Ihr zufolge soll der Schwarze nur so lange inferior sein, als er Heide bleibt. Wenn er dagegen missionarischer Ueberredung sich ergiebt, ist er nicht nur in eine für den Allmächtigen kostbare Seele verwandelt, sondern auch in ein politisches Wesen, das befähigt ist, an der Seite des Weißen zu stimmen.

Der Bur Südafrikas, der die Neger besser kennt als die meisten von uns, der nicht nur ein frommer Bibelchrist ist, sondern auch ein feuriger Liebhaber der Freiheit, hat in sein politisches Glaubensbekenntnis niemals den Satz aufgenommen, daß alle Menschen gleich seien, je gewesen seien oder jemals sein könnten. Der Bur hat seinen Weg durch Afrika erkämpft, als die Gewinnaussicht zu Gunsten des Kaffers zehn zu eins betrug; er hat die Verräterei der Eingeborenen, ihre Feigheit und Grausamkeit in jeder Form erfahren und hat blühende Landgüter und Dörfer in einem einst durch blutdürstige

Häuptlinge verwüsteten Lande angelegt und hat schwarze Wilde zu häuslichen Dienstboten umgewandelt.

Bei Gelegenheit meines Besuches in Südafrika unmittelbar nach dem Jameson-Einfall (1896) fand ich unter englischen sowohl als unter Buren-Afrikandern eine ziemlich allgemeine Verurteilung des Treibens der Missionare, mehr aus politischen als aus religiösen Gründen. Die weißen Ansiedler aller Nationalitäten betrachteten es als unverständig, daß die christliche Religion dem schwarzen Eingebornen immerfort als ein Zaubermittel vorgespiegelt würde, durch das er auf eine Art geheimnißvollen Weges dem Weißen gleich werden sollte. Auch war der Missionsunterricht weit davon entfernt, dem Kaffer die Sanftmut unseres Heilandes einzuimpfen; im Gegenteil, Arbeitgeber betrachteten den unbekehrten Wilden als einen für ihre Zwecke geeigneteren Mann als denjenigen, der von unserer Religion gerade genug gelernt hatte, um die Unabhängigkeitserklärung zu verstehen.

Keine Nation hat mehr Energie und Geld verausgabt, den Neger zu heben, als die Vereinigten Staaten. Vielleicht wäre es gerechter, das von der angelsächsischen Rasse überhaupt auszusagen; denn das moralische Empfinden über diesen Gegenstand ist nicht sehr verschieden, ob wir uns nach London wenden oder nach New-York, Chicago oder Manchester.[1]) Dasselbe Eng-

[1]) Im Jahre 1833 votierte England 20000000 Dollar, um Sklavenbesitzer zu entschädigen. Der Sklavenhandel ist durch England im Jahre 1807 abgeschafft worden, durch die Vereinigten Staaten 1808. General Sherman erhob Anspruch darauf, in dem großen Bürgerkrieg durch seine Einfälle mehr Besitztum

land, das die erste Sklavensendung nach Virginia zuließ, war die erste Nation, welche die Sklaverei in ihren eigenen Kolonien abschaffte. In Amerika haben die Kirchen des Nordens mit Beistand reicher Menschenfreunde Schulen für Neger gegründet, und jede höhere Schule des Landes öffnete ihre Thore tatsächlich der afrikanischen Rasse. Selbst West Point muß dem schwarzen Jungen, der seine Examina besteht, ein Berechtigungszeugnis zum Officiersrang ausstellen. Der erste Neger, der zu West Point graduiert wurde, mußte freilich nachher aus der Armee ausgestoßen werden, weil er den Soldaten Geld gestohlen hatte. Einer oder zwei haben seither den Grad erhalten, aber das Gebiet für ihre Verwendbarkeit ist beschränkt, nicht etwa weil die Regierung ihnen keine Förderung angedeihen läßt, sondern aus dem gewichtigeren Grunde, daß kein Soldat ihnen in die Schlacht folgen oder sie als Vorgesetzte behandeln wird. Nirgends in der Welt, wo der Neger angesiedelt wurde, zeigte er einen so hohen Grad von Gelehrigkeit und Civilisationsfähigkeit wie in den Vereinigten Staaten, wo er während dreier Jahrhunderte in täglicher Berührung mit einem hohen Typus des weißen Menschen gewesen ist. Gleich zu Anfang nahm er Kleidung, Sprache und Religion des Weißen an. So lange der Weiße seine Ueberlegenheit geltend machte, auf seinen Pflanzungen lebte und seine Neger hütete, leisteten sie ihm nicht bloß ihre Arbeit, sondern auch den Tribut einer in ihrer kindlichen Vollendetheit rührenden Treue. Der Neger nahm nicht bloß den

---

zerstört zu haben, als die ganze von England 1833 bewilligte Sklavenablösungssumme wert war.

Namen seines Herrn an, sondern beanspruchte im Verhältnis zu seinen Genossen denselben Rang, den sein Herr unter benachbarten Pflanzern einnahm. Der Grundzug im Charakter des Negers ist sein angeerbter instinktartiger Hordensinn. Er kümmert sich im allgemeinen nicht um politische Institutionen — sein ganzes Sein verlangt heftig nach einem Häuptling, einem Führer, einem Herrn und Meister.

Es traf sich, daß ich kurz nach dem Bürgerkrieg einige Verwandte besuchte, die große Pflanzungen in Maryland besaßen. Da ich in Neu-England erzogen worden war, nahm ich natürlich an, daß, wenn die Sklaven befreit wären, sie alle sofort nach dem Norden entlaufen oder, wenn sie blieben, sich in feindlichen Bündnissen gegen ihre alten Herren verbinden würden. Aber meine jugendlichen Vorurteile wurden gewaltsam zerstört, als ich in diesen nördlichsten der Sklavenstaaten entdeckte, daß die Neger nicht nur nicht fortgelaufen waren, sondern im Gegenteil die politischen Rechte, die ihnen so plötzlich aufgedrungen worden waren, gar nicht würdigten.

Als die Nachricht von Präsident Lincolns Proklamation eintraf, ging mein Verwandter, der ein „Erz-Rebell" war, hinaus zu seinen Negerhütten und verkündete die Sache seinen Schwarzen. „Nun, Jungens, — Ihr seid alle frei; — macht, daß Ihr fortkommt; — ich habe Euch nicht mehr nötig; — fort mit Euch!"

Aber sie lachten ihm ins Gesicht; — sie kannten ihn als einen Mann von Witz und Humor. Sie dachten, das ist wieder einer seiner Späße.

Nicht nur gingen sie nicht fort, sondern bis auf den heutigen Tag sind sie oder ihre Nachkommen an dem

Ort und können noch nicht verstehen, weshalb unten im Süden so viel Blut und Geld verschwendet werden mußte, um Dinge umzustürzen, die nur einer unbedeutenden Aenderung bedurften, damit sie zufriedenstellend wurden.

Was ich auf den Pflanzungen von Maryland beobachtete, fand ich weiter gegen Süden in jedem Staat, von Virginia bis Texas, — immer derselbe Schwarze, der für seinen Herrn das nämliche Gefühl der Unterwürfigkeit hat, das den Kaffer von Südafrika charakterisiert.

Dieses Gefühl macht den Neger zu einem der besten Soldaten, wenigstens in den Augen seiner weißen Officiere. Während des spanischen Krieges war über diese Frage nur eine Stimme, die Stimme des Lobes auf den Schwarzen als Soldaten in Reih und Glied. Er braucht das beständige Beispiel und die anhaltende Führung des weißen Officiers, aber so wird er alles thun, was vernünftigerweise verlangt werden kann. In der Metzelei, die das Vorrücken auf den San Juan-Hügel bezeichnete, zeigten die Neger-Regimenter unter West Point-Hauptleuten Festigkeit und Muth. Seit jenem Kriege sind die Zeitungen so beschäftigt gewesen mit dem Preis „politischer" Kriegshelden, daß die regulären Truppen ignoriert wurden. In der Tat, obgleich der Krieg nun seit zwei Jahren beendet ist, kann ich mich kaum der Erwähnung irgend welcher West Point-Graduierter erinnern; sie sind begraben unter einer Masse von Politikern und Zeitungskorrespondenten.

Der Neger ist ein guter Soldat, weil er die Haupttugend des gemeinen Soldaten im Ernstfall zeigt —

Treue zu der Person seines Führers. Der Neger macht sich gar nichts aus dem roten Band vom Kriegsdepartement — der Hauptmann ist sein Gesetzbuch. Wenn er sich vergangen hat, würde er lieber von seinem Hauptmann eine Tracht Peitschenhiebe entgegennehmen als kriegsgerichtliche Verhandlung mit Freisprechung. Befindet sich der Hauptmann auf Urlaub, so ist die Negercompagnie wie eine Familie ohne Haupt. Ich habe einen Freund, der sein schwarzes Regiment in Texas zurückließ und nach New York auf Urlaub kam, um seine Familie zu besuchen. Nicht viele Tage nach seiner Ankunft erschien unter seiner Thür ein Mann seiner Truppe mit der Ankündigung, er sei gekommen, hier zu bleiben, „er gehöre zu Massa John's Truppe"!

Das genügte nach seinen Begriffen, — und nach der Meinung der Familie auch. Dieser schwarze Reitersmann blieb dort, machte sich nützlich in der Küche, rühmte im Gesinderaum die Tapferkeit seines Oberhauptes, und als des Hauptmanns Urlaub vorüber war, zog der Schwarze auch ab.

Die sittlichen Kräfte dieser Welt können nicht in die Wagschale gelegt und gewogen werden. Große Kriege sind geführt worden unter dem Eindruck von Gemütsbewegungen, die im tiefsten Grunde hervorgerufen waren durch Ammenmärchen. Treue, Achtung vor Eltern, Patriotismus, Religion — dies sind die Kräfte, welche die Welt bewegen, nicht Fabrikräder und Bankmanipulationen. Der Neger ist eine gewaltige Kraft, und er kann gelenkt werden an einem Faden in der Hand des Mannes, der ihn kennt. Heutzutage ist diese Kraft weithin zerstört; der Neger ist auf die Straße geworfen; seine Führer haben ihn aufgegeben; er ist in Amerika den Launen des weißen Pöbels ausgesetzt.[1])

Was ich von dem Neger als einem amerikanischen Soldaten sagte, trifft für ihn nicht weniger zu in der britischen Armee. In Westindien, Britisch-Guyana und Südafrika habe ich vorzügliche Negertruppen gesehen, und die britischen Officiere haben im ganzen von ihren Leuten mit derselben Liebe gesprochen, wie die West Pointer. Unter der Zucht zeigt sich der Neger von seiner besten Seite, unter der Zucht auf einer großen Pflanzung, in einem gewaltigen Sommerhotel, im Schlafwagendienst der Eisenbahn, aber vor allem im Dienste eines Heeres; für militärische Zucht paßt der Neger in ausnehmend hohem Grade. Er liebt ihr Gepränge und ihre Umständlichkeiten, die feierliche Parade, die Musik, die Großtuerei und den Häuptlingsdienst.

In Südafrika wurden schwarze Truppen durch die Briten nicht in großem Umfang verwendet, ausgenommen für den Dienst der berittenen Polizei. Aber jene, die ich in Natal und unter den Basuto sah, waren gleichwertig mit den besten der Vereinigten Staaten oder Westindiens. Die englischen Officiere sprachen von ihnen in derselben liebevollen Weise und aus denselben Gründen.

Während ich mich in Maseru aufhielt, war Polo, eine Art Ballspiel zu Pferde, in Uebung; und da es sich traf, daß bei den weißen Officieren Lücken waren, wurden schwarze Reiter beordert, die Plätze auszufüllen, damit

---

[1]) Im Jahre 1899 wurden 84 Lynchgerichte an Negern verzeichnet. Während vieler Jahre beliefen sich die Lynchgerichte in den Vereinigten Staaten im Durchschnitt auf ein- bis zweihundert jährlich, die große Mehrzahl derselben betraf Neger.

das Spiel nicht gestört würde. Dies waren in der Wildheit geborene Leute, zu Diebstahl und Mord erzogen, — die bis zu der Zeit, da England sie in Dienst nahm, niemals mehr Toilette getragen hatten als einen Schnupftabaklöffel durch das Ohr. Und hier vergnügten sie sich in der Balgerei des Polo-Spiels mit ihren Gebietern wie Kinder mit ihren Eltern, wenigstens auf dem Feld des Sports.

Die Neger von Basutoland fühlten sich nicht wenig, da ihnen erlaubt wurde, mit den weißen Häuptlingen zu spielen. Es war schön, das Leuchten des Stolzes auf den Gesichtern dieser Eingebornen zu beobachten; hatte man sie doch herbeigerufen zu etwas, das für ihre Eitelkeit so schmeichelhaft war.

Auf meiner Reise durch Basutoland gab mir der britische Gouverneur als Führer, Dolmetscher, Beschützer und Begleiter einen Mann seines Militärkommandos mit, der die britische Uniform trug und mit seiner Mütze über dem linken Ohr ganz ebenso „selbstbewußt" paradierte wie Tommy Atkins im Hyde Park. Wir gingen nach Taba Basio, um Masupa zu sehen, den Sohn des Moshesh, der seinerzeit der mächtigste Häuptling in Südafrika war.

Unser Begleiter war aus der Familie des Moshesh und empfing halb königliche Ehrenbezeugungen von den Eingebornen, denen wir unterwegs begegneten. Die Komplimente aber, die er seinem eigenen heimischen König machte, waren spärlich im Vergleich mit jenen, die er mit besonderem Vergnügen dem weißen Manne darbrachte. Seine schwarze Majestät, König Masupa, war arg betrunken, als ich die Ehre hatte, ihm vorgestellt zu werden.

Er war umgeben von seinen Kriegern und sprach recht ungeniert von dem Vergnügen, das ihm der Kampf gegen die Buren bereiten würde! Wohlfeiles Geschwätz das! Denn die Buren hatten den Basutos bei vielen Gelegenheiten Prügel erteilt, und die ganze Macht, welche die Schwarzen jetzt noch haben, ist ihnen durch die Geltung Englands geliehen. Als Masupa erfuhr, daß ich ein Bild von ihm mitzunehmen wünschte, sprang er auf, lief in seine Hütte und verschwand. Ich fand das sehr seltsam. Vielleicht war er unwillig, — vielleicht bereitete er einen Hinterhalt für mich! Um mir darüber Gewißheit zu verschaffen, folgte ich nach und fand ihn in einer großen Kiste herumstöbernd unter einem Haufen alter Kleider. Da waren Röcke, die von Stewards auf Dampfschiffen, von Konsuln oder britischen Generalen abgelegt worden waren; das machte dem Masupa nichts, so lange noch einige Messingknöpfe oder Reste von Goldtressen darangelassen waren. Seine Häuptlinge hielten zuerst einen Rock und dann einen anderen in die Höhe. Endlich entschied er sich für einen, den ein portugiesischer Admiral getragen haben mochte, — das Tuch war kaum zu sehen vor der Menge verschossener Goldtressen, die ihm angeheftet waren. Zuerst jedoch zog er ein schäbiges rothes Flanellhemd an, woran er einen Papierkragen zu befestigen suchte. Die Hemdenknöpfe plagten ihn sehr — sie gaben selbst seinem Gefolge sehr viel zu schaffen. Ein Häuptling nach dem anderen versuchte seine Finger an diesen seltsamen und ausweichenden Dingern -- aber das Resultat war Tortur für den König. Der enge Raum, worin dies vorging, erhielt nur durch eine kleine Thüre Licht und war beinahe dunkel. Er war vollgestopft mit äußerst schmierigen, nackten Häuptlingen, die ihre Hände und Finger vergeblich abmühten, um den Kragen richtig an den Hals ihres Königs zu bringen. Sie kniffen seine Haut, bis sie blutete. Der König ließ nicht ab. Seine königliche Ehre stand auf dem Spiel. Sie zerrissen Kragen um Kragen, und der Tag ging zu Ende. Zuletzt, nach vielem Stöhnen, trat seine königliche Majestät aus der schmutzigen Hütte — jeder Zoll ein König, wie afrikanische Könige einhergehen, gekleidet in die abgetragenen Kleider von Europäern, mit einer Angströhre auf dem Kopfe und in seiner Rechten das Sinnbild seiner Wildheit, den Kaffer-Knotenstock oder Kriegsknüttel.

Da hat man den Afrikaner, wie er ist, wenn er seinen eigenen Einfällen überlassen ist. Vor mir stand der König, und zu meiner Seite war der schwarze gemeine Soldat in einer britischen Reitertruppe. Dieser Gemeine stand in jeder Hinsicht höher als sein König. Masupa ist es gestattet, König zu sein, weil er für den Augenblick seinen Zweck erfüllt!

Und hier haben wir eine Lehre in Bezug auf Kolonialverwaltung. Basutoland, das eine Bevölkerung von kriegerischen Negern besitzt, die als die besten in Afrika anerkannt sind — gegen 250 000 an der Zahl —, wird regiert durch ein halbes Dutzend Engländer, die nicht einmal eine Leibwache von weißen Truppen haben, um sie im Falle eines Aufruhrs zu beschützen.

Dieses Land ist weit weg von Eisenbahnen und Zeitungen; zur Zeit meines Besuches gab es dort hunderte von Meilen weit keine britische Garnison; der Gouverneur und seine Frau waren vollständig isoliert;

dennoch versicherten sie mir, sie fühlten sich so sicher, Tag und Nacht, wie in einer Wohnung in Piccadilly.

Die Basuto verehren Sir Godfrey Lagden; denn in ihren Augen stellt er dar die Gerechtigkeit, den Mut und die große, ferne, weiße Königin, die ihre Einbildungskraft mit übernatürlichen Gewalten ausstattet. Wenn ein Basutohäuptling sich schlecht aufführt, hat der Gouverneur nicht nötig, weiße Soldaten aufzubieten zu der Bestrafung des Schuldigen. Es genügt ihm, eine Ratsversammlung von Häuptlingen zu berufen, um ihnen die Sache zu unterbreiten. Durch sein taktvolles Vorgehen sichert er sich ihre Unterstützung, und sie helfen ihm, den Uebelthäter in solcher Weise zu bestrafen, wie sie von den Eingebornen selbst als passend erachtet wird.

Niemand träumt in Basutoland von einer allgemeinen Niedermetzelung der Weißen durch die Schwarzen — am allerwenigsten von einem Blutbad unter den Engländern. Auch die amerikanischen Neger haben selbst in den Tagen ihrer Sklaverei keine Neigung gezeigt, sich zu erheben und Weiße anzugreifen. Sie sind oft heftig gereizt worden, und zuweilen gab es Aufruhr; aber die Regel war: wo immer Feindseligkeit der Neger gegen das Regiment der Weißen sich zeigte, da entsprang sie aus guten Gründen — gewöhnlich aus Grausamkeiten, verbunden mit Unfähigkeit.

Ein anderer schwarzer König, den ich das Vergnügen hatte kennen zu lernen, war Ja Ja, der von der afrikanischen Westküste nach St. Vincent in Westindien gebracht worden war zur Strafe für einen Raubanfall, den er in seinem Heimatlande begangen hatte. Ja Ja hatte seine Frau bei sich und wohnte in einem sehr gut eingerichteten einstöckigen Landhaus mit Aussicht auf das Karibische Meer. Er hatte einen Negerdiener zu seiner Aufwartung, und die britische Regierung gewährte ihm ein hübsches Jahrgeld. Er genoß eine Ausstattung des Lebens, welche diejenige seines königlichen Vetters Masupa weit übertraf. Ja Ja erzählte mir seine Geschichte, beteuerte mir seine Unschuld — und bat mich, bei der Regierung der Vereinigten Staaten mich zu verwenden, daß er nach Afrika und in die alten Verhältnisse zurückkehren dürfe. Sein intellektuelles Kaliber war dasjenige eines Durchschnitts-Schlafwagenbedienten, und es war schwer zu unterscheiden, was komischer war, sein Königspielen in Afrika oder seine königlichen Prätensionen in St. Vincent.

Ich kann mich keiner ausgedehnten Bekanntschaft mit afrikanischen königlichen Majestäten rühmen. Mit Masupa und Ja Ja und einigen wenigen Swazi und Maloboks, die ich zufällig traf, ist meine Liste zu Ende. Diese wenigen waren alle Muster physischer Männlichkeit; — es waren die Besten der Schwarzen. Was können wir, in aller Unparteilichkeit, von einer Rasse aussagen, in der dies Muster von führenden Persönlichkeiten sind? Wir kommen auf die Annahme zurück, daß der Schwarze dem Weißen gleich ist, — daß er nur der Gelegenheit ermangelt, — daß er noch keine Zeit sich zu entwickeln gehabt hat, u. s. w. Es ist aber billig zu fragen: „Wie viel Zeit müssen wir ihm geben? Welche Gelegenheiten bedarf er noch?"

Meine Erfahrung ist vermutlich diejenige der meisten Amerikaner. In der Schule, wo ich mich für die Universität vorbereitete (Akademie von Norwich, Conn.), war ein Negermädchen in derselben Klasse. Sie kleidete sich ebenso gut wie die andern und genoß dieselbe Aufmerksamkeit von seiten der Lehrer. Ich hörte nie von irgend einer Geringschätzung, die ihr gezeigt worden wäre; im Gegenteil, sie war der ganzen Stadt ein Gegenstand großen Interesses; denn die öffentliche Stimmung des Ortes war mächtig darauf aus, die höhere Befähigung des Negers darzuthun. Auf der Yale Universität befand sich auch ein Neger-Student in meinem Jahrgang. Ich konnte nicht entdecken, daß ihm irgend eine Schwierigkeit gemacht worden wäre, die ihn hätte entmutigen können im Streben nach den höchsten Berufsstellungen in der juristischen oder litterarischen Laufbahn, auf der Kanzel oder auf irgend einem anderen der freien Lebenswege. Im Gegenteil, wenn es einem Neger gelang, sich ein wenig über das gewöhnliche Niveau zu erheben, kam ihm die Neigung zu Hülfe, viel aus ihm zu machen, ihn als einen Beweis anzuführen, wessen die Rasse fähig sei.

Wir haben so weit zurückgehende Kenntnis vom Afrikaner wie von irgend einer menschlichen Rasse, und von den frühesten historischen Zeiten bis auf diesen Tag, von Herodot bis auf „Uncle Remus“, finden wir denselben hülflosen Schwärzling, — die Freude der Kinder, inkonsequent, ratlos, auf Wohlklang gestimmt, treu, in Farben vernarrt, sich ergötzend am Sonnenschein und scheu vor anhaltender Arbeit.

Erzieher im Norden, die redlich darnach strebten, das Beste im Neger zu erkennen, und Professoren an höheren Schulen, mit Einschluß von West Point, versicherten mir, daß die Fähigkeit des Negers für geistige Arbeit sehr begrenzt sei, daß sie auf unteren Stufen, wenn Gedächtnis oder genauer Nachäffung viel ausmacht, rasch vorrücken. Sie übertreffen häufig weiße Kinder desselben Alters in Sprachen. Aber bald beginnen sie in ihrem Fortschritt zu stocken; die weißen Kinder gewinnen dann schnell den Vorsprung, und ungefähr im Alter von siebenzehn Jahren ist der Neger hoffnungslos zurückgeblieben.

Niemand zweifelt daran, daß der Neger als Prediger, Rechtsgelehrter, Arzt, Redakteur, Dichter eine erträgliche Figur machen kann. Und nach den schwachen Leistungen mancher unserer weißen Bekannten auf diesen Gebieten fühlen wir uns beinahe geneigt, der den vegetierenden Wesen am nächsten stehenden Gruppe des Tierreichs eine helfende Hand zu reichen. Doch, wenn der Schwarze sein Bestes gethan hat auf den geistigen Lebenswegen, hat er am Ende nur das Niveau eines untergeordneten Weißen erreicht.

Darwinismus ist die Mode des Tages, aber er zeigt uns nicht, daß sich in den letzten 10000 Jahren der Schwarze oder Weiße um ein Jota in seiner physischen oder geistigen Fähigkeit verändert hat. Nationen sind aufgestiegen und andere sind niedergegangen nach Gesetzen, die mit sittlichen und wirtschaftlichen Dingen zusammenhängen; aber der höchste heutige Typus und der höchste Typus irgend einer vorhergehenden Generation unterscheiden sich für uns nicht hinreichend, um den Schluß zu gestatten, daß das Menschengeschlecht größere Veränderungen durchgemacht habe, als sie sich darstellen in einem Menschen, der sich des Telephons und des Hunderttonnengeschützes bedient gegenüber einem anderen, der nur einen Wurfspieß und seinen Einbaum mit primitivem Ruder hat. Diese Ansicht mag falsch sein, aber sie ist wenigstens auf bessere gesetzmäßige Augenscheinlichkeit gegründet als diejenige, die meinen Vorfahren beschuldigt, er sei ein Affe gewesen.

Spanien hat zum großen Teil seine Negerfrage durch Wechselheiraten mit Afrikanern gelöst. Der Franzose in Martinique und Guadeloupe hat auch eine buntscheckige Mischrasse hervorgebracht. Der Angelsachse und der Boer Südafrikas sind die einzigen Völker, die ihr Blut unvermischt erhalten haben — und darin liegt mit das Geheimnis ihrer Gewalt über eingeborene Rassen.

Auf Cuba haben wir die Verantwortlichkeit für weitere Negermassen übernommen zu den etwa zehn Millionen in unserem eigenen Lande hinzu, und die Welt ist gespannt zu sehen, mit welchem Erfolg wir mit dieser neuen Bürde fertig werden.

Unsere erste Pflicht ist, die Wahrheit anzuerkennen, daß der Neger für den Weißen nicht seinesgleichen ist.

Unsere früheren Sklavenstaaten sind durch Militärgewalt gezwungen worden, ihre Unterschrift zu einer ungeheuren Lüge zu geben als Preis für politische Existenz; und das Ergebnis ist gewesen, daß in mehr als einem unserer Schwarzenstaaten das Gesetz zu nichte geworden ist und die heranwachsende Generation demoralisiert wird, wenn sie sieht, wie achtbare weiße Leute Tag für Tag sich gegen das Gesetz verfehlen. Es liegt darin eine große Gefahr für die Zukunft; denn es ist leicht zu verstehen, daß auf die Generation, die ein Gesetz mit Verachtung behandelt, eine nächste folgt, die sich ganz ohne Gesetz behelfen will. Eine Republik, die keine Ehrfurcht vor dem Gesetz hat, ist in Gefahr; denn da sind wir und der Mob eins, wenn wir das allgemeine Vertrauen auf gesetzliche Hülfsmittel erschüttert haben.

Es ist deshalb unsere Pflicht, die Gesetze, welche die gegenwärtige Stellung des Negers bestimmen, zu revidieren. Dieses Land wurde auferbaut als ein Land des weißen Mannes — so Illinois wie Louisiana, so New-York wie Missouri. Es ist unsere Pflicht, den Neger nicht nur vom Standpunkt von „Onkel Toms Hütte" zu betrachten, sondern auf Grund eines umfassenden Studiums seiner selbst in den letzten vierhundert Jahren — in Afrika, in Westindien und in den Vereinigten Staaten. Wir bedürfen einer Gesetzgebung, die den Roheiten und dem Lynchen, das heute gewisse Teile unseres Landes schändet, einen starken Damm entgegenstellt. Wir sind nicht erfolgreich gewesen in der Leitung tieferstehender Rassen, weil wir behauptet haben, daß sie unseresgleichen seien. Es zeigt sich bei unbefangenem Studium des Gegenstandes, daß die Neger dieses Landes teilweise zu ihrem ursprünglichen wilden Zustand zurückzukehren im Begriff sind — zur Bösengeisterverehrung. Dies hat Platz gegriffen auf Haiti und in anderen Teilen Westindiens und zeigt uns, daß der Neger die äußeren Formen der Religion des Weißen annimmt, so lange der Einfluß der herrschenden Rasse ihm auf dem Nacken sitzt; aber sobald das aufhört, fällt er zurück in die ihm entsprechenderen religiösen Gebräuche seiner Vorfahren.

Livingstone, der große Missionar, erzählt uns, daß er, als er den Sambesi herabkam, in Gegenden, die vor zwei oder drei Jahrhunderten von portugiesischen Missionaren in Besitz genommen worden waren, auf Negerdörfer gestoßen sei. Diese Schwarzen konnten das Zeichen des Kreuzes machen; und das war alles, was sich vom Missionswerk erhalten hatte.

Mit dem weißen Priester war auch die Religion des weißen Mannes wieder gegangen; und heute sind die Kaffern jener Gegend ebenso wild in ihren religiösen Gebräuchen wie irgend welche andern. So wurde mir wenigstens versichert von Dr. Karl Peters, der neulich dort war.

Unser Gesetz sollte die Neger als Minderjährige anerkennen, als Mündel der Nation. Keinem Neger sollte es gestattet sein, sein Eigentum zu verpfänden oder Schulden zu machen über einen sehr kleinen Betrag hinaus. Jede Gelegenheit zur Schulbildung sollte ihm offen sein, aber das Wahlrecht sollte ihm nicht zugestanden werden, wie auch niemand anderem, der nicht einen gewissen Betrag von Eigentum nachweisen kann. In der That wird es mir schwer, die Gerechtigkeit zu verstehen, die dem Mann, der nichts hat, gestattet, durch seine Abstimmung denjenigen, der etwas hat, um sein Erworbenes zu bringen. Ich möchte bald ebenso gern die Schiffauslader ersuchen, unsere Seeoffiziere zu wählen, und Grünschnäbel, die in ihrer Klasse nicht mitkommen können, mit der Besetzung der Präsidentenstellen an unseren höheren Schulen betrauen. Die Aufgabe einer Regierung ist im großen und ganzen, durch Steuern Geld zu erheben und es für das Wohl des Gemeinwesens zu verwenden. Der Mann, der Geld erworben hat, wird es eher weise ausgeben als der Landstreicher oder derjenige, dem nichts daran gelegen ist für die Zukunft zu arbeiten.

Fern sei es von mir, eine Wiederherstellung der Sklaverei in ihrem früheren Umfange zu wünschen. Aber heute ist der sogenannte freie Afrikaner nicht weniger ein Sklave als vor fünfzig Jahren. Er ist ein Sklave der Schwächen, die ihn gegenwärtig zum tiefststehenden Geschöpf auf der Stufenleiter des amerikanischen Bürgertums machen. Er fürchtet jetzt nicht die Peitsche des Aufsehers; aber er ist der Sklave des Geldverleihers, der Sklave des Winkelkrämers, der Sklave des Mannes, der ihm Whisky verabfolgt und langen Kredit gewährt. Die Shylock-Brüderschaft ist seit dem Ende des Bürgerkrieges wie ein Heuschreckenschwarm über den Süden hergefallen und beutet den kleinen Negereigentümer aus wie seiner Zeit den kleinen Bauern von Rußland, Rumänien und Ungarn. Ihre Methoden sind dieselben über die ganze Welt; — sie eröffnen zuerst einen Laden, wo sie Kramwaren und Whisky zu niedrigerem Preise abgeben, als irgend ein ehrbarer Konkurrent ihn gewähren kann. Dann beschwatzen sie die Neger, den Termin der Berichtigung der Rechnung hinauszuschieben — ein Leichtes bei einer Rasse von großen Kindern. Dann verkaufen sie ihnen verschiedene andere Dinge — alles in der That, vom unechten Diamantring bis zum Maultier, — indem sie den leichtgläubigen Schwarzen immer versichern, sie könnten zu beliebiger Zeit bezahlen.

Dann kommt eine schlechte Ernte — eine plötzliche Geldklemme — ein Sinken der Preise — eine Zeit, da der Neger in besonderer Not ist. Dann ist der günstige Augenblick da, auf den Shylock lange gewartet hat. Er präsentiert sein Papierchen! Der leichtfertige, hülflose Schwarze kann natürlich die Rechnung nicht bezahlen und befindet sich dem Bankerott gegenüber. Shylock macht ein langes Gesicht und sagt, er müsse auf der Stelle Geld haben — oder er sei ruiniert; und das Ergebnis ist, daß der Neger sein ganzes kleines Hab und Gut seinem Freund, dem Geldverleiher, gerichtlich verschreibt und dagegen eine Pfandverschreibung empfängt, laut der er sich verpflichtet, jährlich eine große Summe abzubezahlen. Um das Maß vollzumachen, verspricht er seinem wucherischen Freund, daß er seinen Bedarf nie an einem andern Orte kaufen werde, und überdies, daß aller Tabak oder sämtliche Baumwolle, die er das Jahr hindurch gewinnen möge, an ihn abgeliefert werden soll und nur an ihn, um in Kommission verkauft zu werden! Auf diese Weise drängt sich der Geldverleiher von fremder Rasse unter gesetzlichen Formen ein, tritt an die Stelle des weißen Pflanzers und bürdet dem schwarzen Mann eine Sklaverei auf, so vollständig, wie sie nur je erdacht ward in den Tagen von „Onkel Toms Hütte".

IX.

Offizielle deutsche Kolonisation.

„Großbritannien kann also nicht unpassend als ein befestigter Vorposten der angelsächsischen Rasse bezeichnet werden, der den östlichen Kontinent überschaut und auf Amerika ruht.“

Brook Adams, „America's Economic Supremacy“, 1900.

Der Deutsche in Kiautschou — Deutsches Ostafrika — Westindien und die Vereinigten Staaten.

Bis auf den gegenwärtigen Augenblick hat Deutschland mehr Kolonisten in die Welt gesandt als irgend ein anderes Land, ausgenommen Großbritannien. Das am meisten Bemerkenswerte an dieser Bewegung indessen ist, daß der Deutsche als Kolonist beinahe jede andere Flagge seiner eigenen vorzieht. Das hat seinen Grund nicht darin, daß der Deutsche seinen Kaiser, seine Sprache, seine Sitten und tausend kleine Dinge, die den Begriff „Vaterland“ ausmachen, etwa nicht liebte. Es ist auch nicht völlig zutreffend, daß er seine Staatszugehörigkeit aufgibt, um dem Militärdienst zu entgehen; denn dieser Dienst ist nicht unbeliebter als die meisten andern persönlichen Steuerleistungen. Aber der Deutsche liebt die Freiheit, und er berechnet, daß, in Kolonien wenigstens, Freiheit wesentlich ist zum Vorwärtskommen. Die deutsche Regierung hemmt koloniale Unternehmungen leicht durch eine Menge amtlicher Einschränkungen, die der Pionierarbeit des Kaufmanns oder Pflanzers im Wege sind, und das ist der Grund, weshalb, ungeachtet des mehr als zwei Millionen Quadratkilometer umfassenden Kolonialbesitzes, die Söhne des Deutschen Reiches dabei bleiben, ihr neues Heim nicht in Kiautschou oder Kamerun, sondern in Australien, Argentinien, Sumatra, Canada und Texas zu gründen.

Im Jahre 1898 befanden sich auf einem für die chinesischen Gewässer bestimmten Dampfer des Norddeutschen Lloyd siebzehn deutsche Kaufleute. Kiautschou war damals seit Jahresfrist unter der deutschen Flagge, und deutsche Zeitungen, welche die Anschauung der Regierung widerspiegeln, hatten so großen Nachdruck auf den kaufmännischen Charakter dieser Kolonie gelegt, daß ein Fremder wohl hätte annehmen können, wenigstens einige von diesen siebzehn Kaufleuten würden nach dem angehenden Hamburg in Schantung reisen.

Zwei von ihnen gingen dorthin, um sich umzusehen, aber sie wurden durch die Haltung der Beamten so enttäuscht, daß sie nach Hause zurückkehrten. Die übrigen glaubten sich besser unter der holländischen oder der britischen Flagge zu befinden. Ein reicher deutscher Pflanzer, der große Besitzungen auf Sumatra besaß, stieg in Singapur aus. Ich stellte ihn eines Tages zur Rede, weshalb er nicht an der Entwicklung von Deutsch-Ostafrika sich beteilige, und statt dessen mit seinem Kapital und seiner Einsicht für eine rivalisierende Kolonie arbeite. Drauf mein deutscher Freund:

„Ich versuchte, mich in Deutsch-Ostafrika niederzulassen; aber ich war nicht willkommen. Wo ich hinsah —

überall Uniformen. Man betrachtete mich nicht als ein Mitglied der Gesellschaft, das selber Vernunft hat und weiß, was es zu thun hat, sondern als einen Menschen, den man durch Beamte hin- und herbeordern muß, — als wäre ich ein Bauernlümmel im Rekrutendienst."

„Nein! Es ist doch unmöglich, in einer deutschen Kolonie irgend etwas zu thun; — es ist da zu viel Regiererei. Anstatt den tüchtigsten Mann heranzuziehen und ihm eine hohe Besoldung zu geben, zahlen sie ein Dutzend Menschen schäbig und bekommen nur das gewöhnliche Kaliber von Beamten. Schlimmeres finden Sie nicht, wenigstens in den Tropen. Nun! Die deutsche Regierung bezahlt den Gouverneur einer Kolonie nicht so gut wie ich einen Aufseher! Mein Verwalter würde seine Stellung mit dem Gouverneur von Ostafrika nicht tauschen!"

Dieser Herr ist in Berlin als ein reicher und für öffentliche Interessen thätiger Christ wohl bekannt. Er drückt die Gefühle mancher Deutschen aus, denen es zusteht, in einer solchen Angelegenheit eine Meinung zu äußern.

Unter meinen Mitreisenden gingen mehrere nach Hongkong. Als ich einen von ihnen hänselte, weil er nicht nach Kiautschou ging, erhielt ich thatsächlich dieselbe Antwort. Einer sagte: „Warum sollte ich nach Kiautschou gehen? Ich habe mehr politische und persönliche Freiheit in Hongkong unter der britischen Flagge als unter meiner eigenen. In Hongkong stelle ich etwas vor — in Kiautschou bin ich nur ein „gewöhnlicher Civilist". In Hongkong werden deutsche Interessen geachtet, und Deutsche haben eine Stimme. In der Direktion der Bank von Hongkong und Shanghai sind Deutsche so gut wie Engländer vertreten. Nein, mein

Herr, ich liebe mein Vaterland, aber mein Patriotismus ist nicht stark genug, um mich nach Kiautschou zu treiben."

Natürlich besuchte ich Kiautschou; denn ich wünschte mich an Ort und Stelle zu überzeugen, ob meine deutschen Freunde vom Norddeutschen Lloyd übertrieben hatten.[1])

Mein Empfang von seiten des Gouverneurs und der Beamten war durchweg herzlich, und es wurde alles gethan, meinen Aufenthalt angenehm zu machen. Ich lege Nachdruck auf diesen Umstand, denn jemandes Ansichten werden oft durch persönliche Kleinigkeiten modificiert.

Freilich, da ich ein bloßer Civilist war, wurde mir nicht gestattet, den Gouverneurpalast durch den Haupteingang zu betreten; sondern ich wurde durch die Schildwache herumgeschickt nach dem Seitenthor. Damals wußte ich nicht, daß irgend eine gehässige Unterscheidung gemacht wurde, und so brauchte ich mich deshalb nicht zu ärgern. Der Gouverneur lud mich zu Tische, und seine amtlichen Gehilfen baten mich, an ihrem Offizierstische

---

[1]) Postsriptum. My honored friend Professor Woker, whose excellent translation makes value for my little book, has kindly sent me the Chapter on Kiao-Chow to revise finally before publication.

It must stand as it left my pen in the year of my visit — 1898 — one year after its seizure.

The critic will note that my prophescics have been falsified in part.

Admiral Seymour, with whom I spoke but yesterday in regard to this port assured me that much had been done to drain the place, to make it habitable. The railway is now assured — at least a hundred or more kilometers have been built. The breakwater is building and we may anticipate shortly a safe anchorage, a railway connection with the interior and a town laid out with reference to modern requirements.

zu speisen. Kein Gouverneur war jemals arbeitsamer oder gewissenhafter als gerade dieser. Seither ist er wahrscheinlich am Fieber gestorben oder versetzt worden; denn im Jahre 1898 war die Kolonie so ungesund, daß ich kaum von jemandem hörte, der nicht an der Ruhr oder an Malaria gelitten hatte, oder an beiden. Der Gouverneur war wegen vieler Dinge in Sorgen: — die Wände seiner Residenz waren grün von Schimmel; die Ausstattung, die er mit großen Kosten von Berlin gebracht hatte, war verdorben infolge der Feuchtigkeit; er war ein physisches Wrack wegen des ungesunden Zustandes seines Quartiers, und während erunter dem Einfluß des Dunstes erschauerte, malte er in glühenden Farben Kiautschou als das große zukünftige Sanatorium des fernen Ostens!

Dann sagte er mir einige seiner Staatssorgen ins

On the other hand the British Governement appears to have lost interest in Wei Hai Wei. The cabinet of Lord Salisbury appears to shrink from the responsibility of maintaining a naval station so far away.

But even though the German tax payer spend his money generously for the sanitation and the adornment of Kiao-Chow, there will be little satisfaction in this unless the Colony becomes self supporting through the merchants attracted to this port.

France has beautiful ports in Algeria — veritable little reproductions of Paris — but she has not yet, after seventy years of possession, made them productive. France has suffocated her colonial offspring by the poisonous atmosphere of state aid, bounties, protectionism, officialism, there are many names to describe officially what is at last analysis merely the meddling of governement in affairs that should be left to individual energy.

Poultney Bigelow, London, November 7. 1901.

Ohr. Ich hatte gehofft, ihn über die Aufgaben der Anpassung europäischer Ordnungen des öffentlichen Lebens an chinesische Bedürfnisse reden zu hören; vielleicht auch über Grenzstreitigkeiten, Zollschwierigkeiten, militärische Befähigung der Chinesen, hundert Probleme von spannendstem Interesse für jemand in seiner Stellung, frisch aus der Atmosphäre von Berlin oder Kiel!

Aber nein; sein Beamtengehirn war in Anspruch genommen durch Nachdenken, wie ein chinesischer Scheuerjunge zu bestrafen sei, der die Schüsseln aus Unachtsamkeit in der Badewanne gewaschen hatte. Ich sagte dem Gouverneur, daß es in China so viel schlimmere Arten Schüsseln zu reinigen gebe, daß ich die Angelegenheit dem Ortsrichter überlassen und nicht mehr daran denken würde. Er war unangenehm berührt von meiner Oberflächlichkeit.

Und gerade an diesem Punkt möchte ich auf den Unterschied zwischen Beamten- und normalem Verstand aufmerksam machen.

Für den Beamtenverstand existiert keine perspektivische oder relative Wichtigkeit. Für ihn hat jedes Telegramm seine fortlaufende Nummer, ob es sich nun auf ein Schiff beziehe, das in Sicht des Hafens sinkt, oder auf einen Aschenhaufen im Kehrichtkasten. Mein Freund, der Gouverneur, grübelte mehr ob dieser Abwaschküchen-Episode als Moltke über die Gefangennahme Louis Napoleons.

Bei Gelegenheit meines Besuches in Kiautschou fand ich fünf Kaufleute auf 1500 Soldaten und Beamte. Das war für mich deprimierend. Ich würde fünf Soldaten und 1500 Kolonisten vorgezogen haben. Aber der Gouverneur dachte anders. Er konnte nicht verstehen, was diese Kaufleute eigentlich wollten, wenn sie ihn mit Fragen über den Platz bemühten. Er brauchte sie nicht; sie waren nur wieder eines seiner Kreuze. Bei Gelegenheit meines Besuches hatte die Regierung angekündigt, daß der erste Landverkauf in wenigen Tagen stattfinden werde, und deutsche Kaufleute in anderen Häfen Chinas hatten lebhaft den patriotischen Wunsch gezeigt, zum Vorteil der Kolonie Geld anzulegen. Aber wenige wußten etwas über den Platz. Alle waren begierig zu erfahren, ob sich dort so etwas wie ein Hotel befinde, ob sie an Bord eines Schiffes im Hafen schlafen könnten, oder ob dort Zelte zu beschaffen wären. Nichts schien mir natürlicher als das. Wenn einer den andern einlädt, in eine unzugängliche Gegend zu kommen und von ihm entweder Pferde oder Land zu kaufen, verlangt in der ganzen civilisierten Welt das Gesetz der Gastfreundschaft, wenn nicht die öffentliche Ordnung, daß zur Bewirtung des erwarteten Käufers keine Mühe gescheut werden soll.

In Kiautschou indessen wurde dies Gebot umgestoßen, vielleicht in Anlehnung an chinesische Zuunterstzuoberstgrundsätze. Dieser Gouverneur nahm sehr übel, was er als Ungebührlichkeit deutscher Kaufleute aufzufassen beliebte, die — man denke! — die Kühnheit hatten, sich einzubilden, daß er, ein kaiserlicher Beamter, seine Zeit vergeuden sollte mit Achthaben auf solch ein Ding wie Handel!

Und dies war der Anfang von Deutschlands erster Kolonie in Ostasien. Die besten Lagen sind für Baracken vorweggenommen; die Offiziere haben sich in militärischem Kantonnement eingerichtet, und wenn zufällig ein irregeführter Kaufmann es wagen sollte, sich am Platze niederzulassen, wird er als Eindringling betrachtet —

und wird nicht einmal als Mitglied der gesellschaftlichen Veranstaltungen zugelassen, die unter dem Patronat der militärischen Aristokratie stehen.[1])

Eine Ausnahme gab es in Kiautschou. Ein Kaufmann gehörte zu der Gesellschaft; — aber, wie mit Wahrscheinlichkeit bereits vermutet wurde, er war ein Geldverleiher und von seinen Gläubigern erwählt.

Viel von dem Elend in Kiautschou entsprang aus Heimweh und Unerfahrenheit, aber noch mehr aus unerklärlicher Unfähigkeit. Z. B. war das Wasser untrinkbar — wenigstens für Europäer. Die Leute litten ziemlich allgemein an Krankheiten, die unmittelbar von verdorbenem Wasser herrührten, und dennoch waren keine Destillierapparate in Thätigkeit — nicht einmal die

[1]) Aus einem Briefe, datirt Kiautschou, 11. Oktober 1898, theile ich folgende Zeilen mit und schicke voraus, daß der Briefschreiber außerordentlich glaubwürdig ist:

„Die deutsche Regierung hat zu niedrigem Preise das ganze Land in der Nachbarschaft erworben, so daß alle Käufer sich ihre Landstücke direkt von der Regierung beschaffen müssen.

Die Regierung hat also ein vollständiges Monopol und behält oder verkauft, je nachdem es am vortheilhaftesten scheint.

Der erste Verkauf fand statt am Montag, den 3. Oktober 1898, wie es vorgesehen war. Es waren ungefähr 40 Bieter zugegen, von denen alle, mit einer Ausnahme (ein Schwede), Deutsche waren.

Außer ihnen waren noch 8 oder 10 chinesische Kaufeute da. Landkomplexe gegen den zukünftigen Bund (Wasser-Fronte-Fahrweg) hin und jeder ungefähr einen halben Acker umfassend wurden verkauft, von 3000 Dollar bis 6000 Dollar (mexikanisch) je nach der Lage.

Ein großes Stück von ungefähr $1^1/_7$ Acker Ausdehnung wurde an einen chinesischen Kaufmann losgeschlagen für 6250 Dollar (mexikanisch)." [Ein Dollar (mexikanisch) = 2 Mark].

Kriegsschiffe im Hafen wurden zu diesem menschenfreundlichen Zweck gebraucht. Nach meinem natürlichen Empfinden hätten die deutschen Kriegsschiffe, die ich im August 1898 in den philippinischen Gewässern getroffen hatte, besser dazu verwendet werden können, Wasser zu destillieren für die leidenden Soldaten in Kiautschou. Mit einer solchen Arbeit kann man vielleicht nicht glänzen, — aber sie rettet kostbare Menschenleben.

Nicht mehr als hundert Meilen von da, zu Wei-hai-Wei, hatte der Admiral Seymour auch eine Kolonie von Engländern gegründet. Sie war nur sechs Monate alt — halb so alt wie die deutsche — hingegen hatte die englische gesundes Trinkwasser, und folglich erreichte die Krankenziffer keine ungewöhnliche Höhe. Während der deutsche Admiral verdrießlich war, hielt der Engländer seine Leute munter und kräftig, indem er ihnen zu Spielen im Freien Gelegenheit gab.

Kiautschou ist ein armseliges Ding mit Rücksicht auf seine Hafenverhältnisse. Es wird Millionen von Dollars kosten, bevor Schiffe mit Sicherheit vor Anker legen können, gar nicht zu reden vom Löschen der Schiffsladungen bei gewöhnlichem Wetter. Es reicht nicht an Wei-hai-Wei heran, und es ist schwer zu verstehen, was Deutschland bewog, einen solchen Platz zu einem solchen Zwecke auszusuchen.

Während meines Besuches befand sich kein einziges Schiff im Hafen außer solchen, die in amtlicher Mission oder doch mit amtlicher Unterstützung da waren. Ich sah, wie einem viermastigen amerikanischen Schoner aus Oregon der Kiel in Stücke zerschellt wurde, weil das Schiff, ungeachtet der Vorstellungen des Kapitäns, auf Befehl des Gouverneurs an einen unsicheren Ankerplatz gewiesen war. Die Zugänge zu Kiautschou waren auf der Karte so schlecht verzeichnet, daß der Kapitän des deutschen Postdampfers auf der kurzen Fahrt von Shanghai um hundert Meilen von seinem Kurs abweichen mußte. Physische Mängel können immerhin recht wohl ersetzt werden; Geld und — Energie können Hafendämme errichten, artesische Brunnen graben und Seekarten vervollständigen. Aber Amtlichkeit das ist das Laster, das heute dem Gedeihen von Kiautschou im Wege ist, oder mit anderen Worten: die Unfähigkeit des Beamtenverstandes, zu begreifen, daß eine Kolonie, wenn sie gedeihen soll, im Interesse der Kolonisten und nicht bloß im Interesse der Beamten verwaltet werden muß.

Die Besitzergreifung von Kiautschou erfolgte, ähnlich wie diejenige von Südamerika durch Spanien, unter Hervorkehrung von religiösen Gründen. Zwei römische Katholiken, Missionare, waren durch einen chinesischen Pöbelhaufen ermordet worden irgendwo im Innern, wohin nicht vorzudringen die Missionare ausdrücklich und besonders ersucht sind. Die deutsche Regierung wartete nicht, bis eine Erklärung oder die übliche Genugthuung angeboten werden konnte, sondern fertigte sogleich ein Geschwader ab, Kiautschou im Besitz zu nehmen. Der chinesische Kommandant des Hafens dachte, als er das Geschwader herannahen sah, es wäre zu einem freundschaftlichen Besuch hergekommen und traf Vorbereitungen, die landende Gesellschaft mit Zuckerwerk und anderen Beweisen freundlicher Gesinnung zu empfangen. Aber seine Gefälligkeiten wurden nicht angenommen, der Ort wurde bald durch deutsche Seetruppen besetzt, die chinesische Flagge entfernt, die deutsche an ihrer Stelle aufgepflanzt, die friedliche chinesische Bevölkerung aus ihren angestammten Heimwesen vertrieben und das Gebiet für das Deutsche Reich annektiert[1]) — „gepachtet“ ist der höfliche Ausdruck.

Die Besitznahme von Kiautschou fand statt in einer Zeit tiefen Friedens ohne hinreichende Herausforderung. Es war ein Kriegsakt, und obgleich China denselben zur Zeit nicht mit Waffengewalt ahnden konnte, dürfen wir versichert sein, daß es eine Handlung war, die das Ihrige dazu beitrug, im chinesischen Volk den Groll zu erregen, aus welchem im Jahre 1900 die sogen. „Boxer“-Bewegung Kraft zog.

Deutschland sendet seine Söhne aus nach Hunderttausenden, um die Herrschaft des weißen Mannes über die Erde zu kräftigen; und die Kolonien, die sie aufnehmen, sind dankbar für diesen Zuwachs. Aber das offizielle Deutschland nennt sie unpatriotisch und predigt die Pflicht, nur unter der deutschen Flagge zu koloni-

---

[1]) Der deutsche Kaiser wird von künftigen Generationen dafür gesegnet werden, daß er die erste Anwendung von Henry George's Theorie, betreffend die Landleihbarkeit, gemacht hat. In Kiautschou ist die Regierung sehr bestimmt der Landspekulation entgegen getreten. Wer immer ein Stück Land kauft, erhält es unter dem rechtlichen Vorbehalt des Rückkaufs durch die Regierung nach Ablauf einer bestimmten Anzahl Jahre, und jegliche in der Zwischenzeit erfolgte Wertvermehrung wird nicht als Eigentum des ersten Käufers angesehen, sondern als Eigentum der Gemeinschaft, durch deren Fleiß die unverdiente Werthzunahme herbeigeführt worden war.

Australien hat die Gerechtigkeit der Henry George-Doctrin in dieser Angelegenheit nur teilweise anerkannt. Die Vereinigten Staaten haben noch nicht bekundet, daß sie dieselbe auf den Philippinen und auf Cuba einzuführen gedenken. Gegenwärtig also sind die zwei vorgerücktesten Kolonien in Bezug auf Landgesetzgebung Neu-Seeland und Kiautschou, die eine die fortgeschrittenste Demokratie, die andere mit rein militärischem Regiment.

sieren! Der deutsche Bürger hat schwere Steuern für Marine- und Militärausgaben zu entrichten, und als ihr stark ausgesprochener Zweck wird bezeichnet: Schutz des deutschen Handels und der deutschen Kolonien. Aber der praktische Kolonist lächelt über diese Vorwände, sie sind in der Hauptsache politischer Humbug. Deutscher Handel und deutsche Auswanderung sorgten sehr gut für sich selbst, bevor je eine Kolonie zu Deutschland gehörte. Der fleißige Deutsche wie der Schwede, Norweger, Schweizer und Italiener, breitet sich über die Erde aus ohne einen Gedanken daran, ob er daheim eine große Flotte oder Armee habe. Er wandert auch heutzutage aus, um seine Lage zu verbessern. Wenn sein Land ihm einen Willkomm bietet, kehrt er zurück, dort sein Vermögen zu verzehren; wenn nicht, verzehrt er es anderswo. Der Deutsche, der sich in Milwaukee oder Melbourne ein Vermögen aufgehäuft hat, wird es in Berlin oder New York oder London verthun, je nach seinem Geschmack. Er wird sein Geld aber sicherlich nicht nach Berlin bringen, wenn er es dort zu thun hat mit der Art von Beamtenkaste und Militärkaste, die seine Mitkaufleute von dem Klub in Kiautschou ausschließt.

Die Geschichte der deutschen Kolonisation ist eine kurze — ein Ding von gestern. Nach dem deutsch-französischen Krieg schlug Bismarck mit einer Reihe von Maßnahmen der inneren Politik einen Kurs ein, der nahezu in jedem Fall entweder zu einer Niederlage oder doch zu einer starken Einbuße an Ansehen führte. Der Sozialismus wuchs ins Ungeheure unter seinem unedlen und engherzigen Regierungssystem; sein Streit mit dem Papst endete mit einem Kompromiß; seine Verfolgung der Polen machte ihm selbst in Rußland keine Freunde; mit der Verfolgung der Dänen hatte er nur spärlichen Erfolg. Endlich unternahm er, wie mancher andere in Verlegenheiten geratene Staatsmann, auswärtige Wagnisse, in der Hoffnung, die Aufmerksamkeit seiner Landsleute von den Fehlern der inneren Politik abzulenken.

Kolonialgesellschaften wurden gebildet, hauptsächlich in binnenländischen Städten. Die offizielle Presse verweilte mit Behagen auf der glorreichen Zukunft, die zu erwarten wäre, wenn die Hunderttausende von Deutschen nach deutschem Kolonialgebiet abgelenkt werden könnten. Endlich um 1884 wurde die deutsche Flagge über einer beträchtlichen Zahl sehr heißer Sandstreifen gehißt, und das Deutsche Reich begann seine Laufbahn bemeldeter Kolonisation.

In vergangenen Zeiten haben die Deutschen koloniale Anstrengungen gemacht, aber sie sind alle mißglückt. Karl V. erteilte einer deutschen Gesellschaft, die einmal versprach, sich zu einer Art „Chartered Company" zu entwickeln, Handelsfreiheit für thatsächlich ganz Venezuela [1528]. Aber das Privilegium wurde 1555 definitiv aufgegeben, nachdem die Versuche, es auszunutzen, mit einem traurigen Fehlschlag geendet hatten. Der Große Kurfürst von Brandenburg trug sich mit kolonialen Projekten, und es heißt, daß die Deutschen unter seinem Schutz Handelsstationen in Westindien und an der Westküste von Afrika gegründet haben. Um die Spuren der brandenburgischen Niederlassung, die auf der Insel St. Thomas angelegt war, zu finden, segelte ich ganz um die Insel herum; aber nicht nur entdeckte ich selbst keine Spur derselben, sondern ich konnte niemand treffen, der je von einer solchen Ansiedelung gehört hatte.

Die deutsche Kolonisation in Amerika war nie von so bahnbrechender Beschaffenheit wie diejenige der Buren in Süd-Afrika oder die englische in Neu England. Die Mißregierung deutscher Kleinfürsten trieb früh im achtzehnten Jahrhundert viele Familien nach Nordamerika, aber in keinem Fall leisteten sie mehr, als sich unter Leuten niederzulassen, die bereits die vorläufige Arbeit der Schaffung von Ordnung in einem neuen Land gethan hatten. Wir können die Zahl der Männer, die aus den von deutschen Fürsten während des amerikanischen Krieges [1776—1783] an Georg III. verkauften Regimentern desertierten, nicht mit Bestimmtheit angeben. Wir wissen, daß König Georg verpflichtet war, für alle diejenigen, die getötet wurden, eine bestimmte Summe zu bezahlen, und es lag im augenscheinlichen Vorteil der deutschen Fürsten, wenn so viele als möglich in Amerika zurückblieben. Das Desertieren aus den britischen Reihen wurde in jenen Tagen gefördert durch ausgestreute Blättchen, welche die deutschen Söldner belehrten, daß sie, wenn sie die Reihen verlassen und mit den Kolonisten gemeinschaftliche Sache machen wollten, Land erhalten und auch sonst gut behandelt sein würden. Man hat guten Grund anzunehmen, daß viele von den 40000, die als Soldaten ins Land kamen, blieben, um amerikanische Bürger zu werden.

Die große europäische Revolution von 1848 lieferte für Nordamerika ein weiteres Kontingent von Emigranten, bedeutend nicht nur der Zahl nach, sondern wegen der hohen durchschnittlichen Bildung, die durch die politischen Flüchtlinge repräsentiert wurde. Sie waren durch ihre Verbindung mit der europäischen Presse in der Lage, Berichte von den Vereinigten Staaten zu geben, die in noch weiteren Kreisen den Wunsch erregten, nach der neuen Welt auszuwandern. Die Erschließung Californiens mit seinem Reichtum an Edelmetallen, die enorme Ausdehnung neuen Gebietes jenseits des Missisippi, die Gelegenheit, Landgüter auf bloße Anfrage hin zu erwerben — diese Ursachen, und dazu die Einrichtung der Dampfschiffahrt auf dem atlantischen Ozean und das tägliche Billigerwerden der Ueberfahrt erzeugten einen Strom deutscher Auswanderung, der während der zweiten Hälfte des 19. Jahrhunderts ziemlich konstant war.

Diese Emigranten waren für Deutschland nicht völlig verloren. Im Gegenteil, sie haben eine Liebe zum alten Vaterland mitgenommen, wie sehr auch diese Liebe durch ein rauhes Regiment gedämpft worden war. Wenn sie ein Vermögen erwerben, wenden sich ihre Gedanken natürlich nach Deutschland, nach dem Lande ihrer Väter — der Heimat ihrer Schiller und Goethe, ihrer Blücher und Ernst Moritz Arndt.

Daß heutzutage der deutsche Handel so bedeutend ist, die zwei größten Dampfschiffahrtslinien der Welt zu unterhalten, ist guten Theils den Deutschen zu verdanken, die sich an den Enden jener Linien niedergelassen haben. Die zwei Millionen Quadratkilometer deutschen Kolonialbesitzes sind nichts im Vergleich mit einer einzigen unter einem Dutzend amerikanischer Städte — nicht bloß was Menge der Handelsgüter betrifft, sondern auch insofern Deutsche in Betracht kommen, die den Handel mit diesen Gütern in der Hand haben. Das offizielle Deutschland wünscht, die Deutschen von Amerika, wo sie glücklich sind, abzulenken und sie auf amtliche Kolonien zu verpflanzen, wo sie sicher sind, elend zu werden. Es ist das nichts Neues, aber die Zeit ist vorüber, in der Kolonien auf solche Weise gemacht werden konnten. Die Kolonie, die heutigentags fortkommt, ist nicht diejenige, in der die größte Anzahl Soldaten und Beamte liegt, sondern diejenige, welche den Kolonisten die mannigfaltigsten Gelegenheiten giebt, nicht nur sich ein Vermögen zu erwerben, sondern während des Erwerbes in Freiheit zu leben. Die englischen Kolonien bieten dem Deutschen diese Annehmlichkeit, und der Yankee bewillkommt ihn herzlich. Es giebt kaum eine amerikanische Stadt, in der nicht Deutsche in politischen, sozialen oder kaufmännischen Dingen eine führende Rolle spielten. An der Yale Universität, zu meiner Zeit, kann ich mich weniger Professoren und Hülfslehrer erinnern, die nicht an einer deutschen Universität studiert hatten. Deutsches Denken, deutscher Fleiß waren für Amerika ein belebendes Element; Deutschland aber erntet auch seinen Lohn, obschon es sich dessen nicht bewußt scheint. Es ist nicht eine Belohnung in Gestalt einer deutschen Flagge, die über dem Kapitol zu Washington weht, oder eines Stückes einer Landkarte mit deutschen Farben bemalt. Sein Triumph ist vornehmer als dieser; Deutschland kann sich freuen in dem Gedanken, daß die Tausende, die es über seine Grenzen getrieben hat, damit sie zu etwas kämen, unter der amerikanischen Flagge günstige Gelegenheiten gefunden haben, die ihnen daheim versagt waren. Seine Kinder sind wohl behütet worden; man hat ihnen erlaubt, ihre Muttersprache zu sprechen und die Religion nach ihrer eigenen Weise auszuüben. Sie erhielten dieselben Rechte zugesichert wie das Volk, unter dem sie ihr Glück gesucht haben. Während das offizielle Deutschland Polen, Dänen und Franzosen wegen der Pflege ihrer angestammten Sprachen verfolgte, haben die Vereinigten Staaten das Gegenteil gethan, und das Resultat war, daß die Deutschen es angenehm finden, so schnell als möglich englisch zu lernen.

Als im Jahre 1620 die Pilger-Väter in einem Schiffe, nicht größer als ein heutiger Lotsen-Schoner, Massachusetts erreichte, fielen sie auf ihre Knie, dankten Gott für ihre Erhaltung, und dann machten sie sich ans Werk und erbauten — zuerst Häuser, alsdann Kirchen, hierauf Schulen.

Als ich mich in Kiautschou aufhielt, hatten nicht einmal die Soldaten Baracken, die vor Regen schützten; zwei Lehmhütten, passend für Kuhställe, stellten die Hotelbequemlichkeiten dar. Es existierte kein Hafendamm, um Waren zu landen, keine Magazine für die Zollstätte. Es gab kein trinkbares Wasser und keine Mittel, sich welches zu besorgen; Arbeiter waren beinahe unmöglich zu beschaffen, selbst für die Regierung, und ich fand den Vorsteher eines großen deutschen Fabrikationshauses im Begriff, die Fensterläden seiner Hütte zu bemalen, weil er niemand finden konnte, der die Arbeit für ihn gethan hätte.

Selbst in solcher Zeit verwendete das offizielle Deutschland einen langen Zug von Kulis zur Errichtung — was räth man wohl? — eines Destillationsapparates? eines Erholungsplatzes für die Leute? einer Kirche?

Nichts von alledem!

Diese kostbaren Arbeiter wurden gebraucht, — Admiral Diedrichs, der den Ort zwölf Monate zuvor eingenommen hatte, ein Denkmal zu setzen!

X.

Das koloniale Portugal in neuerer Zeit.

„Gott siebte eine ganze Nation (England), auf daß er auserlesenes Samenkorn in die Wildnis sende. (Neu-England, 1620.)"

William Houghton, Election Sermon, 1688.

Einige persönliche Bemerkungen über die Delagoa-Bai — Macao — die Molukken — den portugiesischen Sklavenhandel und die Missionen.

Die Portugiesen haben in der Delagoa-Bai den besten — ich hätte beinahe gesagt den einzigen — erstklassigen Hafen zwischen dem Sambesi und Kapstadt. Es ist der nächste Hafen für die Goldfelder Transvaals, und unter normalen Verhältnissen würde der Besucher nicht getäuscht werden, wenn er hier eine Niederlassung erwartete, die mit Kapstadt in kaufmännischer Betriebsamkeit rivalisierte. Während mehr als vier Jahrhunderten hat sich Portugal des Besitzes dieser Küste erfreut, und hier, wenn irgendwo, scheint die Vorsehung alle Bedingungen kolonialen Erfolges vereinigt zu haben — ausgenommen die eine, ohne die keine Gemeinschaft gedeihen kann, selbst nicht an der Delagoa-Bai; — ich meine eine anständige Regierung.

Bei Gelegenheit meines Besuches (1896) waren die Zufahrten zum Hafen durch die Behörden so bezeichnet, daß Seeleute, die den Ort kannten, Karten als wertlos betrachteten. Die Signale, die in anderen Häfen dem Seefahrer erleichtern, vor Anker zu gehen, gelten hier als Schlingen für den Unbehutsamen. Bojen waren bisweilen richtig angebracht, bisweilen nicht; — und hier und da verschwanden sie geheimnisvoll. Der Kapitän eines Postdampfers verlangt in diesen Dingen menschenmögliche Sicherheit und zieht viele Stunden Verspätung der Möglichkeit vor, an einer auf der Karte nicht verzeichneten Bank zu scheitern. Kurz vor meiner Ankunft war ein viermastiges amerikanisches Segelschiff in dem mit Symbolen der portugiesischen Seeverwaltung reichlich ausgestatteten Wasser gestrandet. Der Kapitän jenes Schiffes war auf seiner ersten Reise nach Portugiesisch-Ostafrika, sonst hätte er besser gewußt, daß er allem eher vertrauen dürfe als dieser Leitlinie.

Kaufleute am Platz erzählten mir von einem portugiesischen Gouverneur, der in einem Ueberschwall von Thatendrang seine Regierung veranlaßte, ein Leuchtschiff zur Erleichterung der Aus- und Einfahrt während der Nacht herzuschaffen. Im Laufe der Zeit kam dieses nützliche Schiff an, und es wurde von der Handelswelt als das Morgenroth einer neuen Aera begrüßt, würdig der Nation, die einen Vasco da Gama hervorgebracht hat.

Der Gouverneur erkannte den Wert eines Leuchtschiffes nicht nur bei Nacht, sondern verwendete es ebenso nützlich auch bei Tage für Ladungszwecke. Dieser Schiffskasten — halb Leuchter, halb Leichter — war für das officielle Portugal ein ungeheurer Succeß.

Die Leichtertaxen waren hoch, und der Gouverneur hatte bald die Genugthuung, festzustellen, daß er alle anderen seefahrenden Nationen übertroffen hatte, indem er sein Leuchtschiffwesen nicht nur nicht kostspielig gestaltete, sondern es zu einer Einnahmequelle machte. Der Tag schien angebrochen zu sein, da das Nore-Leuchtschiff zum Transport von Mauersteinen von Southend nach Medway zu dienen hat, oder das Sandy Hook-Leuchtschiff als Exkursionsboot zwischen Coney Island und Long Branch verwendet wird.

Unser sparsamer Gouverneur der Delagoa-Bai indessen hatte kaum Zeit, den Dank seiner Regierung entgegenzunehmen, ehe eine Reihe von Schiffbrüchen vor dem Hafen ihm warnend anzeigte, daß seiner Erfindung zur Vollständigkeit noch ein oder zwei Züge fehlten. Hafenpolizei und sonstige Sachverständige fanden keinen Fehler heraus, aber die Schiffsbesitzer beklagten sich, weil das Leuchtschiff, nachdem es seine Dienste als Leichterschiff geleistet hatte, in jenem Teil der Bai zu ankern pflegte, der am bequemsten lag für die Verrichtungen des folgenden Tages. Der Triumph des Gouverneurs war vollkommen, so lange die Sonne schien; aber wenn Schiffe nach Einbruch der Dunkelheit bei einem Irrlicht einfuhren, war das Ergebnis mehr erschreckend als befriedigend.

Das Gesetz zwang mich, beim Zollhaus zu landen. Dasselbe Gesetz hatte einer unternehmenden amerikanischen Gesellschaft verboten, einen Quai zu bauen, an dem Schiffe hätten laden und ausladen können. Gewöhnliche Passagiere werden zuerst von Bord in kleine Boote geladen, dann landwärts gerudert nach dem sandigen Gestade, hierauf nochmals ausgeladen und dann nach dem

Zollhaus transportiert und dort inspiciert. Alsdann werden sie per Eisenbahn fortgeschickt, damit sie dem Tode und dem Verfaulen entfliehen; denn Delagoa bedeutet Tod für Alles, ausgenommen jene Wesen, die auf einem Mikroben-Sumpf gedeihen.

Bei der Landung fand ich mich wandelnd durch ein etwas, das mir vorkam wie die Ruinen eines großen „Departementladens" eines „Lieferanten für alles".

Ein Cyklon schien Dach, Seiten und Stützen plötzlich weggefegt und den Sand von Ostafrika mit Proben von nahezu allem und jedem bestreut zu haben, das Mann oder Weib im Leben gebrauchen kann.

Da gab es Säcke Reis, deren Inhalt vermischt war mit dem ausgeronnenen Inhalt leck gewordener Petroleumkannen, Waterbury-Uhren, einen elektrischen Apparat, Frauenhüte, Stiefel und Schuhe, Cigarren, offene Medikamente — dies und unzähliges andere, umhergestreut im wüstesten Durcheinander. Auf diesem Kehrichthaufen materieller Civilisation streiften gelangweilt viele ingwerfarbige Männchen herum; sie repräsentierten die Herrschaft von Portugal in diesem Hafen. Auch große, nackte, schwarze Lastträger des Zulutypus befanden sich dort, welche die portugiesischen Beamten noch kleiner erscheinen ließen.

Die ingwerfarbigen Beamten und ihre schwarzen Träger konnten lächeln über die Warenverwüstung rund um sie herum. Der einzige indessen, der nicht lächelte, war ein weißer Kaufmann, der in den sanderfüllten Räumen dieses sogenannten Zollhauses unruhig nach den verschiedenen Teilen einer Dampfmaschine, seiner Grundlage zum erhofften künftigen Vermögen, oder nach dem Inhalt eines neuen Droguenladens suchte. Die vielen kleinen portugiesischen Beamten lebten hauptsächlich aus ungesetzlichen Sporteln, die sie diesen nichtswürdigen weißen Kaufleuten von Johannesburg abnahmen. Die Regierung von Transvaal war auch ein guter Kunde der Beamten der Delagoa-Bai, die ihr, in Anbetracht, daß es Geld gab, durch die Finger sahen bei einer umfassenden Einfuhr von Boerenkriegsmaterial. Es war als „Maschinenbestandtheile" deklariert; im Winter 1899/1900 bekam man zu fühlen, was es war.

Während meines Aufenthaltes erschien der Minister des Aeußern von Transvaal, Dr. Leyds, eines Abends geheimnisvoller Weise per Eisenbahn von Pretoria, ruderte sogleich zu einem deutschen Kriegsschiff, das in sonderbarer Uebereinstimmung am Morgen jenes Tages angekommen war, und kehrte am nächsten Morgen früh nach der Boerenhauptstadt zurück. Keine Zeitungen erwähnten diesen eigentümlichen Besuch. Nur eine offizielle Notiz in seinem Regierungsorgan sagte, daß Dr. Leyds die Stadt gesundheitshalber verlassen habe.

Uebrigens ist die Delagoa-Bai von der Natur nicht dazu verurteilt, der Schrecken des Weißen zu sein. Heute ist sie ein Pestnest, nur weil sie portugiesisch ist. Der Hafen von Durban, den die Engländer einst als gesundheitsgefährlich betrachteten, ist heute nicht bloß ein guter Aufenthaltsort für die Weißen in dieser Gegend, sondern wird von Leuten aus anderen Teilen Südafrikas als Kurort besucht. Angelsächsische Thatkraft hat seine Sümpfe ausgetrocknet, breite, macadamisierte Straßen gebaut, ein Kloakensystem eingeführt und gutes Trinkwasser die Fülle beschafft. Durban ist von Natur ein viel ärmerer Hafen als Delagoa; aber dank einer guten Verwaltung hat es in vierzig Jahren mehr geleistet als Portugal mit seinem Delagoa in vierhundert.

Es würde jedem Weißen in Südafrika zum Segen sein, wenn heutigentags England die Delagoa-Bai verwaltete als die große Vertrauensperson des Welthandels, wie es Hongkong und Singapur regiert. Die Deutschen- und Boeren-Kaufleute verlangen darnach nicht weniger entschieden, als amerikanische und englische, aber Uniformen und nationale Eifersucht treten hindernd dazwischen.

In der Delagoa-Bai fand ich nur wenige Häuser zum Aufenthalt geeignet, und dies waren, wie zu erwarten ist, die amtlichen Wohnungen von Konsuln oder hohen portugiesischen Beamten. Der Rest der Stadt, selbst gemessen an dem niedrigen Maßstab afrikanischer Küstenstädte, war ein schäbiger Haufen. Man zeigte mir einen offiziellen Stadtplan, der breite und ausgedehnte Boulevards, öffentliche Gärten mit Brunnen, hübsche Dämme der kühlen Wasser-Fronte entlang und öffentliche Gebäude in solchem Maßstab verzeichnete, daß sie mit jenen von Kapstadt rivalisierten. Diese Karte war für Lissabon bestimmt und nur für Lissabon. In Südafrika wurde das als ein Scherz von Seiten des Gouverneurs aufgefaßt; denn es erinnert einen an die berühmte Stadt Eden, die in Dickens' „Martin Chuzzlewit" geschildert wird.

Obgleich gerade dies Gebiet eine hervorragend leistungsfähige Negerbevölkerung hat, waren für Arbeit irgendwelcher Art Leute schwer zu erhalten, wegen des schlechten Rufes der Portugiesen. Jede Straße, die in die Stadt führte, war durch Schnapsläden unsicher gemacht, und ein

Interesse der Regierung an einer im höchsten Maße haltlosen und der Verführung durch Weiße merkwürdig zugänglichen Rasse konnte ich nur insofern entdecken, als es sich um deren Ausnützung und Besteuerung handelte.

Die römische Kirche that viel, um die Stellung Portugals in Afrika zu verstärken. Ihre Missionare organisierten die Eingebornen nach Missionsbezirken und schärften ihnen Achtung vor portugiesischem Gebot ein, lange nachdem Portugal die Fähigkeit verloren hatte, sein Gebot aufzuzwingen. Aber in dem Maße, wie die Kirche in Europa in der öffentlichen Achtung sank, nahmen ihre Kräfte in den Kolonien ab, und durch das ganze achtzehnte Jahrhundert kann man ein stetiges Sinken wie des politischen, so auch des geistlichen Einflusses bei Portugal wahrnehmen.

Der gänzliche Mißerfolg seiner Missionsthätigkeit ist von maßgebenden Beurteilern (besonders von Theall) dem Umstand zugeschrieben worden, daß in Afrika wenigstens die römische Kirche Neger zu den heiligen Weihen zuließ, um sie als Missionare zu ihren schwarzen Brüdern zu entsenden. Der Versuch war unglücklich; denn in der großen Mehrzahl der Fälle erwies sich der Eingeborne als unfähig, den vielen Versuchungen, die einen mit den Vollmachten des Priestertums ausgestatteten Cölibatär umgeben, zu widerstehen.

Schon im Jahre 1464 wurden Neger in Lissabon als Sklaven verkauft, und obgleich Kirche und Regierung mehrfach in abstracto das verurteilten, hat Portugal, wenn nicht zu Hause, so doch in seinen Kolonien die Sklaverei geduldet von seinem ersten Verkehr mit den Schwarzen an bis auf unsere Tage. Und, ein Unglück für Portugal, das Blut seiner Kinder hat sich so mit dem der Eingebornen vermischt, daß sich heutzutage mit dem Namen „Portugiese“ nicht der Begriff einer reinen Rasse verbindet. In der ganzen kolonialen Welt werden alle, die sich etwas höher dünken als bloße Eingeborne und die doch augenscheinlich nicht darauf Anspruch erheben können, Weiße zu sein, aus Höflichkeit als Portugiesen aufgeführt.

Das arme, kleine Macao, gerade vor den Thoren von Kanton, war die erste europäische Niederlassung in China. — Der Hafen, von dem ein glorreicher Zug von Missionaren und Gesandten ausging, die zuerst die chinesische Welt der europäischen Civilisation erschlossen, das arme kleine Macao, lebt heutzutage davon, daß es die Krumen auflieſt, die von den Tischen der benachbarten Engländer zu Hongkong fallen. Seine Straßen sind wie ausgestorben, nur ein paar Chinesen, ein paar Touristen, ein paar Beamten nebst einer großen Anzahl mulattenartig aussehender Nonnen und Priester, die wie Halbtote umherschleichen, sind da zu erblicken. Auch ein Trüppchen kleine portugiesische Soldaten findet sich dort, die ein kleines Fort beschützen und beim Palast eines kleinen Gouverneurs auf Wache ziehen und Geschütze tragen, die für sie um viele Kaliber zu groß sind; sie sehen alle den chinesischen Kulis am Strand verzweifelt ähnlich — Mann für Mann. Der Handel ist aus dem Hafen verschwunden, vertrieben durch schlechtes Regiment. Es ist ganz wieder Delagoa-Bai, insofern als an beiden Orten der Mensch sein möglichstes gethan hat zu zerstören, was ihm der Schöpfer zum Anbauen gegeben hatte.

Während meines Besuches (1898) war Macao in momentanem Aufleben, dank der großen Zahl von Priestern, die dort vor der Wuth der Filipinos Zuflucht gesucht hatten. Sie verursachten einen riesigen Aufschwung in Haarwuchserzeugung, denn sie beabsichtigten zurückzukehren, sobald ihre Tonsuren sie den Anhängern Aguinaldos nicht mehr verraten würden.

Wenn der Reisende heutigen Tages die kleine Halbinsel Macao durchwandert und sie von einer Menschenbrut besetzt sieht, mit der verglichen der Chinese eine reckenhafte Erscheinung ist, ist es in der That schwer zu verstehen, daß in so lang vergangener Zeit wie dazumal, als man das Jahr 1520 schrieb, — hundert Jahre vor der Besiedelung von Neu-England — der Name Portugal durch die ganze östliche Welt mächtig war, vom Kap der guten Hoffnung bis Indien und von Indien bis zu den Gewürzinseln, fernhin bis Neu-Guinea.

Die berühmten Gewürzinseln zwischen Singapur und Neu-Guinea waren ein besonderer Gegenstand portugiesischer Aufmerksamkeit, nicht nur wegen der hohen Preise, die ihre Produkte durch ganz Europa erzielten, sondern auch wegen der günstigen Gelegenheit zu Missionsunternehmungen. Diese Inseln hatte Magellan im Auge, als er erst die Regierung in Lissabon vergeblich anging und dann endlich bei Spanien es durchsetzte, daß man ihm zu seinem Unternehmen die staatliche Beihülfe gewährte. Auf seiner Reise entdeckte er zuerst das Südkap von Südamerika, und obgleich er sein Leben auf den Philippinen verlor, vollbrachten einige seiner Leute die erste Weltumsegelung mit einer Ladung von Gewürzen, welche die Kosten der ganzen Expedition deckte.

Als ich durch diese berühmte Inselwelt segelte (1876), welche den großen Schifffahrer zu seiner Reise inspirierte, schaute ich vergebens aus nach Spuren portugiesischen Christentums oder nur Regimentes. Bei den Molukken schwärmten nackte, mit Speeren und vergifteten Pfeilen bewaffnete Wilde um unser Schiff und boten uns als ihren kostbarsten Handelsartikel Dutzende von chokoladefarbigen Säuglingen an. Nichts ist sonst rührender als ein Säugling; aber ein Boot voll Säuglinge — weit weg vom Land, von tierischen Wilden zu Preisen zum Verkauf angeboten, die vom Preis eines Truthahns bis zu dem eines Schweines schwanken — das machte einen traurigen Eindruck von portugiesischem Regiment!

Das begab sich im Herzen der Molukken nach vier Jahrhunderten der Missionstätigkeit. Die Eingebornen, mit denen ich in Berührung kam, waren in vielen Fällen durch vergiftete Pfeile verwundet worden; denn ihre Körper zeigten die schrecklichen Spuren, die das Messer zurückgelassen hatte. Sie hatten das brandige Fleisch sauber ausgeschnitten, als wäre es der verfaulte Teil eines Apfels gewesen.

Diese Inseln sind noch ein beliebter Schlupfwinkel für Seeräuber, und das Schiff, mit dem ich segelte, war auf alle Fälle zum Kampf gerüstet. Es führte zwei Stücke Artillerie und daneben eine starke Ausrüstung an Büchsen, Pistolen und Hirschfängern.

Nun da die Flagge der Vereinigten Staaten in Manila weht, ist wohl zu erwarten, daß man ernstliche Anstrengungen machen wird, um in diesem Teil der Welt überall für Verkehrssicherheit zu sorgen. Es ist wahr, Holland hat große Interessen in der Nachbarschaft, vor allem mit seinem Java; aber es hat bis jetzt wenig Lust gezeigt, Ordnung zur See zu schaffen über sein eigenes, unmittelbares Gebiet hinaus. Wir dürfen vertrauensvoll nach der nicht mehr fernen Zeit ausblicken, da die Vereinigten Staaten von Australien nicht nur in das Erbe der kolonialen Stellungen Portugals im fernen Osten treten, sondern in allen Gewässern Ostindiens eine „Monroe Doktrin" ausüben werden, analog derjenigen, welche das amerikanische Volk auf dem Karibischen Meer aufrecht erhält.

XI.

Die ersten Jahre portugiesischer Größe.

„Unsere [Frankreichs] kontinentale Politik muß, wenn sie uns nicht nur Verdruß einbringen soll, hinfort wesentlich defensiv sein. Außerhalb Europas können wir unseren gesetzlichen Instinkten der Expansion genügen. Wir müssen an der Gründung eines großen afrikanischen Reiches arbeiten und eines kleineren asiatischen."

Leroy Beaulieu, „De la Colonisation," ed. 1891, p. ix.

Frühe Erforscher — Heinrich der Seefahrer — Albuquerque — Beziehungen mit Afrika und dem fernen Osten.

Die Geschichte der ersten Zeit portugiesischer Erforschung, Eroberung und Missionsunternehmung liest sich beinahe wie ein schönes Märchen, so drängen sich da die glänzenden Thaten, ausgeführt von einer Handvoll Männer gegen Mächte vom Aussehen riesiger Ungeheuer. Was ist aus den Helden von ehedem geworden? Die Grenzen von Portugal sind heute die nämlichen wie dazumal; die Kirche, die den Missionseifer entflammte, ist heute womöglich reicher und mächtiger als zur Zeit, da St. Franz Xavier in Macao landete; Portugal hält noch große unerforschte Gebiete fest, die von anderen Nationen heftig begehrt werden; von Tag zu Tag indessen gleitet die

Macht mehr aus seinem Bereich, wie das Schwert aus der Hand eines sterbenden Mannes.

Portugal umfaßte bei der Thronbesteigung der Königin Elisabeth die ganze Küste Afrikas, von Marokko um das Kap bis zum Rothen Meer; Indien von der Mündung des Indus bis zur Mündung des Ganges, die reichsten Inseln des malayischen Archipels und einen befestigten Posten gerade vor den Thoren von Kanton. Dabei ist Brasiliens noch nicht gedacht, das ein ganzes großes Reich für sich ausmachte. Auf der Karte betrachtet, schien die koloniale Machtstellung Portugals alles irgend Besitzenswerte in sich zu begreifen, ausgenommen was Spanien in Amerika beanspruchte und die Philippinen. Es stellte sich dar als eine Macht, mit der nur das heutige England etwa verglichen werden kann hinsichtlich der Ausdehnung seiner Besitzungen und des Unternehmungsgeistes seines Volkes.

Und der Sohn einer englischen Mutter war es, der Portugal in die vorderste Reihe der Nationen stellte. Heinrich der Seefahrer, wie dieser portugiesische Prinz genannt wurde, ist 1394 geboren. Seine Mutter war Philippa, Schwester des englischen Königs Heinrich IV. Er wuchs auf inmitten einer Generation, die eben von einem über hundertjährigen Krieg gegen die Mauren ausruhte, einem Kampf, der die Wildheit religiösen Eifers nicht weniger in Spannung erhielt als die Liebe zum Rauben. Es war eine Zeit, da die Landesfreiheiten noch bestanden und Emporkommen auch anderen zu Teil wurde als bloß Günstlingen des Hofes und der Kirche. Portugal war nur ein unbedeutender Teil der iberischen Halbinsel, und seine Bevölkerung betrug kaum eine Million; aber große Männer sind nicht notwendiger Weise das Erzeugnis großer Länder, denn in diesem Fall würde Rußland die Pflanzschule europäischer Heroen sein.

Dieser merkwürdige Prinz beteiligte sich nicht selbst an den Expeditionen, sondern von seiner stillen Werkstatt auf dem Cap St. Vincent aus begeisterte er die Männer, die er zu fernen Unternehmungen ausrüstete; auch berechnete er Kosten und zu erwartenden Gewinn auf Grund aller damals zugänglichen Kenntnisse von der Welt und ihren Produkten, Kenntnisse, die er sich durch eindringendes Studium erworben hatte.

In alten Zeiten war der ferne Osten ein dunkles Land, zu dem Christen nur durch venetianische und genuesische Händler Zugang hatten, die nach dem Ende des Mittelmeeres segelten, nach Konstantinopel, nach Syrien, nach Aegypten und dort ihre europäischen Waren gegen Produkte austauschten, die von Karawanen quer durch das asiatische Festland oder auf arabischen Handelsschiffen vom Roten Meer und dem Persischen Golf hergebracht worden waren.

Nichts ganz Bestimmtes wußte man vom fernen Osten; aber das wenige, das man wußte, war dazu angethan, ein starkes Verlangen nach näherer Bekanntschaft zu erwecken. Alte Reiseberichte erzählten von fabelhaftem Reichtum, und das, verbunden mit der Thatsache, daß diese Schätze ausschließlich im Besitz von Ungläubigen waren, genügte, um auch auf seiten der Kirche ein lebhaftes Interesse an dieser Angelegenheit zu erwecken.

Der Islam war damals der Schrecken aller christlichen Nationen von Wien bis Lissabon, und die Kirche bezeugte ihre besondere Gunst jedem einzelnen und jeder Regierung, die etwas vollbrachten, das auf Schädigung der Macht des Mohammedanismus hinzielte. So lag denn auch der Gedanke, einen Weg nach dem fernen Osten den afrikanischen Küsten entlang zu suchen, den Menschen jener Zeit besonders nahe, schon aus dem Grunde, weil alle bisherigen Zugänge zu den Schätzen Indiens von Arabern bewacht wurden, diesen ältesten Repräsentanten des Islam.

Von Heldenthaten erzählt die Geschichte gern, und alle Welt ist dabei, dem Helden Anerkennung zu zollen. Aber Helden brauchen Geld für Ausrüstung der Expeditionen, die ihnen zur Bethätigung ihrer besonderen Kräfte die Gelegenheit bieten müssen. Und sie kosten viel Geld, so daß selbst dem Portugal des fünfzehnten Jahrhunderts, obgleich ihm der Reichtum der Kirche zu Hülfe kam, die Mittel es nicht erlaubten, Schiffe auf Erforschungen auszusenden, die nicht mit genügendem Ertrag heimkehrten, um die Auslagen zu decken. Wenn wir heute die Thaten unserer pfadfindenden Vorfahren preisen, wollen wir doch auch die Wahrheit anerkennen, daß diese ersten Seefahrer und Erforscher nahezu nichts anstellten, das nicht unmittelbar mit der Frage des Geldgewinns zusammengehangen hätte.

Prinz Heinrich war 40 Jahre alt, bevor seine Bemühungen um die Auffindung des Seewegs nach Indien mit irgend einem Erfolg gekrönt wurden. Er hatte schon mehrere Versuche unternommen, sich der afrikanischen Küste entlang Bahn zu brechen; aber einen größeren Erfolg erzielte er erst im Jahre 1434 mit der Umsegelung des Kap Bojador und 1443 mit der Einfahrt des Nuño

Tristão in die Bucht von Arguim, wo die Aera der Großthaten Portugals sich einleitete mit dem Abfangen einiger Häuptlinge der Eingeborenen. Dieselben mußten sich loskaufen mit einer ansehnlichen Ladung von Sklaven, Goldstaub und anderen kostbaren Dingen. Als man mit diesen Schätzen nach Lissabon zurückkehrte, wurde alles Volk, vom König abwärts, von einem Wirbel der Begeisterung ergriffen für ein Erforschungswerk, das solche Resultate versprach. Der Papst gab gerne seinen Segen dazu und übertrug Portugal überdies ein Monopol alles Handels um Afrika herum nach Indien. Der Handel mit Sklaven erwies sich als der einträglichste Artikel, der bei diesen ersten Wagnissen heraussah; von nun an wurden Schiffsladungen von Negern in Portugal verkauft, mit deren Erlös die Kirche so gut wie diese Seehelden sich bereicherten, die das Geld zu immer neuen Eroberungen nötig hatten. Das Geschäft der Entdeckungen war die vorteilhafteste Geldanlage des Tages, insbesondere das Geschäft der Negerentdeckung.

Im Jahre 1446 gelangte Tristão an den Gambia, und im Jahre 1457 befuhr Diogo Gomez den Gambia bis zur Stadt „Comtor“ im Binnenlande, einer Station, wo man bereits auf die Ausläufer des Barbareskenhandels vom Mittelmeer stieß. Damit endeten die Unternehmungen zu Lebzeiten Heinrichs des Seefahrers.

Sie fanden ihre Fortsetzung: Um 1470 wurde der Aequator überschritten, im Jahre 1485 kam Diogo Cão, begleitet von Martin Behaim, bis an die Walfischbai. Im Jahre 1487 wurde das Kap der Guten Hoffnung umschifft, und ferneren Unternehmungen lieh die Regierung eine um so kräftigere Unterstützung, weil die

Reise des Columbus im Jahre 1492 die wohlbegründete Befürchtung erweckte, daß die Spanier in den Handelsbereich des Ostens eindringen könnten. Portugal rüstete sogar einmal eine große Flotte zu dem Zwecke aus, Spanien an der Sendung von Schiffen quer durch den westlichen Ozean zu verhindern, denn damals hielt man die Fahrt in den Westen nur für einen anderen Weg nach dem fernen Osten. Die päpstliche Bulle von 1493, welche die Neue Welt zwischen diesen beiden Völkern der Hälfte nach teilte, befriedigte die Portugiesen nicht, und sie forderten in Madrid, daß die Welt nicht blos in östliche und westliche Hälfte geteilt werden sollte, sondern in eine nördliche und eine südliche — der Süden sollte Portugal gehören, der Norden Spanien. Hätte der Papst diesen Standpunkt eingenommen, so würden die Cortez und Pizarro vielleicht auf die Massachusetts Bai und Virginia anstatt auf Mexiko und Peru die Hand gelegt haben, und Portugal hätte Australien kolonisieren mögen! Südafrika würde jetzt portugiesisch sprechen und Kanada spanisch!

Der große Prinz Heinrich starb 1460; aber der Unstern, der über Portugal waltet, wollte es, daß ein anderer großer Mann, der stürmische Albuquerque, sein Werk aufnahm. Die Persönlichkeit dieses bahnbrechenden Mannes ist in der Geschichte Portugals merkwürdig, weil er in seiner Amtsführung ein ehrbarer Mann war. Sechs Jahre nach der Entdeckung Amerikas ankerte Vasco da Gama mit einer portugiesischen Flotte in einem Hafen Indiens, und innerhalb weniger Jahre hatte Albuquerque das Werk jenes Seefahrers vollendet, indem er portugiesische Handelsberechtigung für beinahe jeden Hafen der Küste durchsetzte.

Der König nahm demzufolge einen Titel an, der selbst Leuten jener Zeit großsprecherisch geklungen haben muß, — „Herr von Eroberung, Schiffahrt und Handel über Ethiopien, Arabien, Persien und China".

Das war im Grunde Geflunker, denn die ganze Eroberung bestand in dem Recht, Faktoreien oder Handelsstationen zu errichten. In Macao wurden die Portugiesen sogar als Vasallen des chinesischen Kaisers betrachtet, die einen jährlichen Tribut entrichteten.

Im Jahre 1510 sicherte Albuquerque nach großen Schwierigkeiten Goa an der Westküste Indiens als Hafenort für Portugal. Einige sechstausend Araber, die sich dort niedergelassen hatten, wurden von ihm ausgerottet, und ihr confisciertes Eigentum verteilte er unter seine Freunde, die neuen Kolonisten, — indem er sie zugleich zwang, Eingeborene zu heiraten und in der Landesart aufzugehen. Dies System bot einen gewissen unmittelbaren Vorteil, aber, was dabei herauskam, war nicht dazu angethan, den Weißen in den Augen des Volkes, das er unterworfen hatte, Hochachtung zu schaffen. Der Eingeborene wurde ein ganz klein wenig gehoben; der Weiße wurde herabgewürdigt. Ueberall im Osten sieht man heute noch die Folgen: Goa ist sprüchwörtlich für eine Mischbrut von ein Teil Indier, ein Teil Neger, ein Teil Weißer; sie liefert die Schiffsreiniger, Barbiere und Handlanger zu Diensten für alles; Menschen ohne Ahnenstolz und Hoffnung für die Zukunft, Mitleid erweckend, nicht Achtung.

Heinrich starb im Alter von 66, Albuquerque mit 63 Jahren. Sie sind die zwei großen Namen portugiesischer Geschichte — und dazu vielleicht noch einer —

der Dichter Camoens. Albuquerque, wie Camoens[1]), starb in Armut, wenn nicht in Ungnade, — beide waren Ehrenmänner, und beide schufen sich Feinde durch den Versuch, die Flut offizieller Korruption zu stauen.

Albuquerque starb 1515 in Goa. Mit ihm erstarb der Geist, der sein Land groß machte; sein Verlust wurde nie ersetzt. Portugal verfolgte seine Laufbahn noch eine Weile unter dem Impuls, den er und die anderen gewaltigen Menschen der Entdeckerzeit mitgeteilt hatten, aber das Verderbnis, das er zu unterdrücken gesucht hatte, gewann die Oberhand, bis portugiesisches Regiment kaum mehr war als Despotismus mit dem Beisatz der Korruption.

---

[1]) In Macao zeigte man einen hübschen Garten und eine Grotte mit freiem Ausblick über das Meer, wo der Dichter einen Teil der Lusiaden, des Nationalepos zur Verherrlichung der ersten portugiesischen Seefahrer, geschrieben haben soll. Dieses Gedicht, eine ermüdende Nachahmung homerischer Art, ist dennoch interessant durch den Umstand, daß es teilweise so nahe dem Aequator entstanden ist. Macaulay, Kipling, Stevensen — nur wenige Namen fallen einem ein in diesem Zusammenhang; es würde interessant sein, einmal die Wirkung der Tropen auf die intellektuelle Fähigkeit des Weißen gründlich zu erörtern.

XII.

Der Untergang von Portugals Kolonialmacht.

„Das Urteil der Geschichte ist, daß Frankreich Kanada verlor durch die Politik religiöser Ausschließlichkeit, die seine Regenten verfolgten."

Parkman „Montcalm and Wolfe" 333 viii.

St. Franz Xavier — Jesuiten in China — amtliche Korruption — militärischer Verfall.

Die Wiedererhebung des Papsttums, die der Reformation Martin Luthers auf dem Fuße folgte, wurde in Indien nicht weniger gefühlt als in Amerika. Goa war die Hauptstadt des portugiesischen Ostindiens, und hier landete im Jahre 1542 der Missionar par excellence, dessen Leben ihm den Titel der heilige Franz Xavier eintrug. Er war der erste Jesuit im fernen Osten, und so lange sein Geist in der geistlichen Verwaltung herrschte, breitete sich europäische Kultur, wenn nicht geradezu das Christentum, mit außerordentlicher Raschheit aus. Der Jesuit glaubte an die Macht der Ueberredung. Er war darauf vorbereitet, wenn nötig, Kompromisse einzugehen, um den geistigen Einfluß auf die, welche er zu bekehren gedachte, nicht zu verlieren. Im Osten traf er Gelehrte, die in keiner Beziehung eine

Ueberlegenheit des Europäers anerkannten, außer in Dingen der rohen Gewalt; und was insbesondere die Religion betrifft, so hatte die fremde vor der einheimischen wenig voraus. Die Jesuiten erkannten, daß, wenn das Christentum Fortschritte machen sollte, besonders unter einem solchen Volk von Gelehrten und zäh an der Eigenart haltenden Menschen, wie die Chinesen es sind, die Ueberlegenheit der Civilisation des Weißen bewiesen werden mußte. Die größten Anstrengungen wurden daher gemacht, um Zutritt bei der Regierung des Landes zu erlangen und ihr Vertrauen durch Erteilung von Unterricht in Mathematik, Astronomie und anderen Wissenschaften zu gewinnen. Ob der chinesische Hof das Christentum heute oder morgen oder nach hundert Jahren annahm, war den Vätern Jesuiten von geringerer Wichtigkeit; — sie bereiteten den Boden zu schließlicher Ernte.

In der Geschichte der portugiesischen Kolonisation bildet die Thätigkeit der Jesuiten die einzige Abweichung von der chronischen Korruption der Verwaltung und dem ewigen Nichtszuwegebringen. Die bloße Thatsache ihrer Vertreibung aus Goa und Macao im Jahre 1768 ist Zeuge, daß sie an der schlechten Verwaltung keinen Anteil hatten. In Indien und China nicht weniger als in Paraguay und Mexiko waren es die Vorzüge der Jesuitenmission, wodurch der Groll beider, der Kolonialbeamten und der rivalisierenden Orden, gegen diesen Orden erregt wurde.

Goa ist heute eine tote Stadt wie Macao, nur deshalb überhaupt noch existierend, weil England ihr Nachbar ist und dem größten Teil ihrer Bevölkerung Beschäftigung gibt. Es hatte einmal 30 Kirchen und 30000 Priester und war ein mächtiger Handelssitz, bevor der britische Löwe das Schwimmen gelernt hatte. Aber von dem Moment an, da portugiesische Soldaten und Matrosen gegen den Weißen zu fechten hatten anstatt gegen Neger und die degenerierte Bevölkerung Ostindiens, begann Portugal bergab zu gehen, bergab, bergab, bis selbst der Chinamann und der Mahratte es mit Verachtung behandelten. Goa wird heute nur aus Neugierde besucht, — zur Besichtigung der Grabstätte von St. Franz Xavier.

Im Jahre 1595 sandten die Kaufleute von Amsterdam ihre erste Flotte nach Ostindien, und im Jahre 1600 errichtete die englisch-ostindische Gesellschaft Stationen auf Sumatra und Java. Das waren „abenteuernde Kaufleute", und sie erbaten von den Portugiesen nur das Recht, unter gleichen Bedingungen Handel treiben zu dürfen. Aber die Portugiesen beharrten auf unbeschränktem Monopol, und bis ihre Besitzungen zu einer bloßen Handvoll schwacher Posten zusammengeschmolzen waren, fuhren sie fort, das wenige Geld, das sie hatten, in einem Krieg zu vergeuden, der schließlich ihr Ansehen bei den Eingeborenen ganz zerstörte.

In Indien wurden Regierungsstellen zum Verkauf ausgeboten, Plünderungszüge gegen hilflose Eingeborene wurden organisiert, selbst die Klöster wurden zu Beisteuern herangezogen; alles vergeblich. Was Portugal an Schiffen aussandte, wurde durch den Feind genommen und zerstört.

Ganz zu Anfang sandte es einige wenige tüchtige Gouverneure hinaus, wie Albuquerque, aber nach des letzteren Tode ging die Regierung zum „Plünderer“-System über, indem sie ihre Kolonialbeamten nur auf drei Jahre ernannte. Der Grund dafür war, daß der König oder die herrschende Partei nach häufiger Gelegenheit verlangten, um politische oder persönliche Freunde zu belohnen.

Es ist schwer, auf dem langen Bergabstieg des kolonialen Portugal irgend einen Punkt zu bestimmen, der bemerkenswerter wäre als ein anderer. Im Jahre 1640 war Goa nicht fähig, irgend welche Schiffe nach Hause zu schicken aus gänzlichem Mangel an Mannschaft und Geld. Es gab um die Zeit in der Kolonie mehr Priester als weiße Einwohner.

Zwei Jahre nach der Landung der Puritaner in der Massachusetts-Bai verlor Portugal Ormuz und damit den Handel im Roten Meer und Persischen Golf. Es bot Kaperbriefe jedem beliebigen Schiffe an, das ein privilegiertes Kapereigeschäft gegen seine Feinde treiben wollte, aber es fanden sich keine Abnehmer. In seiner Verzweiflung verbot es die Errichtung irgendwelcher Klöster; denn seine Soldaten desertierten und wurden Mönche, — zum äußersten getrieben durch die Unfähigkeit der Regierung, sie zu ernähren oder zu bezahlen. Messingkanonen wurden von seinen Forts so häufig gestohlen, daß eiserne Geschütze an ihre Stelle gesetzt wurden. Nicht einmal für den Handel zwischen Goa und den benachbarten Punkten Ostindiens bot die portugiesische Flagge genügende Sicherheit, so daß die dortigen Kaufleute englische Schiffe mieteten. 1661 leistete der unbedeutendste der Stuarts seinem Lande einen enormen

Dienst — unabsichtlich natürlich — durch seine Heirat mit einer portugiesischen Prinzessin, zu deren Mitgift Bombay gehörte. Zu jener Zeit wurde dem eine geringere Bedeutung beigelegt als den 2000000 Cruzados, die sie mitbrachte; denn Karl war in beständiger Geldverlegenheit und zog einen Cruzado in der Hand allen Indiens vor, auf die man keine Hypothekenschulden machen konnte. Als Karl starb, zog sich seine Witwe, Katharina von Braganza, nach einem Hause zurück, das noch heute eine der Sehenswürdigkeiten von Chelsea ist, — jetzt im Besitz einer amerikanischen Familie. Im Hinblick darauf, daß Bombay die Handhabe bot zu Englands endlicher Eroberung ganz Indiens, dürfte es heutzutage angemessen erscheinen, dieses Haus anzukaufen und als ein Erinnerungszeichen für zukünftige Generationen zu erhalten.

Nachher wird das Portugal des fernen Ostens fast gänzlich bedeutungslos. Bombay, unter englischer Regierung, begann plötzlich aufzublühen und zum Mittelpunkt neuer Handelsgebiete zu werden.

Macao hielt sich noch einige Zeit durch den Opiumhandel aufrecht. Als aber England (1841) seine Niederlassung in Hongkong gründete, beinahe in Sicht von Macao, verlegten die tüchtigsten Kaufleute von dort weg ihren Sitz nach der britischen Insel, und die es nicht thaten, zogen entweder heimwärts oder wurden Mönche. Im Jahre 1861 schlug der Kulihandel mit den Vereinigten Staaten sein Hauptquartier in Macao auf, aber nach dem Ende des amerikanischen Bürgerkrieges war auch dieser kurze Jubel vorbei, und was seither Macao ein wenig am Leben erhielt, das waren ein paar

Spieltische in Verbindung mit einem großen Kasten von Hotel.

Zur Zeit meines Besuches war der Hafen von Macao durch Vernachlässigung so versandet, daß sein Hafenverkehr ungefähr auf die Stufe eines verlassenen Trödlerladens vor den Thoren einer Handelsmetropole herabgesunken war.

XIII.

Portugal in Amerika.

„Auch der scharfsinnigste Beurteiler hätte es kaum für möglich gehalten, daß eine 15 000 Seemeilen von Indien residierende Handelsgesellschaft (die britisch-ostindische Compagnie), welche daselbst nur ein zu Handelszwecken bestimmtes Gebiet von einigen Morgen besaß, in diesem Lande solche Erfolge aufweisen würde. Hat sie doch in weniger als einem Jahrhundert ihre Herrschaft ausgedehnt vom Kap Comorin bis zum ewigen Schnee des Himalaya, die Mahratten und die Mohammedaner gezwungen, ihre gegenseitigen Fehden in gemeinsamer Unterwerfung zu vergessen, selbst jene wilden Stämme gebändigt, welche auch den mächtigsten Moguls widerstanden hatten, und nachdem 100 000 000 Unterthanen ihren Gesetzen gehorchten, ihren siegreichen Arm ausgestreckt bis zum Brahmaputra im fernen Osten und weit westwärts bis zum Hydaspes, Friedensbedingungen diktiret vor den Thoren von Ava und ihre Vasallen auf den Thron von Candahar gesetzt."

Macaulay „Clive".

Gründung Brasiliens — Jesuitenmissionen — Verbrecher.

Im Jahre 1500 segelte eine starke Flotte unter Cabral[1]) aus dem Tejo, welche dazu bestimmt war, ein

---

[1]) Man weiß nicht genau, wann Cabral geboren wurde oder in welchem Jahre er starb; außer jenem kurzen aber heroischen Lebensabschnitt, da er Brasilien annektierte und eine erfolgreiche Reise nach Ostindien unternahm, sind nur spärliche Nachrichten über ihn der Geschichte überliefert worden.

weiteres Stück von Indien zu erobern. Sie fuhren westwärts — ob absichtlich oder nicht, steht dahin — und gelangten an die Küste von Südamerika. Ganz ungewiß sind Einzelheiten, die von dieser Expedition erzählt werden: nach der Landung habe ein portugiesischer Priester eine Schar von neugierigen Eingebornen, welche kein Wort verstanden, mit einer langen Rede haranguiert, die besagte, daß Brasilien im Namen des Papstes von Rom in Besitz genommen sei. Dann sei eine Warnungstafel aufgerichtet worden, welche verkündigte, daß der König von Portugal die weltliche Herrschaft über das Land beanspruche. Daß die Kolonisation im gewöhnlichen Sinne in jener Zeit nicht sehr beliebt war, können wir aus der Nachricht entnehmen, daß von der ganzen Expedition kein einziger sich zur Niederlassung entschlossen habe, zwei Verbrecher ausgenommen, die zu lebenslänglicher Zwangsarbeit verurteilt gewesen seien, eine Nachricht, die eher Glauben verdient, weil in der nächstfolgenden Zeit begnadigte Verbrecher nachweislich von der portugiesischen Regierung als Kolonisten nach Brasilien gesandt wurden.

Von der Geographie hatte man damals noch höchst unklare Vorstellungen, und selbst der Papst mußte sich auf vage Vermutungen stützen, als er zwischen der östlichen und der westlichen Welt die Grenzlinie zog. Seine Absicht war es gewesen, den ganzen Westen den Spaniern zu geben, und er nannte daher einen Meridian, der, auf der Breite von Lissabon, zwischen Europa und dem neuentdeckten westlichen Land die Mitte zu halten schien. Er und Spanien selbst, das durch den Vertrag von Tordesillas die Teilungslinie noch 270 Meilen westlicher hatte ziehen lassen, als in der päpstligen Demarkations-bulle bestimmt war, erfuhren zu spät, daß der östlichste Punkt von Südamerika beinahe den Längengrad der Azoren berührt. Brasilien fiel unzweifelhaft in die portugiesische Demarkation; aber Portugal legte so geringes Gewicht auf Brasilien, daß es dieses Land zunächst nur als Zwischenstation auf dem Wege nach Indien betrachtete. Spanien aber entschädigte sich einigermaßen, indem es zunächst den Portugiesen den Besitz der Molukken streitig machte, dann durch den Vertrag von Saragossa 1529 dieselben zwar aufgab und in eine neue Demarkationslinie durch den stillen Ocean, 17 1/2 Grad östlich von den Molukken, willigte, nach einigen Jahrzehnten aber (nach 1542) begann, die Philippinen wegzunehmen, welche ganz augenscheinlich zur portugiesischen Interessensphäre gehörten. Spanien behandelte sie als Annex von Mexiko trotz der Thatsache, daß der Meridian von Manila beinahe mit dem von Peking zusammenfällt.

Erst um die Mitte des 16. Jahrhunderts machte Portugal den Anfang mit einer umfangreicheren Kolonisierung Brasiliens. Große Herrengüter wurden ausgesteckt, welche sich von der Küste parallel nach dem Innern erstreckten, ähnlich wie die großen „Seigneuries“, die den Lorenz-Strom begrenzen. Diese Güter hießen „Donatarias“ und wurden in Wirklichkeit zu kleinen Kolonial-Fürstentümern oder zu privilegierten Gesellschaften, deren Besitzer oder Anteilhaber nach Belieben schalteten, obwohl sie dem Namen nach unter den Gesetzen des Mutterlandes standen. Diese Landstriche wurden an Leute vergeben, welche sich über den Besitz des nötigen Kapitals ausweisen konnten. Der Staat Portugal reservierte sich einen gewissen

Anteit an den Erträgnissen, schob aber jede Verantwortlichkeit für die innere Verwaltung von sich ab. Ein Fünftel der Edelmetalle und ein Zehntel der natürlichen Landesprodukte sollten der Krone zufallen. Es lohnt sich nicht, die Einzelbestimmungen eines solchen Vertrages zwischen der Krone und diesen Kolonialherren aufzuzählen, da er doch der Regierung für ihren Anteil an dem Geschäft in keiner Weise Sicherheit gewährte. Die Capitane, wie man die Herren jener großen Landparzellen (capitania) nannte, durften nach freiem Ermessen ihr Besitztum an einzelne Ansiedler in Unterpacht geben oder verkaufen, innere Verbesserungen vornehmen und vor allem die Eingebornen zwingen, für den weißen Mann zu arbeiten. Es ist interessant zu sehen, daß diese Form der Kolonisation mit all ihren Fehlern in eine Art von lokaler Selbstregierung sich auswuchs, ein Vorzug Brasiliens, der um so mehr Gewicht hatte, als er in jener Zeit äußerst selten war. Während fast zwei Jahrhunderten — wenigstens bis 1700, da Gold entdeckt wurde — ließ Portugal Brasilien seinen eigenen Weg gehen, gerade so und aus den gleichen Gründen, wie England seine Kolonie Neu-England vernachlässigte. Obwohl Brasilien jetzt unabhängig ist, muß man zur Ehre des Mutterlandes die Thatsache festhalten, daß das kleine Portugal und nicht Spanien in der westlichen Welt die größte, reichste und die relativ bestregierte Kolonie gründete. Die Trennung vom Mutterlande erfolgte ohne eigentliche Gewaltsamkeit im Jahre 1825, als Brasilien in der Bevölkerungsziffer sowohl wie in Handel und Gewerbe Portugal weit überholt hatte. Daß dies der Fall war, verdankt Brasilien hauptsächlich der Freiheit, welche sich die ersten Kolonisten sicherten, ihrer Beschäftigung mit dem Ackerbau und dem Umstande, daß sie sich ein bleibendes Heim gründeten. Es ist ein Glück für Brasilien gewesen, daß Portugal so schwach war.

Was die Ausschließung der Fremden von Handel und Gewerbe, die Bestrafung von Ketzern und die übrigen Maßnahmen der Intoleranz betrifft, welche jene Zeiten der Monopole und der Frömmelei charakterisieren, so herrschten natürlich in Brasilien ziemlich dieselben Gesetze wie in den spanischen Kolonien. Aber die Härte dieser Gesetzgebung wurde sehr gemildert durch die Rücksicht auf pekuniären Vorteil, den die Leiter der großen konzessionierten Gesellschaften in erster Linie suchten. Nur Katholiken waren unter portugiesischem Gesetz geduldet; aber während daraufhin ein Kronbeamter einen verdächtigen Kolonisten der Inquisition überantwortet hätte, tröstete sich der Agent des „Donatario" mit dem Gedanken, das Geld des Ketzers sei ebenso vollgewichtig wie dasjenige des Papisten. Als einzelne der ursprünglichen Großgrundbesitzer herunterkamen oder aus irgend einem andern Grunde von ihren Gütern nicht Besitz ergriffen, machte die Freiheit auf brasilischem Boden weitere Fortschritte; freie Ansiedler gründeten auf diesen herrenlosen Gebieten primitive republikanische Gemeinwesen, die sich Recht und Gesetz selber vorschrieben. Wenn das spanische Amerika, vom Standpunkt der Menschheitsentwicklung betrachtet, keinen so traurigen Anblick böte, so könnte man wenig zu gunsten Brasiliens sagen. Von den fünfzehn ursprünglichen großen Güterkomplexen zeigten um die Mitte des 16. Jahrhunderts nur drei Zeichen des Fortschritts; wies doch das ganze kolonisierte Brasilien zu jener Zeit, die Schwarzen eingeschlossen, nur eine Bevölkerung von 5000 Seelen auf, weniger als zuweilen die Zahl der in einer einzigen Woche in New-York landenden Auswanderer beträgt. Das Mutterland bekundete dann und wann sein Interesse für die Kolonie, indem es sie mit Verbrechern beschenkte, — die stärkste Ladung, 400 Mann, wurde im Jahr 1549 ans Land gesetzt.

Im Jahre 1549 erschien der erste von den vielen Jesuiten, welche neues Leben nach Brasilien brachten. Unter ihrem Einfluß wurden die Kolonisten, welche bis jetzt unbekümmert mit indischen Frauen zusammengelebt hatten, bewogen, regelrecht zu heiraten und ihre Kinder ordentlich zu erziehen; aus Portugal wurden weiße Mädchen herübergeholt und mit Ansiedlern verheiratet; Schulen wurden errichtet, und einer Lebensführung, welche in wenig Jahren den weißen Mann auf das Niveau der Eingebornen herabgezogen hätte, wurde Halt geboten. Von diesem Tage bis 1767, da die Jesuiten ausgewiesen wurden, übten sie auf die Kolonie einen großen erzieherischen Einfluß aus, und obwohl sie wegen ihrer Opposition gegen die Sklaverei allgemein verhaßt waren, so gaben doch selbst ihre Feinde zu, daß der weiße Mann ihrem Missionswerk bei den Indiern die Sicherheit verdankte, die ihm eine nutzbringende Arbeit ermöglichte. Die Jesuiten brachten viele Gesetze durch, welche die Sklaverei der Indier zwar nicht abschafften, aber doch ordneten; und diese Gesetze, obwohl nicht streng durchgeführt, trugen viel dazu bei, daß die Eingebornen auf den Gütern weniger verwendet wurden. Aber der Erfolg war nur der, daß der Sklavenraub in Afrika um so lohnender wurde; denn es ist merkwürdig, daß dieselbe Kirche, welche die Eingebornen Brasiliens protegierte, gegen diejenigen von Mosambique und von der Küste von Guinea gleichgültig war. Brasilien war, wie jede andere amerikanische Kolonie, in beständigem Zwiespalt mit sich selbst über die Behandlung der Eingebornen: die Pflanzer einmütig auf der einen Seite, ein gewisser Teil der Geistlichkeit und die Regierung im Mutterlande auf der andern. Dank der Gleichgültigkeit oder der Nachsicht, welche die Kolonialbeamten des Staates zeigten, triumphierte die Sklaverei Jahrhunderte lang; denn erst in unsern Tagen ist die Gleichheit aller Menschen vor dem Gesetz in der spanischen und portugiesischen Welt allgemein anerkannt worden.

Wer die Kolonien studiert, darf nicht bloß aus Büchern und offiziellen Berichten schöpfen. Die portugiesischen Gesetze und die Briefe der verschiedenen Statthalter bereiten den Reisenden nicht vor auf die politische Korruption, welche auf der Delagoa-Bai lastet, und auf die Entartung, welche Macao charakterisiert; und ebenso wenig zwingt die portugiesische Geschichte, die unscheinbaren Faktoren zu beachten, welche mit der Zeit aus Brasilien einen mächtigen Staat machten.

XIV.

Die Entwicklung des Burentums.

Julian Ralph äußert sich in seinem Werke „At Pretoria“ p. 17, über die Buren folgendermaßen: „Alle ihre Eigenschaften sind diejenigen eines klugen Jägers, der die wilden Tiere beschleicht.“

Konflikt zwischen der niederländisch-ostindischen Kompagnie und den Buren — Englands Haltung gegen die Buren — die Zukunft Südafrikas.

Das 19. Jahrhundert kennt die Buren hauptsächlich durch die Anstrengungen, welche sie machten, um die britische Herrschaft vom Centrum Südafrikas fernzuhalten. Diese Anstrengungen haben soviel Tapferkeit, Tugend und Frömmigkeit zu Tage gefördert, daß die Sympathien des ganzen europäischen Kontinents sich auf die Burenseite gewendet haben, gegen das eine Land, dessen Flagge freien Handel, religiöse Duldung und lokale Selbstverwaltung bedeutet.

Es ist eine traurige Erscheinung, daß Bewegungen, welche unserem Geschlecht zum großen Segen gereichten, häufig verursacht worden sind durch politische und religiöse Unduldsamkeit. Religiöses Muckertum hat die französischen Hugenotten ausgestoßen; die kleinen deutschen

Despoten haben ihre unternehmendsten Leute nach Amerika getrieben; Brasilien wurde gehoben durch ein kerniges Element von portugiesischen Juden, welche in ihrem eigenen Lande geächtet waren; die ersten Engländer, welche in Neu-England sich ansiedelten, kehrten ihrer Heimat den Rücken, um einem tyrannischen Kirchenregiment zu entgehen. Und daß heute der weiße Mann in Sicherheit auf dem centralen Hochplateau des großen schwarzen Kontinents Fuß gefaßt hat, verdanken wir der Intoleranz, welche die Regierung der berühmten niederländisch-ostindischen Kompagnie, Englands Vorgängerin in Südafrika, kennzeichnete.

Spanien, Portugal und Holland, drei Länder, in deneu auf eine ungeahnt rasche koloniale Expansion ein fast ebenso auffälliger Niedergang folgte, weisen gleich beim Beginn ihrer kolonialen Laufbahn gewisse hervorstechende Erscheinungen auf.

Spanien und Portugal entwickelten ihren größten Kraftaufwand zu einer Zeit, als das nationale und religiöse Gefühl durch unablässigen Krieg gegen den gemeinsamen Feind ihres Landes und ihrer Religion aufs äußerste erhitzt war. Gegen das Ende des 16. Jahrhunderts galt Philipp II. als der reichste und mächtigste König; dennoch mußte er es erleben, daß seine „unüberwindliche“ Armada in Stücke geschlagen wurde, und zwar von einer Handvoll englischer Fischerboote, welche mit Leuten wie Drake und Hawkins bemannt waren. In den Niederlanden wurden seine Truppen, denen der Ruf der Unbesiegbarkeit vorausging, mehrmals von den Holländern geschlagen, deren Land auf der Karte kaum soviel Kulturboden zeigt, daß der Bau von Kanälen sich lohnte.

In der Zeit, wo Spanien und Portugal an Soldaten reich, aber arm an Freiheit waren, war Holland ein unbedeutender Staat, was äußeres Gepränge und Größe des Regierungsapparates betrifft, aber stark durch Bürgertugend, Redlichkeit im Handel, religiöse Toleranz und seemännische Tüchtigkeit. Das kleine Völklein von Ketzern, das auf ein paar Quadratmeilen Dünen und Sumpfboden wohnte, das aber zur See wie auf dem Lande zu Hause war, setzte die Welt in nicht geringes Erstaunen, als es gegen die mächtigen spanischen und portugiesischen Schiffe mit glänzendem Erfolge sein Recht behauptete. Nach und nach lernten die Holländer die Geheimnisse des „fernen Ostens“ kennen; sie erfuhren die Preise von Gewürzen und Seide und knüpften mit eingebornen Fürsten friedliche Beziehungen an. Portugals Unpopularität kam Holland zu statten. Die tonangebenden Kaufleute erkannten richtig, wie sie, den Mißerfolg der Spanier und Portugiesen ausnutzend, diesen den Welthandel streitig machen konnten, nämlich nicht durch Eroberung und Monopolwirtschaft, sondern als einfache Handelsleute, welche die Waffen nur gebrauchen wollten, wenn sie angegriffen würden.

Daher wurde im Jahre 1602 jene berühmte holländisch-ostindische Kompagnie gegründet, welche den kaufmännischen Geist der damaligen Zeit am besten in sich verkörperte und gegenüber allem, was Spanien und Portugal geleistet hatten, einen gewaltigen Fortschritt bedeutete. Sie war gewissermaßen eine nationale Institution, da die Aktien in den Händen der verschiedenen Handelskammern des Landes lagen. Von Anfang an war sie von dem korrekten kaufmännischen Geiste durchweht, welcher der Nation eigen ist; und ihren Einfluß im fernen Osten gewann sie, indem sie stets die kommerzielle Ehre hochhielt. Die Schreiber und Agenten dieser Gesellschaft wurden zu strenger Rechenschaft angehalten; es war ihnen verboten, auf eigene Rechnung Handel zu treiben, und vor allem durften sie den Eingebornen in keiner andern Eigenschaft, denn als Kaufleute sich nähern. Sie schickten keine Missionäre und dachten im Anfang nicht einmal daran, Forts zu bauen. Der Handel, den sie anboten, war so lohnend, daß die Kaufleute des Ostens in ihrem eigenen Interesse den Verkehr mit den Holländern suchten, während sie die Spanier und Portugiesen haßten und mieden. Eine Anekdote, die in Japan noch jetzt geläufig ist, besagt, die Holländer seien nach der Vertreibung der Portugiesen aufgenommen worden, weil auf die Frage nach der Religion, die durch die Mönche verhaßt geworden war, die neuen Ankömmlinge antworteten: „Wir sind keine römischen Katholiken, wir sind Holländer!"

Hollands Erwachen als Kolonialmacht erfolgte unter Verumständungen, welche denjenigen in gewisser Beziehung ähnlich waren, unter denen Spanien und Portugal ihre Helden hervorbrachten. Am Ende des 16. Jahrhunderts hatten die Holländer nach langem Kriege eine verhaßte politische und religiöse Herrschaft abgeschüttelt, und sie befanden sich gerade in jenem Zustande nationaler Begeisterung, welcher für kühne Unternehmungen tauglich macht.

In dieser Zeit waren England und Holland einig in ihrem gemeinsamen Hasse gegen Spanien und das Papsttum, und noch hatte keines dieser Länder so viele Kraft entwickelt, daß die Fortschritte des einen dem andern als eine Gefahr erscheinen konnten.

Moderne Nationalökonomen haben viel einzuwenden gegen die Berechtigung privilegierter Handelsgesellschaften, zweifellos unter dem Eindruck der Thatsache, daß fast alle infolge von Korruption und Mißwirtschaft mit dem Bankerott geendet haben.

Die niederländisch-ostindische Kompagnie hatte in der That ihren guten Ruf schon überlebt, obwohl sie nicht einmal das Ende des 18. Jahrhunderts sah; aber trotz der Fehler, welche ihre letzten Lebensjahre zeitigten, hat sie im Anfang eine Mission erfüllt, welche ohne eine solche Organisation undenkbar gewesen wäre. Die Ausrüstung eines Handelsschiffes war vor 300 Jahren ein fast ebenso abenteuerliches Unterfangen wie heute Stanleys Reise quer durch Afrika. Heutzutage hat der Kapitän eines Handelsschiffes eine Karte der Meere, die er durchkreuzen will; in jedem Hafen findet er einen Konsul, der über die Interessen seiner Flagge wacht; seine Ladung geht an einen Agenten, der die Löschung und die Wiederbefrachtung des Schiffes und die ganze Abrechnung mit den Eigentümern besorgt. Nicht nur bei den eigenen Landsleuten, sondern auch bei den Angehörigen anderer Nationen findet er Unterstützung, kurz, der Handel nach dem fernen Osten gleicht heutzutage mehr einer Yachtfahrt in den eigenen Gewässern als den Seereisen, die zur Zeit der Gründung der holländisch-ostindischen Kompagnie unternommen wurden.

Damals gab's nur unvollkommene oder gar keine Karten, keine Leuchttürme, keine Konsuln, keine Agenten irgend welcher Art, die dem Seefahrer in schwierigen Lagen hätten beistehen können. Wenn sein Schiff scheiterte, so war es samt Ladung und Mannschaft demjenigen verfallen, in dessen Hände es fiel. Holländische und englische Matrosen wurden getötet oder als Sklaven verkauft, wenn sie in die Hände der Spanier oder Portugiesen fielen, — der Schiffbrüchige war wirklich besser dran, wenn er in China oder Japan an den Strand geworfen wurde, als wenn er an europäischen Küsten in die Gewalt seiner Mitchristen geriet. In jener Zeit war nicht nur der Krieg ein Handel, sondern der Handel war auch Krieg, und kostspielig wie dieser. Der Handel mußte daher wie eine Form des Krieges organisiert und betrieben werden. Die holländischen Kaufleute hatten vor der Gründung der Kompagnie kein Mittel an der Hand, die Schiffsendungen zu regulieren. Wenn ein Schiff nach einer kostspieligen Reise in einen Hafen des Ostens einlief, so konnte es sich treffen, daß andere ihm zuvorgekommen waren und den Markt mit Waren überschwemmt hatten, während diese Schiffe, wenn sie in regelmäßigen Zwischenräumen angelangt wären, alle einen schönen Profit hätten erzielen können.

Die niederländisch-ostindische Kompagnie war also nichts anderes als eine praktische Anwendung kommerzieller Grundsätze auf eine kommerzielle Frage, der eine kleine Korporation nicht gewachsen war. Etwas Aehnliches können wir in Amerika jeden Tag beobachten, indem eine Anzahl gleichartiger industrieller Unternehmungen unter dem Namen „Trust“ vereinigt werden, welcher den Zweck hat, die Verwaltung billiger und einfacher zu gestalten und dem Konkurrenzkampf vorzubeugen.

Die niederländisch-ostindische Kompagnie mit ihrem Alleinhandel war ursprünglich ein Trust, in welchem die hauptsächlichen Handelsinstitute als Aktionäre figurierten.

Dieser Trust konnte insofern als national gelten, als er der Oberaufsicht der Regierung unterstellt war und als er den Träger holländischer Macht in der östlichen Welt vorstellte. Wenn es jemals ein berechtigtes und wohlthätiges Monopol gab, so war es dasjenige der niederländisch-ostindischen Kompagnie, so lange diese im Sinn und Geist ihrer Gründer verwaltet wurde.

Aber zu seinem Unglück verließ Holland die gesunde Basis, auf der diese großartige Institution aufgebaut war. Seine Erfolge im fernen Osten waren so gewaltig, der Widerstand der Spanier und Portugiesen so gering, daß es nach und nach die liberalen Handelsprinzipien, die es anfangs hochgehalten hatte, verleugnete und eine Politik der Ausschließlichkeit verfolgte, die es mit England in Krieg verwickelte und ihm die Sympathien der Eingeborenen entfremdete, welche von Anfang an seine Hauptstütze gewesen waren.

Um die Preise auf der Höhe zu erhalten, wurden strenge Gesetze erlassen, welche das Anpflanzen von Gewürzbäumen einschränkten; holländische Beamte machten jährliche Inspektionsreisen und ließen alle Pflanzen zerstören, welche die gesetzlich erlaubte Zahl überstiegen; den Eingeborenen wurde verboten, mit andern als Holländern Handel zu treiben, und sie wurden gezwungen, ihre Produkte zu Preisen abzugeben, die ohne Rücksicht auf die Produzenten festgesetzt wurden.

Diese Gesetze erinnern an die spanische und portugiesische Tyrannei, und die Durchführung derselben erforderte dieselben Mittel — kostspielige militärische Einrichtungen, Forts und Garnisonen. So kam es, daß der Gewinn der Gesellschaft mehr und mehr durch die Verwaltungskosten verschlungen wurde.

Um die gleiche Zeit wuchs allmählich ein großer Stab von ständigen Beamten heran, welche das erweiterte Verwaltungsgebiet zu überwachen hatten, und mit diesen Leuten hielt dieselbe Korruption ihren Einzug, an der Spanien und Portugal krankten. Die ursprünglichen Statuten der Kompagnie zielten einzig auf Förderung des Handels hin, und ihr Personal bestand in den ersten Zeiten hauptsächlich aus Matrosen und Schreibern nebst einigen wenigen Agenten, die auf den wichtigsten Marktplätzen stationiert waren. Aber als die Kompagnie von dieser Richtschnur abwich, um den Leuten, bei denen sie bisher nur freien Handelsverkehr gesucht hatte, Gesetze vorzuschreiben, da wurde ein neuer Kurs eingeschlagen, der nicht nur auf kommerzielle Expansion, sondern auf Herrschaft hinzielte, und das sind zwei ganz verschiedene Dinge, wie wir später sehen werden.

Als die Kompagnie ungefähr vom Jahre 1700 an durch das Ausbleiben der Gewinne beunruhigt wurde, suchte sie Remedur zu schaffen, indem sie die Beamten häufiger wechselte. Diese Maßregel erwies sich jedoch als eine gänzlich verfehlte. Der Beamte, welcher nur drei Jahre auf seinen Posten blieb, war nicht weniger darauf erpicht, vor seiner Rückkehr in die Heimat sein Glück zu machen. Schreiber, welche Holland als kleine Lohnarbeiter verließen, kehrten als reiche Leute zurück. An der Regierung wäre es gewesen, gegen solche Mißstände einzuschreiten; aber sie war der Aufgabe, wirksame Reformen einzuführen, nicht gewachsen. Erst nachdem man die Fehler studiert hat, welche Spanien, Portugal und

Holland in ihren Kolonisationsbestrebungen machten, kann man Englands Thätigkeit voll würdigen. England hat viele Handelsgesellschaften konzessioniert; es hat sie beaufsichtigt und Halt geboten, wenn sie falsch gingen; es hat sie zur Rechenschaft gezogen, ohne ihre kommerzielle Arbeit zu beeinträchtigen; es hat der Welt gezeigt, daß es Administratoren wie Cecil Rhodes und Warren Hastings hervorbringen kann, ohne die Freiheiten seiner Bürger oder die Rechte seiner Kolonisten zu gefährden.

Die Holländer bezahlten ihre Beamten schlecht und bekamen daher Leute, die auf andere Weise Geld zu machen suchten.

Die deutschen Kolonialbeamten beziehen heutzutage auch sehr geringe Gehälter; aber wir leben in der Zeit des Telegraphen und der Schnelldampfer, wo die Beamten in Kiautschou und Dar-es-Salâm fast ebenso leicht kontrolliert werden können, wie wenn sie in Posen oder Metz stationiert wären. Im 17. Jahrhundert aber hatte der Gouverneur von Batavia, der eine Besoldung von 12000 Gulden bezog, während seiner Amtsdauer wenig zu fürchten. Es gab keine regelmäßige Postverbindung, und alle seine Amtsgenossen waren in der Praxis seine Mitverschworenen, verbunden gegen die Eingeborenen, um Gewinn zu erzielen. Die holländischen Niederlassungen in Ostindien waren bald wenig besser als die portugiesischen, die Thatsachen ausgenommen, daß die Holländer sich nach wie vor nicht in die religiösen Angelegenheiten der Eingeborenen mischten und daß sie die Sklaverei nicht in großem Maßstab betrieben. Die Politik der niederländisch-ostindischen Kompagnie wurde stets tyrannischer und engherziger; aber da sich ihre Thätigkeit fast ausschließlich auf die Ausbeutung der Gewürzbäume beschränkte, so war das Bedürfnis nach billiger Sklavenarbeit nicht in dem Maße vorhanden, wie in den Minen und Pflanzungen der spanischen und portugiesischen Kolonien. Die Holländer brauchten nur eine beschränkte Zahl von Dienern für die Hausgeschäfte, und unter solchen Umständen gab die Sklaverei wenig Anlaß zu Klagen.

Als Erfrischungsstation für die nach Java fahrenden Schiffe war das Kap den Holländern sehr wichtig; aber weit entfernt von dem Wunsche, das Land zu kolonisieren, erließ die niederländisch-ostindische Kompagnie Verordnungen, welche den weißen Kolonisten das Leben fast unerträglich machten. Wie geringe Bedeutung die Kapkolonie als solche in den Augen der Holländer hatte, erhellt am besten aus dem Umstand, daß sie dieselbe als Anhängsel von Java behandelten. Ueber ein in Kapstadt begangenes Verbrechen wurde nach der Appellation nicht in Amsterdam, sondern in Java abgeurteilt. Von dieser langen Verbindung mit Java rührt es her, daß man noch heute in den Straßen von Kapstadt so viele Malayen sieht, obwohl sie im Innern des Landes und weiter hinauf an der Küste fast unbekannt sind.

Des herrliche Klima des Kaplandes lockte die Kolonisten an; trotz der Engherzigkeit, welche die niederländisch-ostindische Kompagnie in der zweiten Hälfte des 17. Jahrhunderts an den Tag legte, bewegte sich in dieser Zeit ein dünner Auswandererstrom dorthin; es waren teils holländische, teils französische Protestanten, die von Anfang an gegen die lästigen Maßnahmen der holländischen Regierung sich auflehnten. So wuchs allmählich und fast unmerklich ein Geschlecht heran, das an die amerikanischen

„Grenzmänner" erinnert, das die europäische Gesetzgebung als ein Joch empfand und dessen Ausbreitung nur unter fortgesetzten Kämpfen gegen Eingeborene und wilde Tiere möglich war. Der große Trek vom Jahre 1836 wäre undenkbar ohne die frühern Generationen von unzufriedenen Kolonisten, die, um der Herrschaft ihrer rechtmäßigen Regierung zu entgehen, sich auf den Grenzgebieten der Civilisation ansiedelten und dort, mit der Büchse in der Hand, für sich und die Eingeborenen ihres Reviers ein eigenes Recht schufen. Diese Buren waren, wie die amerikanischen Hinterwäldler, eine zähe Rasse, widerspenstig gegen die Gesetze von Behörden, welche sie nicht anerkannten, aber fromme Puritaner und peinliche Beobachter der Gebote Gottes, soweit diese ihren besondern Bedürfnissen entsprachen. Der Gründung von Schulen und Kirchen war ihre Lebensweise nicht günstig. Als Nomade wohnte der Bur in einem mächtigen von Zelttuch überspannten Ochsenwagen, den man in Amerika „Präriеschiff" heißen würde. Trotz der Eisenbahnen kann man noch heute die großen Familien-Ochsenwagen sehen, welche die Buren weiter und weiter von der verhaßten Civilisation wegführen. Wie in Amerika, wird diese Bewegung andauern, bis der „cow-boy" keine Grenzwüste mehr findet und sich notgedrungen der Civilisation anpaßt, so gut er kann. Es ist ein seltsamer Geist, der in den Grenzmännern lebt, und wer ihn nicht begreift, dem bleibt die Geschichte Südafrikas unverständlich. Die Blutsverwandtschaft wird heilig gehalten, und die Buren wären gegenwärtig zu keinem solchen Kraftaufwand fähig, wenn sie nicht der Gedanke an die gemeinsame holländische und hugenottische Abstammung belebte. Und doch versteht der Holländer von Amsterdam den Bur ebenso wenig, wie der civilisierte Bürger der Neu-Englandstaaten seine Verwandten verstehen würde, welche vor 50 Jahren freiwillig jenseits des Missisippi in der Wildnis lebten. Die heutigen Staatsmänner begehen den gemeinsamen Fehler, daß sie einen Dewet, einen Cronje und einen Krüger als rebellisch gewordene Europäer betrachten. Wir gehen sogar soweit, daß wir uns unter ihnen Leute vorstellen wie die in New-York landenden Auswanderer, welche nach einigen Monaten stimmende Bürger oder Anarchisten würden. Es wird uns außerordentlich schwer, die historische Entwicklung uns gegenwärtig zu halten, welche die Buren durchgemacht haben. Sie haben 200 Jahre als Geächtete gelebt; sie haben von Jugend auf Grundsätze eingesogen, die wir als verräterische bezeichnen, von denen aber die Führer glauben, daß sie dem Willen Gottes entsprechen. Der Bur, nicht der Engländer, hat das Hochland von Südafrika erobert; er verkörpert die weiße Aristokratie vom Zambesi bis nach Kapstadt; jeden Fremden hält er für physisch und moralisch inferior und blickt mit zorniger Verachtung auf jede Regierung, welche die Oberherrschaft über ihn beansprucht. Die Burenstaaten haben eine gewisse Aehnlichkeit mit dem merkwürdigen Staatswesen der Mormonen in Utah. Zusammengehalten durch ihre eigentümliche Religion, durch scharfe Disciplin und grenzenlose Unwissenheit, drangen diese englischen Buren durch die amerikanische Wüste vor und gründeten für sich allein, fern von der übrigen Welt, eine herrliche Oase. Von den Vereinigten Staaten verlangten diese Leute nichts, als daß man sie in Ruhe lasse; sie besetzten Land, welches wertlos war, bevor sie es bewässerten; ihr Wohl und Wehe war ihre Sache; inmitten von wilden Stämmen trugen sie dazu bei, die weiße Rasse auszubreiten; von der Polygamie abgesehen, thaten sie nichts, was die Unzufriedenheit der Oberbehörde hätte erregen können.

Da wurden in ihrer Nachbarschaft edle Metalle entdeckt, und der Yankee aus Neu-England klopfte an die Thore des Mormonenstaates; er wurde abgewiesen; da ging er ohne Erlaubnis hinein. Der Kampf begann, und jetzt ist der Mormone im amerikanischen Staatsleben was jeder andere weiße Mann, nichts mehr und nichts weniger. Wie der Mormone sich theologisch für unfehlbar hielt, so glaubte er auch physisch unüberwindlich zu sein. Als er seinen Irrtum eingesehen hatte, bequemte er sich der neuen Ordnung der Dinge an, — und das wird der Bur auch thun.

Um Mißverständnissen vorzubeugen, darf ich nicht unerwähnt lassen, daß ich auf einsamen Farmen die Gastfreundschaft der Buren genossen und unter ihnen Leute von hoher Bildung, nobler Gesinnung und hervorragendem persönlichem Mut gefunden habe. Unter solchen Umständen ist es schwierig, allgemeine Urteile zu fällen, welche nicht zur Kritik herausfordern. Es giebt sehr verschiedene Arten von Buren, und wenn ich diesen Namen brauche, so bin ich mir bewußt, daß er fast ebenso viele Variationen von Menschen bezeichnet, wie der Name Engländer, unter dem man auch ein Piccadilly Gigerl oder einen Vagabunden des Ost-End-Viertels mitbegreifen muß.

Der Bur, welcher in der letzten Zeit am meisten in Frage kommt, ist derjenige vom Typus Krüger, der

Mann, der noch an der Erinnerung an Slaagters Neck zehrt. Der Durchschnitts-Engländer weiß von Slaagters Neck nicht mehr als von Nathan Hale, dem Graduierten von Yale, dessen Hinrichtung im Revolutionskrieg zum Todesurtheil über Major André führte. Aber jeder amerikanische Schulknabe ehrt das Andenken Nathan Hales, und der Krüger-Bur hält die Erinnerung an die Märtyrer von Slaagters Neck heilig.

Es war eine Geschichte in der Nußschale; ein paar Buren, die der Autorität der englischen Gerichtshöfe getrotzt und sich der Rebellion schuldig gemacht hatten, wurden zum Tode verurteilt und gehängt. Der Fall war ganz klar, ebenso klar wie der Fall Jameson im Jahre 1896; aber die Großzahl der Buren wollte England das Recht nicht zugestehen, über die im Jahre 1814 von Holland definitiv abgetretene Kolonie zu herrschen, obwohl sie die Handlungsweise der Rebellen sehr mißbilligten. Die Buren lasen nicht viel und kümmerten sich wenig um die Meinung gelehrter Juristen. Sie waren mit dem verstorbenen Henry George der Ansicht, das Land solle demjenigen gehören, der einen guten Gebrauch davon mache, und nach ihrer Meinung waren sie es, nicht die Engländer, die den Boden von Südafrika nutzbar machten. So verursachte die Ausbreitung englischer Macht in Südafrika eine Reihe von Konflikten mit den Buren, die stets vor der Uebermacht zurückwichen, unverzagt, wenn nicht unbesiegt.

Unter der holländischen Regierung hatten die Buren in früheren Zeiten, vor 1815, mehr Verfolgungen erduldet als je unter der englischen in den folgenden Jahren. Aber daran denken die Holländer heutzutage nicht mehr, wenn sie zu beweisen suchen, daß der Bur ihr Fleisch und Blut ist. Der Deutsche spricht jetzt mit der größten Wärme von seinem Vetter, dem Bur; denn es ist Mode geworden zu behaupten, den Buren wäre eine deutsche oder holländische Oberherrschaft in Südafrika willkommen. Aber diese Ansicht wird von Leuten vertreten, die mehr ihre eigenen Hoffnungen als die Geschichte zu Rate ziehen.

Dem Bur ist der Holländer von Herzen zuwider, die beiden Charaktere sind zu verschieden, und der hochfahrende Schreibemensch von Rotterdam erregt in Pretoria nur Verachtung. Er wurde geduldet, weil Dr. Leyds ihn für notwendig erklärte.

Das offizielle Deutschland aber kennt der Bur als einen weit gefährlichern Nachbarn als England. Nach dem Jameson-Ueberfall wurden Anstrengungen gemacht, einen Treck nach Deutsch-Westafrika herbeizuführen; aber die daran teilnahmen, kamen so entmutigt zurück, daß den Buren jede Lust verging, mit ihren Vettern von Berlin nähere Bekanntschaft zu machen. Die Berührung mit dem offiziellen Deutschland konnte in der That viel dazu beitragen, die Buren mit ihrem Los unter englischer Oberhoheit auszusöhnen.

Der Krüger-Bur, welcher stets voranstand, wenn es galt, dem Vordringen Englands zu wehren, bringt allen europäischen Mächten das gleiche Mißtrauen entgegen. Es heißt seinen Charakter verkennen, wenn man ihm eine Vorliebe für irgend eine derselben zutraut. Für ihn ist der moderne Europäer ohne Unterschied ungefähr das, was für den Puritaner der Restaurationszeit der frivole Kavalier war.

Von dem großen holländischen Kolonialreich ist Südafrika das einzige Gebiet, wo ein starkes weißes Volk entstand, das einzige, wo holländisch gesprochen wird. Allerdings ist das in Südafrika gesprochene Holländisch dem klassisch gebildeten Professor von Leyden nicht gut verständlich; es hat mit der Muttersprache ungefähr so viel Verwandtschaft wie die Mundart der deutschen Schweiz mit dem akademischen Deutsch von Hannover oder Bremen. Zuerst giebts Mißverständnisse; aber nach einiger Uebung kann man sich gegenseitig verständlich machen, etwa so, wie Spanier mit Portugiesen oder Norweger mit Dänen zurechtkommen. In gewissen Gegenden wird das Holländische noch einige Zeit als Umgangssprache fortleben; aber schon heute sieht jeder Bur ein, daß er des Englischen mächtig sein muß, wenn er sich hinausbegeben will in den breiten Strom des modernen Lebens, und so wird die holländische Sprache nach und nach verschwinden, ohne daß man deshalb besondere Gesetze oder Verbote zu erlassen brauchte. Die Hugenotten verzichteten auf ihr Französisch und redeten holländisch; die Buren werden ihre Sprache gegen die englische tauschen.

Ein gelehrter deutscher Beamter rechtfertigte jüngst die Ausschließung der Buren aus Deutsch-Westafrika mit der Begründung, es wäre eine nationale Schande, wenn in einer deutschen Kolonie die holländische Sprache vorherrschen würde!

Die Deutschen sind nicht die einzigen, welche die Sprache zwingen wollten, sich nach der Flagge des Landes zu richten, und sie werden wahrscheinlich ihren Fehler auch einsehen, wie andere vor ihnen, — wenn es zu spät ist. Im Jahre 1896 machte Paul Krügers Regierung verzweifelte Anstrengungen, das Englische aus den Schulen in Transvaal zu verbannen und durch das Holländische zu ersetzen; aber die Folge war, daß die Buren ihre Kinder in den Oranje-Freistaat schickten, wo freiere Grundsätze herrschten.

Zur hohen Ehre gereicht es dem holländischen Charakter, daß die Buren mit den Angelsachsen die einzigen Kolonisten sind, die ihr Blut rein erhalten haben. Von den Portugiesen und Spaniern wurde die abscheuliche Praxis des Zusammenlebens mit Negerinnen nicht nur geduldet, sie begünstigten es sogar als ein Mittel, um rascher eine dem tropischen Klima gewachsene Bevölkerung zu erzeugen.

Die Abneigung gegen Mischehen mit Eingeborenen schöpften die Buren sowohl wie die ersten Bewohner von Neu-England aus der Bibel. Wie die Engländer von 1620 in den Indianern, so erblickten die Buren in den Kaffern einen jener heidnischen Stämme, zu deren Ausrottung sie als das auserwählte Volk berufen seien, nach dem Vorbild von Josua; und wirklich erinnert mich Josua lebhaft an Paul Krüger.

XV.

Der holländische Kolonist von heute.

„Sie (die amerikanischen Hinterwäldler von 1776) waren halsstarrig, rachsüchtig, argwöhnisch und kannten weder Mitleid noch Erbarmen; sie waren aber auch aufrichtig, entschlossen und furchtlos, treu gegen ihre Freunde und ihrem Lande ergeben."

Roosevelt „Eroberung des Westens" I., 133.

Holländische Spuren in New York. — Transvaal. — Britisch Guiana. — Gegensatz zwischen dem Bur und dem Holländer.

Wenn in Bezug auf Kolonien irgend ein Satz von allgemeiner Gültigkeit aufgestellt werden kann, so ist es der, daß koloniales Gedeihen auf koloniale Freiheit folgt. Manchmal ist die Freiheit in den Kolonien der Freiheit im Mutterlande vorangegangen. Was Holland ursprünglich (1600) vor seinen spanischen und portugiesischen Rivalen voraus hatte, verdankte es hauptsächlich der größern kommerziellen Freiheit. So lange keine andern Rivalen sich einstellten, blieb seine relative Ueberlegenheit bestehen; aber es klammerte sich noch an sein System, nachdem sich längst herausgestellt hatte, daß dasselbe dem englischen nicht gewachsen war.

Aber noch heute staunt der Reisende über das bleibende Gepräge, das die ersten Holländer Kolonien aufgedrückt haben, die ihnen längst nicht mehr gehören. Noch heute sind die hauptsächlichsten Gebäude im Thal des Hudson River massive steinerne Farmhäuser, welche an die Regierung der niederländisch ostindischen Kompagnie erinnern, die im Jahre 1621 New York als einen Handelsplatz besetzte. Doch der Holländer von New York war dem Yankee aus Connecticut und Massachusetts nicht gewachsen; keine privilegierte Gesellschaft konnte gegen solche Konkurrenz aufkommen. Die Schweden, welche in Delaware und New Jersey Kolonien angelegt hatten, teilten das Schicksal der Holländer. Kein Regierungsakt machte ihren Kolonialbestrebungen ein Ende; denn in jener Zeit hatte New York weder für den Soldaten noch für den Handelsmann große strategische Bedeutung. Die holländischen und schwedischen Kolonisten blieben und gediehen; aber ihre Kinder gaben aus rein praktischen Gründen der englischen Sprache den Vorzug. Nur einzelne Namen wie „Kaater's Kill Clove“, „Spuyten Duyvil“, „Hoboken“, „Harlem“ 2c. erinnern heute noch an holländische Herrschaft in Nordamerika.

Auch am Kap der guten Hoffnung drängt sich beim Anblick der vielen schmucken, massiven Giebelfronten, welche die Wohnhäuser früherer Besitzer aus Amsterdam und aus dem Haag zieren, die Erinnerung an die holländische Herrschaft sofort auf. Diese Gebäude, unter denen vielleicht dasjenige der Constantia Besitzung das mustergültigste ist, entsprachen so gut den englischen Ansprüchen, daß in einem großen Teile der Kapkolonie derselbe Baustil beibehalten wurde. Ein Hauch des Großartigen und doch Behaglichen ruht über diesen Wohnstätten; prächtige, gerade Straßen mit Schatten-Alleen führen zu den Häusern; die saubern Gärten sind umgeben von dichten Hecken; der ganze Landbau macht den Eindruck peinlicher Genauigkeit, wenn man ihn mit dem wenig sorgfältig betriebenen Ackerbau in Transvaal vergleicht.

Diese Verschiedenheit ist durchgreifend. Könnte ein Fremder von einem Luftballon auf die Burenrepubliken herabschauen, so würde er aus der vorherrschenden Architektur auf eine von „cow-boys" bewohnte Gegend schließen. Die Scheidung der Buren von ihrem Mutterlande ist eine viel schärfere als die Scheidung zwischen der englischen und holländischen Bevölkerung von Kapstadt. Will man einen ähnlichen Fall zur Vergleichung herbeiziehen, so kann man wohl sagen, daß der Amerikaner von Boston mit einem Engländer mehr gemein hat als mit einem „cow-boy" von Arizona oder mit einem californischen Goldsucher von ehedem. Der Bostoner hat auf amerikanischem Boden die Institutionen und die gesellschaftlichen Formen seiner englischen Vorfahren verbreitet. Aber wenn derselbe Amerikaner nach dem fernen Westen auswandert, so ist er schon um seiner Existenz willen gezwungen, eine neue Gesellschaft zu improvisieren, neue Mittel der Selbsterhaltung und sogar neue Werkzeuge für seine tägliche Arbeit zu erfinden. Diese Lebensweise hat in Amerika nach einer einzigen Generation ein Geschlecht erzeugt, welches ein Kauderwelsch redete, welches indianische und mexikanische Eigentümlichkeiten angenommen und sich in Handel und Wandel eigene Rechtsgrundsätze geschaffen hatte; Leute, deren Charakter die heftigsten Gegensätze in sich vereinigt, Tapferkeit und Prahlerei, Gottlosigkeit und Frömmigkeit, Zärtlichkeit und Grausamkeit; Leute, welche die weitherzigste Gastfreundschaft üben und doch mit fataler Leichtigkeit zum Revolver greifen. Man denke sich einen amerikanischen Grenzmann in einen Bostoner Salon verpflanzt; der Kontrast ist nicht weniger auffällig, als wenn man einen Chinesen dorthinstellte. Führt man aber einen beliebigen Engländer von Erziehung in denselben Salon, so wird man kaum einen wesentlichen Unterschied wahrnehmen können. Der Bostoner und der Gast werden sich über tausend Dinge mit einander verstehen: über Litteratur und Kunst, über städtische Aufgaben, über soziale Erscheinungen, über Reformen in der Verwaltung, über internationale Politik und endlich über die endlose Reihe von Interessen, welche die großen Handelsstädte der Welt mit einander verbinden. Der gleiche Bostoner würde Augen und Ohren aufthun, wenn er seinen Verwandten vom Fuße des Felsengebirges reden hörte. Er würde staunen über ein Kauderwelsch, das sich aus spanischen, indianischen und amerikanischen Brocken zusammensetzt, über eine ungeahnte Sorglosigkeit in der Wort- und Satzbildung, über eine Gedankenführung, von der man sich nach der schulgerechten Uebung in unsern ehrwürdigen Bildungsstätten nie etwas hat träumen lassen.

Denselben Gegensatz zeigt uns eine Vergleichung zwischen dem heutigen Bur von Pretoria und dem heutigen Holländer von Amsterdam oder sogar von Kapstadt. Als Paul Krüger dem britischen Gouverneur von Südafrika seinen ersten Besuch machte, lief in der Stadt das Gerücht um, der Präsident habe an die europäische

Civilisation eine einzige Koncession gemacht, er habe nämlich die Stiefel ausgezogen, bevor er zwischen die weißen Bettlaken seines Gastgebers kroch. Wenn diese Geschichte auch nicht wahr ist, so zeigt sie uns doch den Unterschied, den die öffentliche Meinung in Kapstadt zwischen dem Transvaal-Bur und dem Holländer in Bezug auf ihre Kulturstufe macht.

Ich denke mit der größten Dankbarkeit an eine holländische Dame in Kapstadt, eine reizende Witwe, in deren Haus die interessantesten Leute der Gesellschaft, der englischen sowohl wie der holländischen, verkehrten. Sie zeigte mir ihr Haus, das reich ausgestattet war mit seltenen holländischen Porzellan- und Thonwaren, mit feinen Stücken der Holzschneidekunst und mit einigen gut gewählten Studien holländischer Meister. Sie sprach französisch, deutsch und englisch so geläufig wie holländisch, und in ihrer Gesellschaft glaubte ich eher im Hause eines Amsterdamer Handelsfürsten zu sein als 6000 Meilen von Holland entfernt unter Leuten, die auf den Namen Buren stolz sind. Den Hausdienst versahen Diener in gefälliger Livree; die Anordnung der Tafel ließ nichts zu wünschen übrig.

Vom Salon dieser Dame zu dem des Gouverneurs war ein Schritt, und der führte in keine merklich veränderte gesellschaftliche Umgebung. Die tonangebende Einwohnerschaft von Kapstadt, gleichgültig ob englischer oder holländischer Abstammung, hatte über die socialen und selbst über die politischen Bürgerpflichten ganz dieselben Anschauungen. Alle waren darin einig, daß die englische Oberherrschaft im Ganzen genommen für die Kolonie das Wünschenswerteste sei; in dieser großen

Frage, welche Flagge gebieten solle, gab es keine Meinungsverschiedenheiten, obwohl die lokale Politik manchen Anlaß zur Unzufriedenheit und zum Murren bot.

Der Bur von Kapstadt sah in dem Transvaal-Bur eine Art von anachronistischem „cow-boy“, dem zwar gewisse rauhe Tugenden nicht abzusprechen seien, der aber dem mit den Eisenbahnen weiterflutenden Fortschritt weichen müsse. Die Idee, daß Südafrika jemals unter Transvaals Führung ein holländischer Staat werden könnte, wurde im Jahre 1896 in Kapstadt so wenig ernsthaft genommen wie in Amerika der Gedanke, daß die Regierung dem Joch der Mormonen sich beugen sollte.

In den Salons von Kapstadt ist Paul Krüger eine ebenso absonderliche und fremdartige Persönlichkeit wie der „cow-puncher“ von Arizona in einem Beacon Street Klub. Paul Krüger verkörpert den Bur, der sein Leben in einem Ochsenwagen zugebracht hat, dem die Civilisation hauptsächlich als eine Einschränkung der Freiheit erscheint. Die Verhältnisse haben ihn nun gezwungen, unter einem Hausdache zu wohnen und sich einigermaßen den Lebensgewohnheiten der weißen Rasse in andern Theilen der Welt anzupassen; aber dies alles thut er mit ausgesprochenem Widerstreben, und nur soweit es durchaus nöthig ist.

Als ich das erste Mal die Ehre hatte, den merkwürdigen Mann zu sehen, befand sich vor seinem Hause ein Lager von berittenen Burghers, die ihm als militärische Bedeckung dienten; gleichzeitig war nicht einmal ein Negermädchen da, um seine Hausthüre zu öffnen.

Sein Haus fiel nicht nur durch seine Unansehnlichkeit auf, sondern mehr noch durch die Zeichen von Vernachlässigung, die ihm von seiten seiner Bewohner zu teil wurde. Es machte mir den Eindruck, als ob der Präsident aus persönlichen Gründen seine Gleichgültigkeit gegen civilisierte Gepflogenheiten zur Schau stellen wollte, etwa so, wie wenn gewisse Arbeiterführer die Hemdärmel zurückstülpen, bevor sie auf die Rednerbühne steigen.

Paul Krüger an der Spitze von Transvaal im Jahre 1896 war eine ebenso seltsame Erscheinung, wie Herr Richard Croker als Präsident des Christlichen Jünglingsvereins sein würde.

Holländisches Wesen hat Kapstadt sein festes Gepräge aufgedrückt; in der Republik jenseits des Vaalflusses dagegen findet man von Holland kaum Spuren.

In Südamerika besaßen einst die Holländer ein zur Kolonisation sehr geeignetes Gebiet; es heißt jetzt Britisch-Guiana und bildet heute trotz der gedrückten Zuckerpreise ein wichtiges Glied in dem englischen Kolonialreich. Georgetown, (Demerara), eine saubere, geschäftige Stadt, ist von geraden Kanälen durchschnitten. Auf diesen Kanälen schaukeln zahllose herrliche Wasserlilien, von denen einige so groß sind, daß ein kleines Kind darauf Schiff fahren könnte. Obwohl die holländische Sprache heute nicht mehr gehört wird, so ist doch holländisches Recht noch vorherrschend, gleich wie holländische Sauberkeit und holländische Liebe zu Blumen und Kanälen. Unter britischen Auspicien und britischer Freiheit hat das Land einen raschen Aufschwung genommen; aber das holländische Guiana nebenan, das doch den gleichen Boden und das gleiche Klima besitzt, ist zurückgeblieben.[1])

Bei meiner Anwesenheit in Demerara bezeichnete Herr Darnell Davis, der gegenwärtige Auditor-General, Guiana als ein für das Gedeihen weißer Kinder ganz geeignetes Land, und er führte zur Begründung dieses Urteils eine Menge von Belegen an. Er selbst hat den Beweis geleistet, daß der weiße Mann auch in tropischen Himmelsstrichen fruchtbare litterarische Thätigkeit entfalten kann.

Die Armut des niederländischen Guiana erklärt sich nicht etwa aus dem Umstand, daß die englische Flagge die holländische ausgestochen hätte, sondern daraus, daß englische Energie, gesunder Menschenverstand und weise Regierung an die Stelle einer in den Vorurteilen der Monopolwirtschaft befangenen Verwaltung getreten sind.

Die Holländer besitzen heute noch im fernen Osten ein prächtiges Kolonialreich; aber ihre kurzsichtige Verwaltung hat viel dazu beigetragen, die Entwickelung dieser Inseln zu hemmen.

Die glücklichsten Jahre für Java waren die der napoleonischen Kriege, weil damals ein englischer Gouverneur die Verwaltung im Sinne größerer kommerzieller Freiheit

---

[1]) Im Jahre 1890 überstieg die Ausfuhr aus Britisch-Guiana den Werth von 12 Millionen Dollar, währenddem der Export aus Niederländisch-Guiana nicht 2 Millionen Dollar erreichte. Die Einkünfte der englischen Kolonie betrugen im gleichen Jahre fast 3000000 Dollar, die der holländischen nur 617000 Dollar.

Sogar in Niederländisch-Guiana hat die englische Sprache die holländische thatsächlich verdrängt.

reformierte. Es war der berühmte Sir Stamford Raffles, der Gründer von Singapur.

Als die Engländer im Jahre 1816 Java zurückgaben, sah selbst die holländische Regierung ein, daß sie nicht ganz zu dem veralteten System der Ausschließlichkeit zurückkehren konnte, welches ihre frühere Verwaltung charakterisiert hatte; sie nahm einen Anlauf, der zu einer Art von Kompromiß führte. Es wurden nun Reformen geduldet, welche im 17. Jahrhundert als ein Umsturz angesehen worden wären, die sich aber in unserer Zeit immer noch als unzulänglich erwiesen. Die Sklaverei wurde dem Namen nach verboten; aber eine Art von Leibeigenschaft blieb bestehen, die ziemlich auf dasselbe hinauslief. Es wurde von oben herab in alle Verhältnisse der Insel zu viel hineinregiert; das Verwaltungssystem ermunterte die Beamten zur Ausbeutung der Kolonie, nahm aber wenig Rücksicht auf die Kolonisten, ob weiße, gelbe oder braune. Java bietet heute ein glänzendes Bild von scheinbar erfolgreicher Kolonisation.

XVI.

Der Bur in seinem Heim.

„Der Kampf (1776—1783) war mehr eine Empörung gegen Großbritanniens ganze Haltung in Bezug auf Amerika als gegen eine bestimmte Handlung oder eine Reihe von Handlungen."
Roosevelt, „Eroberung des Westens", I., p. 37.

Häusliches Leben der heutigen Buren — Vergleich zwischen Südafrika und Nordamerika.

Es giebt Buren und Buren; hier entwerfe ich ein Bild von ihnen, wie ich sie gesehen habe.

Es war kurz nach dem Jameson-Einfall. Der Tag ging zur Rüste, als wir den Caledon-Fluß erreichten, welcher das Basutoland vom Freistaat trennt. Der Fluß war angeschwollen, und die Pferde meines Kapkarrens arbeiteten sich mühsam durch das Geschiebe, das den Grund des rasch dahinfließenden Stromes bedeckt. Das Wasser stieg über den Boden unseres Fahrzeugs hinauf, und einen Moment hatte es den Anschein, als ob wir fortgeschwemmt werden sollten, Pferde, Wagen, Gepäck und alles. Als unsere Sache am schlimmsten stand, erschien auf der andern Seite des Stromes, von der untergehenden Sonne scharf abgezeichnet, die Gestalt eines langbärtigen Reiters, der mit erhobener Hand uns die

Richtung angab, wie ein rettender Leuchtthurm einem in Noth befindlichen Schiffe. Wir folgten seiner stummen Leitung, und bald kletterten unsere vier mutigen kleinen Pferde das steile Ufer hinauf, — wir waren in Sicherheit, wurden aber bei der Weiterfahrt dermaßen geschüttelt und gerüttelt, daß es so aussah, als seien wir der Wassergefahr nur entronnen, um in den Fahrgeleisen und Gräben des „Veldts" zu Falle zu kommen.

Es war ein ehrwürdiger Bur, der uns auf eine sichere Furt gewiesen hatte, und wie wir ihm nun von Angesicht zu Angesicht gegenüberstanden, betrachtete er uns prüfend und stellte die üblichen Fragen, woher wir kämen, wohin wir gingen, wer wir wären, und welcher Nation wir angehörten. Mein Reisegefährte war ein Engländer, ich ein Amerikaner, und wir kamen aus einem englischen Schutzstaate, dessen Gouverneur uns zu Tische geladen hatte. Der Jameson-Einfall war noch in frischer Erinnerung, und wir baten um Gastfreundschaft bei einem Bur. Er verlor wenig Worte und gab uns nur durch ein zweideutiges Grunzen zu verstehen, daß wir in seiner Behausung einkehren sollten; dann ritt er im Galopp davon, um seiner Frau zu melden, daß zwei „tender feet" („Zartfüße") unterwegs seien, und daß sie etwas mehr Kaffee mahlen müsse.

Langsam folgten wir der von ihm eingeschlagenen Richtung, es ging querfeldein über die offene Prärie, einem Fußweg entlang, wo die Pferde ihren Weg suchen mußten wie in den Vorbergen von Colorado. Von einer Anhöhe gesehen, scheint das afrikanische Veldt eine weite glatte Ebene zu sein; aber den Reiter hindern die

Wassergräben und andere Unebenheiten des Bodens, in denen sich ein Pferd die Beine brechen kann, die aber zu unbedeutend sind, um aus der Ferne bemerkt zu werden. Die einsame Prärie war hie und da von seltsamen, einzelstehenden, oben abgeplatteten Hügeln unterbrochen, welche steil aus dem toten Einerlei der Ebene emporstiegen und uns in der Glut der Abendsonne wie ungeheure, auf einer brennend rothen Decke ruhende Särge vorkamen. Der Eindruck war überwältigend; denn in Afrika ist der Himmel näher, die Sterne funkeln intensiver, und die untergehende Sonne hat eine solche Kraft, daß die Schatten der Felsen und abgeplatteten Berge wie schwarze Pechströme nach Osten sich ergießen. Ferne Dinge erschienen uns ganz nahe; und wir mußten uns noch lange im Wagen schütteln und stoßen lassen, bis wir die gastliche Hütte mit der aus dem Kamin aufsteigenden Rauchsäule erreichten, die uns meilenweit als Richtpunkt gedient hatte.

Der Empfang, der uns dort zu theil wurde, war kühl, wenn man den in Tanzkursen üblichen Maßstab anlegt, aber tadellos, soweit praktische Dinge in Betracht kamen. Der langbärtige Bur holte seine Laterne und zeigte uns einen Schuppen, wo unser Gespann für die Nacht ein Obdach fand. Wir legten natürlich selber Hand an, wurden aber von unserm Gastgeber wirksam unterstützt. Nachdem wir ausgespannt, die Pferde abgerieben und ihnen aus den Vorräten unseres Wirtes eine gute Ration Hafer vorgeschüttet hatten, wurden wir zu einem Sodbrunnen geführt, wo wir die Hände wuschen, bevor wir ins Haus traten, um mit der Familie Bekanntschaft zu machen.

Wer schon die Wohnstätte eines ersten Ansiedlers auf den Vorposten im wilden Westen von Amerika gesehen hat, kann sich leicht ein Bild machen von einer Burenfarm inmitten eines Landes, wo die Straßen, ja sogar die Brücken fehlen, wo das Land billig, aber alles andere teuer ist, wo die Häuser viele Meilen weit auseinander liegen, wo die Negerarbeit schlecht und schwer zu bekommen ist, wo der weiße Mann in einem Grade auf seine eigenen Hülfsquellen angewiesen ist, wovon wir in Europa und in den dichter bewohnten Gegenden Amerikas keine Ahnung haben. Das ist keine Umgebung für feine Pianos, Billardtische, Oelgemälde oder auch nur für Bücher. Kein Postbote klopft an die Hausthüre, und Einkäufe machen bedeutet den Verlust eines ganzen Tages für den Mann und sein Pferdegespann. In solchen Verhältnissen lesen die Leute wenig Bücher, aber sie lesen sie oft; geselliges Geplauder gedeiht nicht, aber der Charakter härtet sich im Feuer des Schweigens und des konzentrierten Denkens. Der Bur, der uns in sein Haus führte, war als Kind in diese Gegend gekommen, mit dem großen Trek von 1836; 150 Jahre früher waren seine Vorfahren nach dem Kapland ausgewandert.

Als er die Thüre seiner Hütte öffnete, wurden wir von seiner dicken rundlichen Frau und von einer flachshaarigen, sehr hübschen Tochter von ungefähr 18 Jahren begrüßt. Sie lächelten nicht und sagten nicht die konventionelle Lüge, daß sie entzückt seien, uns zu sehen; aber sie drückten uns die Hand und gaben uns dadurch zu verstehen, daß sie uns, für heute wenigstens, die Unannehmlichkeiten des Uebernachtens auf freiem Felde ersparen wollten.

Von keiner Seite wurde ein Wort gesprochen, und wir setzten uns auf der Wand entlang stehende Stühle, während Mutter und Tochter den Tisch deckten — mit einem hübschen, sauberen Tischtuch — und das Abendessen zubereiteten. Ueber der Thüre hingen mehrere Büchsen; einige aus den Weihnachtsnummern illustrierter Zeitschriften stammende Bilder schmückten die Wände; dort war auch eine mächtige, altmodische, holländische Wanduhr in verschnörckeltem Gehäuse, und in einem Winkel des Zimmers stand ein ganz kleines amerikanisches Harmonium. Unter den wenigen Büchern erblickte ich eine holländische Bibel, Longfellows Gedichte und einen Shakespeare, außerdem ein paar Schriften über die Krankheiten des Viehs und über das Zureiten der Pferde und ein oder zwei Bücher religiösen Inhalts, deren Namen ich vergessen habe. Die Familie sprach holländisch; aber auch das Englische war allen geläufig. Zwei oder drei junge Buren kamen herein und nahmen schweigend im Zimmer herum Platz; es sah fast aus, als ob wir eine Leiche statt eines sehr willkommenen Abendessens erwarteten.

Langsam nahm der Geist der Buren uns in sich auf; denn der Afrikander schenkt wenigen sein Vertrauen, und wo er es schenkt, dort bleibt es. Ich kannte sie genügend, um zu wissen, daß ich diesen Prozeß geistiger Verdauung nicht stören durfte; ich blieb also stumm wie ein Quäker in der Andachtsstunde, um den Eindruck hervorzurufen, als sei das genau die Art von geselliger Heiterkeit, an die ich zu Hause gewöhnt sei.

Die Mahlzeit war köstlich; da gab es reichlich Milch und Brot, Fleisch und gedämpfte Früchte. Ich trank ungefähr einen Eimer Milch, und dies schien zur Beruhigung meines Wirtes zu dienen, der die Idee hatte, ein „Outlander“ müsse zum Essen „Feuerwasser“ haben. Kaffee war natürlich auch vorhanden; ich berührte ihn jedoch nicht. Während der Mahlzeit nahm die Gesprächigkeit der Familie zu, und das Herz der alten Dame wurde weich, als mein Freund ihr mitteilte, daß ich nicht nur im Chor meines college mitgesungen, daß ich mich sogar in der Leitung einer Sonntagsschule versucht habe. Von diesem Moment an fühlte ich, daß ich dem verlornen Sohn in nichts mehr nachstand. Es war mir, als gehöre ich zum Haus, und die Tochter wurde wirklich schön, wie sie sich vergaß und in das Necken und Lachen einstimmte. Mit dem alten Bur sprach ich über Politik, auch über den Jameson Raid, und mit der Tochter sang ich einfache Weisen, — deutsche Volkslieder und Negermelodieen. Ungefähr um neun Uhr nahm der langbärtige Bur die große Bibel vom Gestell und las mit tiefer, ernster Stimme einige Verse aus dem alten Testament. Die Stelle handelte über Josua, wie er die „Outlanders“ von Palästina schlug und grausamen Kampf führte für die Erhaltung des reinen Glaubens. Ich weiß nicht, ob unser Wirt dieses Kapitel zu Nutz und Frommen seiner Gäste absichtlich ausgewählt hatte, oder ob wir zufällig einen Text zu hören bekamen, welcher in diesem Moment für uns eine besondere Bedeutung hatte, — denn war ich nicht wenige Tage vorher bei den Führern der Outlander-Bewegung gewesen? — sie alle schmachteten jetzt in Pretoria in der Gefangenschaft.

Nach der Bibellesung wurde ein Psalm gesungen; dann kniete die ganze Familie nieder zum Gebet und folgte den kräftigen Worten dieses großen alten Apostels, der vor Gottes Thron um Wegleitung in den Verwirrungen und Anfechtungen des Lebens bat.

Das ist der Bur, dachte ich, von dem die Leute in England wenig sehen. Er treibt keine Politik; die Leute von der Presse sind ihm keinen Heller wert; sein Familienkreis ist seine Wirkungsstätte. Er besitzt keine Goldminen und ist glücklich, wenn er sein Leben zubringen kann im friedlichen Genuß des wenigen, das ihm die Vorsehung beschieden hat. Solche Leute lieben den Frieden; aber wenn sie einmal kämpfen, so halten sie lange aus.

Diese Nacht schlief ich in einem harten Bett; aber es war rein und mit weißen Laken bedeckt. Mutter Erde bildete den Boden meines Schlafgemachs, und Wände und Decke waren nichts weniger als glatt. Am Morgen reichte man mir ein Handtuch und wies mich zum Sodbrunnen, — und mein Waschgeschäft war darum nicht schlechter, daß es in freier Luft vorgenommen wurde.

Viel Rauheit war in diesen Buren, aber keine Roheit. Ihre Ausdrucksweise war primitiv, aber ich fühlte mich in ihrer Gesellschaft der Natur und den realen Dingen näher gerückt. Civilisation ist ein schönes Wort, hinter dem sich eine Unmenge von Lug und Trug verbirgt; und wenn am Tage des Jüngsten Gerichts alle Menschen auf Herz und Nieren geprüft werden, so zweifle ich keinen Moment daran, daß denen eine Ueberraschung bevorsteht, die sich jetzt glücklich preisen, daß sie civilisierter sind als mein Freund, der Bur an der Grenze des Basutolandes.

Die guten Leute gaben uns Kaffee, als wir am nächsten Morgen abreisten, und baten uns, wieder bei ihnen anzuhalten, wenn wir das nächste Mal durchreisten.

Wir versuchten, für die Bewirtung zu zahlen; — der bloße Gedanke war für sie eine Beleidigung. Natürlich bezahlten wir das Futter für unsere vier Pferde; — das war ein Geschäft für sich; aber was das Innere des Hauses betraf, so traten wir ein als Gäste und verließen es als Glieder der Familie.

Ich bin auf diese Weise bei vielen Buren zu Gast gewesen, in Transvaal sowohl wie im Freistaat. Es mag schlechtere und mag bessere geben. Es ist nicht meine Absicht zu generalisieren, — ich erzähle nur, was ich gesehen habe.

XVII.

Der skandinavische Kolonist.

„Die tropischen Gegenden werden der Welt immer mehr eine Quelle für Nahrungszuschuß werden."

Josiah Strong „Expansion" p. 42, ed. 1900.

Dänemark in Westindien. — Eine Bootfahrt um St. Thomas herum. — Neger in Santa Cruz.

Dänemark, Norwegen und Schweden — und auch Finnland müssen wir als ehemalige schwedische Provinz (wenn auch Mitwohnstätte eines andern Volksstammes) hinzufügen — bilden ein Ganzes durch gemeinsame Religion, Zusammengehörigkeit ihres Gebietes und gemeinsame Vorliebe zur Seefahrt. Diese Gruppe von Ländern bietet eine Art von Paradoxon in der Kolonialgeschichte. Ein jedes von ihnen entsendet nach den Vereinigten Staaten Jahr für Jahr eine große Zahl seiner Kinder, die dort mit am besten von allen Auswanderern bezahlt werden. Auf den besten Schiffen der Welt ist man froh, der Bemannung etwas von dem seetüchtigen skandinavischen Element beimischen zu können, und für die Bemannung amerikanischer Jachten haben die Norweger beinahe ein Monopol. Ueberall in der Welt, wo immer Menschen von persönlichem Mut, Erziehung und Zuverlässigkeit gesucht sind, trifft man die Skandinavier an. Alle Eigenschaften, welche ein Volk zum Kolonisieren befähigen, scheinen sie zu besitzen, und doch gehört ihnen kein Tochterstaat von irgendwie nennenswerter Bedeutung.

Norwegen, das praktisch eine Demokratie ist so gut wie die Schweiz, hat wohl den geringsten Ehrgeiz gezeigt, Kolonien zu besitzen; das weniger demokratische Dänemark und das aristokratische Schweden haben einen oder zwei Anläufe dazu genommen; aber die Erfolge waren unbedeutend.

Ich war vor kurzem auf einer Fahrt durch Westindien begriffen, als ich mit einem schottischen Pflanzer zusammentraf, der seine Ferien zu Hause zugebracht hatte und nun nach seinen Gütern auf der dänischen Insel Santa Cruz zurückkehrte. Dieser war unter den vielen Pflanzern, denen ich im Antillengebiet begegnete, einer der wenigen, die nicht voller Klage waren; und doch stand er nicht unter britischer Flagge und wohnt auf einer Insel, die gerade so sehr wie jede andere unter der Aufhebung der Sklaverei zu leiden gehabt hat. Er lud mich ein, ihn zu besuchen, und stellte mir in Aussicht, daß ich bei dieser Gelegenheit auf manche Frage, die mich beschäftigte, eine rasche Antwort würde finden können. Doch riet er mir, vorerst St. Thomas zu sehen, die Hauptinsel der dänischen Besitzungen. Wir trennten uns, um uns in wenigen Wochen wieder zu treffen.

Auf St. Thomas machte ich mein kleines Segelboot zu einer Umschiffung bereit; diese galt der Entdeckung alles dessen, was hier etwa von spezifisch dänischem Charakter sein könnte. Da war ein kleines rotes Fort mit einer Handvoll blondhaariger, blauäugiger Soldaten und Beamten, darunter einige, die in einem Gemüsegarten arbeiteten und augenscheinlich hier noch fremd waren. Ich hatte eine Taxe von 2 Dollar zu bezahlen und erwarb mir dafür das Recht, den Hafen zu verlassen, was mir auf einem dänisch geschriebenen Passe bescheinigt wurde. Hiervon abgesehen, machte sich das dänische Element wenig bemerkbar.

In den Straßen sah man englische Aushängeschilder, und überall herrschte angelsächsisches Gepräge vor, dem keinerlei Regierungshandlung, wohl aber die natürliche Vorliebe der Bevölkerung Vorschub leistet. Am Landungsplatze machte ich mich an einen ehrwürdigen schwarzen Fischer und wünschte Auskunft über die Küstenfahrt. Er sprach nur englisch, hieß, wie ich bald erfuhr, Onkel Ned und erbot sich sofort, mich auf meiner Rundfahrt als Pilot zu begleiten, zu geschweigen der übrigen Dienste, die er mir als Steward, Koch und Faktotum leisten würde. Als er aber mein Schiff sah — der Balken maß bloß 30 Zoll und das Gesammtgewicht überstieg nicht 80 Pfund — da schüttelte er sein wolliges Haupt feierlich und sagte: „Gott würde Euch nie verzeihen, wenn Ihr in diesem Geigenkasten die Vorsehung versuchtet."

Indessen gab bald die in Aussicht stehende Belohnung den Ausschlag, und er stattete sein Boot aus mit Bananen, Kokosnüssen, Reis, Zucker und Hühnchen, alles in allem für 2 Dollar, — wirklich eine gute Verproviantierung für eine Reisewoche. Onkel Ned zu sehen, wie er sein Haupt in die Luft erhob, die andern Neger meisterte und ihnen auseinandersetzte, daß mein Kanoe ein „amerikanisches Untersee-Torpedoboot" sei, dies war allein die Reise wert. Um des lieben Friedens willen hatte ich ihn gewarnt, es zu berühren, der Explosionsgefahr wegen, log ich, und heute noch kann ich diese Abweichung von der Wahrheit nicht bereuen.

Der Haupthafen von St. Thomas ist der ideale Schlupfwinkel für Piraten und Schmuggler. Er ist nämlich durch eine niedrige Insel geteilt, deren landseitiges Ende so nahe an die Hauptinsel stößt, daß der noch freigelassene Zwischenraum mit seinem seichten Wasser nur Küstenboote passieren läßt. In früheren Zeiten wurde hier mit verfolgenden Kriegsschiffen folgendermaßen Schabernack getrieben: Die Kriegsschiffe hetzten ihren mit flachgehenden Schiffen ausgerüsteten Feind bis hinein in den Hafen von St. Thomas, und während sie ihm auf der einen Seite der langen, schmalen Teilungs-Insel folgten, entschlüpften die schlauen Freibeuter nach der andern Seite durch die für jedes Kriegsschiff unzugängliche Passage. Eben durch diesen Kanal fuhr ich ab, und ich konnte mit meinem Doppelruder Sondierungen vornehmen.

Onkel Ned hatte recht; — die Vorsehung nahm ihre Rache — ein Windstoß warf das Kanoe um. Doch war's kein großes Unglück; denn bald war es wieder flott und konnte die Umseglung durchführen. Nacht für Nacht schliefen wir draußen in unsern respektiven Booten, und Onkel Ned verfehlte nicht, mit seinen Kochkünsten Ehre einzulegen, besonders wenn es gesottenes Huhn und Reis mit einer Art Currysauce gab. Dieser Neger wachte über mich wie über sein eigenes Kind, und bei einem am Rande eines Korallenriffs angezündeten Lagerfeuer vertraute er mir seinen Herzenswunsch, daß er ein

„Engländer unter dem Sternenbanner“ sein möchte. Die Vorstellungen, die er damit verband, waren nicht sehr genau; — viel weiter als bis zu der Wahrnehmung, daß Engländer und Amerikaner dieselbe Sprache brauchten, daß beide tüchtig Geld ausgeben könnten, und daß sie dem schwarzen Mann auch sonst eine gute Zeit brächten, ging seine politische Philosophie nicht. Den Dänen sagte Onkel Ned nichts Böses nach; aber nach seiner Ansicht brächten erst die Angelsachsen Prosperität.

Meine Rundfahrt war insofern belehrend, als sie mir den wenig erfreulichen Beweis brachte, daß hier eine Regierung, die einen der kräftigsten Zweige der europäischen Völkerfamilie vertritt, nur sehr geringen Einfluß ausgeübt hat.

Viele Jahre hindurch war Dänemark bereit, diese Insel an die Vereinigten Staaten zu verkaufen, und einmal (1870) hatte General Grant den Kauf für 7000000 Dollar beinahe ins reine gebracht. Der dänische König erließ eine rührende Abschiedsadresse an seine getreuen, vielgeliebten Unterthanen in Westindien. Der Handel war auf dem Punkte, durchgeführt zu werden, und bei den getreuen dänischen Unterthanen herrschte ein skandalöser Jubel darüber, daß sie nicht mehr Dänen sein sollten; da verweigerte der amerikanische Senat seine Zustimmung, und die Dänisch-Westindier mußten die amerikanischen Flaggen, die sie schon gekauft hatten, bis auf bessere Tage zurücklegen.

Erinnern wir uns nebenbei daran, daß vor zwei Jahrhunderten der Große Kurfürst, dessen Nachkomme heute den deutschen Kaiserthron inne hat, St. Thomas kolonisierte; 1890 konnte ich von dieser Besitzergreifung keine wahrnehmbare Spur mehr finden.

Das dänische Regiment hat in Westindien keinen Erfolg gehabt; es hat sein koloniales Experiment gemacht, und Dänemark ist jetzt ganz einverstanden, daß andere das unprofitable Wagnis auf sich nehmen. Hätte es viele Inseln besessen wie England, so wäre es wohl besser gegangen; die Verwaltungskosten würden dann nicht in dem Maße erdrückend gewesen sein. Von den englischen Inseln rentieren viele auch nicht; aber die ertragreichen kommen für die unabträglichen auf. So kann eine große Dampfschiffgesellschaft sehr wohl hie und da den Schlag eines Schiffbruchs mit Gleichmut ertragen. Dänemark jedoch ist in der Lage einer Firma, die mit blos einem oder zwei Schiffen arbeitet; der Verlust des einen bedeutet fast Ruin.

Vom kommerziellen Standpunkt ist zu wünschen, daß über allen westindischen Inseln eine und dieselbe Flagge wehe. Die Gebiete sind so klein, daß ein Gouverneur und eine Beamtenschaft dasselbe verrichten kann, was heute deren mehrere. Heute könnte ein Richter auf mehreren Inseln funktionieren, während dies vor der Einführung der Dampfer schwierig, wo nicht gefährlich gewesen wäre. England ist es wohl, das heute in Westindien die am meisten befriedigende Verwaltung besitzt, und vom rein nationalökonomischen Standpunkt aus darf man annehmen, daß die Pflanzer und Kaufleute der französischen, holländischen, dänischen und schwedischen Inseln besser dran wären unter der englischen Flagge. Neben den englischen Inseln Westindiens sind die französischen Martinique und Guadaloupe die einzigen, denen die Regierung des Mutterlandes in Sprache und Religion tiefe Spuren eingeprägt hat; immerhin nicht so tiefe, daß nicht die Kolonisten sich bald zufrieden geben würden mit einer Verwaltung, die sie weniger Geld kostete, die ihnen lokale Freiheit in Sprache und Religion garantierte, und vor allem, die ihnen einen bessern Absatz für ihre Produkte in Aussicht stellte.

Seit der Aufhebung der Sklaverei und der Durchführung des Freihandelsystemes in England ist auf den britisch-westindischen Inseln ein Rückgang zu verzeichnen — ja viele Plantagen haben den Betrieb gänzlich eingestellt und fallen der Verwilderung anheim. Zweifellos war die letzte Generation der Pflanzer in einer verkehrten Geschäftspraxis aufgewachsen; sie nahmen an, die Zuckerpreise würden immer auf der Höhe bleiben; sie wohnten häufig nicht auf ihren Gütern, und doch ist es eine alte Erfahrungsthatsache, daß kein Geschäft ohne persönliche Aufsicht auf die Länge prosperieren kann. Die Zuckerpreise sanken, und es war keine jüngere Schule von Pflanzern da, welche der durch die Konkurrenz des europäischen Rübenzuckers geschaffenen neuen Situation gewachsen gewesen wäre. Die Güter wurden mit Hypotheken belastet, die Maschinen und Einrichtungen erfuhren keine Verbesserung, und die Pflanzer bauten mehr auf einen zu erwartenden günstigen Umschwung der Verhältnisse als auf ihre eigene Kraft.

Die ohnehin schon prekäre Lage wurde noch verschlimmert durch die Kostspieligkeit der allerdings tüchtigen öffentlichen Verwaltung. Eine kleine westindische Insel, die nicht mehr Land umfaßt als eine große Farm, und die kaum nennenswerte Einnahmen aufzuweisen hatte, war mit einem Beamtenstab belastet, der für einen ostindischen Staat von der Größe und Bevölkerung Frankreichs genügt hätte.

Kleine, verarmte Inseln lebten in großem Stile weiter, als ob sie von jedem Tag eine Wiederherstellung ihrer frühern Bedeutung zu erwarten hätten. In den Augen des Mutterlandes hatten sie einen guten Teil ihres kommerziellen wie strategischen Wertes eingebüßt, und daher wurden sie ihm durch ihre fortgesetzten Bitten um Abhülfe schließlich lästig. Die britische Presse war so eifrig beschäftigt, die Fortschritte ihrer Antipoden in Afrika und Indien zu registrieren, daß sie wenig Zeit fand zur Behandlung einer so verwickelten Frage, die zudem kaum das öffentliche Interesse zu erregen versprach.

Daher kommt es, daß die britisch-westindischen Kolonien heute weniger von London als von New York die Wiederherstellung ihrer Prosperität erwarten. Der britische Kolonist wünscht vor allem Freiheit und Selbstregierung. Es kommt ihm nicht darauf an, eine Plantage auf Sumatra oder eine Farm in Texas zu übernehmen, so lange er in seinen Rechten geschützt wird und Aussicht hat, ein gutes Geschäft zu machen. Was nun die westindischen Inseln betrifft, so wird er sich ebenso gern in Cuba wie in Jamaica niederlassen. Keine Rasse verändert ihren Wohnsitz so leicht wie die angelsächsische, — und keine hält so zähe an ihrer Nationalität fest. Wenn der Angelsachse sich so bereitwillig unter die britische Flagge begiebt, so geschieht es, weil diese Flagge Freiheit und gute Regierung verkörpert. Er läßt sich auch unter einem andern Regiment nieder, wenn es ihm die gleichen Vorteile verspricht.

XVIII.

Einige in Santa Cruz gemachte Beobachtungen über Dänisch-Westindien.

Einfluß der englischen Sprache — Ein Pflanzer, der Erfolg hat — Wie man die Schwarzen behandelt.

Nach einem eintägigen Aufenthalt in St. Thomas bestieg ich am Abend des 9. Februar 1889 mein Boot „Caribee" und ruderte einem Schoner von etwas verwahrlostem Aussehen zu. Das Schiff faßte 49 Tonnen und war nach Santa Cruz, einer andern dänischen Insel, bestimmt. Es war eine leuchtende Sternennacht. Die im Wachsen begriffene Mondsichel — frühreif wie alles in den Tropen — beleuchtete die schlaff herabhängenden Segel des Schoners mit einer Klarheit, die dem Vollmondsglanz unseres weniger üppigen Nordens nichts nachgab.

„Vigilant" hieß der verwahrlost aussehende Schoner, der nicht nur seines hohen Alters wegen berühmt war, sondern auch weil er in den verschiedensten Rollen gedient und sich einen Ruf erworben hatte als Piratenschiff, als Kaperschiff, als Kriegsschiff und zuletzt als Postschiff. Nach den Eintragungen ist er im Jahre 1790 in Boston gebaut worden; aber trotz seines hohen Alters ist er heute noch in diesen Gewässern eines der schnellsten Boote dieser Größe und macht seine 40 Meilen lange Fahrt von einer Hafenstation zur andern gewöhnlich in vier Stunden und mit der Pünktlichkeit eines Dampfers. Er ist stark gebaut und liefert durch seine Konstruktion den Beweis, daß die Regeln der Schiffbaukunst, die im letzten Jahrhundert in den Vereinigten Staaten herrschten, von den gegenwärtigen nicht wesentlich verschieden sind. Als ich dem Neger-Kapitän über die tadellose Art, wie seine Segel arbeiteten, eine Bemerkung machte, sagte er mir, sie seien aus Baumwollenstoff und New Yorker Fabrikat. Dieser „Vigilant" ist in den caribischen Gewässern eine Art Liebling des Volkes, und der Kapitän ist so stolz auf sein Boot wie irgend ein nordatlantischer Schiffsherr auf sein 18000 Tonnen fassendes Fahrzeug. Bevor ich eine Stunde an Bord war, hatte ich, auf direktem Wege oder durch Indizien, von den Passagieren und Schiffsleuten alles erfahren, was auf den politischen, sozialen und historischen Wert des „Vigilant" Bezug hat. Der dänische Gouverneur benutzte ihn immer zur Reise, wenn er Santa Cruz besuchte, und gewöhnlich wurde ihm das mittlere „Hundehaus" auf der Steuerbordseite reserviert. Damit man nicht glaube, die Kabinen würden hier durch Hundeställe ersetzt, will ich gleich erklären, daß der Ausdruck „Hundehaus" hier einen hühnerkorbartigen Verschlag von etwa 6 Fuß Länge, 30 Zoll Breite und 36 Zoll Höhe bezeichnet, in welchem die bevorzugtesten Passagiere die Nacht zubringen. Diese Schlafkästen sind am Geländer des Hinterdecks festgebunden und bilden sechs sehr angenehme, luftige Schlafräume. Sie sind nämlich auf der vom Geländer abliegenden Seite mit Gitterwerk versehen, und diesem Umstand verdanken sie den Vorzug der guten Ventilation. Der Schoner liefert eine Matratze, zwei kleine Kissen und ein Bettlaken; man erwartet von den Reisenden nicht, daß sie von ihren Kleidern mehr ausziehen als die Schuhe und den Rock, den letzeren, um ihn über die Schultern zu werfen. Während man so im „Hundehaus" wie in einem Tragebett liegt, kann man mit dem Kapitän plaudern, bis der Schlaf sich einstellt, oder man kann sich umschauen, wie das Schiff gebaut ist; denn die Schiebthüre kann so weit geöffnet werden, daß man das Gefühl bekommt, man schlafe auf dem Deck und sei auf drei Seiten von einem hölzernen Baldachin beschützt.

In das Jahr 1825 fällt des „Vigilants" erstes Auftreten auf dem Schauplatz der Geschichte. Es scheint, die dänische Regierung hatte ein Kriegsschiff ausgeschickt, um auf ein spanisches Piratenschiff Jagd zu machen, das, zum größten Aerger der ehrlichen handeltreibenden Seefahrer, zwischen St. Thomas und Porto Rico zu kreuzen liebte. Aber der große Däne war zu langsam und schwerfällig, um dem Spanier über die Untiefen und durch die verworrenen Kanäle zwischen den Klippen zu folgen, welche der Seeräuber genau kannte, und die Leute begannen zu zweifeln an der Macht der dänischen Flotte, die sie beschützen sollte. In dieser Stunde der Not erstand jedoch, wie in den meisten ähnlichen Fällen, dem Lande ein Retter in der Gestalt eines braven, dänischen Officiers, der einen Plan vorlegte, wie der spanische Freibeuter mit seinen eigenen Waffen geschlagen werden könne. Nachdem er dreißig Leute ausgelesen, die für derartigen Sport Geschmack hatten, segelte er mit eben diesem 49 Tonnenboot aus dem Hafen von Santa Cruz, und in wenigen Stunden bekamen sie das Seeräuberschiff zu Gesicht. Der „Vigilant", welcher mit der verborgenen Mannschaft den gebirgigen Ufern von St. Thomas entlang fuhr, wurde natürlich für ein Handelsschiff angesehen und erweckte in den Spaniern die Hoffnung auf einen leichten Sieg. Als das Piratenschiff anlief, erzählt die Lokalgeschichte weiter, und die Räuber im Begriff waren, an Bord zu steigen, sprangen die tapferen Nordmänner auf wie ein Mann und empfingen den Feind mit einer so wohlgezielten Salve, daß er entmutigt und geschlagen wurde, und das Gemetzel war so groß, daß das spanische Verdeck noch mehrere Minuten nach dem Kampfe im Blute schwamm.

Von dieser Zeit an sind die Gefühle hoher Achtung und zärtlicher Zuneigung, die das Volk seinem „Vigilant" entgegenbrachte, sich stets gleich geblieben, und als er im Jahre 1876 während eines Orkans in elf Faden tiefem Wasser versank, da gab's kein Besinnen, man mußte ihn auffischen, damit er wieder hin- und herfahren konnte zwischen St. Thomas und Santa Cruz; — und so regelmäßig und methodisch macht er diese Reise, daß die abergläubische Meinung entstehen konnte, er finde seinen 40 Meilen langen Weg allein, ohne Kompaß, ohne Karte und ohne Steuer, und er würde sofort der Auflösung anheimfallen, wenn ein unehrerbietiger Eigentümer ihn zu zwingen versuchte, eine andere Route zu fahren.

Meine Fahrkarte von einer Insel zur andern kostete 2,50 Dollar oder 10 Schilling, wobei das Recht der Benutzung eines „Hundehauses" inbegriffen war. Aber selbst bei diesem hohen Tarif würde, wie mir gesagt wurde, der Ertrag des Schiffes seine Ausgaben nicht decken, wenn die Regierung nicht eine Zuschlagsposttaxe erhöbe. Jeder Reisende ist nämlich gezwungen, zu seiner Fahrkarte noch einen Paß zu lösen zum Preise von 32 Cents, eine merkwürdige Vorschrift, wenn man bedenkt, daß beide Inseln unter demselben Gouverneur stehen.

Am Morgen nach meiner Ankunft in Christianstaedt bestieg ich um neun Uhr die „Königlich dänische Postkutsche", um die ungefähr 12 Meilen weite Reise zu meinem schottischen Freunde anzutreten.

Die eine Seite des Platzes, von dem wir abfuhren, war vom Zollhaus flankiert. Dicht daneben stand eine niedliche, rotfarbige Miniaturfestung, in deren Front das karibische Meer sich ausdehnte. Um mein Billet für den Postwagen zu erlangen, kam ich vor einen flachshaarigen dänischen Beamten, welcher einen Dollar einstrich und mir dafür eine Karte abstempelte, die mich zu einem Sitzplatz berechtigte. Keine anderen westindischen Inseln können reinlichere Städte, höflichere Neger und klarere Beweise für ein gutes Regiment aufweisen als die dänischen. Despotismus ist die Regel; aber es ist eher der Despotismus eines milden Herrn als der eines Aufsehers. Die Gesetze lesen sich, als ob sie im dunkelsten Zeitalter aufgestellt worden wären; aber da sie verständig und prompt gehandhabt werden, so geben sie wenig Anlaß zu Unzufriedenheit. Den Pflanzern werden Verpflichtungen überbunden wie Inspektion der Straßen, Verhinderung des Schmuggels, Teilnahme an der Gesetzgebung, Verpflichtungen, die an sich schwer sind und zudem Strafen nach sich ziehen, wenn sie vernachlässigt werden. Aber mein schottischer Freund, welcher 30 Jahre dort gelebt hat, verteidigte die Gesetze wacker und bezeichnete sie als die Grundlage der Prosperität, deren sie sich erfreuten.

Er ist energisch und verständig. Er wendet auf seinen Plantagebetrieb die gewöhnlichen Geschäftsgrundsätze anderer Industriezweige an und ist infolgedessen selten Fehlgriffen ausgesetzt. Alle zwei Jahre unternimmt er eine Europareise von sieben bis acht Monaten, sie erfrischt ihn an Körper und Geist und entzieht ihn den schlimmen Wirkungen, welche ein ewiger Sommer auch auf die stärksten Konstitutionen ausübt. Er gilt für reich, wenigstens sieht seine Besitzung danach aus, als ob es ihm an Kapital nicht fehle. Seine Leute versteht er, und auch sie schauen mit Vertrauen zu ihm hinauf; durch und durch kennt er die Gesetze, denen er unterworfen ist, und mit Freuden nimmt er die verschiedenen Bürden auf sich, die ihm das dänische Regiment auferlegt. Vor allem preist er die Bestimmung, welche jeden, der sich in der Rolle eines abwesenden Gutsbesitzers gefällt, mit einer schweren jährlichen, zirka 700 Dollar betragenden Buße belegt. Das Gedeihen von Santa Cruz schrieb mein Freund guten Teils eben der Anwesenheit der Eigentümer auf ihren Gütern zu; denn so müßten dieselben ihre Verpflichtungen an Ort und Stelle selbst erfüllen und könnten sie nicht auf gemietete Agenten abwälzen; zudem seien die Neger in täglicher Fühlung mit den Männern, die an Wohl und Wehe der Insel das meiste Interesse haben, und deshalb weniger der Vernachlässigung oder harter Behandlung ausgesetzt. Diesem Gesetz gegen Landesabwesende schrieb mein Freund die Erscheinung zu, daß auf keiner andern der westindischen Inseln ein so gutes Verhältnis zwischen Schwarzen und Weißen bestehe wie in Santa Cruz.

Der Neger soll nach der Ansicht meines Freundes weder geknebelt noch locker gelassen werden. Man muß auf genaue Vollstreckung des erteilten Befehls halten, aber jeden Befehl vorher mit Bedacht sich überlegen. Wenn die Negerin ihr Kind säugt oder der Neger einen kranken Fuß hat, dann soll man sie besuchen und ihnen zeigen, daß man Mitgefühl für sie hat. Der Neger hängt weniger am Gelde als der Weiße, legt aber mehr Gewicht auf Gemütssachen.

Die königlich dänische Postkutsche bekundete ihre amtliche Eigenschaft mittels eines auf ihrer Rückseite angebrachten Schildes mit skandinavischer Aufschrift. Vor der Abfahrt wurden die Postsäcke von einem flachshaarigen Beamten sorgfältig in dem Kasten unter dem Rücksitz eingeschlossen. Einige helläugige Soldaten, die zum roten Fort quer über der Straße gehörten, verliehen dem Bilde einen neuen Zug von einem Dänemark am Karibischen Meer, eine Illusion, die durch die Anwesenheit einer dänischen Uniform auf dem Bock vervollständigt wurde. Aber der Kutscher war kein Däne; ja er verstand nicht einmal ein Wort skandinavisch; er war schwarz wie Teer und schien direkt aus einer Baumwollenpflanzung in Carolina importiert zu sein. Beim Knallen seiner langschwänzigen Ochsenpeitsche verließ unser Gefährt den schönen Platz; und die flachshaarigen Soldaten und Beamten, das rote Fort und die dänische Vision entschwanden zugleich. Unser „königlicher Postwagen" war eine amerikanische zweisitzige Landkutsche, deren Gespann aus einem Maulesel und einem Pferde bestand.

Wer uns begegnete, sprach nur englisch; Dollars und Cents waren die landläufige Münze. Die Besitzer der meisten Plantagen, an denen wir vorbeifuhren, waren Engländer, Iren und Schotten, und die Ortsbezeichnungen bewiesen, daß hauptsächlich das englische und amerikanische Element unter den Grundbesitzern vertreten war.

Unser schwarze Kutscher erzählte mir von dem allgemeinen Aufstand von 1878, in welchem die Schwarzen die Städte plünderten und die meisten Pflanzungen niederbrannten, nicht infolge einer vorbereiteten Verschwörung, soviel ich entnehmen konnte, sondern eher infolge des allgemeinen Gefühls ungerechter Behandlung, das nur eines kleinen Gerüchtes, Funkens, Auflaufes bedurfte, um zum Aufstand aufzuflammen, für dessen Niederwerfung sich die kleine dänische Garnison als völlig unzulänglich erwiesen hatte.

Dieser Aufstand hatte sich folgerichtig aus einem früheren von 1848 entwickelt, welcher ungefähr denselben Verlauf genommen und dann die Abschaffung der Sklaverei in Dänisch-Westindien herbeigeführt hatte. Die Abschaffung der Sklaverei trug aber wenig zur Hebung der Schwarzen bei; denn das Gesetz zwang sie, für 10 Cents im Tag zu arbeiten und, durch jährliche Kontrakte an diese Bedingungen gebunden, auf ihren jeweiligen Gütern zu bleiben. Sie hatten so ein wenig den Anschein selbständig zu sein, stellten sich aber thatsächlich kaum besser als vorher, obschon die Gutsbesitzer ihnen Rechte und Nutzungen zusicherten, die ihren Taglohn an Wert übertrafen, wie freie Spitalpflege, das Recht, Schweine, Hühner und Kühe auf Kosten ihrer Arbeitgeber zu halten, das Recht, Zuckerrohr für ihre

Nutzung, zur Herstellung von gut bezahltem Rum und von Zuckerrohrsyrup zu schneiden. Die alten, arbeitsunfähigen Schwarzen sollten zudem bis an ihr Lebensende verpflegt werden.

Die Aufstände von 1848 beseitigten die Sklaverei dem Namen nach; diejenigen von 1878 führten zu der Aufhebung bestimmter Lohnansätze und der jährlichen Kontrakte. Sie überließen dem Neger das Recht, seine Arbeitskraft in den Dienst des Meistbietenden zu stellen, enthoben aber andrerseits den Arbeitgeber der kostspieligen Lasten, die das Zwangsarbeitssystem mit sich gebracht hatte. Heute kann der Neger keinen festen Lohn mehr fordern, indem er nehmen muß, was ihm geboten wird, während der Arbeitgeber noch von der Verpflichtung, besondere, ihm zur Last fallende Vergünstigungen gewähren zu müssen, befreit ist. Die Weißen hielten sich 1878 für ruiniert, die Schwarzen glaubten, das goldene Zeitalter sei angebrochen. Doch bald wurde bekannt, daß die Pflanzer einen Verband gegründet hatten, der seine Mitglieder verpflichtete, nur 20 Cents Taglohn zu bezahlen. Damit erwachten die Schwarzen aus ihrem Wahn, sie fanden nun, daß sie zwar mehr baares Geld erhielten, daß aber ihr Lohn in Wirklichkeit doch geringer sei, indem ihnen eine Tagesarbeit früher doch mehr Erleichterungen für das tägliche Leben eingetragen habe, als sie sich jetzt mit ihrem Gelde verschaffen könnten.

Mein schottischer Freund war ebenso weise wie thatkräftig, und obwohl er nur den durch den Verband festgesetzten Lohn bezahlte, wußte er doch für seine schwarzen Männer und Frauen in anderer Weise zu sorgen und vollführte so fröhlichen Herzens ein gutes Werk. Dabei ging er folgendermaßen vor: Er schaute gut zu ihnen, sah nach, ob ihre Hütten nicht Wasser zögen und hatte ein scharfes Auge für ihre kleinen Wünsche, deren Erfüllung er ungesäumt anordnete. Dann überließ er ihnen die kleinen Vergünstigungen wieder, die sie früher gehabt hatten, und von denen wir nur das Recht, Zuckerrohr zu schneiden zur Herstellung und zum Verkauf von Syrup und Rum, hervorheben wollen, so daß sich der Lohn auf seiner Pflanzung auf etwas mehr als 30 Cents täglich, nach seiner Schätzung, belief. —

Der Neger bedarf der Führung, denn er ist in allem nur Nachahmer. Er bedarf auch des Mitgefühls, denn ihm fehlt die Kraft, selbständig zu sein; und so hat er wie die meisten Kinder auch hie und da die strafende väterliche Hand nötig, die ihm in Erinnerung ruft, daß die Autorität ein Vorrecht des geistig höher Stehenden ist. Man übe die Leitung mit dem Wohlwollen aus, wie es in Santa Cruz geschieht, und man wird eine schwarze Bevölkerung haben, in deren Mitte ein Weißer seines Lebens froh werden kann. Bringt man sie umgekehrt unter das Zerrbild eines parlamentarischen Regiments wie in Haiti, so wird man ein schwarzes Volk bekommen, an dem niemand, der es mit der schwarzen Rasse gut meint, Freude haben kann.

Ich sah hier in der Stadt ein Dokument, welches vermuten läßt, daß die Schwarzen vergangener Zeiten wirklich schlimme Gesellen gewesen sein müssen, wenn die für sie erlassenen Strafbestimmungen einen Schluß gestatten auf ihre Disposition zu den mit diesen Strafen bedrohten Vergehungen. 1733 wurde auf den dänischen

Inseln vom Kronrat ein Mandat erlassen, aus dem ich mir folgende Bestimmungen gemerkt habe:

1. Anführer entlaufener Sklaven sollen dreimal mit glühenden Eisen gezwickt und nachher gehängt werden.

2. Jeder andere entsprungene Sklave soll ein Bein, oder, falls ihm sein Besitzer vergiebt, blos ein Ohr verlieren und zudem noch hundert und fünfzig Streiche erhalten.

3. Jeder Sklave, der Fluchtpläne anderer kennt und davon nicht Mitteilung macht, soll auf der Stirne gebrannt und nachher ausgepeitscht werden mit hundert Streichen . . .

4. Um gegen einen Sklaven Zeugnis ablegen zu können, genügt ein weißer Zeuge; ist ein Sklave eines Verbrechens verdächtig, so kann er gefoltert werden . . . u. s. w.

Die milde Herrschaft, unter welcher die Schwarzen in Santa Cruz jetzt täglich 30 Cents verdienen können, legt den Gedanken nahe, daß solche Gesetzesbestimmungen wohl lediglich als Schreckmittel erlassen seien, die niemals in Anwendung kamen, und wir wollen hoffen, daß diese Blutgesetze niemals in Kraft waren. Aber so, wie sie hier vorliegen, ähnlich denjenigen der Südstaaten von Nordamerika, sind sie ein sprechendes Beispiel dafür, was für grausame Instinkte durch die Institution der Sklaverei wachgerufen wurden. Und dieses Beispiel ist um so überraschender, wenn wir bedenken, daß die Männer, welche die grausamen Erlasse schufen, Abkömmlinge der freiheitliebenden Nordmänner waren, welche die Saat der Selbstregierung überall ausstreuten, wo man jetzt deren Segnungen genießt. Ein junger dänischer Arzt Isert, der Santa Cruz 1787 besuchte, erzählt in seinem Tagebuch, wie ein Sklave, der einem Nachbar gehörte, irgend einen Gegenstand des Haushalts zerbrochen hatte; die Herrin ließ ihn zur Strafe auskleiden, peitschen und dann an den Gelenken an einem Nagel aufhängen. Dann nahm sie eine Nadel und vergnügte sich während einer Stunde damit, die Nadel durch das Fleisch ein- und auszuziehen, während der arme Teufel in ein solches Geheul ausbrach, daß die Nachbarschaft es nicht mit anhören konnte und die wütende Hyäne bestimmte, ihren Sport aufzugeben. Was Isert in Santa Cruz an Grausamkeiten gegen Sklaven mit ansah, übersteigt alles in „Onkel Tom's Hütte" Erzählte und muß den Pflanzern jener Insel sein Buch verhaßt gemacht haben. Erzählt er doch von Sklaven, die gepeitscht wurden bis auf's Blut, und deren Wunden dann, mit Pfeffer und Salz eingerieben, ihnen noch lange Schmerzen wie bei einer neuen Verletzung verursachten; sie hinterließen Narben, die ihr ganzes Leben hindurch sichtbar blieben[1].)

---

[1]) Gouverneur Iverson war der erste Vertreter dänischer Herrschaft auf diesen Inseln. 1672 erließ er Gesetze über die Verwaltung seiner Inseln, die keinen Zweifel über seine Ideen von persönlicher Autorität und Verantwortlichkeit zulassen. Damals schon war es das rote kleine Fort, wohin alle kamen, die einen Paß haben wollten. Die Strafe für Verlassen der Insel bestand damals in fünfhundert Pfund Tabak, und der Mann, der dem Flüchtling beistand, wurde für alle seine Schulden verantwortlich gemacht. Aber Iverson war bei alledem ein gottesfürchtiger Mann; denn er befahl seinen sämtlichen dänischen Untertanen, dem Morgengottesdienst in dem kleinen Fort alle Sonntage beizuwohnen; Zuwiderhandelnde wurden mit einer

Als wir auf unserer Reise einen schattigen Flecken, der auf halbem Wege lag, erreicht hatten, händigten wir das Gespann einem fröhlichen schwarzen Stallknecht aus, der uns dafür sein frisches Paar Pferde gab. Und weiter ging's; die Ochsenpeitsche knallte über den kleinen Tieren, wie sie vermutlich vor fünfzig Jahren über dem Vater unseres Treibers geknallt hatte. Auf letzteres führt es sich vielleicht zurück, daß der Neger ein ungeheures Vergnügen daran findet, mit der Peitsche zu knallen, selbst wenn kein Tier weit und breit zu sehen ist. In Antigua fiel mir auf, daß eine alte Negerin, die als Aufseherin einer Anzahl schwarzer Feldarbeiterinnen fungierte, eine Peitsche von Armslänge in der Hand hielt. Sie sprach energisch auf die Mädchen ein, spornte sie durch laute Drohungen und wortreiche Ermahnungen zur Arbeit an und that ab und zu vor mir, als ob sie die Peitsche auf den Rücken einer ihrer Untergebenen niedersausen lassen wollte. Der Besitzer der Plantage versicherte mir jedoch, daß die Peitsche von ihr und ihren Mitarbeiterinnen bloß als Amtsabzeichen angesehen werde.

Die zwölf Meilen schienen mir kurz. Zur richtigen Zeit wurde ich samt meinem Gepäck an einem Kreuzweg abgesetzt, wo der Yankeewagen meines Freundes mich erwartete, um mich zu seinem etwa eine Meile ent-

---

Strafe von 25 Pfund Tabak belegt. Auch für die Fremden machte er keine Ausnahme, denn sie verfielen der gleichen Strafe, wenn sie nicht den Nachmittagsgottesdienst besuchten.

In jenen Tagen war jeder Hausherr bei einer Buße von 100 Pfund Tabak verpflichtet, „für sich und für jeden Mann in seinen Diensten ein Schwert mit Gurt und eine Flinte mit genügender Munition in seinem Hause in Bereitschaft zu halten."

fernten Hause zu bringen. Die Straße durch Santa Cruz der Länge nach, das sind fünfzehn Meilen, ist makadamisiert und von ordentlicher Breite; sie wird von graziösen Kakaobäumen in ununterbrochener Reihenfolge überdacht, deren Wipfel im Passatwinde wehen, als wollten sie dem Wanderer unten Kühlung zufächeln. Von dieser Hauptstraße aus führt ein schmalerer, aber ebenfalls gut angelegter Weg durch ein reiches Feld von hohem Zuckerrohr nach dem andern zur Lichtfieldplantage. Das Zuckerrohr erinnerte mich anfangs an indisches Korn (Mais); nur besitzt es ein üppigeres Laubwerk als dieses. Jedes ist in seiner Art das vornehmste Produkt der entsprechenden Breite, und die Familienähnlichkeit, auf die ich hier hinweise, wird gewiß niemand verkennen.

Mein schottischer Freund empfing mich am Eingang und führte mich in die weite Vorhalle seines Hauses, von wo aus man nach Süden über das Karibische Meer, nach Norden gegen die vulkanischen Gipfel blickt, die den Atlantischen Ozean beherrschen. Durch alle Räume des Hauses zirkuliert ein leichter Luftzug, der nachts erfrischenden Schlaf ermöglicht und tagsüber die Hitze erträglich macht. Das Leben auf einer Plantage ist verhältnismäßig eintönig, außer für denjenigen, der an ihrer Bearbeitung ein Interesse hat. Die Zuckerrohrfelder, die für meinen Freund Bücher voll aufregender Geschichten waren, stellten in meinen Augen wenig mehr dar als hübsche Flecken von gesundem Grün. Wir ritten über seine Aecker, beschauten die kochenden Kufen, sahen uns an, wie das Zuckerrohr zerquetscht wurde und der Saft herausquoll, empfanden die Hitze bei den Feuern der Zuckersieder, bewunderten die Reinlichkeit der ganzen

Einrichtung und machten die Runde durch die Negerkabinen.

Als wir über ein Stück Weideland ritten, stutzte ich vor zwei wundervollen Pflanzen, die ihre Köpfe ungefähr achtzehn Zoll vom Boden erhoben und Blüten von zitronengelber und feuerroter Farbe trugen. Ringsherum war das Gras durch die weidenden Thiere kurz abgefressen; sie schienen jedoch instinktiv zu wissen, daß sie diese Pflanzen nicht zerstören durften. „Die Neger kennen sie wohl," sagte mein Freund, „denn sie eignen sich sehr gut zum Vergiften." Dann rief er einem vorübergehenden Arbeiter zu, er solle ihm den Namen der Blume nennen. Der Mann antwortete prompt „Bechuana" und fügte hinzu, ich dürfe sie nicht berühren. Es war die tötliche Ipecacuanha, die ich später auch auf St. Thomas beobachtete.

Der Dominikanermissionar Labat, der im Jahr 1699 über die Inseln schrieb, erzählt folgendes, um die Vertrautheit der Neger mit der Kunst des Vergiftens zu illustrieren, — eine Geschichte, die Kanonikus Kingsley aus einer Nacherzählung aufgeschnappt und auf Trinidad übertragen hat:

Ein Sklave, der einem Nachbar des Priesters gehörte, bat auf dem Todbette seinen Meister zu sich, um ihm zu gestehen, daß er einige dreißig seiner schwarzen Genossen vergiftet habe und zwar in dieser Weise: Er ließ einen Fingernagel länger wachsen als die übrigen und brachte unter denselben den Saft einer giftigen Pflanze, durch einfaches Ritzen der Pflanze mit dem betreffenden Nagel. Dann lud er sein Opfer zu einem Glas Rum ein. Beim ersten Glas war alles recht; wenn er das Glas aber zum zweiten Mal füllte, so hielt er den vergifteten Nagel gerade so tief in das Getränk, daß dasselbe mit dem Gift in Berührung kam, und reichte dann das Glas seinem arglosen Gast, der in weniger als zwei Stunden nach dem Genuß des Getränkes unter schrecklichen Krämpfen verschied. Labat hat den Namen der Pflanze, deren Wirkung so tötlich ist, verschwiegen, obgleich er Versuche damit anstellte, die ihm ihre Wirkung darthaten. Ohne Zweifel war es aber die gleiche Ipecacuanha.

Bei der kleinen Stadt Frederikstaedt am westlichen Ende der Insel erinnert wenig mehr als der Name an das Land, zu dessen Staatsgebiet sie gerechnet wird. Dagegen verkündigt sehr vieles ihre Zugehörigkeit zu England oder zu den Vereinigten Staaten. Amerikanische Papier-Dollars waren im Kurs; unsere Einkäufe auf dem Markt wurden nach Cents verrechnet, nicht nach Kronen oder Gulden; die Wagen, die umherfuhren, waren von Neu-England. Die Pferde hätten direkt von Texas kommen können, so sehr glichen sie „Mustangs". Die Geschäfte machten den Eindruck, als wenn sie ihre Artikel von London bezögen. Das einzige Hotel des Ortes war in seiner innern Einrichtung das Gegenstück dessen, was man in irgend einer kleinen Stadt in Canada gefunden haben würde. Die Einwohner, — natürlich Neger, denn Weiße gab es so wenig, daß es kaum der Rede wert ist, — hätten nach Kleidung und allem übrigen in Luisiana oder Georgia aufgelesen sein können, und ihre Behausungen unterschieden sich nur wenig von denen ihrer schwarzen Brüder in den Südstaaten.

Viele Häuser bestanden aus solidem Mauerwerk, einer in Südamerika und in den Tropen überhaupt sehr gebräuchlichen Bauart. Sie machen auch an den heißesten Tagen einen kühlen Eindruck, weil sie dem Luftzug freies Spiel gestatten und unter ihren malerischen Bogen reichlichen Schatten gewähren. Ein oder zwei Kompagnieen skandinavischer Soldaten mit frischen Gesichtern bildeten die Garnison des Forts von Frederikstaedt; es waren hochgewachsene, gesunde Jungens; einige gruben im Garnisonsgarten, als wir vorbeischlenderten. Sie machten übrigens eher den Eindruck von Insassen eines belagerten Bezirks als von Soldaten, die in einer Kolonie die Kontrolle ausüben. Die schwarzen Polizisten trugen dänische Helme, sprachen aber englisch, und die gelegentlichen offiziellen Bekanntmachungen im Namen des Königs von Dänemark waren in englischer Sprache abgefaßt.

Die Frauen von Santa Cruz gleichen antiken äthiopischen Göttinnen. Sie schreiten die Hauptstraße entlang mit einem so freien Schritt, einer solchen Grazie der Haltung, so elastisch und stolz, mit einer solchen Würde, daß man stille steht und sich verwundert fragt, ob es solcher heroischen Bildnisse noch viele giebt. Unsere schwächlichen Produkte einer Ueberkultur könnten an diesen ungekünstelten Kindern der Tropen eine Schönheit entdecken, der ordinäre Mode noch keinen Eintrag gethan hat. Sie gehen barfuß, und ihre leichten Röcke sind bis knapp über die Kniee aufgeschürzt und, wie es bei den spartanischen Mädchen im Altertum Sitte war, am Gürtel in Falten gelegt. Wohlgeformtere Füße und Knöchel sah man wohl nie als jene, welche diese ebenholzfarbigen Mischlingsmädchen tragen, wenn sie, von ihren Rockschößen fröhlich umflattert, mit hübschen Körben voll Früchte auf dem Kopfe, singend ihres Weges zur

Stadt ziehn. Das Tragen von Lasten auf dem Kopf hat bei diesen Töchtern der neuen Welt dieselbe Wirkung wie bei den Italienerinnen. Sie gewöhnen sich dadurch, ihre Köpfe hoch zu tragen, ihre Schultern zurückzuwerfen, ihre Brust auszudehnen, ihr Rückgrat senkrecht zu halten und zu erlangen, was Athleten nur durch mühevolles Trainieren erreichen, nämlich mit den Hüften zu marschieren. Ihr Leben ist selbstverständlich kein Leben des Toilettenzimmers; die Kosten der Kleidung während eines Jahres betragen vermutlich weniger als der Preis für einige Paar Handschuhe für eines unserer Mädchen; ihre Kopfbedeckung ist die malerische Bandanna; sie wissen glücklicherweise nicht, was ein Korsett ist, und geben infolgedessen heutzutage ein Bild ab von Gesundheit, schönen Linien der Gestalt und einer ganzen „stilvollen" Erscheinung, womit man in Mayfair nicht wetteifern könnte, während ihnen die zierlichen Damen von Tokio, was Grazie des Ganges anbelangt, nahe kommen.

XIX.

Der Chinese als Kolonist.

„Da die Chinesen das einzige Volk sind, das im tropischen Klima wirkend und strebend bleibt, so brauchen wir ihre Hülfe bei unserer neuen Kolonialunternehmung; aber wir müssen auch sehr vorsichtig im Handhaben und Leiten der Chinesen sein.

Professor Williams von Yale: „Das Problem der chinesischen Einwanderung im ferneren Asien." Washington, 1900.

Sein Zunehmen in den Vereinigten Staaten und Australien — Singapur — Hongkong — Sein Wert für die Industrie.

Die chinesische Nationalflagge ist selten oder nie in einem Hafen der Weißen oder auch nur in deren Kolonien entfaltet worden, und doch wäre es schwer, ein Land zu nennen, wo der Chinese nicht vorteilhafte Verwendung fände zu den verschiedenartigsten Beschäftigungen, vom Waschfasse an bis zum Bankgeschäft. Hongkong, das zur Zeit seiner Besetzung durch England (1841) nichts als eine verpestete Einöde darstellte, gehört heute zu dem halben Dutzend großer Seehäfen der Welt und ist so übervölkert mit Chinesen, daß ein großer Teil der Bevölkerung in Tausende von Sampans (kleine Boote der Eingebornen) über den Hafendamm abträufelt.

Singapur, eine andere Insel, die England erst vor achtzig Jahren als zugehörig zur malayischen Halbinsel besetzte, hat eine fruchtbare chinesische Bevölkerung angezogen, die nicht allein ihre Ueberlegenheit über die ostindischen Eingeborenen behauptete, sondern auch erfolgreich mit Kaufleuten unserer Rasse in Wettbewerb trat. Die anspornende Wirkung der englischen Verwaltung ist der Art gewesen, daß der Chinese, der in Peking und Kanton seinen Reichtum verbirgt, diesen in Singapur und Hongkong so sehr zur Schau trägt, daß Ankömmlinge darob verblüfft sind. Es ist nichts Außergewöhnliches, in Singapur auf dem Korso chinesische Kaufleute anzutreffen, die ihre Abendspazierfahrt machen in europäischen Karossen von vollkommenster Ausstattung, gezogen von edlen und kostbar geschirrten Pferden, und mit Kutscher und Diener in Livree auf dem Bock. Dieselben Leute würden in ihrem eigenen Land hinten in einem federlosen zweirädrigen Karren kauern und Armut heucheln. Obgleich auf Java und den Philippinen Holländer und Spanier nach einander Abschreckungsgesetze für chinesische Ansiedler erließen, so hat doch weder die eine noch die andere Regierung vermocht, die Auswanderung aus dem himmlischen Reiche länger als zeitweise zu hemmen. In Batavia sowohl als in Manila macht sich der chinesische Wettbewerb in nahezu jedem Zweig menschlicher Erwerbsthätigkeit geltend von der Tagelöhnerarbeit in den Plantagen an bis zur Befrachtung von Riesendampfern.

Die Vereinigten Staaten sind mit ihrer Gesetzgebung den Chinesen nicht wohlwollend entgegengekommen, und deswegen wird die Entwicklung der Philippinen vermutlich weniger zufriedenstellend sein als die Entwicklung ähnlich gestellter englischer Besitzungen in jenen Gegenden.

Ueber Ostindien und die hundert Inseln im Norden Australiens, zwischen dem indischen Ozean und den Küsten Südamerikas, breiten sich die Chinesen in dem Maße aus, wie sie nicht durch höhere Gewalt zurückgehalten werden. Wie die Juden zeigen sie gute oder schlechte Eigenschaften je nach der Verwaltung des Landes, das sie sich auswählen. Es ist kein bloßer Zufall, daß der beste Typus des Juden sich in England, der niedrigste in Rußland findet. Wenn wir uns diese Lehre zu Nutze machen wollten, so würde Manila bald ebenso gute Chinesen wie Singapur an sich ziehen, und San Franzisko würde ein ebenso angesehenes Chinesenviertel aufweisen wie Hongkong.

Australien hat mit den Vereinigten Staaten — zum Teil wenigstens — eine offene Feindseligkeit gegenüber der chinesischen Einwanderung gemein; freilich vermag keines der beiden Länder, seine in dieser Angelegenheit erlassenen Gesetze in vollem Umfange zur Durchführung zu bringen.

Der Chinese hat eine Eigenschaft, die ihn in mancher Hinsicht zum besten Kolonisten der Welt stempelt. Ich meine seine außerordentliche Fähigkeit, die äußerste Hitze sowohl als die größte Kälte zu ertragen.

Wenn der Pei-ho-Strom eine dicke Eisschicht trägt und europäische Kanonenboote in Tien-tsin eingefroren sind; wenn der Nordwind, der von der mongolischen Wüste herüberweht, eine Temperatur erzeugt, die an jene von Dakota im Januar erinnert; wenn alle, die es sich gestatten können, in Pelze eingehüllt sind, und sich die langen Züge von Kamelen, die von der andern Seite der großen Mauer herkommen, wie eine Masse von Eisgebilden fortbewegen, — solche Winterszeiten lang arbeitet der chinesische Kuli in seinem baumwollenen Rock vom Morgen bis zum Abend oder kauert auf der Straße neben seinem kleinen Krämerstand, ohne sich mehr aus seinem sibirischen Winter zu machen als der russische Muschik in seinem Schafspelz.

Der Chinese am Kanton-Strom, unter einer tropischen Sonne, verblüfft den weißen Seemann durch eine Energie und Ausdauer in der Arbeit, die einem bei einem menschlichen Wesen unglaublich erscheint. Sommer und Winter, Aequator und Polarkreis und jede Witterung sind dem Chinesen gleich. Ich habe Chinesen im Juli und August in Singapur und Hongkong, im Winter in Canada und Korea, in Südamerika an der Mündung des Orinoko, im roten Meer im Heizraum eines Postdampfers gesehen. Wo der weiße Mann vor Kälte schaudert oder von der Hitze wie gelähmt ist, da hüpft John der Chinamann seines Weges mit schwerer Last auf dem Rücken, summt eine Art Sing-Sang vor sich hin und fragt sich verwundert, warum andere Leute das Leben nicht ebenso leicht nehmen. Auf meiner ersten Reise von Hongkong nach San Franzisko im Jahre 1876 beherbergte unser Schiff 2000 Chinesen, und der Kapitän versicherte mir, daß sie in ihren Lebensgewohnheiten reinlicher seien und ihm unendlich weniger zu schaffen machten als zwanzig Iren. Im Jahre 1898 hatten wir etwa 1500 Chinesen als Zwischendeckpassagiere, die von Singapur nach Hongkong zurückkehrten. Sie waren so sauber und ruhig, daß ihr Vorhandensein von den weißen Passagieren des oberen Decks kaum gemerkt wurde. Sie machten ihre

Küche selber auf ihre eigene Weise, schliefen auf ihren Matratzen, hielten das Deck peinlich sauber und stritten sich nicht. Ich glaube beinahe, daß diese Passagiere in drei Tagen das Schiff nicht so sehr beschmutzten, wie Zwischendeckpassagiere von Queenstown es in einer halben Stunde verunreinigt haben würden. In dem gleichen Jahre hatte eines der prächtigen Schiffe der „Empreß-Linie", welches mich von Yokohama nach Vankouver brachte, über tausend Chinesen auf Vorderdeck, und diese wurden, wie es das Gesetz vorschrieb, bei der Ankunft in Canada ausgeräuchert. Es war eine lächerliche Vorsichtsmaßregel, sowohl nach der Meinung des Kapitäns, als nach der Meinung aller, die die Chinesen kannten. Wenn irgend eine Ausräucherung von Auswanderern am Platz wäre, so würde es nicht die auf der Seite des stillen Ozeans sein, sondern eine in New-York oder Montreal — gegenüber unseren christlichen Brüdern.

In den Vereinigten Staaten haben wir den Chinesen als einen industriellen Segen, ja als eine industrielle Notwendigkeit kennen gelernt. Beim Bau unserer ersten Eisenbahn, die den atlantischen mit dem stillen Ozean verbindet, wurden Chinesen kontraktlich gewonnen und als Kulis verwendet für Erdarbeiten und zum Heben von Schienen und Schwellen. Man erwartete nichts anderes, als daß sie nach Ablauf der kontraktlichen Zeit verschwinden würden zusammen mit dem übrigen Bahnbauapparat. Aber wir hatten uns in Bezug auf die Intelligenz unseres Gastes gänzlich verrechnet; nach einigen Jahren waren die Goldfelder von Californien um eine neue Rasse reicher, deren Gedeihen auf amerikanischem Boden nur durch gelegentliche Gewaltthätigkeiten des Pöbels gestört wurde. Oft habe ich in dem Californien vor 25 Jahren den Chinamann auf Parzellen graben sehen, die von den Weißen als erschöpft betrachtet wurden. Durch ihre Beschäftigung mit Arbeiten, die den neu angekommenen irischen Auswanderern als unwürdig erschienen, wurden sie reich. Offiziere von der Vereinigten Staaten-Armee, die in unseren entlegenen Territorien stationiert waren, versicherten mir, daß sie zu ihrer eigenen Hausarbeit nur John den Chinamann gebrauchen konnten. Kein anderer Auswanderer hätte so gut seinen Posten ausfüllen können wie er, — handkehrum baute er Gemüse, wartete bei Tisch auf, kochte das Mittagessen oder trug das Baby an die frische Luft.

Aber der politische Einfluß der Arbeitervereinigungen von San Franzisko war stark genug, um ein Gesetz durchzubringen, das die Chinesen von den Vereinigten Staaten ausschloß oder zum wenigsten gegen ihr Hereinkommen neue Vorkehren traf. Dank der Nachlässigkeit unserer Grenzbeamten haben sich indessen die Chinesen über die dreitausend Meilen lange nördliche Grenze mit solchem Erfolg hereingeschmuggelt, daß es heute kaum noch einen Ort in den Vereinigten Staaten giebt, wo nicht einer oder mehrere Chinesen eine Bewilligung wenigstens zum Waschen erhalten haben. Hier haben wir eine Kolonisation, die noch nicht ein halbes Jahrhundert alt ist, die durch die Vereinigten Staaten mächtig gedämpft und vollends ganz und gar nicht von der heimatlichen Regierung unterstützt wird, und die dennoch langsam, beständig und unaufhaltsam vorwärts schreitet auf einer Laufbahn der industriellen Eroberung, die sich thatsächlich über die ganze Welt erstreckt. Chinesen sind auf Westindien und in Südamerika so gut wie in Canada und in den Vereinigten Staaten. Auf dem stillen Ozean bilden sie die Bemannung englischer und amerikanischer Dampfer von der Speisekammer des Stewards bis zum Heizraum. Der Norddeutsche Lloyd führt von Bremen bis Shanghai eine vollständig ausgerüstete chinesische Wäscherei und dazu ganze Trupps von chinesischen Heizern. Er möchte wohl auch chinesische Stewards anstellen, wenn er nicht politische Opposition im Parlament, auf die Agitation von Arbeitervereinigungen hin, fürchtete.

Während des Kampfes in der Bucht von Manila legten die Chinesen, die unter Admiral Dewey als Heizer, Stewards u. s. w. dienten, soviel Kampfeifer und Mut an den Tag, als eine Blaujacke nur wünschen konnte. Ein amerikanischer Offizier, der eine Anzahl Chinesen unter sich hatte, deren Beschäftigung war, während der Schlacht Munition herzuzutragen, erzählte mir, daß sich diese in ihrem Eifer, den Verlauf des Kampfes zu verfolgen, fortwährend der Gefahr aussetzten. Wieder und wieder streckten sie von unten den Kopf herauf, riefen den Leuten an den Geschützen zu: „Schießt sie zur Hölle, Jungens“, um gleich darauf wie Präriehunde zu verschwinden, um neue Munition zu holen. An ihrem Eifer war ohne Zweifel das dunkle Vorgefühl beteiligt, daß amerikanisches Regiment auf den Philippinen ihnen günstiger sein werde als spanisches.

Der Chinese kolonisiert die Welt in der Weise, wie der Deutsche es gethan hat; — sie beide scheinen die einzigen zu sein, die die Arbeit um ihrer selbst willen lieben.

Der Chinese gleicht dem Deutschen auch darin, daß er im Stande ist, sein Land zu verlassen, ohne sich viel mit der Rücksicht auf religiöse Obliegenheiten zu quälen. Die erste Frage des irischen Kolonisten ist, wie weit es bis zur nächsten römisch-katholischen Kirche sei. Chinesen und Deutsche dagegen kümmern sich sehr wenig darum, ob überhaupt eine Kirche in der Nähe ist, — kümmern sie sich ja sogar kaum darum, wer König oder Präsident in dem Lande ist.

Im Sommer 1900 widerhallten die Straßen von New-York von dem Geheul des weißen Pöbels, der harmlose Neger ergriffen, mißhandelt und bisweilen tot auf dem Pflaster hatte liegen lassen. Ein solcher Ausbruch ist das Kundwerden eines Rassenhasses, der nur das eine Gute hat, zu zeigen, daß Gleichheit von Weißen und Schwarzen in den Vereinigten Staaten wenigstens keine überall ins Volksbewußtsein übergegangene Doktrin ist. Wir selbst haben uns die Negerfrage dadurch erschwert, daß wir die Schwarzen den Weißen rechtlich gleichstellten. Die Chinesen schließen wir vollständig vom Bürgerrecht aus, und doch hätte es mehr Sinn, die Chinesen als uns gleichberechtigt anzusehen, als die Neger. Aber keines von beiden ist klug oder gar nützlich.

Wir haben bisher auf den Chinesen herabgesehen als auf einen Fremden, der bald in sein Vaterland zurückkehren würde, und den wir daher politisch ignorieren könnten. Da er keine Stimmberechtigung besaß, so haben sich unsere Politiker seinetwegen nicht in Unkosten gestürzt, und da er keine politischen Freunde im Lande hatte, fühlte der Pöbel, daß er ihn ungestraft angreifen durfte. Aber weder Pöbelhetze noch politische Rechtlosigkeit haben ihn zu entmutigen vermocht, und heute ist er ein wichtiges volkswirtschaftliches Element in den Vereinigten Staaten.

Bis jetzt ist er nur schüchtern aufgetreten und hat nur hie und da sein Haupt stolz erhoben als der Organisator der Arbeit. An der Küste des pacifischen Ozeans erscheint er weithin in der Farmerarbeit, und ihm ist hauptsächlich die führende Stellung Californiens in der Früchteproduktion zu verdanken.

Wir werden ohne Zweifel in naher Zukunft sehen, wie er sich ausbreitet, die Kernlande unserer Golfstaaten kultiviert, den Ackerbau in den Mississippistaaten und in Südcarolina neu belebt, große Besitzungen erwirbt, den Neger auf seinem eigensten Arbeitsfeld schlägt und endlich einen neuen Süden der industriellen und politischen Selbstgenügsamkeit schafft.

Wir haben bisher geglaubt, der Neger allein sei im Stande, den Boden unserer Golfstaaten zu bearbeiten, wir werden jedoch die Entdeckung machen, daß es vorteilhafter ist, den Chinesen hierzu zu verwenden, da er durch seine Arbeit die vermehrten Auslagen — wir müssen ihm einen größeren Tagelohn als den Negern geben — reichlich wieder einbringt. Zur Zeit meines Besuches in Natal waren dort einige vierzigtausend Indier auf den Zuckerplantagen beschäftigt. Das hieß nun allerdings, wie es schien, Sand nach der Mark tragen, daß man in die Heimat des Negers Leute einer anderen Rasse transportierte, um sie unter der tropischen Sonne auf den Niederungen um Durban herum als Arbeiter zu verwenden. Dennoch bezahlte der Plantagenbesitzer in Natal gern und freudig die Kosten, weil die Erfahrung gelehrt hatte, daß er sich, was ausdauernde Arbeit anbetrifft, nicht auf den Neger verlassen konnte, wenigstens nicht bei dem System der politischen Freiheit und unter den übrigen in Südafrika herrschenden Verhältnissen.

Auf einer kleinen Insel wie Santa Cruz oder Barbados in Westindien kann ein Neger, der einen Arbeitskontrakt für eine gewisse Zeit eingegangen ist, gezwungen werden, diesen Kontrakt zu halten; denn dort könnte er sich nirgendshin flüchten und im Müßiggang sein Auskommen finden. Die Polizei würde auf einer solchen Insel einen entlaufenen Neger sofort wieder zurückbringen. Aber in Natal entschlüpft der arbeitsmüde Kaffer einfach während der Nacht und ist anderen Tages unter seinen eigenen Leuten im Zululande, wo er seinen Rücken sonnen kann, während seine Weiber Bananen für ihn pflücken und sein Mittagsmahl bereiten. In den Vereinigten Staaten besitzen wir keine gesetzliche Handhabe, um einen Neger zur thatsächlichen Durchführung eines Arbeitskontrakts zu zwingen; infolgedessen ist das Plantagenhalten keine ideale Beschäftigung für denjenigen, der sein Kapital an ein Unternehmen wagt, das jeden Augenblick schwer geschädigt werden kann durch einen Feiertag, — und wobei es geschehen mag, daß der schwarze Arbeitsmann sich zur Erholungszeit gerade die Erntezeit aussucht.

Der Chinese hat nun den Vorzug, für Feiertage ebenso unempfindlich zu sein wie für Hitze oder Kälte. Man kann bei ihm sicher sein, daß er ein gegebenes Versprechen hält. Der Direktor der Bank von Hongkong und Shanghai erzählte mir, daß er an der chinesischen Küste hunderte von chinesischen Angestellten habe, denen reichlich Gelegenheit geboten wäre, ihn zu betrügen, wenn sie es darauf absehen würden; es sei aber ebenso wenig ihm wie irgend einem anderen weißen Kaufmann jemals auch nur der Gedanke an einen Verlust durch chinesische Unehrlichkeit gekommen. Die Chinesen haben den Begriff der kaufmännischen Ehrlichkeit hoch entwickelt, und es giebt überdies Gesellschaften von Ort zu Ort, bei denen man sich gegen alle Arten der Unredlichkeit versichern kann, von der eines Scheuerjungen an bis zu den Unregelmäßigkeiten eines Bankkassierers. Wenn einem der Chinese bei irgend einem Kaufgeschäft sein Wort gegeben hat, so kann man auf ihn zählen, selbst wenn sich der Handel als unvorteilhaft für ihn herausstellt. Kaufmännische Ehrlichkeit mag nicht die höchste Form menschlicher Ehrlichkeit sein, aber so wie sie ist, ist sie etwas wesentlich Chinesisches.

Der Neger hat keinen Hauch von diesem Zuge. Er kann einem feierlich versprechen, die Baumwollernte an einem bestimmten Tag einzubringen, und er wird sich auch zu der bestimmten Zeit sehr wohl an einen erinnern; wenn ihn aber am Morgen des betreffenden Tages eine Laune ankommt, zur Stadt zu gehen, zum Tanz, zu einer Schwelgerei oder einem Picknik oder dergleichen, so mag die Baumwolle seinetwegen verfaulen, er wird sich nicht eher darum kümmern, als bis sein Hunger nach Vergnügen vollkommen gestillt ist. Dieselbe Baumwollernte wäre dagegen, bis zum letzten Flöckchen, das einzige Sinnen und Trachten eines Chinesen gewesen.

Bisher ist der Chinese an der Küste des atlantischen Ozeans nur als Wäscher, als Tagelöhner bekannt. In Hongkong hat er sich jedoch schon als Mitbewerber des weißen Großkaufmannes festgesetzt. Er baut jetzt schon

Schiffswerften, ganz zu schweigeu von den Schiffs-Reparatur-Werkstätten. In Shanghai unterhält der Chinese Dampf-Baumwollwebereien, und in Macao besuchte ich eine vollständig mit Chinesen — Männern, Frauen und Kindern — besetzte Seidenweberei. Die militärischen Bedürfnisse des chinesischen Reiches bringen eine Steigerung der Nachfrage nach einheimischer Fabrikation mit sich, und die Vertrautheit mit Dampfmaschinenbetrieb wird nach und nach eine Klasse von Maschinenarbeitern heranbilden, die unsere mechanischen Werkstätten ebenso bedrohen werden, wie unsere Wäschereien bereits bedroht sind. In der Zwischenzeit von 23 Jahren zwischen meinem ersten und meinem zweiten Besuch in China hatte sich dort manches verändert; aber fast ausschließlich in der Einflußsphäre fremder Ansiedlungen. Es ist noch nicht klar, wie weit die Masse der chinesischen Bevölkerung neuen Ideen zugänglich ist. Die Leiter erster Geschäfte in China, mit denen ich im Jahre 1898 sprach, waren alle der gleichen Meinung in Bezug auf den Chinesen als Rivalen in der Fabrikarbeit. Sie betrachteten ihn als ausgezeichneten Arbeiter unter Führung des Weißen, als schwaches Geschöpf dagegen, wenn er sich allein überlassen sei. Der Chinese hat auch in der That selbst zu viel von einer Maschine, um ein guter Mechaniker zu werden. In Amerika ist jeder, der den Namen Mechaniker verdient, zugleich ein Erfinder. In China arbeitet der Kuli Tag aus Tag ein sein ganzes Leben lang, augenscheinlich ohne auch nur ein Mal über den Bau seiner Maschine nachzudenken. Für ihn stammen alle Dinge aus der Vergangenheit; er ist noch nicht dazu gekommen, seine Arbeit als zukunftseröffnend anzusehen. In den Docks von Hongkong sind beinahe alle Arbeiter Chinesen; ihre Löhne sind sehr gering im Vergleich zu dem, was ein amerikanischer Arbeiter am Delaware verdient. Der englische Geschäftsführer sagte mir jedoch, daß diese Arbeit eine rein mechanische sei und so viel Ueberwachung verlangt, daß ihr Wert dadurch bedeutend vermindert werde. Der weiße Arbeiter werde besser bezahlt, weil er es verdiene. Wenn der Chinese heute ein Kriegsschiff baut, so wird er vermutlich fort und fort während der nächsten fünfzig Jahre denselben Typ wiederholen, ohne Rücksicht auf irgend welche Verbesserungen, die in der Zwischenzeit gemacht werden mögen.

Der Triumph des China der Industriearbeit liegt in weiter Ferne. Für den Augenblick haben wir vor uns eine brennende Frage, die uns durch neu erworbene Kolonien gestellt ist. Was soll in den Tropenländern geschehen, wo der Weiße zur Feldarbeit schlecht zu brauchen ist, und wo auch die Arbeit des Negers von ferne keine befriedigenden Ergebnisse liefert? Der Chinese kann diese Arbeit leisten, — er leistet die gleiche in den britischen Kolonien — seine Arbeit ist zufriedenstellend, und es ist Grund genug zu der Annahme vorhanden, daß er sich, bei Anwendung geeigneter Einschränkungsmaßregeln, für Cuba und Luzon ebenso wertvoll erweisen würde, wie er sich für Singapur und Hongkong bereits erwiesen hat.

XX.

Das alte Frankreich in der neuen Welt.

„Eine Rasse von Geistlichen und Beamten konnte Amerika nicht gewinnen."
Woodrow Wilson, „Colonies and Nations".

Einflüsse, welche die Kolonisation in Canada verzögerten — Geschichte der Bewegung — Kirche und Staat.

Noch heute gibt es wenige Flecken Erde, die für den Reisenden so reich an Ueberraschungen sind wie Untercanada. Innerhalb weniger Stunden gelangen wir von Boston oder New-York an die Ufer des St. Lorenz, mitten unter eine bäuerliche Bevölkerung, die in Dörfern beisammen wohnt, aus deren Mitte immer das glänzende Blechdach einer römisch-katholischen Kirche hervorleuchtet. Anstatt vor dem dürren Kongregationalistenprediger, der in seinem leichten Wägelchen dahineilt, lüften wir unseren Hut vor „Monsieur le Curé", einem behäbigen, jovialen alten Herrn, den wir schon ganz gut aus „Evangeline" kennen. Er reist in einer dauerhaften alten Kutsche oder „Calèche", wie die Canadier das Gefährt nennen; sein Pferd ist ein sanftmütiges, langsam trottendes, viel gehätscheltes Tier, das die starke Abneigung seines Herrn gegen die Eile und Rastlosigkeit des „Yankee" teilt. In dem schmucken, alten Quebec steigen wir vor einem Gasthaus in der Rue de la Montagne ab, wo alles bis fast auf die letzte Kleinigkeit der Ausstattung an die Küste der Normandie erinnert, von dem ungeheuren vierschläfrigen Bett bis zur Unterhaltung im Kaffeestübchen.

Von hier den majestätischen St. Lorenzfluß hinunter und den Saguenay hinauf nach Chicontimi sind wir auf der Spur von Franzosen, die sich in Sprache, Religion oder gar Lebensgewohnheiten sehr wenig verändert haben. Wenn sie heute sich rühren, so geschieht das nur nach dem Wink des Priesters, ihres Wegweisers, ihre soziale Organisation trägt den Stempel der Schwäche, den Ludwig XIV. ihr aufgeprägt hat.

Dieser Monarch war der Gründer des heutigen Canada, dank der Geschicklichkeit und dem Mut von Champlain[1], der im Jahre 1628 einen für die Zeiten eines Richelieu und Ludwig XIII. sehr freigebigen Freibrief erlangen konnte. Bis zu dieser Zeit hatte Canada nur einige wenige Abenteurer an sich gezogen, die dem Waffenhandwerk das Handeltreiben mit den Indianern zugesellten. Ein zeitgenössischer französischer Geschichtsschreiber klagte, daß, während Maryland in den ersten

---

[1]) Champlain wurde 1567 in Frankreich geboren und starb 1635 in Quebec. Parkman schrieb über ihn in seinen „Pioneers of France“: „Samuel de Champlain ist mit Recht der Vater von Neu-Frankreich genannt worden. In ihm verkörperte sich Neu-Frankreichs religiöser Eifer und romantisch-abenteuerlicher Geist. Bevor er seine Laufbahn schloß, nahm Frankreich, befreit von Ketzerei, schon die Stellung ein, welche es bis zu seinem Ende innegehalten hat — in der einen Hand das Kruzifix, in der andern das Schwert. Sein thatenreiches Leben ist der wahre Anfang von Neu-Frankreichs wechselvoller Geschichte.“

20 Jahren seiner Besiedelung 12000 Europäer angezogen habe, Canada, mit einem älteren Freibrief ausgerüstet, in sieben entsprechenden Jahren eine Gesammtbevölkerung von nur 40 Europäern zähle.

Indes, Canada gehörte der französischen Krone, seit im Jahre 1535 ein tapferer Seemann von St. Malo, Jacques Cartier, den St. Lorenzfluß hinauf segelte und den ganzen nördlich von Mexiko und Florida gelegenen Teil der westlichen Welt für Franz I. in Besitz nahm. Zu dieser Zeit brauchte kein Dazwischentreten von England oder Holland befürchtet zu werden. Frankreich war die Gelegenheit geboten, noch mehr zu erlangen, als Portugal und Spanien vom Papst je gegeben war. Aber unglücklicherweise spiegelte sich die religiöse Intoleranz des Mutterlandes, die in der blutigen Unterdrückung des Protestantismus hervortrat, in den Maßregeln wider, die man zur Ausdehnung des Kolonialreiches ergriff. In seinem Edelmut faßte Coligny[1]) den Gedanken, die neue Welt französischen Flüchtlingen, den Opfern politischer oder religiöser Verfolgung, zur Besiedelung zu öffnen; aber die Krone wollte auf einen solchen Plan weder damals noch später eingehen, und infolgedessen

---

[1]) Admiral Coligny wurde im Jahre 1517 geboren und 1572 in Paris, als erstes Opfer der Pariser Bluthochzeit, ermordet. Der Geist, der diese schreckliche Schlächterei hervorrief, ist durchaus noch nicht tot. In Toulouse, einer Stadt in Südfrankreich, kam es im Jahre 1872 zu Tumulten, weil die republikanische Regierung die dreihundertjährige Feier dieser schändlichen Episode in der Geschichte der römisch-katholischen Kirche verbot. In Paris steht ein Denkmal Colignys, das vor fanatischen Angriffen streng bewacht werden muß.

fanden die mutigen Franzosen, die Canada besiedelt haben würden, ihren Weg endlich teils zum Kap der guten Hoffnung und meistenteils zu den englischen Kolonieen in Amerika.

Während nahezu eines Jahrhunderts nach der Erwerbung von Canada (1535—1628) ist die canadische Geschichte außerordentlich abwechslungsreich, aber unfruchtbar an Ergebnissen. Frankreich brachte eine große Zahl von verwegenen, ruhelosen Abenteurern hervor, — Leute, die mit dem Gesetz auf gespannten Fuß gekommen waren, die unter der heimatlichen Bedrückung schmachteten, die von Gläubigern bedrängt wurden, die nach Ruhm dürsteten, — die auf glücklichere Zeiten hofften, wenn sie für einige Jahre fortgingen; — das waren die Elemente, die das französische Banner und das Kreuz des Missionars in die ferne Wildnis trugen und die Phantasie ihrer Landsleute durch unablässige Eroberungen beschäftigten, so unablässige, als hätten sie wetteifern wollen mit den Thaten der alten portugiesischen Seefahrer.

Aber Zeichen der Besitzergreifung in Wildnissen aufpflanzen — und Kolonien gründen sind zwei ganz verschiedene Dinge, und das erklärt, warum mehr als zweihundert Jahre nach der Besetzung Canadas durch Frankreich eine einzige Schlacht auf den Höhen von Quebec (1759) die Losreißung dieses ganzen Landes von Frankreich und seine Einverleibung in die angloſächsische Welt entscheiden konnte.

Immerhin hatte Frankreich zu Anfang des 17. Jahrhunderts, auf den Karten wenigstens, ein größeres Kolonialreich als England oder Holland. Es hatte eine glänzende koloniale Ausrüstung, wenigstens was Priester,

Soldaten und Seeleute betrifft; — es fehlten nur die Kolonisten. Der Franzose hat von jeher eine heftige Abneigung dagegen gezeigt, seine Scholle zu verlassen, und es muß bemerkt werden, daß es gerade dem Teil der Bevölkerung, der damals gewünscht hätte, auszuwandern, verboten war, — weil die ersten Freibriefe aufs eifrigste dafür Vorsorge trafen, daß nur gute Katholiken in den französischen Kolonien geduldet würden. Von Protestanten wurde angenommen, daß sie der Regierung untreu seien. So wurde gerade dem Element, das das Rückgrat Englands jenseits des Ozeans war, von der Krone verboten, bei der Aufrichtung eines französischen Reiches in Amerika zu helfen. Wenn wir uns die ausgezeichneten Resultate vergegenwärtigen, welche die wenigen französischen Kolonisten in der Zeit zwischen dem Freibrief von 1628 und dem Tod von Wolfe im Jahre 1759 erzielten, und bedenken, daß all das erreicht wurde trotz einer Gesetzgebung, welche die besten französischen Elemente von Kanada ausschloß, — so werden wir geneigt, einem Franzosen recht zu geben, der meint, daß bei einer freisinnigen Regierung im Mutterlande das Französische die Umgangssprache geworden wäre vom St. Lorenzstrom bis zum Golf von Mexiko.

Geschehenes läßt sich nun einmal nicht ungeschehen machen; die Lehren aus der Vergangenheit aber können, wenn die französische Republik sie sich zu Herzen nimmt, vieles aus dem Wege räumen, was jetzt noch ein Hindernis für die koloniale Entwicklung Frankreichs ist. Richelieu setzte im Jahre 1628 in Canada eine kirchliche Regierung ein, die fast so drückend war wie die des Mutterlandes, und verteilte das Land an französische Edelleute. Natürlich wollten höchstens sklavenähnliche Bauern sich zu einem Kolonisierungs-Versuch dieser Art hergeben, und es erforderte noch den ganzen Einfluß der Krone mitsamt der Unterstützung der Pfarrgeistlichkeit — nicht zu reden von dem ländlichen Elend daheim —, um den kleinen Auswanderungszug in Gang zu bringen, dessen Resultate wir jetzt am unteren St. Lorenzstrom vor uns haben. Eine Gesellschaft, die das canadische Monopol innehatte, verpflichtete sich im Jahre 1628, dreihundert Kolonisten hinzusenden und 4000 weitere in den folgenden fünfzehn Jahren. Nicht nur hatten die Kolonisten Katholiken zu sein, sondern auf jede Niederlassung sollten wenigstens drei Missionare kommen.

Die Kirche aber, mit dem geistlichen Dienst bei ihren Pfarrkindern und mit der Indianerbekehrung nicht zufrieden, ergriff augenblicklich Besitz von wertvollem Land zu ihrem eigenen Nutz und Frommen, baute Mönchs- und Nonnenklöster, erhob Zehnten und bürdete dadurch den hart arbeitenden Bauern noch neue Lasten auf. Herrschaft einer Feudalaristokratie und Kirchenherrschaft, beide zehrend von der Arbeit unwissender und fleißiger Bauern, gaben Canada sein Gepräge. Die Bauern Canadas hatten wenig gemein mit den Abenteurern, die die großen Seen erforschten oder mit den Spaniern auf den westindischen Inseln sich herumschlugen.

Die ersten Zeiten der Kolonien sind von ungeheurem Interesse für uns, weil sich da mit so außerordentlicher Deutlichkeit die Eigenschaften des Mutterlandes widerspiegeln. Auch ist es merkwürdig zu sehen, wie naturgemäß sich eine Kolonie entwickelt, ganz entsprechend dem Charakter der ersten Ansiedler oder der

Regierung, welche über ihren Anfängen waltete. Wir haben beobachtet, wie die Spanier nach der Neuen Welt drängten, nur nach Reichtum und Raub dürstend, Klöster und Städte bauend, anstatt Pflanzungen einzurichten, aus ihrem ganzen amerikanischen Herrschaftsgebiet ein Abbild machend von dem Regiment der Zentralisation in Madrid. Wir haben die Ueberlegenheit von Brasilien sich aus der glücklichen Fügung entwickeln gesehen, daß eine Handvoll Flüchtlinge, politische Verbrecher und Juden, eine Selbstregierung organisierten, zu einer Zeit, wo Volksvertretung auf der Iberischen Halbinsel längst verschwunden war. Die rebellischen Holländer und Hugenotten im Kapland thaten mehr für den kolonialen Ruhm Hollands als zwei Jahrhunderte Wirkens der großen ostindischen Gesellschaft, und Englands schönstes koloniales Denkmal wurde errichtet nicht durch einen Clive oder einen Warren Hastings, einen Drake oder einen Raleigh, sondern durch eine Schiffsladung von puritanischen Rebellen, die lieber die Gefahren einer Ansiedelung in der Wildnis auf sich nahmen, als daß sie ein einziges Pünktlein ihrer Kontroverslehren aufgegeben hätten.

Es braucht uns hiernach nicht zu überraschen, wenn heute der Franzose in Canada das am wenigsten unternehmende weiße Element der nördlichen Hälfte von Amerika ist. An ihm zeigen sich noch zur Stunde die Wirkungen der anfänglichen Bevormundung. Auf der Suche nach Arbeitslohn kommt er über die canadische Grenze nach Maine, New Hampshire und Vermont. Er gesellt sich zu der Fabrikbevölkerung niedrigster Gattung, zusammen mit Iren und Italienern, statt sich zu der höheren Art der Deutschen, Skandinavier, Angelsachsen zu halten. Die große Flut der englischen Kolonisation hat sich den St. Lorenzstrom hinauf ergossen über die Klöster der geistlichen Herren, über die Schlösser der „grands seigneurs“, über Quebec und Montreal hinaus bis nach Toronto, Winnipeg, Vancouver und Clondike. Der Franzose folgte schüchtern im Nachtrab des ungestümen Briten. Und alle Hoffnung darauf, daß Frankreich jemals Canada wiedergewinnen könnte, schwand dahin, als sich deutlich zeigte, daß der Franzose von Canada nicht einmal in der Kolonie einen Schritt vorwärts thun kann ohne den Priester, der vor ihm hergehen muß.

In der Geschichte ist noch kein größerer Kontrast zu Tage getreten als die Hülflosigkeit des französischen Bauern von Canada gegenüber dem überall sich zurechtfindenden Mut des französischen Hugenotten in Südafrika. Wie bei Spanien, so folgte auch für Frankreich die kurze Glanzzeit höchsten Kriegsruhmes ganz unmittelbar auf den Sieg des Systems absolutistischer Zentralisation, die alle Institutionen der Volksvertretung thatsächlich unterdrückte. Dagegen war das Frankreich, das Männer von dem Wagemut und Unternehmungsgeist eines Jacques Cartier hervorgebracht hatte, ein solches Frankreich, in welchem ein gewisser Grad von Volksfreiheit es Persönlichkeiten von scharf ausgeprägter Individualität gestattete, sich frei zu entfalten und im öffentlichen Dienst Verwendung zu finden. Durch die Vereinigung aller staatlichen Gewalten in der Hand eines Monarchen, der selbst doch wieder untergeordneter Bestandteil einer andern politischen Maschine — des Papsttums — war, wurde freies Denken zur Rebellion und freies Handeln war überhaupt nur für die möglich, die auf den westindischen Inseln Flibustier wurden oder unter den Indianern im canadischen Nordwesten auf andere Abenteuer ausgingen.

Vor Ende des 17. Jahrhunderts, als Canada noch nicht ganz 10000 Kolonisten zählte, hatten französische Abenteurer Flaggen und Militärposten auf der ganzen Strecke vom St. Lorenz bis zum Quellgebiet des Mississippi aufgepflanzt und diesen Strom hinunter bis zum Golf von Mexiko, von alledem Besitz ergreifend im Namen des Königs von Frankreich. Aber in diesem ganzen großen Umkreis gab es keine einzige wirkliche Ansiedelung, die sich auch nur mit der schwächsten von Massachusetts hätte messen können.

Sogar im Jahre 1759 hatte ganz Canada erst 82000 weiße Einwohner — nach zwei Jahrhunderten einer erkünstelten und sehr kostspieligen „Schutzherrschaft". Unter solchen Verhältnissen kann man wohl mit Sicherheit annehmen, daß Canada unvermeidlich an die Neuengland-Kolonieen oder an die Vereinigten Staaten hätte fallen müssen auch ohne den Streich, den Wolfe im Jahre 1759 vollführte.

Die Einnahme Canadas durch England erwies sich als eine große Wohlthat; denn das englische Regiment brachte augenblicklich Leben in Handel und Verkehr und verschaffte dem Volke mehr politische Freiheit, als es jemals zuvor gekannt hatte. Als im Jahre 1776 der amerikanische Krieg ausbrach, vergalten die französischen Ansiedler diese gute Behandlung dadurch, daß sie mit den Vereinigten Staaten nicht gemeinsame Sache machten. Canada wurde deshalb auch nach dem Kriege eine Zufluchtsstätte für viele Amerikaner, die dem Mutterlande während des Krieges treu geblieben waren.

Bis zur Stunde finden wir in Canada eine große französisch sprechende und der römisch-katholischen Religion anhängende Volksgemeinde; in ihrer Sprache so wenig wie in ihrer Religion wird sie von der protestantischen englischen Regierung beeinträchtigt. Das Französische gelangt in der Legislatur zur Anwendung, und die beiden Sprachen haben in Wirklichkeit Gleichberechtigung. Die Nachkommen der alten französischen Bevölkerung hängen mit Bauernzähigkeit an ihrer Sprache und Religion, — aber sie lernen englisch, und zwar bekunden die einzelnen dabei eine um so größere Bereitwilligkeit, je mehr sie den Verstand haben, nach einer Verbesserung ihrer sozialen Stellung zu trachten. In Canada geht die gleiche Umwandlung vor sich wie in Holländisch Südafrika, — das Englische überwältigt alle anderen Sprachen, nicht weil die Staatsgewalt sich dafür ins Zeug legt, sondern weil das Volk selbst mit zunehmender Bildung zur Einsicht kommt, daß die englische Sprache vorteilhafter ist.

XXI.

Der französische Geist auf den westindischen Inseln.

„Der Krieg ist die grausame, die Kolonisation die friedliche Lösung eines wirtschaftlichen Problems."

(Colonel Monteil, aus einem Vortrag, 1898, Paris.)

Freiheit und Fortschritt, ein Verdienst der Freibeuter — Martinique und Guadeloupe — Wirkung der Sklaverei.

Die französische Kolonie in Canada wurde von Anfang an in der Entwicklung geknickt, indem man sie in den Priester- und Beamtenrock zwängte. Die Französisch-Westindischen Inseln dagegen zeigten eine außerordentliche Fähigkeit zu Leben und Gedeihen, die herrührte von der großen Menge von Freibeutern oder Buccaniern, aus denen die ersten Ansiedelungen bestanden. Zu gewisser Zeit überragte San Domingo, während es unter französischer Herrschaft stand, Cuba bei weitem an Wichtigkeit, und heute ist Martinique diejenige seiner Besitzungen, auf welche Frankreich mit gerechtem Stolz blickt.[1])

[1]) Die an Schatten reiche Geschichte von Haiti und San Domingo wird durch folgende Daten veranschaulicht: 1492 wurde

Als ich diesen Teil der Welt das erste Mal besuchte, stand Martinique unter Quarantäne wegen des gelben Fiebers, deshalb ging ich in Guadeloupe, der Schwesterinsel, die ein klein wenig größer ist, an Land.

Martinique genoß den Vorteil, während der Kriege gegen die französische Revolution von England besetzt worden und deshalb auch dem politischen Chaos entgangen zu sein, das der gewaltsamen, von der Revolutionsregierung in Paris angeordneten Emanzipation der Neger folgte. Guadeloupe hatte zu leiden, weil es nicht von England besetzt worden war. In der That ist das ein beinahe komischer Zug, der durch die Kolonialgeschichte romanischer Völker geht, daß Krieg für ihre Kolonieen ein Segen war, und zwar immer solcher Krieg, der fürs Mutterland Niederlage bedeutete! Das Aufblühen von Manila begann mit der englischen Okkupation von 1762 — und von Havana kann man das gleiche sagen. Das Aufblühen des Handels von Argentinien datiert von der englischen Okkupation im Jahre 1808, und wenn Martinique heute reicher ist als Guadeloupe oder Cayenne, so muß das dem Umstande zugeschrieben

---

es durch Columbus entdeckt; 1493 wurde hier die erste spanische Kolonie eingerichtet. Damals wurde es Hispaniola genannt. 1697 wurde es französisch, nachdem es 30 Jahre lang die auserkorene Heimat von Buccanieren gewesen war. Von 1790 bis 1793 feierten die Schwarzen eine Orgie des Blutvergießens, die es Paris noch zuvorthat; Toussaint Louverture wurde Neger-Diktator, und 1801 wurde die Unabhängigkeit proklamiert. Von dieser Zeit an bis auf den heutigen Tag ist die Insel sprichwörtlich gewesen für groteske Nachäffung der Staatsordnungen der Weißen. 1844 machte sich San Domingo los und bildete eine zweite sogenannte Republik.

werden, daß es allein, und die andern nicht, von England besetzt wurde.

In Guadeloupe machte ich die Bekanntschaft einer Neger-Demokratie, die seit der Errichtung der französischen Republik von 1870 sehr geräuschvoll auftritt.

Ein Bootsmann, Mulatte, hatte sich beleidigender französischer Ausdrücke bedient gegen einige meiner Mitpassagiere von New York, die sich ausschifften und Konkurrenzboote bestiegen hatten, um sich ans Land rudern zu lassen. Ich ging damals infolge eines Unfalls auf Krücken und blieb an Bord, aber da ich die Roheit des genannten Bootsmanns bemerkte, machte ich andere Passagiere darauf aufmerksam, was bewirkte, daß sich ihm von unserem Schiff niemand anvertraute.

Als ich zu meiner Chaiselongue zurückgekehrt und das Hinterdeck von jedermann außer mir verlassen war, da tauchte plötzlich oben an der Fallreepstreppe der Kopf desselben Negers auf, — er schaute prüfend sich nach allen Seiten um —, sah, daß ich allein war, — zog rasch ein Messer hervor und ging schnell mit einem Sprung auf mich los. Natürlich war ich hülflos, und meine einzige Hoffnung bestand darin, Zeit zu gewinnen; — so that ich denn, als ob es mir ganz recht wäre, wenn meine Gurgel abgeschnitten würde, und legte mich in meinen Stuhl zurück, die Augen fest auf den Kerl geheftet. Ich sagte nichts. Er schwang sein Messer über dem Kopf und zischte mir zu: „Ich werde Sie töten!"

„Gut!" sagte ich, „töte mich, — und dann wirst du gehängt werden!" Mein Rettungsmittel war, daß ich die Sache als Scherz auffaßte — und zu meinem Glück half es. Der Mann war eben in Wut, und die Wallung des Augenblicks hätte ihn leicht zu einer unüberlegten Bewegung hinreißen können, der ich mit keinem Schrei und mit keiner Aktion hätte zuvorkommen können. Aber die Zornesanwandlung ging so schnell vorüber, wie sie gekommen war; denn der Neger in Guadeloupe ist derselbe wie in Mozambique oder Alabama. Zwei Minuten nach seinem Angriff auf mich bat er mich um Verzeihung und daß ich ihn nicht anzeigen solle.

Ich war damals nicht in der Stimmung, Polizeireformen vorzunehmen; so erschöpfte ich denn meinen französischen Wortschatz in einer Standrede über Höflichkeit, und der Kerl, der fast mein Mörder geworden wäre, versprach fest, sie sich zu Herzen nehmen zu wollen. Dann ging ich mit ihm an Land und humpelte nach Point à Pitre, der Hauptstadt. Das war ein kleines Neger-Paris. Die Bauart und die Verzierungen trugen den Stempel des Mutterlandes. Die farbigen Frauen schwebten die Straßen entlang in Kleidern, die an Kaiserin Josephine gemahnten, die Schleppe über den einen Arm gehängt, so daß sich in etwas koketter Entblößung die Füße bis über die Knöchel zeigten. Die schwarzen Frauen waren außerordentlich graziös und vorteilhaft gekleidet im Vergleich zu denen auf den englischen Inseln Barbados und Antigua. Aber überall trat mir das Resultat von unnatürlichen Allianzen vor die Augen. Natürlich war der unvermeidliche Kiosk da, mit Plakaten, die in französischer Sprache Tanzgelegenheiten, Konzerte und ähnliches anzeigten; die Straßen trugen die Namen von Straßen in Paris, und unter Zeltdecken vor den Cafés standen auch die kleinen, heimlichen Tischchen, an denen Absinth und Syrup geschlürft, französische Zeitungen gelesen und Domino gespielt wurde.

Selbstverständlich rastete ich in dieser kleinen Pariser Oase, und ein freundlicher französisch-kreolischer Herr zog mich in eine Unterhaltung, die von ihm auf das Thema gelenkt wurde, daß die Republik Frankreich und seine Kolonien ruinieren werde, indem sie die öffentliche Gewalt viel zu sehr in die Hände der Neger gebe. Er sagte mir, daß alle Weißen die gleiche Meinung hätten wie er, daß Guadeloupe sogut wie Martinique bald zu der Wildheit von Haiti und San Domingo zurückkehren würde, wenn nicht den Volksfreiheiten Einhalt geschehe in einem Staatswesen, wo das schwarze Element dem weißen überlegen sei. „Voyez-vous, monsieur, wir Kreolen sind nicht republikanisch gesinnt, aber unsere Regierung giebt vor, wir seien es. Eine Neger-Republik ist ein Unsinn — voilà tout!“

Ich erzählte ihm darauf die Geschichte, die mir am Morgen begegnet war; er zuckte die Achseln und sagte: „Ma foi! Das ist der logische Effekt der Neger-Demokratie.“ [1])

---

[1]) Dr. Du Bois von der Universität von Pennsylvania hat eine erschöpfende Studie veröffentlicht über den Neger in Philadelphia und in anderen weiter südlich gelegenen Städten. Er sagt: „Der große Mangel am Neger ist sein geringes Verständnis für die Kunst eines organisierten sozialen Lebens — dieses vollendetsten Ausdrucks menschlicher Kultur. Seine Entwicklung im Gruppenleben wurde jäh abgebrochen durch das Sklavenschiff, in anormale Bahnen geleitet, durch die Black Codes hintangehalten und dann plötzlich durch die Emanzipations-Proklamation wieder vorwärts getrieben. Deshalb ist der Neger besonders

Mein französischer Freund fand lobende Worte nur für die römisch-katholischen Barmherzigen Schwestern, und ich stimmte hierin mit ihm überein, was ich auch sonst für eine Meinung haben mag über die politische und theologische Maschinerie, von der sie ein Teil sind.

Als ich zum Thor ihrer Anstalt hinaufgehumpelt kam, wurde ich von den Schwestern, echten Französinnen, bewillkommt. Die Oberin führte mich zu einem Schutzdach, in dessen Schatten Hunderte von kleinen Kindern sich tummelten, deren Hautfarbe vom Pechschwarz bis zum Honiggelb wechselte.

Sie waren ein entzückendes Bild von munterem, sorglosem Leben — ergötzlicher noch als ein Korb voll junger Katzen. Sie plapperten alle französisch, — wenigstens die, welche überhaupt schon sprechen konnten, und die Oberin ließ sie eine kleine Kindergartenübung vor mir ausführen, die hauptsächlich darin bestand, daß sie in die Hände klatschten, französische Liedchen sangen und im Kreis herumwatschelten wie eine Schar von jungen Enten. In dieser Anstalt lassen Mütter, während sie selbst ihrer täglichen Arbeit nachgehen, ihre Kinder gegen eine bestimmte Geldentschädigung pro Tag ernähren, erziehen und sich belustigen.

Um den Kindern eine Ahnung von Pflicht beizubringen, befolgte die Mutter Oberin, eine mildvornehme

---

schwach in dieser schönen Anpassung des individuellen Lebens an das Leben der Gruppe, welches das Wesen der Civilisation ausmacht. Das zeigt sich in den gröberen Gestalten geschlechtlicher Unsittlichkeit, Krankheit und Verbrechen, auch in der Schwierigkeit der Rassenorganisation für gemeinsame Zwecke in ökonomischer oder intellektueller Hinsicht."

Erscheinung, ein Verfahren, womit sie eine kleine Illustration zu dem lieferte, was man der römischen Kirche nachsagt, daß sie nämlich Zuwiderhandeln gegen das strenge Gebot gestatte, wenn es um einer guten Sache willen geschehe. Sie richtete an die Kleinen ungefähr folgende Ansprache: „Liebe Kinderchen, ihr müßt jetzt sehr artig sein. Dieser Herr ist von weit her gekommen, um euch zu sehen. Wenn ihr nicht artig seid, so nimmt er euch mit und bringt euch zu Monsieur de Bismarck."

Das kleine Volk sperrte bei dieser fürchterlichen Drohung die Augen schrecklich weit auf, und ich konnte nicht umhin, zu denken, daß die Augen Monsieur de Bismarcks sich gleich weit öffnen würden, wenn ich im Reichskanzlerpalais an der Wilhelmstraße mit einer Droschke voll Guadeloupe-Negerchen, die ich als Tribut mitgebracht hätte, aufziehen würde!

Aber die Lüge der Dame enthielt etwas Wahres: nämlich die Thatsache, daß Bismarcks Name bis zu den französischen Antillen durchgedrungen ist als Schreckgespenst oder Wau-Wau für unartige Negerbabies.

Guadeloupe und Martinique schicken heute Senatoren und Deputierte in die französische Kammer, und Mulatten predigen bei ihren concitoyens auf den Pflanzungen eine gefährliche Demokratie, deren Begriff von égalité eine Teilung des Besitzes des weißen Mannes bedeutet.

Ich habe hier so viele persönliche Erlebnisse mitgeteilt, bloß um auf die Geistesverschiedenheit hinzuweisen, die zwischen dem Franzosen auf den westindischen Inseln und jenem am St. Lorenzstrom besteht. Hier und dort ist er mit all' seinem Bemühen zu Schaden gekommen wegen zu freier Heirat oder Vermischung mit den Eingeborenen, — einer Vermischung, die den Weißen mehr herabgezogen als den Schwarzen gehoben hat. Aber in ihren Anfängen hatten diese französischen Inselkolonieen einen großen Vorteil vor Canada. Die westindischen Inseln hatten von Anfang der spanischen Herrschaft an die neidische Aufmerksamkeit erregt nicht allein bei rivalisierenden Regierungen, sondern auch bei unternehmenden Einzelpersonen, hauptsächlich französischen, holländischen und englischen Freibeutern. Das französische Regierungswesen bot allerdings das Bild einer Monarchie, die Schritt für Schritt Volksrechte und Volksfreiheiten aus dem Wege räumte; aber gerade dieser Prozeß verwandelte manche aus dem kleinen Adel in geächtete, vogelfrei gewordene Abenteurer. Der Reichtum der spanischen Welt des Westens, die Freiheit des Lebens, die übertriebenen Erzählungen von bequemem Dasein, herrlichem Klima, Schönheit der Frauen, dies alles wirkte zusammen, um nach diesem Teil der Welt ein französisches Volkselement zu lenken, das unter günstigen politischen Bedingungen der Krone ausgezeichnete Dienste geleistet hätte.

Diese Franzosen hatten wenig Lust, sich in die Theologie ihrer Mitmenschen zu mischen, und was auch immer ihre heimatliche Regierung an Zwangsmaßregeln auf dem Wege der Ketzergesetzgebung durchführen mochte, auf den westindischen Inseln war keine Gewalt stark genug, um die Gesetze auszuüben.

Im Jahre 1625, ganz zu gleicher Zeit mit der formellen Koloniegründung am St. Lorenz und einige Jahre nach der Besetzung New Yorks durch die Holländer, segelte ein abenteuernder Edelmann aus der Normandie mit einigen fünfzig Mann und vier Kanonen von Dieppe ab. Er kam nach St. Kitts und kehrte mit glänzenden Berichten über seine Entdeckungen nach Frankreich zurück. 1626 gab Kardinal Richelieu diesem Abenteurer eine Konzession für St. Kitts und Barbados, indem er für die Krone ein Zehntel der Einkünfte zwanzig Jahre lang vorbehielt. Diese Inseln sind jetzt ganz englisch, soweit sie nicht nach den Vereinigten Staaten neigen. Aber damals bildeten sie den Grundstein zu Ludwigs XIV. westindischem Reich. Die Kompagnie war berechtigt, Auswanderer anzuwerben, die auf drei Jahre verpflichtet wurden und thatsächlich als weiße Sklaven zu arbeiten hatten. Frankreich hatte sich auf den Antillen eingerichtet mit einer Aristokratie von Grundherren, mit weißen Arbeitssklaven und mit Kronschutz, der in einem Handelsmonopol des Mutterlandes bestand. Aber das Vorwärtskommen unter diesem System war sehr langsam, und die Leute auf St. Kitts wären zu gewisser Zeit Hungers gestorben, wenn nicht ein holländisches Schiff mit Nahrungsmitteln vorbeigefahren wäre. Bald hatten Holländer den ganzen Handel mit der Insel in der Hand, ungeachtet der französischen Strafandrohungen in dieser Angelegenheit.

Der Schmuggel auf den westindischen Inseln, von Seeräuberei nicht zu reden, wurde außerordentlich begünstigt durch das wunderschöne Wetter während des größten Teils des Jahres, durch die Beständigkeit der Passatwinde und durch die große Menge von Schlupfwinkeln oder versteckten Zufluchtsorten, die nur denen bekannt waren, die fortwährend in diesen Gewässern sich aufhielten. Kleine Schiffe mit geringem Tiefgang und verhältnismäßig großem Takelwerk und mit einer Ladung, die aus nichts als Waffen und Streitern bestand, hatten bei den Antillen große Vorteile gegenüber den schwergeladenen, tiefgehenden Kauffahrteischiffen oder Kriegsschiffen jener Zeit. Spanien mit all' seiner Macht fand es unmöglich, die Seeräuber zu unterdrücken, und kein anderes Land hatte das gleiche unmittelbare Interesse an der Sache. Die Schätze Spaniens und seine europäischen Kriege hatten eine Klasse von Abenteurern erzeugt, denen man die Seeräuberei so lange nachsah, als sie den Feind des Mutterlandes damit schädigten. So füllten sich die westindischen Inseln mit „ehrlichen" Piraten, die den einen Tag spanische Schiffe in den Grund bohrten, am nächsten Tag einen Schmuggelhandel besorgten und Rechnungsabschluß machten, indem sie einen Teil der Beute an die französischen römisch-katholischen Missionare abgaben und dafür aus deren Händen das Sakrament empfingen.

Jener Meistermissionar — der Dominikanerpater Labat — erzählt irgendwo in seinem köstlichen Buch über die westindischen Inseln, daß er während der Jahre seines Aufenthaltes in Guadeloupe und Martinique niemals auch nur einen Heller habe ausgeben müssen für Kirchengewänder oder anderen Kirchenschmuck, — er bekam alles, was er wünschte, von frommen Piraten bei ihrer Rückkehr von Raubzügen auf Kosten der spanischen Weltmacht.

Pater Labat steht bei den französischen Kreolen in liebem Andenken, und von den Schwarzen wird er wegen des vielen Guten, das er zu seinen Lebzeiten vollbracht hat, wie ein Gott verehrt, — er baute Kirchen und Festungen; er belebte den Handel; und vor allem, — er schlug mit viel Verständnis Instruktionen aus der Heimat in den Wind.

Je intoleranter Frankreich wurde, um so hartnäckiger machte der westindische Franzose sich ein Verdienst daraus, Akte der heimischen Regierung als null und nichtig zu behandeln. Das Gesetz, das nur den Katholiken erlaubte, sich in den Kolonien anzusiedeln, wurde von niemandem mit größerer Verachtung abgewiesen, als von diesem Dominikanerpater, der in einem berühmten Brief schrieb, ihm sei es ganz gleich, ob sein Zuckerrohr bei einem Lutheraner oder bei einem Katholiken gewachsen sei, solange es nur gut und weiß sei.

Einem Juden (Da Costa) aus Brasilien verdankten die französisch-westindischen Inseln die Einführung des Zuckerrohrs und der Fabrikationsweise, nach der es für den Gebrauch zubereitet wird (1644). Ketzer hatten sich zu sehr in Achtung gesetzt bei den rechtgläubigen Kreolen von Martinique, als daß diese so beschränkten Anschauungen, wie sie in Paris an der Tagesordnung waren, leicht hätten huldigen können. Seeraub, Schmuggel und Flibustiertum lösten für Ludwig XIV. die Aufgabe der Kolonialpolitik viel besser, als es irgend ein anderes von seinen Staatsministern oder Kardinälen für ihn ersonnenes System zu Wege brachte. Seine westindischen Kolonien gediehen nicht wegen, sondern trotz seiner Protektion.

Im Jahr 1635, hundert Jahre nach der Entdeckung des St. Lorenz durch Cartier, gedachte Ludwig XIII. die Verhältnisse seiner westindischen Inseln mehr ins einzelne hinein zu regulieren und vor allem eine Ausschließlichkeit des französischen Handels dort durchzusetzen — was aus augenfälligen Gründen unmöglich war.

Er stellte der ursprünglichen Gesellschaft von 1626 einen erweiterten Freibrief aus, der sie ermächtigte, die ganze Gruppe der westindischen Inseln einzunehmen und sie ungefähr nach ihrem Belieben zu verwalten, vorausgesetzt, daß nur Franzosen und Katholiken zugelassen und daß jeder Ansiedlung drei Missionare zugeteilt würden; daß Anstrengungen gemacht würden, um die Eingebornen zu bekehren; und daß man in den folgenden zwanzig Jahren 4000 Auswanderer aus Frankreich als Kolonisten dort ansiedelte. Die Bekehrungsklausel gab das Zeichen zu einem allgemeinen Blutbad uuter den Eingeborenen, unter dem Vorwand, daß sie sich der missionarischen Belehrung widersetzten; und im Jahre 1642 kündigte die Gesellschaft an, daß bereits 7000 Franzosen angesiedelt seien.

Dank der trotz Ludwig aufblühenden Freiheit fand sich eine Bevölkerung zusammen von vielerlei Art und von tüchtiger Beschaffenheit, und unter dem Einfluß der lokalen Selbstregierung der Buccanier oder Flibustier verwandelte sich die Kreolengemeinde bald in einen politischen Körper, in dem jeder sein Teil zum Gemeinwohl beitrug, und wo sich keine privilegierte Klasse über den Rest der Gesellschaft erhob.

Von Anfang an war ein großer Vorrat von weißen Arbeitskräften vorhanden, bestehend aus jenen Einwanderern, die ein hartes Geschick gezwungen hatte, eine Arbeitssklaverei von drei Jahren auf sich zu nehmen, um eine letzte Zuflucht für unabhängiges Dasein unter besseren politischen Bedingungen zu finden.

Ihrer Arbeit wurde im Anfang hohe Wertschätzung zu teil; als aber später die Zuckerfabrikation zur alleinherrschenden Industrie wurde und alle Pflanzungen in den Dienst dieser einen Industrie übergingen, und als afrikanische Neger eingeführt wurden, die zu der großen industriellen Maschine die Bestandteile stellten, und als vor allen Dingen die soziale Stellung des Pflanzers sich nach der Zahl der Sklaven richtete, die er besaß — da hörte die Arbeit des Weißen auf, geachtet zu werden, und Schwarze wurden die ausschließlichen Bebauer des Bodens.

Der Pflug verschwand mit der Ankunft des Negers und der Zuckermühle; — und während auf den Pflanzungen mehr Geld gemacht wurde, beklagen französische Berichte den Verfall der Gesundheit und Tüchtigkeit des politischen Gemeinwesens, den die Anhäufung großer Vermögen in wenigen Händen mit sich brachte.

Adam Smith und andere haben bemerkt, daß die Sklaverei auf den französischen Inseln weniger hart sei als irgendwo anders. Ohne Zweifel kommt ein Verdienst an diesem erfreulichen Resultat der Kirche zu, und in zweiter Linie hängt dasselbe zusammen mit der Thatsache, daß der französische Pflanzer in intimerem Verkehr mit der untergeordneten Rasse lebte als der Engländer.

XXII.

Die westindischen Inseln vor zweihundert Jahren.

De Pradt, Erzbischof von Mecheln (geb. 1759, gest. 1837) sagt in seinem Werk über Kolonien: „Negerarbeit ist in Kolonien unentbehrlich. Entweder muß man Neger gebrauchen, oder man muß die Kolonien fahren lassen. Ich kann mir San Domingo so wenig ohne Neger denken als Brie ohne Pflug." vol. I., p. 259.

Die Reise des Pater Labat — Außerordentlicher Luxus — Behandlung der Eingeborenen.

Wenn jemand luxuriöses Leben auf der hohen See sehen will, so soll er es nicht auf einem modernen Dampfer suchen, sondern auf Segelschiffen. Das ist meine Erfahrung; — und wenn er mir nicht glauben will, mag er vom Dominikanermissionar (Labat) hören, wie für dessen Leibesnotdurft gesorgt war, im Jahre 1693, auf seiner sechzigtägigen Reise von Frankreich nach Westindien. Er sagt bezüglich seiner Tagesordnung: „Wenn die Messe gelesen war, setzten wir uns zum Frühstück. Wir bekamen gewöhnlich Schinken oder eine „pâté" mit einem „ragoust" oder einer „fricassée", Butter und Käse und „surtout de très bon vin", und morgens wie abends frisches Brot."

Die Hauptmahlzeit wurde am Mittag, gleich nachdem die Beobachtung geschehen war, serviert und bestand aus „grand potage avec le bouili qui était toujours d'une poitrine de bœuf d'Irlande, du petit salé, et du mouton, ou du veau frais, accompagné d'une fricassée de poulets, ou autre chose."

Darauf folgte „un plat de rôti, deux ragoûts et deux salades; pour le dessert nous avons du fromage, quelques compôtes, des fruits crus, des marrons et des confitures."

Unser Epikuräer fährt fort mit der Erklärung, woher es kommt, daß so oft Salat auf dem Tisch erscheint, indem er uns erzählt, daß sie an Bord hatten ... „bonne provision de betteraves, de pourpier, de cresson et de cornichons confits", und zwei große Beete mit „chicorée sauvage en terre", welche so ausgezeichnet befunden wurde, daß der Kapitän Tag und Nacht eine Schildwache dazustellte, damit sie nicht von Matrosen oder Ratten angetastet würde. Und wenn eine Salatkiste aufgebraucht war: „Nous y semâmes des graines de laitues et de raves que nous y eûmes le plaisir de voir croître et de manger avant d'arriver à la Martinique." „Und so geschah es", sagt er, „daß wir nie Mangel an Salat hatten, einem erfrischenden Gericht, das niemandem auf langen Reisen gleichgiltig sein kann." Amen, sage ich, und ich glaube, daß das Echo zu diesem Amen jedem Reisenden entfahren wird, der sich einmal Tag für Tag zu den Dampfermahlzeiten niedersetzen mußte, zu schlechtem Kaffee, schlechten Eiern, schlechter Butter, schlechten Kartoffeln und zu allem möglichen anderen ganz gleich schlechtem Zeug, dem der Steward mit derselben Gleichmäßigkeit die Entschuldigung beifügte: „Es ist sehr schwer, die Sachen frisch zu erhalten, u. s. w.“ eine armselige Lüge, die höchstens den täuscht, der zum erstenmal eine Seereise macht.

Das Abendessen des Pater Labat bestand gewöhnlich aus „une grande soupe avec une poule dessus; deux plats de rôti, deux ragoûts, deux salades et le dessert.“ Da der wohlehrwürdige Herr in der Geschichte bekannt ist als ausgezeichneter Kenner dessen, was auf der Tafel erscheinen sollte, ist es wohl der Mühe wert, noch zu erwähnen, daß nach seiner Meinung die Mahlzeiten waren „parfaitement bien servis et avec beaucoup de propreté.“ Da sie bei Tische ihrer zwölf waren, bestimmte der Kapitän ihre Plätze, so daß jeder immer sein gleiches Tischtuch hatte, von dem wir erfahren, daß es zweimal wöchentlich gewechselt wurde.

Wer würde heute nicht mit der Hälfte des Luxus zufrieden sein, der dem armen Missionar vor zweihundert Jahren zu teil wurde!

Was den Wein betrifft; — sie lebten in einer Zechbrüderschaft, so daß selbst Horaz nichts hätte daran aussetzen können; denn jeder, mit Ausnahme von einem, brachte ein gehöriges Quantum von seinem eigenen mit. Sie warfen die Schlüssel zu ihren Weinkisten über Bord und legten einen gemeinsamen Keller an. Unser apostolischer Epikuräer erzählt mit Geschmack, wie dann diese einzige Ausnahme unter den zwölfen, die zusammen tranken, gequält wurde. Es war der Supercargo. Eines schönen Tages geriet die übrige Tischgesellschaft hinter seinen Weinschrank, trank seinen Inhalt aus und füllte die Flaschen wieder mit Salzwasser!

Labat war schlecht zu sprechen auf die Engländer, er erzählt, gestützt auf „témoins oculaires et dignes de foi“ von ihrer angeblichen Barbarei, daß sie die Gewohnheit hätten, Neger und Indier, die sich gegen sie etwas zu schulden kommen ließen, in das Walzenwerk einer Zuckermühle zu stecken, wie wir nasse Kleider durch eine Wringmaschine gehen lassen, — wobei die Opfer Zoll für Zoll zermalmt wurden, so wie die schrecklichen Walzen sich drehten. „Je ne sais, si on peut inventer un supplice plus affreux!“

„Sage man, was man will, von Eisenwerken und Glashütten und anderen solchen Fabriken,“ bemerkt der Missionar, „sie sind nicht so schlimm wie eine Zuckermühle; denn die ersteren arbeiten nur zwölf Stunden täglich, die letztere aber achtzehn, und von den sechs Stunden, die dem armen Teufel von Sklaven bleiben, muß man die Zeit zum Essen abziehen und häufig die Zeit, die er braucht, um Krabben zu fangen, denn viele Herren geben ihren Sklaven nur ein wenig Magnoc-Mehl.“

Labat erzählt, daß die Sklaven eine halbe Stunde vor Tagesanbruch zur Morgenandacht bereit sein mußten, einem Geschäft, das oft eine beträchtliche Zeit in Anspruch nahm, da in den „maisons bien réglées on fait un petit Catèchisme pour les nouveaux nègres qu'on dispose au baptême, ou aux autres sacremens, quand ils sont baptisés.“

Dann gingen die, welche in den Zuckerwerken arbeiteten, sei's bei den Oefen, sei's in der Siederei oder in der Mühle, auf ihren Posten und arbeiteten bis um sechs Uhr abends, ohne auch nur eine Minute zum Essen zu haben; und was auch immer ihnen widerfuhr, sie mußten es hinunterschlucken und arbeiten, ohne Unterbrechung arbeiten unter der Peitsche des Aufsehers.

Der fromme Pater, der seine Sklaven ungern „faibles et chancelans faute d'un petit secours“ sah, schickte ihnen zu Mittag ein Gericht Maismehl mit Bouillon, ein Stück gesalzenes Fleisch und Gemüse und dazu „un coup d'eau de vie“, wobei er ohne Zweifel bessere Arbeit von ihnen geliefert bekam.

Er speiste auch die kleinen Kinder am Mittag und enthob die Eltern dieser Sorge, so daß die Mütter ihre Kleinen nach Feierabend nur von ihrem Lager auf dem Zuckerrohrhaufen hervorzuholen brauchten, „où ils les trouvaient endormis, pour les porter coucher à leurs cases.“

Pater Labat erzählt seinen Lesern mit großer Indignation, daß seit 1694 auf den westindischen Inseln die Seidenkultur aufgegeben worden sei, einfach aus dem Grunde, weil Ameisen und andere Schädlinge den Eiern und Cocons gefährlich geworden wären. „Aber“, sagt er, „wir hätten früher dem Uebel wehren können; wir könnten es noch jetzt, und es wird uns auch in der Zukunft nicht schwer sein, und wenn wir Mittel gefunden haben, viele andere Dinge vor den Verheerungen dieses Ungeziefers zu schützen, so sollen wir auch den Seidenwurm schützen können.“ Und er erwartet von der Seidenkultur großen Nutzen, weil das Klima eine ununterbrochene Ernte gestattet, da die Maulbeerbäume immer Blätter haben und die Eier sich deshalb, sobald sie da sind, entwickeln könne. Im Ton der Bitterkeit erzählt Labat, wie „le Sieur Piquet de la Celle Commis, Principal de la Compagnie de 1664“, und seine Frau, beide aus der Provence, mit der

Seidenfabrikation den Versuch machten, und wie derselbe so gut gelang, daß sie einige Stränge an Colbert, „Ce Ministre incomparable“, senden konnten; wie dieser sie Ludwig XIV. vorwies, mit dem Erfolg, daß die guten Leutchen von dem großen Monarchen fünfhundert Thaler, ungefähr 1500 Franks nach heutigem Geld, bekamen, die in erster Linie dem provençalischen Ehepaar zur Ermunterung bei ihrem guten Werk dienen und zur Aufwendung frischen Kapitals und fernerer Arbeit den Ansporn geben sollten.

„Nichts auf der Welt“, sagt dieser ehrwürdige Nationalökonom, „wäre besser für das Königreich und unsere Kolonien gewesen; denn wir würden dann zu Hause gefunden haben, was wir jetzt von Fremden beziehen müssen, die sich auf unsere Kosten bereichern.“

Im Jahre 1699 wurde die Tabak liebende Welt in lähmenden Schrecken versetzt durch die Schlußnahme des Medizinischen Kollegiums von Frankreich, männiglich sei kund und zu wissen, daß der Gebrauch des Tabaks das Leben verkürzt. In einem Augenblick sahen alle, die vom Handel mit diesem Lasterkraut lebten, nichts anderes mehr vor sich als den Bankerott. „Denn“, so philosophiert Labat, „tout le monde veut vivre, et comment espérer une longue vie après un arrest si solennel?“

Aber die große Panik ward gedämpft, wie uns unser ehrwürdiger Geschichtsschreiber erzählt, als dem Publikum die merkwürdige Thatsache bekannt wurde, daß der edle Herr, der am lautesten geeifert hatte, Tabak sei ein tötliches Unkraut, gleich nachdrücklich die Vorschrift übertrat, die er für die andern erlassen hatte. „Son nez n'était pas d'accord avec sa langue: car on remarqua, que, pendant tout le temps que l'acte dura, il eut toujours sa tabatière à la main, et ne cessa pas un moment de prendre du tabac."

Damit setzte auch schon die Reaktion ein, und wenn wir unserem geistlichen Freunde glauben dürfen, ist der heutige Tabakverbauch winzig klein gegen den, der im goldenen Zeitalter der Lettres françaises stattfand. Man gebrauchte das Kraut damals „avec une espèce de fureur, qui ne permit plus de distinguer ni les lieux, ni les temps, ni les âges, ni les sexes, ni les temperaments, ni les personnes." Die Leute fröhnten dem Tabakschnupfen beim Gehen, beim Sprechen, beim Essen — sogar beim Beten —; und von einigen erzählte man, daß sie in der Nacht erwachten, um eine ordentliche Prise zu nehmen. Sie konnten nicht begreifen, daß man so lange hatte ohne Tabak leben können, und waren fest überzeugt, daß Nichtrauchen ihr Tod sein würde. „Die Leute gingen so weit, daß sie in der Kirche schnupften, in Gegenwart Gottes, den man dort anbetet, und das ‚Sacrifice redoutable', das dort verrichtet wird, reichte nicht hin, die rechte Ehrfurcht und Aufmerksamkeit einzuflößen, die gläubige Christen haben sollten." Päpste erließen Bullen in der Sache, aber das Ende war, unnötig zu sagen — Rauchen!

Labat besuchte 1700 auf seinem Weg von Barbados Grenada, und der Unterschied berührte ihn so schmerzlich, daß er nicht umhin konnte, seiner Verstimmung Ausdruck zu geben. „Die Engländer", sagt er, „sind uns weit überlegen in der Ausnützung ihrer günstigen Gelegenheiten, und wenn Grenada ihnen gehört hätte, würde es schon längst sein Aussehen verändert haben und eine reiche und mächtige Kolonie geworden sein. Statt dessen haben wir nichts gethan, um Vorteil aus dem zu ziehen, was uns dort vor Augen liegt, und trotz der vielen Jahre, seit denen wir es besitzen, ist das Land noch unbebaut, schlecht bevölkert, ohne Erwerbsmittel, ohne Handel, arm, seine Häuser oder, besser gesagt, Hütten sind schlecht gebaut und noch elender ausgestattet, — kurz alles noch ungefähr in demselben Zustand wie im Anfang (1650), als M. du Parquet die Insel von den Cariben kaufte."

Der Weinhändler unter der Regierung Ludwigs XIV. hat augenscheinlich ein Gewissen gehabt, das sich nicht sehr unterschied von demjenigen seiner heutigen Nachkommenschaft; denn Labat, der wußte, was ein guter Tropfen ist, sagt, daß kein Bewohner der westindischen Inseln Bordeaux kaufen solle blos auf die Etiquette hin, — er müsse ihn selber versuchen. Der Weinverbrauch, sagt er, war damals ungeheuer groß, und er wagt nicht zu wiederholen, was ihm die Zollbeamten darüber unter vier Augen mitgeteilt haben, damit er nicht „in den Verdacht der Uebertreibung komme". Er trank draußen nicht allein Bordeaux und Cahors-Gewächs, sondern auch andere Weine aus der Provence und aus Languedoc, auch Italiener, Spanier, Madeira, Wein von den canarischen Inseln, aus Portugal, Rheinwein, Neckarwein und Moselwein, Burgunder und Champagner — ein gutes Assortiment für jene Zeit.

Was „Eaux-de-vie, et de toutes sortes de liqueurs" anbelangt, französische und ausländische, „la consommation qui s'en fait passe l'imagination; tout le monde en veut boire, le prix est la dernière chose de quoi on s'informe!“

Dieser Teil der Erde muß im Jahre 1694 ein Paradies für Händler gewesen sein, denn Labat schreibt: „Les toiles les plus fines, les plus belles mousselines, et les mieux travaillées, les perruques les plus à la mode, les chapeaux de castor, les bas de soye et de laine, les souliers, les bottines, les draps de toute espèce, les étoffes de soye, d'or et d'argent, les galons d'or, les cannes, les tabatières et autres semblables bijoux, les dentelles les plus fines, les coiffures de femme, de quelque prix qu'elles puissent être, la vaisselle d'argent, les montres, les pierreries, en un mot, tout ce qui peut servir à l'habillement des hommes, à l'ameublement et ornement des maisons, et surtout aux parures des femmes; tout est bien vendu chèrement et promptement.“

„Denn“, so fährt unser philosophierender Coelibatär fort, „das weibliche Geschlecht ist das gleiche auf dem ganzen Erdenrund; eitel, launisch, anspruchsvoll. Die Handelsleute brauchen keine Furcht zu haben, etwas zu verlieren, wenn sie den Frauen Dinge für ihren speziellen Gebrauch verkaufen; denn, wenn ihre Gatten nur ein wenig „difficiles“ in diesem Punkt sind, „elles ont toutes naturellement des talens merveilleux pour les mettre à la raison, et quand cela manque, elles savent en perfection faire du sucre, de l'indigo, ou du cacao de Lune avec quoi elles contentent les marchands, qui, accoutumés à ces manœuvres, leur prêtent la main et leur gardent religieusement le secret.“

Dieses Zucker- u. s. w. de Lune-Machen war damals der Ausdruck für unrechtmäßiges Machen, oder, gerade heraus: für das Stehlen der Sachen; und unser geistlicher Berichterstatter erzählt uns, daß die Frauen auf den französischen Inseln ihren Gatten niemals den wahren Preis dessen, was sie gekauft hatten, angaben, sondern die Differenz mit dem Geschäftsmann ausglichen, indem sie ihn bei nächtlicher Weile Produkte der Pflanzung stehlen ließen. Der Ausdruck „beim Mondschein“, in den Gegenden gebräuchlich, wo unerlaubterweise Whiski gebrannt wird, macht die in Rede stehende französisch-westindische Bezeichnung verständlich.

Pater Labat schrieb im Jahre 1700: „Die Luft ist in St. Kitts sehr rein; infolgedessen wächst hier ein guter Schlag Menschen, der Bau der Frauen ist bewunderenswert, und ihre Gesichtszüge sind sehr regelmäßig. Beide Geschlechter sind voll Witz und Lebhaftigkeit, und beide haben einen vollendeten Körperbau.“ Ein altes Sprichwort sagt, daß St. Kitts den Edelmann erzeugt, Guadeloupe den Bürgersmann, Martinique den Soldaten und Grenada den Bauern.

Die Affen, die jetzt auf diesen Inseln zum Landschaftsbilde gehören, insbesondere in den Ruinen des alten Fort Charles, sollen von einer Anzahl zahmer Affen abstammen, die man aus Privathäusern während eines der zahlreichen früheren Kriege laufen ließ. Schon zu Labats Zeiten bildeten sie eine große Plage wegen ihrer diebischen Talente, und wenn er auf die Affenjagd ging, so hatten er und seine Freunde in etwa das Gefühl, als ob sie sich zusammengethan hätten, um einen gemeinsamen Feind zu vertreiben. Aber trotz ihrer Spitzbübereien ward des Priesters Herz gerührt, als er entdeckte, daß er ein Muttertier geschossen hatte, dessen Kleines sich noch nach dem Tode des alten Tieres an dessen Hals klammerte und nur mit Mühe dort weggenommen werden konnte. Den kleinen Affen nahm er übrigens mit nach Hause, und es wurde ihm daraus ein lustiger kleiner Kamerad.

Sein Freund, der Pater Cabasson, hatte einen Affen, der ihm so anhänglich war, daß er ihn nicht mehr verlassen wollte, und wenn der Pater in die Kirche ging, um Gottesdienst zu halten, so mußte er den Affen in sein Studierzimmer einschließen, damit er ihm nicht nachlief. Eines Tages entwischte der Affe, versteckte sich, wie es scheint, auf der Kanzel und zeigte sich nicht, bis die Predigt angefangen hatte. Dann trat er an den Rand des Kanzeldaches vor, sah seinem Herrn genau zu und fing dann an, die Gesten seines Herrn nachzumachen — bis natürlich die ganze versammelte Gemeinde lachte. Pater Cabasson, der von der Ursache dieser Heiterkeit keine Ahnung hatte, tadelte die Gemeinde, zuerst nur mit gelinden Worten; als er aber sah, daß das Gelächter an Heftigkeit nur zunahm, im gleichen Maße wie er sich in der Aeußerung seines Mißvergnügens steigerte, überkam ihn ein heiliger Zorn, und er begann, ein heiliges Donnerwetter loszulassen gegen diese Respektlosigkeit vor dem Gotteswort. Je schrecklicher dabei seine Gesten und Gebärden wurden, um so schrecklicher wurden auch die Gesten und Grimassen des Affen, und folglich wieder um so unehrerbietiger ward das Gelächter der Gemeinde. Endlich wurde er seinen Affen gewahr, und da konnte er selbst nicht anders, als in das Gelächter der Uebrigen miteinstimmen. Das Tier konnte durch nichts zum Weggehen bewogen werden, und deshalb mußte er die Gemeinde auf der Stelle entlassen: „n'étant plus lui-même en état de le [le sermon] continuer, ni les auditeurs de l'écouter“.

Einem Priester, der mit Welt und Menschen so vertraut ist, wie Pater Labat, wird es niemals schwer fallen, seine Leser zu interessieren, wenn er Züge aus dem Leben der Gesellschaft mitteilt. In vieler Hinsicht bewunderte er die Engländer — dafür haben wir vielleicht den besten Beweis in der umständlichen, auf die Einzelheiten eingehenden Art und Weise, mit der er seinen Landsleuten erzählt, wie englische Häuser geplündert werden müssen. Er erfreute sich in St. Kitts englischer Gastfreundschaft und nahm einige Eindrücke von dort mit wie diese, daß die guten Leute schöne Punschbowlen hätten, sich sehr gut auf die Ingredienzien und wie man seine Freunde darüber unterhalten müsse, verständen, — eine Eigentümlichkeit von St. Kitts, welche die Jahre nicht haben verwischen können.

Die englischen Damen, bemerkt er, schnitten mit viel Geschicklichkeit und Grazie vor und regten ihre Gäste zum Trinken an, indem sie ihnen mit gutem Beispiel vorangingen. Ich hoffe, daß das Uebertreibung ist. Von den Männern sagt er, daß, „weil sie alle reich sind, sie gerne die Großartigkeit ihrer Lebenseinrichtung sehen lassen und ihre Keller gefüllt halten mit einer großen Auslese von Weinen aus den entlegensten Ecken der Erde.“ Er bemerkte bei Tischgesellschaften, daß der Engländer seinen Geistlichen mit wenig Auszeichnung behandle, und fügt hinzu: „Je ne sais, si c'est par irréligion, ou si c'est la conduite des ministres qui leur attire ce mépris."

Von den anbetungswürdigen Damen auf St. Kitt sagt er: „Les femmes anglaises sont habillées à la française, du moins leurs habillements en approchent beaucoup. Ils sont riches et magnifiques et seraient d'un très bon goût, si elles n'y mettaient rien du leur; mais comme elles veulent toujours enchérir sur les modes qui viennent de France, ces hors d'œuvres gâtent toute la simetrie et le bon goût qui s'y trouverait sans cela."

Er sagt auch, daß er nie in seinem Leben mehr „franges d'or, d'argent, et de soye qu'il y en avait sur ces dames" gesehen habe, — er beschreibt sie als thatsächlich von Kopf bis zu Fuß damit bedeckt, gibt aber zu, daß ihr Leinenzeug sehr fein gewesen sei, ebenso ihre Spitzen.

XXIII.

Das koloniale Frankreich von heute.

„Ueberall in unseren (französischen) Kolonien haben wir ausgezeichnete Eingeborenentruppen herangebildet. Die in Algier haben Sie gesehen. In Senegambien und im Sudan ist es dasselbe. Es sind willige und bewunderungswürdige Soldaten, mit denen ich alle meine verschiedenen Expeditionen gemacht habe. In Indo-China haben wir gerade so gute Resultate — hauptsächlich bei den Annamiten und Tonkinesen."

(Auszug aus einem Brief des hervorragenden Soldaten und Erforschers, des Obersten Monteil von der französischen Armee.)

Seit dem deutsch-französischen Krieg hat die französische Nation in kolonialer Ausdehnung Trost gesucht, und das französische Banner flattert heute über einem ungeheuren Gebiet im nördlichen und äquatorialen Afrika, über Tonkin und einem Teil von Polynesien.[1])

[1]) Das koloniale Frankreich hat ungefähr vier Millionen Quadratkilometer mit über 40 Millionen Einwohnern. Dieser Luxus kostete Frankreich im Jahre 1898 mehr als 20 Millionen Dollar. Deutschland besitzt ungefähr 2 Millionen Quadratkilometer Kolonialgebiet mit nahezu 10 Millionen Einwohnern, und das kostete ihm im Jahre 1898 ungefähr 5 Millionen Dollar. Diese Summen können als der jährliche Preis für koloniale Glorie angesehen werden; — denn in keinem der beiden Fälle steht der in Betracht kommende Handelsverkehr in angemessenem Verhältnis zu den militärischen und Verwaltungskosten.

Frankreich zeigt heute wie in den Tagen von Champlain keinen Mangel an unternehmenden Geistern, und die Geschichte der Erderforschung in unserer Zeit weist wenige Namen auf, die ruhmreicher sind als der des Oberst Monteil. Aber wenn auch Frankreich heute in seinen Kolonien freieren Sinn bekundet, als zur Zeit Ludwigs XIV., es spiegeln sich doch dort immer noch die Mängel des Mutterlandes wider, Mängel von solcher Schwere, daß sie bei den ernstesten französischen Beurteilern dieser Dinge Niedergeschlagenheit erzeugen.

Indem Leroy-Beaulieu von Französisch-Guyana und der Strafkolonie, die neuerdings den Hauptmann Dreyfus beherbergte, spricht, bemerkt er, daß in den 64 Jahren von 1817 bis 1863 durchschnittlich alle zwei Jahre, genau gerechnet noch etwas häufiger, der Gouverneur, das offizielle Haupt der Kolonie, wechselte. Von dem Budget von 1000000 Francs wurden nicht ganz 100000 für die Kolonie verwendet, alles andere wanderte in die Taschen der Beamten.

Unter einer Gesamtbevölkerung von nur 20000 Köpfen waren 1000 Regierungsbeamte, — und zwar nicht inbegriffen Soldaten und Matrosen.

„Nicht nur gab es dort weder eine Munizipal- noch eine Provinzialvertretung; es war dort nicht einmal eine Presse, und sogar das Petitionsrecht wurde den Bewohnern verweigert." („De la Colonisation", p. 523.)

In nächster Nachbarschaft von Französisch-Guyana war Britisch-Guyana, das unter einer gesunden, auf Volksvertretung beruhenden Administration blühte, während

Cayenne hinschwand unter dem erstickenden Einfluß von zu viel Beamtentum.

Die ausgezeichneten Straßen, welche die Franzosen in Nordafrika gebaut haben, und vor allem die ungeheuren Summen, die Frankreich für Eisenbahnbau und zum Zweck militärischer Schlagfertigkeit ausgegeben hat, beweisen, daß Frankreich in administrativer Hinsicht die ernstesten Anstrengungen macht. Der Generalkommandant der Division von Oran sagte mir, daß er die Eisenbahn als das wichtigste Zivilisationswerkzeug Frankreichs ansehe, daß wir Geduld und Vertrauen auf die Zukunft haben müßten, daß wilde Stämme, die jetzt, auf Raub ausgehend, die Karawanenzüge umschwärmten, am Ende doch das Nomadenleben vollständig aufgeben und zum Ackerbau sich entschließen würden, wenn die Lokomotive ihnen einmal gezeigt haben werde, daß die Räuberei nicht länger einträglich, ja nicht einmal mehr möglich sei.

Die französische Nation hat eine eigentümliche Empfänglichkeit bekundet für weitaussehende Projekte und für Ideale, denen bloßer Gewinn sehr fern liegt. Dem nüchterneren Angelsachsen erscheinen sie oft als phantastisch. Es war am despotischen Hof Ludwigs XIV., wo zuerst republikanische Philosophie in der vornehmen Gesellschaft zur Mode wurde; — in den Salons der Aristokraten wurde die Guillotine der Revolution geschliffen.

Napoleon I. blendete ein Volk, das er versklavte, mit Phrasen und mit dem Traum eines Universalreiches, und heute jubelt die französische Republik den russischen Czaren als ihren Protektor an. Frankreich entwickelt gewaltige militärische Energie und einen richtigen Volksenthusiasmus, um Kolonien zu erwerben, die keinen Ertrag abwerfen, die aber der heranwachsenden Generation schmeicheln, welche glaubt, daß in der Zahl der Quadratmeilen eines Staatsgebiets die Bedeutung des Staates liege. Die Franzosen sind sprichwörtlich geworden, weil sie, selbst als Touristen, ihr Land nur widerwillig verlassen. Trotzdem beschäftigt sich in keinem andern Land die öffentliche Meinung so viel mit den militärischen und den anderen amtlichen Angelegenheiten der Kolonien wie in Frankreich. Der Franzose, des militärischen Einerlei's zu Hause satt, braucht nur in die afrikanische Wildnis einzutauchen und die Fahne seines Landes auf irgend einem verlassenen Fleck Erde aufzupflanzen, um augenblicklich von der Presse als hervorragende Persönlichkeit anerkannt zu werden. Sollte es sich dann etwa noch treffen, daß er die Fahne unvermerkt in ein Landstück gesteckt hat, das schon von England mit Beschlag belegt worden war, und wird das Ding in London übel vermerkt werden, so kehrt er nicht nur als Held, sondern sogar als so etwas wie ein Märtyrer zurück. Auf seinem Wege nach Paris begrüßen ihn Deputationen aus den verschiedenen Städten mit Blumengewinden und Blechmusik. Die Presse findet in seinem glorreichen Mißlingen den Text zu einer Predigt über die Ländergier des „perfiden Albion", und dieser neue Holzstoß wird zu dem populären Feuer des kolonialen Eifers hinzugelegt.

Der Franzose liebt Nordafrika, weil auf dessen Boden seine Armeen von den ägyptischen Pyramiden bis zu den Säulen des Herkules gefochten haben. Er hat viel für Aegypten gethan; vor allem war es ja ein

Franzose, der den Suezkanal baute. Aber die englische Schiffahrt hat ihn nutzbringend gemacht, und am Ende war es England, dem Aegypten die Wiedereinnahme von Khartum und eine gute Verwaltung im ganzen Nilthal verdankt.

Algier ist nur wenige Stunden Seefahrt von Südfrankreich entfernt und Tunis nicht viel mehr. Hier ist das Arbeitsfeld, auf dem wir eine französische Bauersame erwarten dürften, prächtig gedeihend, unter günstigen klimatischen Verhältnissen, die sich von denen der Provence oder Gascogne nur wenig unterscheiden. Doch zur Stunde liefert nicht der Franzose die Sprache des weißen Mannes in diesen Landen, sondern der Italiener und der Spanier. Französische Cafés giebt es in den Städten, und die kleinen runden Tische vor den Cafés sind besetzt durch Franzosen vom Beamtenstand; französische Uniformen all überall, und über den französischen Regierungsgebäuden flattert die Flagge von Frankreich. Diese Flagge hat dem Lande mancherlei Segnungen gebracht, wie gute Straßen, wirksame Polizei, Gerichtshöfe, Hafenanlagen und andere notwendige Anstalten. Aber in kolonialer Beziehung haben Spanien und Italien von Algier und Tunis mehr unmittelbare Vorteile als Frankreich.

Italien hat heute keine Kolonien; und doch steht es unter den Ländern mit Bevölkerungsüberfluß in vorderster Reihe und entsendet jährlich Tausende seiner abgehärteten Söhne nach New York, Buenos Ayres und Nordafrika, nicht zu reden von den Massen, die in Frankreich, in der Schweiz, in Deutschland, Ungarn und Oesterreich zeitweilige Beschäftigung finden. Mancher italienische

Staatsmann beklagt diesen Stand der Dinge und träumt von besseren Tagen, da Italien seine eigenen Kolonien haben werde, die nur von Italienern bewohnt und nur vom Mutterlande aus regiert würden. Das ist eine falsche Anschauung, und sie hat zu dem unheilvollen Unternehmen gegen Abessinien im Jahre 1896 den Antrieb gegeben. Es war die gleiche falsche Rechnung, wie sie Bismarck anstellte, um die Deutschen von der Auswanderung nach Amerika abzubringen.

Zu seinem Glück hat Italien heute weder das Geld noch die Macht, um Bismarck'schen Traumbildern von Kolonien ernstlich nachzugehen oder gar mit Frankreich zu wetteifern in Soldatenregierung über weltferne Lande. Ungern muß es Zeuge sein, wie sein braunes Landvolk, Schiffsladung nach Schiffsladung, davonsegelt nach fernen Ländern, mit sich hinwegtragend nicht allein seine kleinen Ersparnisse, sondern auch die starken Arme und die Hoffnungen auf die Zukunft.

Italien schmachtet heute nach Kolonien und bedauert, daß ihm, um der Auswanderung aus seinem Staatsgebiet zuvorzukommen, nicht das Mittel zur Verfügung steht, daß Jakob I. anwandte, um die Puritaner vom Weggehen aus England abzuschrecken.

Aber was heute durch das offizielle Italien ungeschehen bleibt, das wird der Nation in weniger als fünfzig Jahren zu größerem Segen gereichen, als alles irgend Erdenkbare, das es heute mit dem Werkzeug seiner Armee und Kriegsflotte vollbrächte.

Das Italien, das unter der französischen Flagge in Afrika, unter der amerikanischen Flagge an den Ufern des Hudson oder in entlegenen Ansiedelungen Südamerikas sich sein vielfaches Selbst schafft, — das ist ein Italien, das in der nächsten Generation dazu helfen wird, den Verkehr des Mutterlandes auf eine Höhe zu bringen, wovon die sich nicht träumen lassen, die zur Stunde jeden Auswandernden als einen Verlust für sein Vaterland ansehen.

Frankreich hat beim Werk der Weltzivilisation seinen Mann gestellt, ganz insbesondere bei der Arbeit an minderwertigen Rassen.

Seine Missionare haben mehr Erfolg als die unsrigen; und ob in den canadischen Hinterwäldern oder unter den Negern der westindischen Inseln oder im fernen Osten, immer hat der Franzose in hohem Grade die Fähigkeit gezeigt, das Leben der untergebenen Rasse mitzuleben und Einfluß von Person zu Person über sie auszuüben.

Das Schicksal Frankreichs in Indien ist von englischen Geschichtsschreibern oft hingestellt worden als denkwürdiges Beispiel einer Katastrophe am vermeinten Vorabend eines großen Triumphes. Hat doch zu einer Zeit Frankreich mit einer Handvoll geschickter Unterhändler und unternehmender Soldaten die ganze Macht des Großmoguls anscheinend bemeistert.

In Indien brach das französische Regiment in Stücke unter den raschen Schlägen eines Häufleins von Engländern, mit der gleichen überraschenden Vollständigkeit, die auch beim Verlust Canadas, ungefähr um dieselbe Zeit (1759), kennzeichnend ist. Und die Gründe waren hier wie dort im großen und ganzen die gleichen; — sie bestehen noch heute. Der Franzose thut seine Sache als tapferer Soldat, und seine Landsleute, die mit ihm kommen, haben eine Leidenschaft für Verwaltungskleinigkeiten. Sie erobern und sie regieren, aber sie kolonisieren nicht. Wenn sie regieren, regieren sie zu viel. Sie sind mißtrauisch gegen die Initiative der Eingeborenen und haben kein Vertrauen auf koloniale Selbstregierung.

Die Geschichte scheint sich in Widersinnigkeiten zu gefallen, wenn wir beobachten müssen, wie Skandinavier, Deutsche und Italiener, Völker ohne nennenswerten Kolonialbesitz, jährlich einen mächtigen Menschenstrom aussenden, um andere Länder zu bereichern, — wie dagegen Frankreich mit seinem ungeheuren kolonialen Besitz nahezu jegliches andere Ding hervorzubringen im stande ist — als Kolonien.

XXIV.

Die Ausdehnung Rußlands.

„Der Russe ist ein Prachtskerl, bis er sein Hemd umkehrt."

„Erst wenn er als das östlichste unter den Völkern des Westens, statt als das westlichste unter den Völkern des Ostens behandelt sein will, wird aus ihm eine Anomalie der Rasse, mit der sehr schwer umzugehen ist."

Kipling, „The Man Who Was."

Die Kolonisation von Sibirien — Konflikt zwischen China und Rußland.

Rußland gleicht den Vereinigten Staaten mit Rücksicht auf den gewaltigen Raum, über den sich seine Bevölkerung und seine Einrichtungen ausgebreitet haben von Meer zu Meer quer über einen ganzen Kontinent. Aber hier hört die Aehnlichkeit auf. Jeder Fußbreit nordamerikanischen Bodens ist von freien Männern erobert worden, die jeden Schritt vorwärts bezeichneten mit der Einrichtung freier Schulen und einer Regierung durch Volksvertreter. Vom Golf von Mexiko bis zur Hudsonsbai und von Neufundland bis Golden Gate ist das Vorwärts der angelsächsischen Kolonisation im letzten Jahrhundert ein Vorwärts gewesen der menschlichen Freiheit, der englischen Sprache und englischer Einrichtung des öffentlichen Lebens. Freiheit, gezügelt durch das für alle gleiche Gesetz, hat auf diesem Riesenraum eine thatsächliche Gleichartigkeit des politischen und gesellschaftlichen Lebens hervorgebracht, die einzig dasteht in der Geschichte der Menschheit.

Aus einiger Entfernung betrachtet — z. B. vom Standpunkt des Russen aus —, treten nicht so viel Unähnlichkeiten zwischen Manitoba und Minnesota, New-York und Ontario hervor wie zwischen zwei beliebigen russischen Provinzen, die in den Augen eines Engländers oder Amerikaners von monotoner Gleichförmigkeit sind.

Eine Art Kolonisationsbewegung setzte in Rußland schon vor drei Jahrhunderten und noch früher ein. Nach ihrer Emanzipation von der Mongolenmacht unterdrückten die Moskowitischen Herrscher allmählich alle Unabhängigkeit in ihrem Umkreis und breiteten ihre politische und religiöse Orthodoxie mit so brutalen Methoden aus, daß die wenigen, die dazu im stande waren, in Wildnissen Zuflucht suchten, Banden bildend zum Angriff und zur Verteidigung.

Auf diese Weise entstanden die Kosackengemeinwesen, die Generationen hindurch ihre Freiheiten gegenüber dem russischen Staat aufrecht erhielten und eine starke Anziehungskraft ausübten auf immer neue Elemente, die vor der Gewaltthätigkeit ihrer Regierung sich flüchteten.

Peter der Große, der Schöpfer des modernen Rußland, starb erst 1725. Das Datum schon belehrt uns, wie wenig weit die Zeit zurückliegt, da das russische Regierungswesen sich nur wenig unterschied von dem staatlichen Zustand halbwilder Horden, deren Freiheiten auf Gnade und Ungnade ausgeliefert sind an ein Ungeheuer: — es ist halb Aff', halb Rasender, seine Allgewalt beruht auf abergläubischer Ehrfurcht, genährt durch eine verschmitzte Priesterschaft. —

Schritt für Schritt hat das russische Reich sein Gebiet vergrößert, und wohin es, vorwärts schreitend, seinen Fuß setzte, überall da erlosch nationales Eigenleben und persönliche Freiheit. Drei europäische Volksgemeinschaften hat Rußland verschlungen und versucht, sie auf seine Stufe herabzuziehen, — ich meine die Polen, die Finnländer und die Deutschen in den Ostseeprovinzen. Die Geschichte kennt nicht viel ähnliche Beispiele von einer Zivilisation niedrigeren Ranges, die geographisch so gestellt ist, daß sie die höhere Zivilisation so mancher Nachbarvölker mit Stumpf und Stil ausrotten kann. Es kam Rußland zu statten, daß es bei der Bewältigung Polens die treue Bundesgenossenschaft der preußischen Monarchie durch Generationen der beiden Dynastien hindurch zur Seite hatte, so daß die polnischen Flüchtlinge, wenn sie im eigenen Lande zu Boden geschlagen waren, an der preußischen Grenze eben solche Unwirtlichkeit fanden, als wäre es die russische. Finnland wurde russische Provinz nach einem Vertrag mit dem großen Napoleon, und die deutschen Ostseeprovinzen wurden entgermanisiert durch russische Priester und Polizisten, weil das deutsche Kaiserreich so in Anspruch genommen ist von der Behauptung seiner Rechte auf der andern Hälfte der Erdkugel, daß es nicht merken mag, wie seine Kinder es schon an den Rockschößen zupfen, es, das schützende Mutterland.

Zum Zweck der Kolonisation stehen Rußland Kräfte von ausnahmsweiser Beschaffenheit zur Verfügung. Die Thatsache schon allein, daß von 100 Millionen Russen

99 Millionen nicht lesen und schreiben können, ist von unschätzbarem Wert für ein Regiment wie das im heiligen Czaren verkörperte. Der russische Bauer, wie er in der Furche kauert, an der Kruste nagend, die sein Mittagsmahl ist, gleicht gewissen Tieren, wie sie aus ihrem Bau hervorkriechen, — er ist der Scholle nahe verwandt, auf der er sitzt. Auf ihn passen ganz und gar die Worte von Edwin Markham, wenn er „den Mann mit der Hacke" apostrophiert:

„Die Leere endloser Zeiten auf seinem Gesicht,
Auf seinem Rücken die Last einer Welt."

Rußlands Geschichte giebt Antwort auf des Dichters furchtbare Frage:

„Wess' war die Faust, die diese Stirn zum Staube preßte,
Wess' war der Odem, der in diesem Hirn das Licht auslöschte?"

Mit 99 Millionen zweibeiniger Geschöpfe, auf der sozialen und intellektuellen Höhe von Haustieren, muß eine Kolonisation nach russischem Zuschnitt gelingen. Der Pope teilt die Ordre aus im Namen des Czaren, und ganze Familien vollziehen ihren Transport nach Sibirien mit ebensowenig Bedacht für die Zukunft wie ein Karren voll Ochsen auf ihrem Wege zum Schlachthaus.

Diese Art Kolonisten kauert in den Ackerfurchen von Sibirien mit der gleichen hermelinartigen Anpassungsfähigkeit an die Bodenfarbe, wie sie sie bekundet auf den Feldern um Moskau oder auf den sandigen Steppen zwischen Petersburg und Wilna. Der Pope geht mit ihr; und an den Ufern des Amur erzeugt sich aufs neue die kommunistische Dorfgemeinde, wie sie am Ufer der Wolga gewesen war.

Rußland ist alles andre, nur kein übervölkertes Land [1]), und Sibirien ist kein Californien oder Johannesburg. Der Czar hat seine Leute aus politischen und strategischen Gründen ostwärts geschoben, weil er eine Occupations-armee brauchte und diejenige Armee die billigste ist, die mit der Hacke so gut wie mit der Flinte umzu-gehen versteht.

Die Aristokratie dieser Armee besteht aus Leuten, die sich dem Arm der Gerechtigkeit durch die Flucht entzogen haben, oder aus Verbrechern, die wegen politischer oder anderer Verbrechen deportiert wurden. Ihre Ge-samtzahl ist so wenig zu ermitteln wie die Zahl der Amerikaner, die vor fünfzig Jahren über den Mississippi gingen, um Pike's Peak zu suchen. Es genügt uns zu wissen, daß amtlichen Aufzeichnungen zufolge seit Beginn des Deportations-Systems mehr als 1 000 000 deportiert worden sind, und daß noch viel mehr aus eigenem An-trieb nach Sibirien gegangen sind, um der hauptstädtischen Polizei zu entrinnen. In der russischen Armee ist es zur Regel geworden, daß kein Pole, solange er in Polen bleibt, zu einer höheren Stellung gelangt. Wenn er beim Heer Karriere machen will, muß er weit weg auf Expeditionen gegen asiatische wilde Stämme, wo Liebe zu seinem Volk nicht in Konflikt kommen kann mit dem Gehorsam, den er dem Czaren schuldet. Der Grund hierfür liegt in der Furcht vor einer polnischen Erhebung. Infolgedessen kommandieren in Polen russische Offiziere, während pol-

[1]) Rußland hat ungefähr 23 Millionen Quadratkilometer und eine Bevölkerung von nahezu 130 000 000. Ein Glück für die Zivilisation ist es, daß sich die Macht einer Armee nicht allein nach der Zahl richtet.

nische Offiziere hauptsächlich auf der Ostseite des schwarzen Meeres zu finden sind.

Der Czar wird beim Kolonisationswerke auch dadurch unterstützt, daß er nicht nur dem Namen nach, sondern in Wirklichkeit das Oberhaupt seiner Kirche ist. Jede Bauernhütte, jedes Schiff, der Wartesaal einer jeden Eisenbahnstation, — thatsächlich nahezu jeder verfügbare Ort, hat ein Eikon, ein heiliges Bild, das dem Czaren als dem Oberhaupt der russischen Kirche geweiht ist. Im Lettner dieser Kirche sind Gelehrte und Politiker ersten Ranges, unten im Kirchenschiff eine Priesterschaft im engen Verein mit Bauernleben und Aberglauben. Der Pfarrer in Rußland weiß etwas mehr als seine Bauern, — aber nicht viel. Er bebaut sein Land wie der Bauer; er freut sich über sein Glas Branntwein und erhebt nicht den Anspruch, einer höheren Schicht zugerechnet zu werden.

Wenn er sich irgendwie als ein höherer vorkommt, so ist es nur, weil er allein die Vollmacht hat, geistliche Funktionen zu verrichten und vor allen Dingen einige wenige Sporteln von der gläubigen Gemeinde einzuziehen für das Besprengen von Schweinen und Kühen mit Weihwasser als Vorbeugungsmaßregel gegen Viehkrankheiten.

In einem Wagen dritter Klasse, auf der Strecke von Odessa nach Kiew, befand ich mich einmal mitten unter einer bunten Gesellschaft von Bauern, zwei Popen und einem angetrunkenen polnischen Krämer. Die Popen waren mitteilsam; da sie aber weder französisch noch deutsch verstanden, fragte ich sie, ob sie latein sprechen könnten. Sie schüttelten die Köpfe; der polnische Krämer aber zog seinen Hut ab, hielt ihn der wunderlichen Reisegesellschaft vor die Nase und brüllte nach Art eines Tausendkünstlers: „Ist etwas in diesem Hut?"

Die Antwort erscholl: „Nein."

Drauf der Händler: „Dann ist mein Hut gerade so voll wie der Kopf eines Popen", — worauf ein herzliches Gelächter entstand, in das die Popen mit einstimmten!

Eine Priesterschaft von solcher Art, deren zivilisatorische Ausrüstung knapp über eine Schnapsflasche und ein Eikon hinausgeht, ist gerade noch befähigt, Menschen, die das Produkt generationenlanger geistiger und physischer Versumpfung darstellen, das für sie passende Maß von Zivilisation beizubringen.

In ungefähr derselben Weise eignet sich der russische Beamte, sowohl der Militär- wie der Zivilbeamte, für den rauhen Grenzerdienst unter halbzivilisierten Eingeborenen. Die russische Uniform maskiert oft einen Menschen, der kaum über dem Leibeigenen steht; und obwohl Rußland in seiner Armee wie in seiner Kirche eine kleine Auslese von hochstehenden Leuten hat, hauptsächlich von polnischer oder deutscher Abstammung, zeigt der russische Durchschnittsoffizier neben gewissen Vorzügen die Schwächen des Slaven. Er ist von außerordentlich bequemlebiger Natur, liebt Essen und Trinken und macht gern Brüderschaft mit seinen Kameraden, welchen Grades sie auch seien.

Im Eisenbahnwagen, auf der Fahrt zwischen Petersburg und Nowgorod, erwachte ich eines Morgens darüber, wie vor meinen Augen ein russischer Major in Uniform sich am Boden rollte mit einem beleibten

Zivilisten, den er mit tollem Entzücken umarmte und küßte. Sie waren beide selig berauscht. Der Zivilist war ein Fourageliefernat, und der Major gehörte zu einem Regiment, von dem der deutsche Kaiser Ehrenkommandant ist, und von dessen Offizieren ich einige kannte. Das Außerordentliche an dieser Betrunkenheitsszene war nicht so sehr, daß ein Offizier sich in betrunkenem Zustand vor der Oeffentlichkeit zeigte, als vielmehr, daß seine Mitoffiziere den Vorgang als etwas ganz Landesübliches ansahen.

Keine andere europäische Macht hat auf Verschmelzung mit Chinesentum sich eingelassen. Die Russen haben es gethan und zwar ziemlich erfolgreich.

In Ostsibirien giebt es manche Stämme, die über den ethnologischen Graben zwischen Kaukasiern und Orientalen die Brücke schlagen; in ihnen hat die russische Verwaltung nützliche Werkzeuge für Pionierarbeit zur Hand.

Mehr als ein Jahrhundert lang hat der Czar in Peking eine Missionsstation unterhalten, die aus zehn Priestern bestand; sie enthielten sich sorgfältig der Missionsarbeit, aber sie versahen ihre Regierung mit Mitteilungen über alles, was um sie herum vorging.

Als ich 1898 nach Tschifu, Port Arthur gegenüber, kam, traf ich dort einen reizenden russischen Oberst, einen geselligen Mann, der großes Interesse an meinen Reisen nahm und sich in Tschifu scheinbar seiner Gesundheit wegen vorübergehend aufhielt. Bei näherem Nachforschen aber fand ich, daß er seit Jahren hier stationiert war, aus keinem andern Grund, als um als

Regierungsspion an diesem Punkte der chinesischen Küste zu funktionieren.

Das heutige Rußland liefert das vollständigste Bild einer Kolonisation, die als administrative Kolonisation den Rekord hält. Kein anderes Land verfügt über solche Massen dummfrommer menschlicher Geschöpfe, die auf dem politischen Schachbrett herumgeschoben werden können nach Weisungen, die von einem Mittelpunkt ausgehen. Andere Staaten würden es gerne auch so machen, aber ihren Lenkern fehlt entweder die Macht oder das große Schachbrett. Die transsibirische Eisenbahn verspricht, die russischen Eroberungen in Asien noch zu vervollständigen, indem sie die Bevölkerungsmassen vom alten Zentrum in Moskau hinweg immer mehr nach dem Osten schiebt. Wir sehen heute die russische Macht erst an der Schwelle ihrer Erfolge. Zur Stunde steht die Woge gewaltsamer Eroberung kaum stille, — und die nächste Stunde schon wird Riesenwerke der Ingenieurkunst sehen, weite Landstrecken fruchtbar gemacht durch Bewässerungsanstalten, immer mehr Eisenbahnen und andere Transportanstalten, neue Städte und Verkehrszentren; Schulen und Hochschulen müssen nachfolgen, und wäre es auch nur, um die Bedürfnisse der Regierung an fachwissenschaftlich gebildetem Personal zu decken.

Wir können uns nicht denken, daß dieses ungeheure Land bleiben wird, was es jetzt ist: fast nur eine Wüste mit einem Soldaten und einem Beamten hinter jedem Wüstenstrauch und mit ein paar polnischen Verbannten in den verstreuten Oasen. Die Zeit ist nicht mehr fern, wo das Volk von Sibirien mit dem Volk des eigentlichen Rußland sich messen kann, gleichwie das Volk des amerikanischen Westens sich mißt mit den alten Neu-England-Staaten. Handelsinteressen werden den Ton angeben, und die Stellung des Despotismus wird im gleichen Verhältnis schwieriger und unhaltbarer werden, wie der Prozeß des Intelligenterwerdens der Bevölkerung weitere und immer weitere Kreise zieht von der Hauptstadt hinweg.

Wird Rußland China und Indien überrennen? Möglicherweise, aber nicht unter seiner jetzigen Regierungsform. Die Chinesen so gut wie auch die Eingeborenen von Britisch-Ostindien sind nicht ganz ohne Kenntnis davon, was die eine europäische Macht im Vergleich mit der anderen wert ist, und im Laufe der Zeit wird die Kenntnis eher zunehmen als abnehmen. Aus der Thatsache, daß China heute mit Rußland schönthut, und daß der Emir von Afghanistan von schwankender Treue gegenüber der britischen Krone ist, läßt sich noch nicht schließen, was geschehen würde in dem Fall, daß Rußland mit dem ernsten Anschlag auf Einverleibung Indiens oder Chinas hervorträte.

Rußland mag Candahar besetzen, es mag sogar seine Flagge über Peking wehen lassen. Es kann das thun, ganz nach seinem jetzigen Kolonisationsprogramm, und die Welt braucht über solchen Besitzerwechsel keine Thräne zu weinen. Aber einen Schritt weiter, und die czarische Maschinerie wird versagen, wenn nicht die einzuverleibenden Völker selbst den Russen einladen, ihr Herr und Meister zu werden.

Indien trägt die Herrschaft von England, weil kein in Betracht kommender Teil der Bevölkerung bei einem Wechsel seinen Vorteil sieht. Aber selbst die über das britische Regiment Unzufriedensten möchten lieber von ihm noch Schlimmeres erdulden als es austauschen gegen das Joch von Rußland.

Und in China wird das Volk wohl ungefähr ebenso denken. Unter der englischen Flagge hat sich das chinesische Handelsgebiet gewaltig erweitert, und chinesisches Leben und Eigentum haben sich vollendeter Sicherheit erfreut; mehr als dies, der Chinamann hat eine persönliche Freiheit genossen ganz gleich derjenigen des weißen Mannes. Er sieht nicht danach aus, als wolle er es lieber einmal mit russischem Regiment versuchen, und je näher er sich das Ding anschaut, um so mehr wird er geneigt sein, den Russen Steine auf den Weg zu werfen, statt irgendwelche weitere Russifikation seines Landes zu begünstigen.

Der Japanese von heute hat eine Abneigung gegen den Russen, weil er ihm im Jahre 1875 eine japanesische Insel, Sachalin, weggenommen und zum Schaden noch den Hohn gefügt hat, daß er die Insel zu einer Strafkolonie für Verbrecher machte. Die Japanesen huldigen auch einer Art „Monroe Doktrin" mit Rücksicht auf europäische Einmischung in chinesische Dinge, und ganz besonders in Bezug auf Korea, wohin die Japanesen ebenso eifersüchtig blicken wie die Vereinigten Staaten nach Mexiko.

Bei meinem Besuch in Korea fand ich, daß Söul thatsächlich eine japanesische Niederlassung ist. Wenn man nun bedenkt, wie unmittelbar Korea mit China zusammengehört, so begreift es sich, daß der Mikado mit Argwohn jede Bewegung beobachtet, die dahin zielen könnte, Rußland zu seinem Nachbar an dieser Stelle zu machen.

Das letzte Vierteljahrhundert hat den fernen Osten zum Gefühl für nationale Verantwortlichkeit erwachen gesehen. Japan hat die Führung übernommen und besitzt heute eine Armee, eine Kriegsflotte, eine innere Verwaltung, die es, dem Verhältnis der Bevölkerungsziffer nach, als stärkste Kriegsmacht der Welt erscheinen lassen.

China dagegen ist eine der schwächsten Kriegsmächte. Der chinesisch-japanische Krieg im Jahre 1894—95 war von großer Bedeutung für Europa, weil er die Ueberlegenheit Japans über China mit voller Deutlichkeit zeigte; er war von nicht geringerer Bedeutung für China, weil er den Chinesen die Ueberzeugung beibrachte, daß sie innere Reformen schaffen müßten, und daß sie Unterstützung zu suchen hätten bei Japan viel eher als bei Europa. Die Grundlage zu einem chinesisch-japanesischen Einverständnis wurde in diesem Kriege gelegt, — einem Kriege, der Freundschaft zurückgelassen hat, nicht Haß.

Im Jahre 1898 schickte China nicht weniger als 30 militärische Vertreter zu den japanesischen Manövern, und diese fraternisierten mit den japanesischen Offizieren in aufsehenerregender Weise.

Russische Kolonisation, so weit sie das Werk der Zivil- und Militärbehörden ist, nähert sich der Grenze ihrer Leistungsfähigkeit. Jeder Tag macht ihre Fortschritte schwieriger, jeder Tag schafft in China eine heftigere nationale Opposition, jede weitere Vorwärtsbewegung läßt den russischen Bauernsklaven näher zusammentreffen, Aug in Auge, mit einer immer dichteren und ungefügigeren Bevölkerung. Die Arbeit, die Rußland zu thun hat, ist groß genug; — es heißt einfach, dem vorzubeugen, daß das Reich unter dem Druck der Unwissenheit und Korruption des offiziellen Rußland in Stücke bricht.

Rußland hat erstaunliche koloniale Erfolge erzielt da, wo der Widerstand schwach war. Ueber wilde Horden hat es seine Macht siegreich ausgebreitet; aber bei Polen, Finnländern oder Deutschen sich Achtung zu schaffen, das ist ihm nicht gelungen.

Das Fehlschlagen seiner Methoden am äußersten Westende des Reiches wird sich im fernen Osten wiederholen, wenn es versuchen sollte, den Muschik auszuspielen gegen den verschlagenen und zähen Chinamann. Zu Experimenten dieser Art sind Werkzeuge nötig, wie sie nicht geschmiedet werden in der Schmiede des heiligen Rußland.

XXV.

Die Anfänge der englischen Kolonisation in Amerika.

Die großbritsche Förderation und die Expansion der Vereinigten Staaten sind geschichtliche Thatsachen ... an Bedeutung keinem anderen Ereignisse der Gegenwart untergeordnet.

Mahan, „The War in South Africa", p. 80.

Die Besiedelung Virginiens, Neu-Englands und Barbados' — die Qualifikation der Engländer zur Selbstregierung.

In den Tagen der Königin Elisabeth begannen Engländer feste Kolonien anzulegen, und heute noch sind wir am gleichen Werk. England hat in früheren Zeiten für die Verwaltung seiner Kolonien Gesetze erlassen, die eben so drückend waren wie diejenigen Spaniens, und es hat ihnen durch Anwendung von Gewalt Geltung zu verschaffen gesucht. Es ist ein Glück für unsere Rasse, daß England mit solchen Mitteln höchstens einmal einen Augenblickserfolg hatte. England, das die Macht Spaniens brach und Canada den Franzosen entriß, das Portugal von sich abhängig machte und Holland zu einer Macht zweiten Ranges herabdrückte, das gleiche England, die stolze Herrin der Meere, wurde wieder und wieder zum

Einhalten gezwungen und gedemütigt von einer Handvoll seiner eigenen Söhne, die, ob in Barbados oder Massachusetts, in Maryland oder Virginien, mit Cromwell'scher Hartnäckigkeit und Cromwell'schem Scharfsinn ihre politischen Freiheiten verteidigten.

Wenn Frankreich, Portugal und Holland, wie wir gesehen haben, ihre größten kolonialen Erfolge irregulären, um nicht zu sagen, illegalen Unternehmungen verdanken, so ist es um so beachtenswerter, daß Englands Herrschaft auf der westlichen Hemisphäre von Engländern begründet worden ist, die nicht nur erfüllt waren von einer allen Menschen gemeinsamen Freiheitsliebe, sondern auch von der Achtung vor rechtmäßiger Obrigkeit geleitet und unterstützt wurden durch eine Befähigung zu politischer Organisation, wie sie zu jener Zeit anderswo kaum getroffen wurde. Es ist der stolzeste Triumph Großbritaniens, daß es seine Söhne gleich in sich selbst regierenden politischen Einheiten hinaus in die Wildnis gesandt hat.

In dem Frankreich, dessen ich mich aus meiner Kindheit erinnere, war es den Bürgern verboten, sich zur Diskussion politischer Fragen zu versammeln, und die Presse durfte nur veröffentlichen, was die Polizei ihr erlaubte. Als der deutsch-französische Krieg den hilflos gewordenen Staatskörper in eine Republik umwandelte, wurden durch Volkswahl plötzlich Männer ins Amt berufen, die in der Regel weniger praktisch-parlamentarische Erfahrungen besaßen als ein angelsächsischer Schulknabe von Durchschnittsbegabung. Die Republik eines Castelar in Spanien war, so weit es sich um Fähigkeit der Volksvertretung handelte, ein bloßer Debattierverein. In

Deutschland waren die schwachen Anfänge parlamentarischer Regierung von Anfang (1848) an bis heute (1901) überschattet von einem großen und gutorganisierten Heer von Soldaten und halbmilitärischen Beamten, die als oberste Behörde nicht die Volksvertretung, sondern den obersten Kriegsherrn ansehen. England ist in Europa die einzige Großmacht, deren Volk sich selbst regiert, und es ist gleichfalls die einzige Großmacht, deren Kolonien sich zu einer Stütze des Mutterlandes entwickelt haben.

Die ersten englischen Freibeuterunternehmungen in fernen Meeren waren, wie die holländischen, hauptsächlich von dem Verlangen getragen, in die fabelhaften Besitzungen Spaniens und Portugals einzudringen. Nordamerika wurde nicht als ein Gebiet für kolonisatorische Thätigkeit betrachtet, sondern lediglich als Stützpunkt auf dem Wege nach Ostindien, und manche ältere englische Seefahrer bereicherten wohl, indem sie die nordwestliche Durchfahrt durch das Polarmeer nach dem Lande des Großmoguls suchten, die geographische Wissenschaft, verschleuderten aber dabei auch eine Menge Geldes.

1577 trat Sir Francis Drake die Reise an, auf der ihm als dem ersten Engländer die Weltumsegelung gelingen sollte. Geographisch gedacht war es eine Großthat, politisch aber war sie noch belangreicher wegen der Mengen spanischen Goldes, womit Drake sein Schiff füllte, und wegen des Schreckens, den er, hinab und hinauf, die südamerikanischen Küsten entlang anrichtete. Spanien protestierte energisch; aber seine Ansprüche beruhten auf der Bulle eines geistlichen Herrschers, dessen Autorität Elisabeth als Protestantin nicht anerkannte. Elisabeth ließ daher, wie sie dem spanischen Gesandten mitteilte, die spanischen Rechte nur dort gelten, wo eine thatsächliche Okkupation stattgefunden hatte.

1584 stattete Elisabeth Sir Walter Raleigh mit der Vollmacht aus, alle nicht okkupierten Gebiete Amerikas zu kolonisieren, indem sie dabei sich deutlich über den großen Unterschied der spanischen und englischen Methode des Kolonisierens aussprach. Sie äußerte sich folgendermaßen: „Die Kolonisten haben alle Rechte freier Bürger und geborener Engländer in solchem Umfange, als ob sie in unserem besagten englischen Reiche geboren wären und auch darin wohnten."

Unter engherzigem Regiment und hilflosem Volk gegenüber hätte ihr Freibrief doch wohl mißbraucht werden können; denn er garantierte am Ende den Kolonisten nicht mehr Rechte als den Engländern in der Heimat; aber Kolonisten gegenüber, wie sie Elisabeths Zeit hervorbrachte, war der Freibrief doch doppelsinnig genug, um ihnen soviel Selbstregierung und religiöse Freiheit zu gewähren, als sie selbst für gut hielten. Durch die Zerstörung der spanischen Armada (1588) erlangte England freie Verfügung zur See, wenigstens im nördlichen Teil des atlantischen Ozeans, und das trug außerordentlich viel bei zur Förderung friedlicher kolonialer Unternehmungen in den nördlicheren Gebieten, während Unternehmungen gegen die Spanier in Südamerika oder gegen Portugal und Holland in Ostindien stets einen gefährlichen und kriegerischen Charakter annahmen. Man wußte es gerade am englischen Hofe richtig zu schätzen, daß die englischen Kolonialgesellschaften als Unterthanen der Krone ihre volle Pflicht thaten, wenn sie, allerdings nicht mit gänzlichem Erfolg, aber doch so weit ihre Kräfte reichten, der spanischen Expansion von Süden her und der französischen von Norden her Halt geboten, nicht zu gedenken der Abwehr, die sie leisteten gegenüber dem Keil, den Holland und Schweden zwischen Neu-England und Maryland hineinzutreiben drohten.

1607 wurde Jamestown in Virginien mit Hilfe einer englischen Gesellschaft besiedelt, die 105 Kolonisten dorthin brachte, von denen die Hälfte „vornehme Herren" waren; Handwerker waren nur wenige dabei und der Leute, die an Feldarbeit gewöhnt waren, zählte man ganze zwölf. Der Anfang war unter solchen Umständen nicht ermutigend, denn die Kolonisten waren in der Voraussetzung gekommen, hier ein bequemes Leben zu finden. Sie fanden aber hier im Gegenteil das Sumpffieber und eine Brut von Indianern, die weder Schätze besaßen, die des Plünderns wert gewesen wären, noch auch die nötigen Eigenschaften, um als Sklaven verwendet werden zu können. Die Ansiedelung wurde jedoch nicht aufgegeben, und jedes Jahr brachte einen Zuwachs der Mitgliederzahl. Die Gesellschaft schrie nach Dividenden, aber bekam keine; die Kolonisten andererseits fanden, daß sie bei harter Arbeit Aussicht hatten auf Unabhängigkeit und Wohlfahrt.

So entwickelte sich bald in dem Gemeinwesen, wo jeder sich selbst mit eigner Arbeit das Leben erstritt, auch eine Regierung, die zwar einige Züge von Landadelsregiment aufwies, aber nichtsdestoweniger immer noch demokratisch genug war, um in jedem Einzelnen ein Gefühl des Stolzes zu erwecken, daß er mitarbeite an der Zukunft der Gesamtheit. Es war eine Erfrischung, daß hier alle Gesetzgebung gegen Andersgläubigkeit oder Nichtrechtgläubigkeit fehlte; und mochten auch in Westminster unter den Wandlungen des heimischen Gesetzgebungswesens manche engherzige Gesetze vom englischen Parlament erlassen werden, so waren diese doch nie im stande, den ungeschriebenen Verfassungsgrundsatz der religiösen und politischen Freiheit in den Kolonien zu beeinträchtigen.

Die Kolonie Virginien hatte 1619, bevor der erste Puritaner in Massachusetts gelandet war, schon eine Bevölkerung von 4000 Weißen und eine jährlich zusammentretende gesetzgebende Versammlung, die bereits Schritte gethan hatte zur Gründung von Schulen und Kirchen und selbst so weit ging, Verordnungen gegen den Luxus zu erlassen.

Die ersten Negersklaven kamen 1619 in einem holländischen Schiff, — eine Fracht voll Fluch für Amerika! Die Gesellschaft, der nominell die Kolonie gehörte, wurde schon 1621 gezwungen, sich des Rechts zu begeben, Ausnahmegesetze ohne Zustimmung des kolonialen gesetzgebenden Körpers zu erlassen. Das gemeine Recht Englands wurde zum Recht für Virginien erklärt, und der glückliche Zustand eines gesicherten Staatslebens, der hiermit eintrat, wurde das Mittel, einen stetig fließenden Strom ausgezeichneter Einwanderer anzuziehen, nicht nur aus dem Mutterlande, sondern auch aus Deutschland, Frankreich, Polen und von überall her, wo Tyrannei den Menschen aus der Heimat forttrieb.

Vom Standpunkt der privilegierten Gesellschaft aus bedeutete die Gründung Virginiens einen vollständigen Mißerfolg, denn der Erfolg der Gesellschaft konnte nur an den Dividenden der Anteilhaber gemessen werden.

1624 wurde die Gesellschaft aufgelöst, nachdem sie 150000 Dollar ausgegeben und 9000 Kolonisten nach der Chesapeake-Bai transportiert hatte. Die Auflösung der Gesellschaft war allerdings nur ein Schaden für die Anteilhaber; denn die Kolonie wußte sich selbst zu regieren und auch selbst zu erhalten und blühte weiter trotz allen Thronveränderungen in England und trotz allen inneren Bedrängnissen, die von Indianern und anderen Unholden verursacht waren.

1620 kam eine neue Ladung von Kolonisten aus England. Auch diese waren unter der Vollmacht einer privilegierten Gesellschaft ausgesandt, beschlossen aber, ebenso wie die Kolonisten Virginiens, sich selbst zu regieren. Die kleine „Mayflower" erreichte am 11. November 1620 die Ufer der Massachusetts-Bai, und ihre Insassen durften doch bleiben, obschon der König ihnen keinen Freibrief erteilen wollte, und obgleich sie durch Zufall über die Grenzen der Virginia-Gesellschaft, die ihnen ursprünglich ein Ansiedelungsrecht gewährt hatte, hinausgeraten waren. Sie überlebten den Winter, doch bei weitem nicht alle; es waren nur neunundvierzig von hundert, die am Leben blieben. Auf einmal wurden alle bis auf sieben aufs Krankenbett geworfen, und der Gesunden waren kaum genug, um die Toten zu begraben. Ein ganzes Jahr waren sie hier allein, ein winziges Samenkorn der Zivilisation, das alle Augenblicke zertreten zu werden drohte.

Im November 1621 erschien das erste Hilfsschiff; es brachte weitere fünfzig englische Ansiedler. Von Anfang an richteten sich diese Kolonisten auf dem Fuß vollständiger Selbstverwaltung ein. Die Handelsgesellschaft, von der die Kolonie den Rechtstitel hatte, that alles, was in ihrer Macht war, um Dividenden aus dem Gemeinwesen zu ziehen, — doch mit wenig Erfolg. Die Entwicklung des Gemeinwesens war sehr langsam; — in 10 Jahren war die Bevölkerung auf höchstens 300 Köpfe gewachsen, denn dieser Teil Neu-Englands, zog Landwirte nicht an und auch sonst niemanden, der in einer Kolonie mehr suchte, als womit der Puritaner zufrieden war.

Im Jahre 1629 aber nahmen die Dinge eine Wendung zum Bessern. Massachusetts-Bai ging durch königlichen Freibrief von Karl I. an eine sich selbst regierende Gesellschaft über und wurde von da an das Ziel einer stärkeren Auswanderung. 1630 kamen 1500 Kolonisten; 1634 lebten in Massachusetts 4000 Weiße, die sich auf 20 Dörfer verteilten. Ununterbrochen schritt nun die Entwicklung Neu-Englands fort, indem die Stammkolonie nicht selten die Mittel lieferte, nach Westen hin die Ansiedelungen auszudehnen, bis die Puritaner mit den Holländern am Hudson in Konflikt kamen und deren Besitzungen so wenig Sicherheit und Aussicht auf nutzbringende Verwendung übrig ließen, daß, als schließlich im Jahre 1664 die englische Flagge in New York gehißt wurde, der Uebergang ohne Blutvergießen sich vollzog. Im Gegenteil, die Holländer befreundeten sich meistens mit der neuen Ordnung der Dinge, da sie unter ihr Religionsfreiheit und mehr als zuvor umfassende Freiheit des Handels mit ihren Nachbarn genossen.

Wir dürfen nicht vergessen, daß, obschon die Engländer in Amerika von Anfang an thatsächlich, wenn nicht auch dem Namen nach, Selbstregierung genossen, der Anstoß zu kolonialen Unternehmungen von großen privilegierten oder „gecharterten“ Gesellschaften ausging, die sich von den Abgaben, die sie auf den Kolonialbetrieb zu legen dachten, große Dividenden versprachen, deren Erwartungen sich allerdings nicht gar häufig verwirklichten. Am Hofe Jakobs und Karls I. wurde zur Erlangung von Landschenkungen in der neuen Welt fleißig intriguiert, und diese in chronischer Geldnot sich befindenden Monarchen trieben nicht ungern Geld auf, indem sie Vergünstigungen gewährten, die sie nichts kosteten als ein Stück Pergamentpapier. Es war ein Glück für die thatkräftigen Männer, die sich in jenen Landstrichen ansiedelten, daß die adligen Grundherren, denen solche Gebiete verliehen waren, daheim so viel zu thun hatten mit dem Verfechten bestrittener Ansprüche vor Gericht und mit der Beschaffung der für die Verwaltung nötigen Gelder, daß sie gezwungen waren, die inneren Angelegenheiten der ihnen gehörenden Kolonien für lange Zeit aus dem Auge zu lassen.

Es ist nicht mein Zweck, hier eine ins einzelne gehende Geschichte der englischen Okkupation von Nordamerika zu geben; ich will nur Umrisse zeichnen, ganz besonders aber die Thatsache hervorheben, daß von der Gründungszeit jener Kolonien an, die später sich zu den dreizehn unabhängigen Staaten von 1776 herausbildeten, die nordamerikanischen Gemeinwesen alle in der Regel einig waren, — trotzdem sie sonst fast immer miteinander rechteten, wo nicht kämpften, — sobald sie sich vom Mutterlande in ihren verbrieften Rechten im geringsten beeinträchtigt glaubten. Die privilegierten Gesellschaften, die sich ursprünglich zur Ausbeutung der Kolonien gebildet hatten, fanden eine nach der anderen das Unternehmen unrentabel, traten in Liquidation oder zogen sich sonst von der Leitung zurück. Die verschiedenen Kolonien hatten schon zu Anfang des 18. Jahrhunderts gezeigt, daß sie die Bedeutung ihrer Gesamtinteressen sowohl als auch die Richtung ihrer Einzelinteressen klar erkannt hatten; und obschon die Vereinigung noch nicht verbrieft war, so hatten sich die Vertreter der verschiedenen Kolonien doch schon zusammengefunden, um über Angelegenheiten, die ihre gemeinsame Wohlfahrt angingen, zu beraten.

Die westindischen Kolonien Englands waren geographisch zu weit entlegen, um gemeinsam mit den anderen Kolonien, die speziell die amerikanischen genannt wurden, handeln zu können. Da sie aber ungefähr in derselben Zeit gegründet wurden und die gleichen Formen der Selbstverwaltung bei sich ausbildeten, so hatten sie immerhin ihren Anteil an der Ausbreitung jenes Geistes kolonialer Unabhängigkeit, der 1776 seinen Höhepunkt erreichte.

Barbados zum Beispiel war freilich schon im Jahre 1625 einem Hofgünstling verliehen worden, doch mußten erst nachher freie englische Männer kommen, Leute, die sich selbst regierten und sich fähig erwiesen, ihre Interessen wahrzunehmen und selbst die Angriffe der Spanier oder Franzosen abzuschlagen, um eine wirkliche Besiedelung herbeizuführen. Und so erwuchs denn in der That hier eine Kolonie, die es an Unabhängigkeitssinn mit den nordamerikanischen Gemeinwesen aufnehmen konnte.

Das kleine Barbados, das nicht größer ist als die Insel Wight, besitzt heute die dichteste Bevölkerung der Erde und gewährt noch heute ein erfreuliches Bild von der Fähigkeit des weißen Mannes, auch in den Tropen ein tüchtiges Regiment zu führen. Beinahe seit drei Jahrhunderten ist die kleine Tropeninsel eine Bannerträgerin religiöser und politischer Freiheit gewesen unter einer Regierung, die sich nicht nur der inneren Entwicklung annahm, sondern die sich auch fähig erwies, den vielen Angriffen zu widerstehen, denen die Insel in den Kämpfen des Mutterlandes ausgesetzt war.

XXVI.

Die Amerikaner unter englischer Oberhoheit.

„Die Amerikaner sind die Söhne, nicht die Bastarde Englands."

„Ich glaube, daß das Königreich kein Recht hat, auf die Kolonien eine Abgabe zu legen."

„Ich freue mich, daß Amerika Widerstand geleistet hat."

„Ihr könnt Amerika nicht erobern."

(Lord Chathams Reden aus Anlaß der amerikanischen Revolution.)

Die Niederlassungen in Virginien, Maryland, Neu-England — Liebe zur lokalen Freiheit — Englische Tradition.

Die koloniale Macht Englands entwickelte sich von der ersten Ansiedlung in Virginien an (1607) bis zum englisch-französischen Frieden im Jahre 1763 fast ununterbrochen in beinahe allen Teilen der Erde. Durch Eroberung hatte sich England Canada und Indien gesichert; durch selbständige Unternehmungen einzelner Ansiedler war es Herrin über andere Länder geworden, Länder von vielfach höherem Wert als alle die Reichtümer Indiens, von denjenigen des damaligen Canada gar nicht zu reden. Diese große Macht aber erzeugte am Hofe Georgs III. einen Geist, der der englischen

Freiheit gefährlich wurde, — einen Geist, der in seinem Mißtrauen gegen Volksrechte wesensverwandt war einem in der Hauptsache deutsch denkenden Könige, einen Geist, der nationale Größe an der Zahl der Bataillone in Kriegsbereitschaft maß, statt an der durchschnittlichen Wohlfahrt der Bürger. Georg III. war nicht der Mann dazu, um verstehen zu können, wie englische Truppen wohl in einem kurzen Feldzug Indien und Canada erobern, doch von der Kolonialmiliz von Massachusetts, Barbados und Virginien zurückgewiesen werden konnten; er war ganz und gar unfähig, den Charakter eines Volkes zu verstehen, über das ihn die Vorsehung — in ihrem Zorne — zum Herrscher gesetzt hatte.[1])

In der ersten Zeit der amerikanischen Kolonien fühlten die englischen Ansiedler englisch in sozialer, religiöser und politischer Beziehung, wie Engländer in England. Sie besaßen keine eigenen Zeitungen, keine nennenswerten Städte und keine politischen Interessen, die weiter reichten als bis zur Verteidigung ihrer Ansiedelungen gegen Indianer und zur Sicherung günstiger Preise für ihre Erzeugnisse. Während der ersten und auch noch zweiten Generation, wo die Kolonisten durchweg geborene Engländer waren, standen die Ansiedler von Barbados oder Virginien den Tagesfragen der englischen Heimat

---

[1]) „Par la raison même que nous avons pu juger cette nation (Angleterre) de plus près, nous sommes les premiers à admirer la clairvoyance, l'habileté, la tenacité de son gouvernement, l'esprit d'enterprise et d'initiative hardie de son peuple, la solidarité de ses fils, qui lui font une âme nationale égale à aucune autre dans la bonne comme dans la mauvaise fortune." — [Colonel Monteil, 1899, Revue Hebdomadaire.]

so nahe, als hätten ihre Pflanzungen in Devonshire oder Yorkshire gelegen. Der englische Kavalier blieb Kavalier in der neuen Welt, und der Kampf zwischen den Stuarts und der Parlamentspartei wurde auch jenseits des Ozeans geführt und nahm hier nur eine um ein geringes mildere Form an. Als das Haupt Karls I. durch Cromwell fiel, wurde diese That in der neuen Welt übel aufgenommen. Sie erregte die Gemüter in mannigfacher Weise. In Barbados wurde der republikanischen Regierung Englands durch eine bewaffnete Demonstration der Unwillen bekundet, und die Virginier proklamierten ohne weiteres Karl II. als ihren König; ja sie gingen so weit, eine besondere Abordnung nach Europa zu senden, um ihn zur Gründung des „Königreichs" Virginien einzuladen. Wäre er der Einladung gefolgt, so würde sein Los vielleicht erträglicher gewesen sein als das der portugiesischen Inhaber des brasilischen Thrones, hätte aber seinen monarchischen Ansprüchen wohl kaum genügt.

Und wahrscheinlich würde es dann, nach der Entwicklung der Verhältnisse in der Folgezeit, wie sie uns jetzt aus der Geschichte bekannt ist, zu schließen, zwei um den Kopf kürzer gemachte Stuarts gegeben haben statt eines.

Mit der Zeit erkannten die amerikanischen Kolonien an der atlantischen Küste, freilich nicht ohne Besorgnis und Betrübnis, daß sie von der einen Dynastie so wenig zu hoffen hatten wie von der anderen, daß aber auch die Launen irgend eines Königs nicht viel schädlicher seien als die Unwissenheit oder Gleichgültigkeit eines Parlaments, und daß im politischen Leben der Abwesende in der Regel der Benachteiligte ist.

Die Cromwell'sche Regierung bestätigte alle verbrieften Freiheiten der Kolonien, aber im Jahre 1651 wurde die Navigationsakte erlassen, die in den Kolonien allgemein Unwillen erweckte, weil die Regierung den Amerikanern verbot, den Handel von und nach England durch andere als englische Schiffe vermitteln zu lassen. Diese Maßregel richtete sich speziell gegen die Holländer, die zu jener Zeit den Zwischenhandel besser und billiger besorgten als die Engländer. In Virginien herrschte darob große Klage, da die Transportkosten wuchsen, der Tabakspreis aber zurückging.

Die Cromwell'sche Navigationsakte war übrigens nur eine geringe Beeinträchtigung der Interessen der Kolonien im Vergleich mit den Erlassen Karls II., der Maßnahmen Jakob II. gar nicht zu gedenken. Selbst die loyalsten Virginier erkannten daher, daß ihr kommerzielles und politisches Wohlergehen nicht länger mit Bittschriften an die Regierung, sondern durch eigene Einsicht und Kraft sicherzustellen sei.

Die erste Maßregel Karls II. nach seiner Thronbesteigung bestand darin, allen Fremden den Verkehr mit den Kolonien zu verbieten. Nach einem Erlaß von 1663 durfte keine Ware auf anderen als auf englischen Schiffen in die Kolonien eingeführt werden. 1672 wurde den Amerikanern untersagt, irgend einen Artikel herzustellen, der den Erzeugnissen des englischen Gewerbefleißes hätte Konkurrenz machen können.

Damit kündigte sich das engherzigste aller Merkantilsysteme an, wonach die Kolonien einfach Besitztümer darstellten, die zur Ausbeutung da waren, nicht zum Nutzen der Kolonisten selbst.

Vieles, das an dem spanischen System anfechtbar war, trat hier wieder hervor und hier mit weit geringerer Berechtigung, denn die nordamerikanischen Kolonien hatten ihre Gründung selbst besorgt, dem heimischen Staat kein Geld gekostet und nicht einmal militärischen Schutz von ihm verlangt.

Die Stuarts thaten, was sie konnten, der religiösen Toleranz in Virginien ein Ende zu bereiten; und was Neu-England betrifft, so hatte schon im Jahre 1634 der Erzbischof Laud selber die Aufsicht über alle nach Massachusetts Einwandernden übernommen und nur „Orthodoxen" dorthin zu ziehen[1]) erlaubt.

Alle diese Anordnungen konnten aber die stetige Zunahme der Bevölkerung und des Wohlstandes in den Kolonien nicht hintanhalten, denn sie erfuhren in Amerika große Modifikationen oder wurden gar ganz auf der Seite gelassen. Der Schleichverkehr blühte; und die englische Regierung war mit ihren europäischen Angelegenheiten so sehr beschäftigt, daß sie ihren Maßnahmen niemals mit genügenden Mitteln Nachdruck in Amerika verleihen konnte.

Schon 1670 wies Virginien, das 60 Jahre vorher als wertlos beinahe verlassen worden wäre, eine Bevölkerung auf von 38000 Weißen und 2000 schwarzen Sklaven. Die Landesmiliz zählte 8000 Mann und

---

[1]) Laud wurde 1573 geboren, wurde 1633 Erzbischof von Canterbury und starb 1645 auf Befehl des langen Parlaments auf dem Schaffot. Der Eifer, mit dem er die königliche Politik dem Parlament gegenüber unterstützte, brachte ihm den Dank der Stuarts ein, daß sie ihn fallen ließen, bevor sie selber fielen.

wurde monatlich zu Uebungen aufgeboten. Die virginische Grenze wurde von fünf Forts geschützt, die mit dreißig Kanonen armiert waren.

Die royalistische Gesinnung erhielt sich trotz alledem, was geschehen war, bis Karl II. sich seine letzten Anhänger in Virginien dadurch entfremdete, daß er diesen Freistaat an eine paar von seinen persönlichen Freunden verschenkte, als hätte er es mit einem Landgut in England zu thun. Eines so schweren politischen Fehlers, einer so brutalen Mißachtung der Menschenrechte bedurfte es, bis diese loyalen Angloamerikaner von ehedem nur eine Ahnung von politischer Unabhängigkeit bekamen! In der That, das Licht der Freiheit war an diesen Tagen, nachdem es einen Strahl entsandt hatte an die Küsten Amerikas, im Mutterlande erloschen; und während Engländer in Neu-England, Pennsylvanien, Maryland und Virginien ihre parlamentarische Regierung aufbauten und in der Handhabung politischer und religiöser Toleranz weiterschritten, sank das englische Volk unter dem Einfluß einer nach dem Vorbild von Versailles eingerichteten Regierungsweise augenscheinlich auf eine tiefere Stufe des gesellschaftlichen und sittlichen Lebens.

Maryland, das im Jahr 1632 von Lord Baltimore gegründet worden war, erließ 1649 ein Gesetz, nach dem hinfort „keine Person, die an Jesus Christus glaubt, in Bezug auf ihre Religion irgend welche Anfechtung erfahren soll“; — ein Gesetz, das in seiner Art einzig dastand und dem Europa des 17. Jahrhunderts eine ähnliche Ueberraschung bereitete wie 1776 die Erklärung der politischen Gleichberechtigung aller Menschen. So war es Maryland, das von einem römischen Katholiken gegründet war, vorbehalten, die erste amerikanische Kolonie, vielleicht der erste christliche Staat zu sein, wo alle christlichen Sekten nicht nur geduldet, sondern herzlich willkommen geheißen wurden.

Aus Neu-England flohen Quäker dorthin (1649), und noch im gleichen Jahre siedelten sich in Maryland unter Lord Baltimores Schutz gegen hundert Puritaner an, um den Verfolgungen der englischen Hochkirche in Virginien zu entgehen.

Verfolgungen waren an der Tagesordnung. Kaum ein freier denkender Mann war freigesinnt genug, um deren Abschaffung zu wünschen; — aber manche wünschten, daß das Verfolgungswesen auf eine mehr demokratische Basis gestellt werden möchte. Die willkürliche Verfolgung von seiten eines Königs oder Erzbischofs konnte sie in heftigen Zorn versetzen; aber mit der gleichen Heftigkeit verlangten sie für die Volksvertreter das Recht, Maßregeln der Intoleranz zu ergreifen. So trafen die Puritaner von Neu-England, das auf Grund des allgemeinen Stimmrechts organisiert war und von Beamten verwaltet wurde, die nur auf ein Jahr gewählt waren, Maßnahmen, welche einem Quäker oder einem Anhänger der englischen Hochkirche — von römischen Katholiken gar nicht zu reden — ungeheuerlich erschienen. Immerhin, wenn auch die Gesetzbücher Neu-Englands strotzten von barbarischen Strafen für die, welche die Schranken eines engen Glaubensbekenntnisses überschritten, so darf man doch nicht vergessen, daß der Puritaner diese Gesetze auf sich selbst anwendete und niemanden einlud, mit ihm zu leiden, noch darnach trachtete, solche zu belästigen, die einen anderen Weg des Heils vorzogen.

In Neu-England gab es keine Inquisition; es herrschte hier nicht die Neigung, schon ketzerisches Denken allein, das nicht mit einem offenbaren Akt der Verletzung des Landesgesetzes verbunden war, zu verfolgen. Es kamen vereinzelte Fälle von Härte vor, wo der Fanatismus im Gesetz einen Vorwand zu Grausamkeiten fand; aber sie glichen den — glücklicherweise wenig zahlreichen — Flecken auf der strahlenden Regierung der Königin Elisabeth.

Das Gesetz war hart, aber es gelangte selten in seiner ganzen Strenge zur Anwendung, wenn nicht geradezu eine Herausforderung vorlag bei Leuten, die sich als Märtyrer einen Namen machen wollten.

Die Unduldsamkeit unserer puritanischen Vorfahren — dieser Verkündiger der Freiheit — das ist heute ein beliebter Gegenstand für Witzeleien, ein Thema, welches Römisch-kirchlichgesinnten ganz besonders zusagt. Aber solche Ausfälle werden wenig Kredit haben, so lange die Urkunden unserer Archive als echte Zeugen reden von dem Thun und Vollbringen der Männer, die Virginien zuerst besiedelten.

XXVII.

Warum England seine amerikanischen Kolonien verlor.

„Die verhängnisvollste politische Erscheinung in den heutigen Vereinigten Staaten ist die zunehmende Verbreitung einer Anschauung, die den ehrlichen Mann in einem öffentlichen Amt entweder nicht für möglich oder für einen Narren hält, der die Gelegenheiten nicht benutzt."

Henry George „Progres and Poverty" S. 483.

Tyrannei der englischen Kolonialverwaltung vor der amerikanischen Erhebung — Der Kontrast zu den heutigen Beziehungen.

Zur Zeit der englischen Revolution des Jahres 1688, als König Wilhelm III. den Thron bestieg, waren die englischen Kolonien in Amerika von ungefähr 200 000 Weißen hauptsächlich angelsächsischer Abstammung bewohnt. Diese machten Tag für Tag die Erfahrung, daß es für sie keinen großen Unterschied bedeutete, ob die Regierung in England republikanisch oder monarchisch, protestantisch oder katholisch, „high-church" oder „low-church", „Whig" oder „Tory" war. Die Krone benötigte fortwährend Geld zur Deckung der Kosten auswärtiger Kriege; und die öffentliche Meinung war noch nicht so weit entwickelt, den Engländer von Virginien oder Massachusetts in allen Beziehungen als gleichwertig mit dem Engländer Englands anzusehen.

Gegen Ende des 17. Jahrhunderts wandte die englische Regierung auf den Handel mit ihren Kolonien Grundsätze an, die sogar noch weniger liberal waren als die der Stuarts. 1696 wurde der amerikanische Handel auf die Schiffe beschränkt, die in England oder in den Kolonien gebaut worden waren, Engländern gehörten und mit Engländern bemannt waren. Es wurde den Kolonien der Handel mit anderen Gebieten als dem Mutterlande verboten. 1699 wußten die englischen Weber vom Parlament ein Gesetz zu erlangen, welches den Kolonien verbot, Wolle nach dem Mutterlande oder selbst von einer Kolonie zur anderen zu verschiffen. Der Export zugerichteten Bauholzes wurde beschränkt. Bäume, die zu Mastbäumen geeignet waren, durften nur mit königlicher Genehmigung geschlagen werden. 1719 untersagte das Parlament den amerikanischen Kolonien die Herstellung anderer Eisenartikel als Nägel, Riegelhaken und dergleichen. Im Unterhaus wurde offen erklärt, daß die Erlaubnis zum Gewerbebetrieb in Amerika einer Ermutigung zur Lostrennung vom Mutterlande gleichkäme. Da es nun aber praktisch unmöglich war, die Eisenwerke Amerikas ganz zu unterdrücken, wurde dieser Gewerbezweig wenigstens so viel als möglich behindert und der Export verarbeiteten Eisens mit einer hohen Abgabe belegt.

Manchen unserer Politiker, die zum Schutze sogenannter junger Industrien fortwährend hohe Einfuhrzölle befürworten, sollte das zu denken geben.

Fabrikunternehmungen aller Art wurden in Amerika mit Vorbedacht unterdrückt, sofern es der englischen Regierung gelang, ihren Gesetzen Nachachtung zu verschaffen. Glücklicherweise blieb genügend Raum für verbotene Operationen, und das schob den Tag der Abrechnung hinaus. Wäre England gegen Ende des 17. Jahrhunderts imstande gewesen, seine Parlamentsakte auch in den Kolonien durchzusetzen mit der Gründlichkeit des modernen Deutschland oder gar Rußland, so würde der Revolutionskrieg von 1776 drei Vierteljahrhunderte früher stattgefunden haben.

Im Jahre 1716 besaß Boston bereits fünf Druckerpressen und drei Zeitungen, und diese letzteren trotzten offen allen Zensurversuchen des Mutterlandes. Die Geschichte Amerikas bietet von hier an beständige Wiederholungen von Einengungsversuchen aufseite der Krone, von Versuchen der Hinterziehung und des Trotzes aufseite der Kolonisten. Als England unter den Georgen eine strenger monarchische Ausgestaltung erfuhr, wurden die Amerikaner ihrer Stärke immer mehr sich bewußt und bestanden mit mehr Nachdruck als zuvor auf ihrem Recht der Selbstregierung. Die Spannung zwischen Neu-England und dem Mutterland war der hauptsächlichste Grund, daß Canada so lange in französischen Händen blieb; denn die Bewohner von Massachusetts konnten sich für eine militärische Unternehmung nicht begeistern, welche nur die Wirkung versprach, daß ein unfreundliches Soldatentum in ihrer Nachbarschaft sich festsetzte.

Als indes die Ereignisse im Jahre 1763 die Abtretung Canadas an England mit sich brachten, wurden die dreizehn Staaten mit einem Male von großen militärischen Aufwendungen, die zum Widerstand gegen französische Angriffe nötig gewesen waren, befreit. Von 1763 an erkannten die Angloamerikaner mit politischem Verständnis, daß ihr Operationsgebiet nicht länger eingeengt war durch französische Militärposten, die sie vom Hinterland abschnitten und zwischen den Alleghanies und dem atlantischen Ozean festhielten. Von jetzt an konnte eine angloamerikanische Vereinigung gegen England ganz Nordamerika umfassen von Labrador bis zum Golf von Mexiko, und so weit nach Westen, als das Gebiet bekannt war.

In jenem siebenjährigen Krieg, der 1763 zum Abschluß kam, hatten die Amerikaner Schulter an Schulter mit britischen regulären Truppen gefochten und hatten dabei die britischen Heerführer großes militärisches Ungeschick an den Tag legen sehen. George Washington und die anderen Amerikaner, die im Jahre 1775 die Waffen gegen England ergriffen, waren Männer, die die Kriegskunst in der Schule der Erfahrung gelernt hatten, und diese Schule bewies wenigstens auf amerikanischem Boden eine ganz andere Leistungsfähigkeit als jene, aus der die Generale Georgs III. hervorgingen.

Man kann die Geschichte der Beziehungen Englands zu Amerika in der zweiten Hälfte des 18. Jahrhunderts nicht lesen, ohne auf jeder Seite an Südafrika und an die burische Machtentfaltung von 1896—1900 erinnert zu werden. Es ist dabei nicht nötig, an unsere früheren Einzelschilderungen zurückzudenken; man erinnere sich nur der krassen Unkenntnis der wirklichen Verhältnisse, die beim Ausbruch des südafrikanischen Krieges im Jahre 1899 fast durchweg in England herrschte. Ein kommandierender englischer General verkündigte laut im September

(1900), daß er sein Weihnachtsmahl in Prätoria einnehmen werde. Doch Weihnachten 1900 kam, und dem Kriege war noch nicht von ferne ein Ende abzusehen!

Selbst englische Geschichtsschreiber äußern sich heute freimütig über die thörichte Art, wie das offizielle England in den Tagen Georgs III. von den Amerikanern sprach als von Feiglingen, die unfähig seien zu jeder Organisation und zu jedem Widerstande. Es gab damals allerdings aufgeklärte Leute, die für die Freiheiten der Kolonien mutig einstanden; aber ihre Stimme wurde übertönt durch das Geheul der unwissenden Massen und durch das Geschrei der Interessierten. Während die amerikanischen Staatsmänner von damals das Mutterland genau kannten, seine Stärke und seine Schwäche, wußten die Engländer ungefähr so viel von Amerika wie der gewöhnliche Aktienbesitzer von einem der Länder weiß, worin er zufällig eine seiner zahlreichen Geldanlagen gemacht hat.

Ein großer Umschwung hat sich seither vollzogen; nie trat er deutlicher zu Tage als im Jahr 1900, da die australischen Kolonien Delegierte nach dem Mutterlande sandten, um über Mittel und Wege zu beratschlagen, wie die politischen Bande zwischen Mutterland und Kolonien enger zu knüpfen seien. Diese Australier kamen als hochgeehrte Gäste der ganzen Nation; sie wurden Gegenstand zahlloser Ehrenbezeugungen, und von der Regierung wurden sie nicht als Bittsteller aus abhängigen Kolonien, sondern als Gesandte selbstherrlicher Gemeinwesen behandelt.

Heute treten englische Kolonien in Wehr und Waffen, um für Alt-England zu kämpfen, und sogar die

Amerikaner haben in dem bezeichnenden Stichwort „Blut ist dicker als Wasser“ ein Gegenstück ausgemünzt zur Monroe Doktrin.

Soeben haben in China englische und amerikanische Matrosen und Soldaten Schulter an Schulter gestanden. Im Jahre 1898, als der Krieg gegen Spanien ausbrach, war es die Hand des englischen Matrosen allein, die dem Admiral Dewey zuwinkte, ihm „God speed“ zu wünschen zu der gefahrvollen Unternehmung gegen Manila.

Blicken wir von hier aus zurück auf die Zeiten, wo die politische Lebenskraft der amerikanischen Kolonien Männer des öffentlichen Dienstes hervorbrachte, die groß waren, gemessen an ihren Zeitgenossen, und noch viel größer gegenüber dem gesunkenen Geschlecht unserer heutigen Kongreßmänner!

Wie Benjamin Franklin nach England ging, als Engländer die Rechte der Engländer zu beanspruchen, keine besondere Gunst erbittend, sondern von der Regierung seines Königs nur Gerechtigkeit verlangend gemäß den alten Freibriefen und gemäß dem Gewohnheitsrecht ganzer Generationen, da wurden er und die anderen Teilnehmer an der Friedensmission vom Hof, von der Aristokratie, von den Mitgliedern der Regierung und von der Mehrheit der Politiker als verächtliche Agitatoren behandelt, nicht salonfähig in der sogenannten guten Gesellschaft der Hauptstadt.

England war trunken vom Ruhm seiner früheren Kriege; seine Macht hatte es blind gemacht; leicht erworbenes Geld hatte das Gesetzgebungswesen an der

Quelle verdorben, Unwissenheit und Gleichgiltigkeit besorgten das übrige.

Sieben lange Jahre kämpften die dreizehn Staaten gegen das Mutterland um eines Prinzips willen, das seit der Zeit sich jeder britischen Kolonie als kostbares Gut erwiesen hat. Der Unabhängigkeitskrieg kam 1783 zu Ende; aber im Jahre 1812 brach ein neuer dreijähriger Krieg aus, der nur noch einmal bewies, daß die besten britischen regulären Truppen ein elender Haufe sind gegen Männer englischer Herkunft, die für ein Prinzip kämpfen. Es bedurfte dieser zehn Jahre harter Schläge, um England die Lehren beizubringen, die es heute in kolonialen Dingen zum Lehrmeister der Welt machen.

Canada war die erste Kolonie, der die Uebergabe von Yorktown zum Segen gereichte, aber wie Canada so fühlte diesen Segen hernach jede englische Kolonie; und wo immer in der Welt heute die englische Flagge weht, da ist sie das Wahrzeichen entweder eines sich selbst regierenden angelsächsischen Gemeinwesens oder wenigstens eines Gemeinwesens, dessen Angehörigen das denkbar weiseste Maß von Selbstregierung gewährt wird.

XXVII.

Eine Tropenrepublik in Westindien, die gedieh.

Die Fähigkeit zu angemessener Organisation ist das unterscheidende Merkmal der Demokratie unserer Rasse gewesen, gegenüber allen anderen Demokratien, die ihr vorangegangen sind.
George Parkin, Imperial Federation p. 2.

Barbados — eine Tropenrepublik. — Sie proklamiert Karls II. als König — widersetzt sich Cromwell. Die wirtschaftliche Entwicklung.

Barbados liegt mitten in den Tropen, — ein Stecknadelknopf im Saum der caribischen See. Der Flächeninhalt der Insel Barbados ist so gering, daß er auf dem Festlande sich mit einer einzigen großen Pflanzung decken würde. Vergleichsweise wollen wir sagen, daß ihr Flächeninhalt ungefähr dem der Insel Wight entspricht. Auf der längsten Strecke kann man die Insel bequem zwischen Mittagessen und Abendessen durchschreiten. Die Bevölkerung ist so dicht, daß man das Gefühl bekommt, die Leute müßten bei dem Gedränge zum Teil ins Meer fallen. In keinem Lande der Welt kommt auf den Quadratmeter eine so starke Bevölkerung wie auf diesem glücklichem Eiland, — dem gesundesten, reichsten und am besten regierten — der mikroskopisch kleinen Metropolis Westindiens.

Wenn an dem Satz: „Glücklich das Land, das keine Geschichte hat", etwas Wahres ist, so kann er nicht besser illustriert werden als durch diesen tropischen Vorposten angelsächsischer Freiheit, — der östlichsten oder am meisten über dem Winde gelegenen Insel der spanischen See. Gemäß orthodoxer nationalökonomischer Anschauung würde die ungeheure Bevölkerung von über 1000 Seelen auf die englische Quadratmeile ein Unglück bedeuten, ein Unglück im Vergleich zu jenen Gebieten, wo Grund und Boden auf bloße Bitte hin erhältlich ist. Aber Malthus findet wenig Anhänger in Barbados, dessen Bewohner ringsum Kolonien beobachten können, deren Prosperität wächst mit dem Wachstum der Bevölkerung. Ursache und Wirkung sind hier, wie in den meisten Fällen dieser Art, vermengt; aber wenn der Westindier in der Uebervölkerungsfrage zum umgekehrten Schluß kommt wie Malthus, so hat er von seinem Standpunkt aus gewiß recht.

Beim Besuch der interessanten Insel war mir am augenfälligsten das echt britisch zähe Festhalten an den Gewohnheiten des geselligen Lebens. In der glühendsten tropischen Mittagshitze begaben sich die Spitzen der hauptstädtischen Gesellschaft zur Kirche, angethan mit dem konventionellen Cylinderhut, dem steifen Halskragen, dem schwarzen Gehrock und den Glanzlederhandschuhen. Und dieses Martyrium machen sie im Jahre 52 mal durch, während ihre unternehmenden Vorfahren im Zeitalter der Elisabeth ein Martyrium nur einmal, aber dann allerdings in drastischer Weise zu erleiden hatten, wenn sie mit der spanischen Inquisition in La Guayra in Berührung kamen. Der „Bim“, wie der Bewohner von Barbados in der Koseform kurz genannt wird, ist durch und durch Engländer, von gewissen Eigenheiten abgesehen, die er dem Yankee abgelernt hat. Die reinlichen Straßen, die komfortabeln Häuser, die massiven öffentlichen Bauten, die wirksame sanitarische Kontrolle, die Ortspolizei — alles das weist auf die fast ganz rein erhaltene englische Abstammung hin.

Der Gouverneur dieses kleinen Puppenreiches gibt Gartenpartien und tritt in Amt und Würden auf, so großmächtig, als ob er in Calcutta oder Singapur die Präsidentschaft bekleidete. Tommy Atkins stolziert hier herum mit derselben gemütlichen Gleichgiltigkeit den Längen- und Breitengraden gegenüber, wie er sie in Kapstadt oder Hongkong zur Schau trägt; und die prächtigen schwarzen Soldaten des „West-India-Regiment“ in ihrer Zuavenuniform zeigen, daß der Engländer den schwarzen Mann als Menschen, wenn nicht als Bruder achtet.

In Barbados gibt es eine Eisenbahn, und es hat wohl ein hartes Stück Arbeit gekostet, sie hier anzulegen; dazu noch Straßenbahnen und am Strand ein oder zwei große amerikanische Hotels, in denen sich aus dem ganzen spanischen Archipel Familien einfinden, um ihre Gesundheit in diesem tropischen Narragausett herzustellen.

Die Neger hier sind die größten und stärksten in Westindien, und sie sind alle gezwungen zu arbeiten, da sie hier kein weites Hinterland haben, wo sie nur einen Kokusnußbaum zu schütteln brauchen, um eine Mahlzeit zu erlangen. In Sprache, Religion und Lebensweise sind sie durch und durch Engländer, obschon ihnen aus praktischen Gründen ein Anzug, bestehend aus wenigen Yards bedruckten Kattuns, mit einem Strick um die Lenden, genügt.

Wenn der Bürger von Barbados, der drei Jahrhunderte rein englischer Fortpflanzung repräsentiert, und der seit den Tagen König Jakobs hier heimisch ist, in den Zeitungen liest, daß der Angelsachse sich nicht in den Tropen festsetzen soll, da der weiße Mann überhaupt nur in der gemäßigten Zone gedeiht, so lächelt er mitleidig und sagt: „Was für Narren führen das große Wort; und die erheben den Anspruch, uns zu regieren!"

Barbados ist nämlich praktisch, wenn nicht theoretisch eine Republik. Tropenrepubliken sind selten; die einzige andere, die ich aus eigener Anschauung kenne, ist Natal an der Ostküste Südafrikas, nicht nur eine der heißesten englischen Kolonien, sondern zu gleicher Zeit auch eine der gesundesten und bestregierten in ganz Afrika.

Die Geschichte von Barbados geht weit zurück, bis in die Tage, da nur Spanien in Westindien Rechtstitel zu haben glaubte, und da die, welche in sein Gebiet einbrachen, Gefahr liefen, ihr Wagnis am Galgen oder auf dem Scheiterhaufen der Inquisition zu büßen.

Offiziell wurde Barbados 1625 unter königlicher Bewilligung von 40 englischen Auswanderern besiedelt, unter denen sich der Sohn von John Winthrop befand, der spätere Gouverneur von Massachusetts.

Aber wie in Neu-England so wurde auch hier die offizielle Aktion des Mutterlandes den Kolonisten

22*

unangenehm und stiftete mehr Schaden als Gutes. Vielleicht schon vor der königlichen Bewilligung hatten sich hier Engländer aufgehalten, die Schutz suchten vor politischer und religiöser Beeinträchtigung; jedenfalls waren binnen Kurzem freibeuterische Elemente auch hier vertreten von jener Art, die Martinique und San Domingo zu Pflanzstätten französischer Freiheit machte, lange nachdem alle Reste freiheitlicher Regierung in Frankreich verschwunden waren. Die bürgerlichen und religiösen Wirren in England erzeugten Flüchtlinge, die nach Barbados gingen, wie sie nach Maryland, Massachusetts und Virginien auswanderten, und von Anfang an entwickelten diese Leute die für den Engländer charakteristische Fähigkeit, für sich selber zu sorgen.

Schon 1636 waren 6000 Engländer auf Barbados; und nacheinander beklagten sich die Gouverneure darüber, daß diese eine entschiedene Neigung zeigten, ihre eigenen Wege zu gehen. Die Insel prosperierte, trotzdem die englische Krone sie an Hofgünstlinge geschenkt hatte und sie wie eine zu exploitierende Pflanzung behandelte. Glücklicherweise bestritten die Beschenkten einander ihre Ansprüche und erschöpften sich in ihrem Streit, sodaß inzwischen die Kolonie thatsächlich sich selber überlassen blieb.

Eine Vorstellung von der selbstbewußten Kraft und dem staatsmännischen Geist, die auf der kleinen Insel herrschten, läßt sich aus der Thatsache gewinnen, daß sie bei der Enthauptung Karls I. die einzige Kolonie war, deren Widerstand gegen die englische Republik Cromwell ernstlich Schwierigkeiten bereitete. Die loyalen „Bims" proklamierten Karl II. zum König, boten die Miliz auf, und erst 1652 gelang es dem großen Protektor, seine Macht in Barbados zur Geltung zu bringen. Die Schlichtung des Streites war charakteristisch für angelsächsisches Wesen. Beide Parteien waren gerüstet und kampfbereit; als aber die britischen „Bims" die Ueberzeugung gewonnen hatten, daß das Kämpfen hoffnungslos sei, und daß sie unter ehrenvollen Bedingungen kapitulieren könnten, lösten sie ihre Streitkräfte auf und kehrten zu ihrem Tagewerk zurück.

Barbados hat nie einen fremden Feind auf seinem Boden geduldet. Als Pater Labat zu Beginn des 18. Jahrhunderts die Insel besuchte, studierte er besonders die militärische Lage derselben, nicht ohne Rücksicht auf eine eventuelle französische Invasion. Er selbst war ein geschickter Ingenieur, der auf den französischen Inseln mehrere Forts erbaut hat. Er beschreibt Barbados als eine zum Plündern prächtig geeignete Insel, bewundert den Reichtum der Pflanzer und namentlich die außerordentlich günstigen Verhältnisse der Wehrfähigkeit seiner weißen Bevölkerung. Er fand Festungen und Batterien an den hervorragenden Punkten der Küste, und es war ihm eine große Genugthuung, daß es ihm gelang, seinem Gastgeber eine Karte der Insel zu stehlen. Dieser Dominikanerpater, dessen Buch über Westindien noch heute eine entzückende Lektüre ist, war ein hervorragend praktischer Mann: bei seinem Abschied von Barbados war ihm jeder Gedanke an einen Angriff auf die Insel vergangen.

Als Cromwell im Jahre 1655 Jamaica angriff, wurde er dabei durch 3500 Freiwillige von dem einen Barbados unterstützt, und man rechnet, daß zwischen den

Jahren 1643 und 1657 wenigstens 12000 Weiße die Insel verlassen haben, um andere Gebiete Westindiens oder der nordamerikanischen Kolonien zu besiedeln und zur Blüte zu bringen.

Gerade hundert Jahre vor der Unabhängigkeitserklärung zu Philadelphia besaß Barbados eine Bevölkerung von 50000 Weißen und 100000 Negersklaven.

Ich will nicht auf die Erörterung der Negersklavenfrage zurückkommen; es soll hier nur noch konstatiert werden, daß sowohl in ganz Britisch-Westindien als auch in Virginien auf die Legalisierung des Sklavenhandels ein allmählicher Rückgang der weißen Bevölkerung folgte und ein solches Mißverhältnis zwischen den Zahlen der weißen und schwarzen Bevölkerung eintrat, daß in mehreren Fällen wie z. B. in Jamaica die Existenz der weißen Ansiedler gefährdet war, und eine Regierung durch Volksvertreter sehr erschwert, wenn nicht unmöglich gemacht wurde.

Als aber die Sklaverei sich einmal fest eingelebt hatte, die Plantagen mehr den Charakter von Fabriken zur Herstellung eines einzelnen Produktes angenommen hatten und die Arbeit des Weißen gänzlich verschwunden war vor der Konkurrenz durch die Sklaven, da war man weithin darüber einig, daß die Sklavenarbeit für einen erfolgreichen Landbau in den Tropen absolut notwendig sei, und daß die Sklavenbefreiung den kolonialen Ruin bedeute. Diese Auffassung hatte viel für sich und machte sich mit großem Nachdruck geltend zur Zeit der englischen Antisklavereibewegung im Anfang des 19. Jahrhunderts. Doch war dabei vergessen, daß es eben die Negersklaverei selber gewesen war, die das eigentliche Plantagensystem erst geschaffen hatte, ein System, das nur rentiert, wenn Großbetrieb durch Negerrotten vorhanden ist.

Der Zucker, jenes Erzeugnis, welches seither das Ein und Alles der westindischen Produktion geworden ist und zwei Jahrhunderte hindurch, ja noch länger, den Hauptgrund zur Rechtfertigung der Sklaverei abgeben mußte, — wurde in Barbados erst 1640 eingeführt. 1643 gab es in Barbados 18600 weiße Männer von kräftiger Körperbeschaffenheit. Unter ihnen waren 8300 Grundbesitzer. Neger waren nur 6400 vorhanden. Diese Zahlenangabe allein schon gestattet den Schluß, daß die Arbeit des Weißen hier wie früher in Martinique und Virginien mit Erfolg angewendet wurde, und daß mit ihr auch fernerhin blühende Kolonien hätten geschaffen werden können, wäre nicht die Goldgier dagewesen, die es christlichen Nationen ermöglichte, Afrikaner als Beute der Sklavenjagd einzufangen, um sie hernach als menschliche Maschinen — um nicht zu sagen als Lasttiere — zu verkaufen.

Heutzutage haben wir Gesetze, welche die Tiere schützen vor Mißhandlungen durch ihre Besitzer; — damals genoß der schwarze Mann auf den Plantagen Jamaicas weniger gesetzlichen Schutz, als heute dem Droschkengaul in London zuteil wird! Durch die Arbeit des schwarzen Mannes ist die des Angelsachsen in den Teilen Amerikas, wo Baumwolle, Tabak und Zucker gepflanzt wird, so vollständig verdrängt worden, daß wir geneigt sind, diesen Zustand als einen natürlichen und unabänderlichen anzusehen. Gestützt auf die Erfahrungen unserer englischen Vorfahren glaube ich aber beinahe, daß, wenn der Neger durch einen glücklichen Zauber plötzlich in seine afrikanische

Heimat zurückversetzt würde, der Weiße in seinen tropischen Gebieten von Amerika noch befriedigendere Resultate mit seiner eigenen Arbeit erzielen würde.

Früher wurden der Kolonisation bedeutende Arbeitskräfte zugeführt durch ein System, das demjenigen, welcher durch Schuld oder Unglück in die Krallen des Gesetzes gefallen war, gestattete, sich durch persönliche Dienstleistungen loszukaufen. Solche Leute befanden sich in einem ähnlichen Arbeitsverhältnis wie heutzutage der Auswanderer, dem die Ueberfahrtskosten von Europa nach New-York vorgeschossen worden sind, und der nun mit seiner Arbeit die Schuld abverdient. Das Gesetz verbietet derartige Abmachungen, aber der Mensch findet Mittel und Wege, die Gesetzesbestimmungen zu umgehen.

Unter diesem alten System kamen Tausende kräftiger Männer mit ihren Familien nach der neuen Welt, und nachdem sie eine bestimmte Anzahl von Jahren auf die oben angeführte Weise gearbeitet hatten, wurden sie in ihre bürgerlichen Rechte wieder eingesetzt und empfingen Land zur Bebauung. Diese Einrichtung gab wie andere auch Anlaß zu Mißständen. Aber unter einer tüchtigen Aufsicht bot sie allen Beteiligten offenbaren Vorteil: dem Mutterlande, der Kolonie und hauptsächlich dem weißen Auswanderer selber.

Die heimische Regierung überantwortete den Mann einfach einem Kolonialagenten und befreite sich so mit einem einzigen Federzug von aller weiteren Verantwortung.

Der Ausbruch des amerikanischen Krieges im Jahre 1776 gab nun aber diesem System den Gnadenstoß; denn alle dreizehn Kolonien verbaten sich jetzt die Zusendung von irgendwelchen gerichtlich Belangten oder Besserungsbedürftigen. Hiermit erhielt der afrikanische Sklavenhandel, bei der wachsenden Nachfrage nach Arbeitskräften, einen noch stärkeren Ansporn, — eine Konsequenz, die sich unsere puritanischen Befreier nicht hatten träumen lassen.

Eine der Folgen des Negertums in Amerika war, daß es den Gebrauch von arbeitersparenden Maschinen oder von Maschinen, deren Handhabung Intelligenz verlangte, hintanhielt. Je billiger Menschenkraft zu haben ist, eine um so unbedeutendere Rolle spielt die Maschine. Nicht in Rußland, sondern in Minnesota erfindet der Landbau arbeitersparende Geräte; — nur bei einer hochkultivierten Bevölkerung ist ein hochentwickeltes Maschinenwesen nutzbringend. Leute, die mit zehn Cents im Tage sich zufrieden geben, sind für eine moderne Mähmaschine nicht reif, — nicht einmal für einen amerikanischen Pflug. Ein Chinese aus dem Innern des Sonnenreiches begreift nicht, wie ein Maschinenarbeiter in Massachusetts im Tag fünf Dollars verdienen kann und dabei mit seiner Maschine Baumwollstoff fabriziert, der jenen unterbietet, den in Canton Mädchen mit fünf Cents Taglohn herstellen.

Obschon die große chinesische Mauer mittels Zwangsarbeit errichtet wurde, so ist es doch mehr als wahrscheinlich, daß heute ein amerikanischer Unternehmer den Bau durch freie Arbeit mit geringeren Kosten würde ausführen können. Der Grund ist, daß nur gutbezahlten Arbeitern teure Maschinen anvertraut werden können, — daß aber eine gute Maschine den besten Arbeitssklaven unterbietet.

Der weiße Mann hat bis jetzt noch keinen großen Gefallen gefunden an lange andauernder, schwieriger Arbeit in den Tropen wie z. B. an dem Hacken eines Baumwollfeldes. Aber der Weiße hat nur deshalb solche Arbeit nicht verrichtet, weil er mehr wert ist als Aufseher bei der Arbeit der Schwarzen, denn als zwei Beine in der Arbeiterkolonne.

Weiße Matrosen verrichten ihre Arbeit in den Tropen ebenso gut wie im Norden; und weiße Soldaten schlagen sich in Indien so gut wie in Nordchina. Wenn wir von außerordentlich großer Sterblichkeit der weißen Truppen in heißen Klimaten hören, so können wir das in der Regel auf schlechte Lebensgewohnheiten, auf Unerfahrenheit seitens der Offiziere, auf den schlimmen Zustand der sanitarischen Einrichtungen in solchen Gegenden zurückführen, nicht aber bloß auf die Hitze. Amerika ist vorzugsweise das Land der arbeitersparenden Maschine, und zwar aus dem Grunde, weil, im Norden wenigstens, ein intelligentes und infolgedessen kostspieliges Arbeitermaterial vorhanden gewesen ist. Schon in England fällt dem Amerikaner der Mangel an arbeitsparenden Vorrichtungen auf, umgekehrt aber auch die vergleichsweise Billigkeit und Unintelligenz der Dienstboten. Die Folge ist, daß ein englisches Haus ungefähr ein Drittel mehr Dienstboten braucht als ein ebenso geführtes Haus in Amerika. So gewöhnliche Dinge wie Sprachrohre, stumme Diener, elektrisches Licht, Gasöfen, Warm- und Kaltwasserleitungen in allen Zimmern, richtige Badeeinrichtungen kamen erst nach England, lange nachdem sie in Amerika bei Schuster und Schneider angelangt waren. Ich kann mich mancher Wohnhäuser in England erinnern, wo noch heute nichts von alledem bekannt ist, wo die Gäste sich beim düsteren Lichte zweier Kerzen zum Essen umkleiden müssen, wo einem ein kleines zinnernes Waschbecken mit 2 Wasserkrügen ins Zimmer gebracht wird, und wo an kalten Abenden die Damen, in ihre Umschlagtücher eingehüllt, sich um das Kaminfeuer drängen müssen, weil weit und breit das Dienstpersonal jede andere Heizeinrichtung zu kompliziert findet.

Man darf wohl sagen, daß manchen wohlhabende englische Edelmann in seinem Herrenhaus weniger Bequemlichkeit genießt als durchschnittlich der Lehrer in Neu-England, dessen Einkommen höchstens den zehnten Teil von dem darstellt, was sein Vetter in der alten Welt bezieht. —

Alle Industrien liegen in Westindien darnieder, weil der Zucker einen geringen Marktwert hat und die Pflanzer von diesem einen Erzeugnis zu abhängig sind. Sie haben die Tage der Fülle hinter sich, und das heutige Geschlecht muß für die Einseitigkeit büßen. In den guten alten Zeiten der Sklaverei war zur Bewirtschaftung einer Plantage durchaus keine besondere Intelligenz nötig. Der Zuckerpreis war so hoch, daß jede Fabrikationsart gut genug war, und die Pflanzer konnten in London ihren Ruhesitz nehmen, während Verwalter die Domänen besorgten und in regelmäßigen Fristen fette Gewinne nach London sandten.

Aber die Zeiten änderten sich, und mit der Sklavenbefreiung (1834) sanken die Gewinne. Da borgten die Pflanzer Geld und hofften auf bessere Zeiten. Bessere Zeiten kamen jedoch nicht; so verpfändeten sie denn ihre

Ländereien und fuhren fort, auf einen glücklichen Wandel der Dinge zu warten, der nie eintrat.

Schließlich hatten sie ihr ganzes Kapital verbraucht, hatten kein Geld mehr, um verbesserte Maschinen kaufen zu können, hatten die Energie, die ihren Vorfahren eigen war, verloren und gerieten immer mehr in finanzielle Schwierigkeiten, bis die einst blühenden Plantagen den wilden Tieren überlassen wurden, wie jeder Reisende wird bezeugen können.

Das Parlament war um pekuniäre Hilfe angegangen worden und hatte schließlich etwas gegeben. — Aber alle solchen Maßregeln sind unklug. Es gehört nicht zu den Aufgaben einer Regierung, dem wirtschaftlich Vorwärtsgekommenen das Geld aus der Tasche zu holen und es dem Zurückgebliebenen zu geben. Wenn Westindien sich gegenwärtig in einer Notlage befindet, so kommt das gutenteils daher, daß es sich bis zuletzt nach Regierungshilfe umsah, statt sich vollkommen auf sich selber zu verlassen. Wenn die Regierung alle Hindernisse der kolonialen Entwicklung dieser Inseln beseitigt hat, so hat sie genug geleistet, und wenn nachher die Kolonisten ihr Auskommen nicht finden, so thäten sie besser, die Zuckerkultur aufzugeben und zu einem vorteilhafteren Anbau überzugehen.

Westindien braucht keine Armengesetzgebung, sondern es bedarf nur des heilsamen Antriebs zu gesunder wetteifernder Thätigkeit, um wieder zu gedeihen. Leute, welche Land besitzen, sollten gezwungen werden, es selber zu bewirtschaften und nicht Agenten zu überlassen. Das Regierungswesen sollte möglichst vereinfacht werden, damit die Verwaltung billiger zu stehen käme. Ungeeigneten

Pflanzern sollte die Liquidation ihres Besitzes und ihr Wegzug möglichst erleichtert werden, auf daß eine neue Generation von unternehmenderen und besser ausgerüsteten Hauswirten an ihre Stelle träten. Wenn die Regierung sich durchaus ins Mittel legen will, so soll sie sich, will sie nicht viel Unheil anrichten, darauf beschränken, Straßen zu bauen, den Verkehr zwischen den Inseln zu fördern, die Telegraphentaxen zu erniedrigen, Sparkassen zu errichten, das Verfahren der Uebertragung von Landbesitz zu vereinfachen, die Schwarzen, welche Landbesitzer geworden sind, zu ermutigen und die Bodenspekulation zu verbieten.

XXIX.

Aus meinem Tagebuch in Britisch-Guyana.

„Die Wirkung vergangener Ereignisse, der natürliche Impuls bei der Masse der Nation .... alles dies hat mehr zum Fortschritt der menschlichen Dinge mitgewirkt als die wohlbedachte eigene Meinung selbst der entschlossensten und weitsichtigsten unserer Führer."

John Morley, Cromwell.

25. Januar. Im Saale des Gerichtshofes in George Town, Demerara.

Auf einer hohen Plattform saß in prunkhafter hochroter Robe, aber ohne Perücke, der Richter mit Namen William Anthony Musgrave Sherriff. Gleich zu seiner Linken war die Zeugenbank, und gerade vor seinem Pult, aber tiefer, saß der Gerichtsschreiber, ein netter, intelligent in die Welt blickender Mulatte, der seine juristischen Prüfungen am britisch-guyanischen Gerichtshof abgelegt hat und gegenwärtig mit einem Buch über Recht und Rechtsprechung in dieser Kolonie beschäftigt ist. Dieser interessante Gerichtsschreiber, Namens E. A. V. Abraham, spricht mit großer Achtung vom holländischen Recht, das hier im Gebrauch ist und viel einfacher und zweckmäßiger sein soll als das, nach welchem in London Recht gesprochen wird.

Nahe am Tisch des Gerichtsschreibers, zur rechten Seite, steht der Tisch, an dem die Mitglieder des Krongerichts im schwarzen Amtsgewand, aber gleichfalls ohne Perücke, sitzen. Hinter diesen, rechts im Saale, sind die Tische für die Reporter. Zur Linken des Richters sitzen wie bei uns die zwölf Geschwornen, und dem Richter gerade gegenüber hinter einem in der Mitte des Saales stehenden Tisch für den Rechtsbeistand steht die Anklagebank, und hinter dieser befinden sich Sitze für ungefähr 50 Zuschauer.

Der erste Fall betraf zwei Schwarze, die unter der Anklage standen, einen Kaufmann auf der Straße überfallen und ihm den Stock entrissen zu haben in der bösen Absicht, ihm ein körperliches Ungemach zuzufügen. Bei dem einen der beiden, der schon viermal eines Verbrechens überführt worden war, lag der Fall klar. Der Richter gab ihm vollste Gelegenheit, Beweis zu seinen Gunsten zu führen, Zeugen zu befragen und vor Gerichtshof und Geschwornen zu sprechen. Dieser Sträfling wurde zu sieben Jahren Zwangsarbeit und nach Ablauf dieser Zeit zu dreijähriger polizeilicher Ueberwachung verurteilt. Er verließ den Saal unter Verwünschungen gegen den Richter und mit in den Bart gebrummten Flüchen gegen alle Welt. Der andere Angeklagte hielt eine Anrede an Richter, Geschworne und Zuschauer, brach in Thränen aus, sprach mit einer vor Rührung unterdrückten Stimme und gestikulierte mit Händen und Armen so graziös, daß es ein Triumph war der Natur über die Kunst. Er legte seine ganze Vergangenheit dar, erinnerte an seine respektable Familie und an seine sieben Kinder, an seine Berufsstellung als

Straßenkehrer, die ihn über allen Verdacht erhöbe, wie er nachdrücklich betonte. Das größte Gewicht meinte er nicht auf die Anklage wegen Raubes oder gar Mordversuchs, wegen der er vor Gericht stand, legen zu müssen, sondern auf den Verdacht, daß er sich mit einem so „niederen" Schwarzen, wie dem anderen Gefangenen, sollte zusammengethan haben. „Mein teurer, guter Vater" — „Mein teurer, guter Herr Richter" waren die Ausdrücke, mit denen er sich an „Seine Ehrbarkeit" wandte, während er die Geschworenen „meine guten teuren Brüder" nannte. Seine Rede floß so schön dahin, wie es der ehrgeizigste Volksredner sich nur hätte wünschen können. Seine Argumente, wenn sie schon der Folgerichtigkeit entbehrten, schienen doch eine so starke Kette zu bilden, daß sie auf manche seiner schwarzen Brüder überzeugend wirkten. Die Geschworenen sprachen auf demselben Sitz das „Unschuldig" über den einen und das „Schuldig" über den andern aus. Mit ziemlich gemischten Gefühlen ließ ich mir später vom Richter sagen, daß der Mann, den ich hatte freisprechen hören, schon dreimal wegen ähnlicher Anklagen verhaftet gewesen sei.

Die Gerichtsverhandlung ließ in Bezug auf Würde, Anstand und Billigkeit nichts zu wünschen übrig. Die Geschworenen hörten aufmerksam zu, und die Gerichtsdiener besorgten ihre Arbeit mit Ruhe und Würde. Der Saal war tadellos rein, und die Anwesenden waren anständig und sauber gekleidet.

Nach unseren Verhältnissen zu urteilen, wäre das Fehlen eines Verteidigers eine Unbilligkeit gegenüber dem Angeklagten; aber wie das Gerichtsverfahren hier gehandhabt wird, scheint es mir eher das Gegenteil zu sein. Der Richter sitzt nicht da wie ein Automat, um den Urteilsspruch aufzusagen, nachdem die gegnerischen Anwälte den Gerichtshof mit ihren Zänkereien ermüdet haben. Hier ist der wirkliche Richter, um nach dem Rechten zu sehen. Da er weiß, daß der Angeklagte von ihm und nicht vom Advokaten Billigkeit erwartet, so unterstützt er denselben, indem er alles Beweismaterial anführt, daß sich im Interesse des Angeklagten beibringen läßt. Der Staatsanwalt seinerseits ist nicht so sehr darauf bedacht, seinen Fall zu gewinnen, als vielmehr, die Wahrheit festzustellen. Der Geist, in dem die Verhandlung geführt zu werden schien, war der der Billigkeit, die über alles geht, ein Geist, der sich bewußt ist, daß es besser ist, wenn 99 Schuldige entkommen, als wenn ein Unschuldiger leidet.

---

26. Januar.

Gestern Abend sagte mir beim Diner meine Gastgeberin, die von Geburt und Erziehung Engländerin ist, daß ihre Gesundheit viel besser sei, seit sie hier in Guyana lebe. Dasselbe hohe Lob des guyanischen Klimas hörte ich aus dem Munde der Gemahlin des Zolldirektors, der Frau Darnell Davis, die mir mitteilte, daß sie in den fünf Jahren, während welcher sie hier hier wohnte, nie ärztliche Hilfe gebraucht habe, und daß sie nur einmal für ihre dreijährige Tochter den Arzt habe rufen lassen müssen.

Um das Diner „tropisch“ nennen zu können, hätte man sich dasselbe schon nach New York oder London versetzt denken müssen. Die schwarzen Diener waren ja natürlich ganz in Weiß gekleidet — ein sehr hübsches Arrangement —, aber ihr Drill war durchaus großstädtisch. Nach dem Diner begaben wir uns in den Salon, der zum Tanze hergerichtet war, und fanden dort ungefähr 50 Gäste versammelt mit Einschluß der drei englischen Offiziere der Garnison und zweier mulattischer Damen, denen späterhin beim Tanz ebensoviel Aufmerksamkeit erwiesen wurde wie der Mehrzahl der entzückenden Engländerinnen und weißen Kreolinnen. Die beiden Mulattinnen waren nach der neuesten Mode gekleidet und fühlten sich ganz in ihrem Element. Es wurde mir gesagt, daß die Farbigen hier überall an den Gesellschaften teilnehmen, und daß die eine der Mulattinnen verlobt sei mit einem hiesigen weißen Kaufmann. Ihre Anteilnahme am Ball berührte hier durchaus nicht unangenehm wie wohl in anderen Teilen Westindiens, von den Vereinigten Staaten gar nicht zu sprechen.

Henry Bolingbroke, der 1807 über Georgetown (damals Starbroek genannt) schrieb, sagt: „Selten geht eine Woche vorbei ohne Ball oder Konzert; die Teilnahme an denselben ist jedoch sehr kostspielig. Ein Ball mit nachfolgendem Essen kostet jeden Teilnehmer 8 Dollars, ein Konzert mit Ball 12 Dollars. Mit seiner Karte darf er zwei farbige Damen einführen."

„Wenn ein Europäer nach Westindien kommt, um sich niederzulassen, ... sieht er sich in die Notwendigkeit versetzt, eine Haushälterin oder Repräsentantin des Hauses anzustellen. Seine Wahl kann auf eine Schwarze, eine Gelbbraune, eine Mulattin oder eine Mestizin fallen. Diese können für 100—150 Pfund Sterling gekauft werden. Sie sind vollständig in der Lage, allen Pflichten ihrer Stellung zu genügen."

Diese Einrichtung ist auch heutzutage nicht unbekannt; aber sie wird verschwinden, so bald die weißen Frauen ihren Einfluß werden geltend gemacht haben.

Henry Nelson Coleridge schrieb 1825 über die kreolischen Damen:

„Ein Ball in Gesellschaft unserer kreolischen Damen ist mehr denn ein Ball. Er ist ein Wecker der Gefühle, ein Mahner der Geselligkeit, ein Inspirator von Stimmung und Gedanken. Hier ist denn auch mehr Natürlichkeit, mehr Leidenschaft als gewöhnlich bei uns in England. Die sanften dunkeln Augen der Kreolin scheinen von solcher Hingebung und solchem Ernst des Geistes zu sprechen, daß man gezwungen ist, sich seiner Partnerin in Liebe zu nahen. Es entsteht eine Hinneigung, die entzückend ist und die man nicht ohne Schmerz bezwingt."

„Es ist wahr, sie ist bleich, aber gerade diese Blässe ist eine Zierde, und ihre volle, doch zarte Gestalt ist ein Altar der Liebe, wenn sie haucht —

„The melting thought, The kiss ambrosial and the yielding smile" etc. etc. etc.

Anthony Trollope spricht von Demerara als dem Elysium der Tropen — dem glücklichen Thal Rasselas von Westindien — der einen wahren und wirklich existierenden Utopie der caribischen See — dem transatlantischen Eden."

Dieser Meister der Erzählung schreibt weiter:

„Die Männer Demeraras sind nie zornig, die Frauen nie mürrisch, und das Leben fließt dahin in einem unversiegbaren Strom der Liebe, des Lächelns, des Champagners und des Geplauders. Alle besitzen an allem genug. Die einzigen Leute, die hier nicht fortkommen, sind die Aerzte.“ —

Darf ich da nach den glänzenden Schilderungen dickblütiger Briten noch Fragezeichen machen?

XXX.

Die heutige und zukünftige Gestaltung Westindiens.

Die herrlichen westindischen Inseln waren ursprünglich bestimmt die Ueberschüsse unserer Rasse aufzunehmen, und die Wenigen, die dorthin gegangen sind, sind von den Schwarzen aus Jamaica und den Antillen verdrängt worden.

Fronde, the English in the West-Indies. 1898.

Neger, Chinesen, Ostindier und Weiße — Die Pflichten der Angelsachsen gegen Westindien — Das Bedürfnis nach einer tüchtigen Verwaltung.

Heute, da englisch sprechende Menschen das Schicksal der Hauptinseln Westindiens bestimmen, da man im Begriffe ist, unter angelsächsischem Protektorat den atlantischen Ozean mit dem pacifischen durch einen Kanal zu verbinden, und da wir zu der Annahme berechtigt sind, daß deshalb das Interesse Europas für diesen Teil der Welt wachsen wird, ist für uns die Zeit gekommen, Westindien nicht mehr als ein isoliertes Anhängsel ferner Kolonialämter zu behandeln, sondern als ein Gemeinwesen, das gemeinsame kommerzielle Interessen und eine einheitliche Sprache hat und in gewissem Umfang zur Selbstregierung geeignet ist. Cuba und Porto Rico sind unter dem Sternenbanner, Haiti ist unabhängig, Jamaica ist britisch, und die Großzahl der kleineren Inseln Westindiens gehört entweder England, oder es wird auf ihnen doch englisch gesprochen. Es bleiben schließlich nur Martinique und Guadeloupe, auf denen sich eine tiefgewurzelte Neigung zu anderen denn angelsächsischen Institutionen geltend macht. Allerdings sind ja auch Schweden, Holland und Dänemark in Westindien vertreten, aber in so geringem Umfange, daß sie ignoriert werden können.

Bis zur Sklavenbefreiung (1834) waren die westindischen Inseln der hohen Zuckerpreise wegen in den Augen europäischer Kabinette höchst wertvoll. Der abscheuliche Sklavenhandel ermöglichte es den Pflanzern, Vermögen anzusammeln und zugleich das Mutterland zu bereichern. Das Volksgewissen ließ sich ja wegen der Behandlung der Neger schon einschläfern. Die westindische Geschichte weiß so viel zu erzählen von Verbrechen und Blutvergießen, daß man Benjamin Franklin ganz gut versteht, der ein Stück Zucker nicht ansehen konnte, ohne zu denken, es sei mit Blut befleckt.

Seit der Sklavenbefreiung sind die europäischen Nationen den Inseln gegenüber ins andere Extrem der völligen Gleichgiltigkeit gefallen und beweisen so deutlich, daß das Interesse, das sie früher zeigten, mehr eine Geldfrage als Herzenssache war.

Heute scheinen aber in der That die westindischen Verhältnisse keine große Beachtung zu verdienen; denn man sagt sich, daß die Weißen hier nicht leben können, daß der Schwarze allein Erbe dieses Teils der Welt ist, daß wir keine weiteren Negerstaaten brauchen und daß diese Gebiete überhaupt keinen Wert haben.

Wäre diese Ansicht richtig, so würde Westindien, wenigstens für die Nordamerikaner eine abgethane Sache sein. Aber es ist hierbei Richtiges und Unrichtiges vermischt. Man muß es von einander scheiden, ehe richtige Schlüsse gezogen werden können. Das heutige Westindien hat thatsächlich gemeinsame Interessen; aber durch die unnatürliche Politik aufeinander neidischer Regierungen, von denen jede nur an Bereicherung des Mutterlandes aus ihren westindischen Besitzungen dachte, wurden die Inseln von einander getrennt und einer Vereinzelung preisgegeben, die jede gesunde Entwicklung unmöglich machte.

Zu diesem Zweck der Isolierung zahlte in neuerer Zeit noch jedes einzelne Mutterland, England, Frankreich, Spanien u. s. w., große Unterstützungssummen an die Dampferlinien, die den regelmäßigen Verkehr nur zwischen ihm und seinen westindischen Besitzungen besorgten, also zwischen Frankreich und Martinique, zwischen Southampton nnd Barbados, zwischen Spanien und Havana u. s. w. Die Kosten dieses Dienstes bildeten manchmal eine schwere Last für die Inseln selbst. Die Passagiere waren hauptsächlich Regierungsbeamte, und durch gesetzliche Bestimmungen war dafür gesorgt, daß die Inselbewohner gezwungen wurden, ihre Waren mit hohen Kosten nach Europa zu verschiffen, statt daß sie die günstigeren Märkte in der Nähe damit hätten beschicken können. Westindien bot Jahrhunderte lang das seltsame Bild eines Gebietes, wo man eher Gelegenheit zur Ueberfahrt fand nach dem 4000 Meilen entfernten Europa als von einer

Nachbarinsel zur anderen. Auch heute noch wird das System der subventionierten europäischen Schiffahrtslinien fortgesetzt, während die Verkehrsgelegenheit von einer Insel zur anderen noch sehr zu wünschen übrig läßt. Das ist ein Ueberrest jener mißtrauischen Kolonialgesetzgebung, welche den Kolonien verbot, miteinander Handel zu treiben, aus Furcht, sie könnten sich schließlich gegen das Mutterland zusammenthun. England brachte diese Doktrin der Kolonialverwaltung lange Jahre auf dem amerikanischen Festlande wie in Westindien zur Anwendung, und sie bildete einen Glaubensartikel sowohl für die Spanier als auch für die Franzosen.

Infolge von alledem sind die Inseln Westindiens heute einander ganz fremd, statt daß sie sich als caribische Konföderation ansehen sollten, mit Jamaica als ihrem natürlichen Mittelpunkt oder ihrer Kapitale. Sie gehen nicht znsammen zur Erreichung gemeinsamer Ziele, sondern eine jede sucht Hilfe bei ihrem fernen Mutterland.

Das ist kein natürliches Verhältnis. In Westindien folgt der Handel nicht der Flagge. Der westindische Kaufmann verkehrt am besten nach der großen Republik vor seiner Hausthür, viel besser als nach jenem Staat in Europa, dessen Flagge über dem Regierungsgebäude seiner Insel weht.

Die Verbindung Westindiens mit Europa ist unnatürlich gewesen seit dem Anfang des 19. Jahrhunderts, sie ist hauptsächlich unterhalten worden durch die nationale Eitelkeit, die sich über kommerzielle Interessen hinwegsetzte. Westindien ist seinem ganzen Wesen nach ein Teil von Amerika, und keine europäischen Subventionen noch militärische Demonstrationen werden der dauernden politischen und kommerziellen Strömung nach dem Mündungsgebiete des Mississippi oder des Hudson entgegenarbeiten können.

Die Vertreibung Spaniens aus Cuba und Porto Rico bedeutet einen wichtigen Schritt zur endgiltigen Emancipierung der caribischen Inseln von Europa und zu ihrer Vereinigung, die aus ihnen nicht notwendig einen Staat der nordamerikanischen Union zu machen braucht, sondern einen eigenen amerikanischen Staatskörper unter angelsächsischem Protektorat bilden kann mit Selbstregierung derjenigen Glieder, die zur Selbstregiernng die Fähigkeit besitzen.

Heißt das Luftschlösser bauen? Kann ein staatliches Gemeinwesen mit dem System der Selbstregierung in den Tropen zur Blüte gelangen, hier, wo der Neger den Weißen an Zahl so sehr übertrifft und wo das beste Beispiel einer Negerregierung Haiti bietet, eine Insel, deren Verwaltung eher nach den Sitten in einem Affenkäfig als nach denen der vernünftigen Kreaturen Gottes geordnet ist?

Was die Gegenwart in Fülle aufweist, das sind allerdings abschreckende Krankheitserscheinungen. Doch mit der Zeit wird Besserung eintreten, wenn wir unsere Pflicht thun gegenüber den tieferstehenden Rassen. Der Neger hat in Westindien das numerische Uebergewicht, weil wir ihn gegen seinen Willen in Massen hierher transportiert haben. Was seine intellektuellen und moralischen Fähigkeiten anlangt, so steht er heute nicht höher als früher. Er zeigt durchaus kein gefährliches Streben nach Herrschaft über die Minorität. Er ist im Gegenteil in Westindien dasselbe große Kind geblieben wie im Basutolande, ein nur zu rasch gewachsenes Kind, bereit, dem Gebot des weißen Mannes Gehorsam zu leisten.

Auch als Arbeiter ist er nicht der einzig mögliche und dominierende Faktor. Wir haben gefunden, daß er ein so guter Sklave ist gerade wegen derjenigen Eigenschaften, die aus ihm einen so unzulänglichen freien Bürger machen.[1])

Gerade sein folgsames Wesen und seine Unfähigkeit zu selbständiger Kombination haben ihn zwei Jahrhunderte oder länger in der Sklaverei erhalten. Seine Freiheit erlangte er nicht durch eigene Bemühungen, sondern ausschließlich durch eine von Londoner und Bostoner Philanthropen zur Entwickelung gebrachte krankhafte öffentliche Meinung. Wir sind gewöhnt, den Neger in Westindien und in unseren Golfstaaten als den einzig arbeitenden Menschen anzusehen, einfach weil keine Konkurrenten zur Stelle waren. Aber diese Lage ist in der Aenderung begriffen, und der Wechsel wird einen allmählichen Rückgang der schwarzen Rasse zur Folge haben, gerade so wie die Bedeutung der Iren als des Arbeiterelements

---

[1]) „Das gewerbliche Erwerbsgebiet der Schwarzen ist in New York in fortwährender Schmälerung begriffen, und das Feld ihrer Thätigkeit ist heute so klein, daß es ein Wunder ist, wie die 35000 Schwarzen sich ihren Lebensunterhalt verdienen können.

Und sie verdienen ihn auch nicht. Die Verbrecherziffer bei den Negern ist erschreckend hoch, sie sind ein sehr gefährliches Element der Gesellschaft. Die Geburtenzahl der Neger in New York ist gering, die Zahl der Todesfälle dagegen groß: 30 pCt. gegen 19 pCt. der weißen Bevölkerung."

John Gilmer Speed, 1900.

(Die Bevölkerung des eigentlichen New York beträgt 1950000).

in New York durch die Zuwanderung von Italienern und Skandinaviern auf ein Minimum herabgesetzt worden ist.

Bei meinem Besuch in Natal im Jahre 1896 fand ich, daß die Plantagenarbeit hier thatsächlich von einem einzigen Volkselement in die Hand genommen war; dies Element waren nicht die Eingeborenen, deren Kraale ringsumher lagen, sondern es war der aus Bombay importierte Kuli, dem seine Arbeit gut entlohnt wird und über dessen sanitarische Verhältnisse eine Regierungsbehörde wacht. Nach Ablauf des Termins von einigen Jahren, auf den sein Arbeitskontrakt lautet, hat er die Wahl, in die Heimat zurückzukehren oder sich in der Kolonie niederzulassen. Auf seinem eigenen Boden im tropischen Afrika ist also der Neger von einer Menschenrasse verdrängt worden, die in körperlicher Beziehung ihm nicht gleichkommt und sich dennoch in allen Eigenschaften ihm überlegen zeigt, die zum erfolgreichen Anbau des Zuckers nötig sind. Der Kuli Ostindiens ist im Begriff sich von Natal aus über Afrika weiter zu verbreiten. Manche von ihnen haben sich schon in Transvaal niedergelassen, und wenn die Eisenbahn vom Kap nach Kairo einmal eröffnet sein wird, so werden wir sie Land auf Land ab vom einen Ende des Kontinents bis zu anderen verbreitet finden, den Schwarzen immer mehr zurückdrängend in sein Element, den Busch.

Der Ostindier ist auch schon in Westindien. Ich habe ihn auf Trinidad und in britisch Guyana gesehen. Wo er hinkommt, da schlägt er den Neger nicht nur im Handel, sondern auch in der Feldarbeit.

Das britisch-ostindische Menschenreservoir enthält ungefähr 250 Millionen Sterbliche, die zu Hause mehr oder weniger dem Hunger preisgegeben sind. Sie sind so gewöhnt, die englische Regierung als die personifizierte Gerechtigkeit zu betrachten, daß sie kein Bedenken tragen, nach Pflanzungsgebieten am äußersten Ende der Welt sich einschiffen zu lassen, vorausgesetzt, daß die britische Flagge über ihnen weht.

Nahe bei dieser großen Vorratskammer von Menschenkräften findet sich eine andere mit 300—400 Millionen Chinesen, die sowohl fähig als auch bereit sind, dem Neger auf seinem eigenen Grund entgegenzutreten und ihn aus dem Felde zu schlagen. Als Landarbeiter wie als Gärtner, als Kohlenträger wie als Wäscher, als Kinderwärter wie als Bankier ist der Chinese unübertrefflich. Ich habe Chinesen Kamelzüge im Eisnadelsturm über die mandschurischen Grenzen treiben sehen und habe Vertreter derselben Rasse in Singapur gesehen, wie sie in der brennenden Hitze für die vorüberfahrenden Postdampfer in großen Körben Kohlen heranschleppten. Auch dieser Mann ist schon in Westindien, und wenn er hier seine Aufmerksamkeit der Farmarbeit im kleinen zuwendet, so wird er Schätze heben, wie er solche schon in Californien, auf Java und den Philippinen zu Tage gefördert hat.

Die nächste Zukunft wird ein glänzenderes Bild von Westindien aufweisen. Wir werden hier in Bälde vier Rassen haben, die auf vier verschiedenen Stufen der Fähigkeit stehen, und die alle der Entwicklung der Inseln förderlich sein werden. Unter ihnen werden aber die Schwarzen die unterste Stufe einnehmen.

Die Frage der Staatsordnung wird dann noch von größerer Wichtigkeit werden; denn der Rassenneid wird politische Reibungen hervorbringen, und die Staatsgewalt muß in solchen Fällen stark sein, um gerecht sein zu können.

Schon haben in Westindien manche Gemeinweisen von Weißen ihre Erziehung zur Selbstregierung durchgemacht. Britisch Guyana, St. Kitts, Trinidad, Barbados, Antigna, Jamaica, sie alle sind Pflanzstätten kolonialer Gesetzgeber, von den dänischen Inseln Santa Cruz und St. Thomas, deren Bevölkerung im wesentlichen englisch ist, gar nicht zu reden. Die französischen Inseln sind in politischer Beziehung in einem weniger befriedigenden Zustande, da ihre sogcuannte weiße Bevölkerung eine starke Beimischung von Negerblut hat.

Die spanischen Inseln Cuba und Porto Rico sind politisch sehr zurück, aber man wird auf diesen Inseln von der Ausbreitung der Bildung und der angelsächsischen Institutionen wohl eine Wendung zum Besseren erwarten dürfen.

Hauptfrage ist im übrigen immer die Frage des Stimmrechts. Westindien wäre hoffnungslos ruiniert, wenn die weiße Rasse jetzt, nachdem sie in Jahrhunderte dauernder, angestrengter Arbeit diesen Teil der Welt erschlossen und in ihm nachher Kolonien gegründet hat, das Land der Regierung durch Menschenarten überlassen wollte, die keinerlei Fähigkeit zur Verwaltung aufzuweisen haben.

Das Stimmrecht sollte nur einer Auslese unter den Bewohnern verliehen werden und zwar nur an solche, die im Lande wurzeln, wie z. B. Grundbesitzer. Es sollte an dem Grundsatze festgehalten werden, daß es niemanden erlaubt ist, über Steuern abzustimmen, wenn er selber keine Steuern zahlt. Es mag in den Vereinigten Staaten Neger geben, die fähig sind, ihr Stimmrecht auszuüben, wie es manche Weiße gibt, die dazu unfähig sind. Und es wäre ja freilich ein Glück für uns, wenn wir unsere Gesetze so fassen könnten, um die Korruption und die unwürdigen Wähler beider Rassen auszuschließen. Aber da wir solche Gesetze nicht erlassen können, müssen wir uns den Weg, so gut wir es vermögen, in der rechten Richtung bahnen — und zum mindesten in neuen Gebieten nicht politische Prinzipien festsetzen, die sich für uns selber als schädlich erwiesen haben.

Keinem Bürger des westindischen Staatenbundes sollte die Ausübung des Stimmrechts gestattet werden, bevor er gerechtfertigten Anforderungen in Bezug auf Bildung, Besitz und sittliche Beschaffenheit im allgemeinen Genüge geleistet hat. Manche der englischen Inseln, besonders Jamaica und Barbados oder auch Britisch Guyana, bieten schon gute Muster für eine künftige Staatseinrichtung. Der Gouverneur sollte von einer Oberbehörde des Staatenbundes gewählt werden, und dem Gouverneur sollte ein Rat zur Seite stehen, dessen Mitglieder aus einer Liste der hervorragendsten Kolonisten ausgewählt würden. Ihre Wahl sollte auf Lebenszeit erfolgen oder auf Wohlverhalten. Dieser Rat sollte den Charakter eines Senates tragen.

Daneben hätte eine gesetzgebende Versammlung zu tagen, deren Mitglieder gewählt würden von der Gesamtheit der Stimmfähigen.

Die Annahme der Aemter wie auch die Stimmabgabe müßten obligatorisch gemacht werden. Keiner sollte von seinen politischen Verpflichtungen befreit werden, außer durch den Gouverneur bei triftigen Gründen. Gouverneur und Beamte sollten durchweg hohe Gehälter beziehen, damit für jede Arbeit die beste Kraft gewonnen werden könnte, und damit vor allem die öffentlichen Beamten vor der Versuchung bewahrt wären, mit unlauteren Mitteln Geld zu gewinnen.

Die Engländer waren die ersten, die dies System guter Bezahlung ihrer Beamten annahmen, und sie thaten das gestützt auf ihre vieljährigen Erfahrungen in Indien, als Skandal auf Skandal die heimische Regierung von der Notwendigkeit einer radikalen Aenderung überzeugt hatte.

Spanien und Holland zahlten ihre Kolonialbeamten sehr schlecht und waren dem entsprechend schlecht bedient.

Auch die heutigen Verhältnisse im Konsulardienst der Vereinigten Staaten zeugen für die Notwendigkeit besserer Beamtenbezahlung.

In ganz Westindien wie auch anderswo finden wir als amerikanische Konsuln Leute mit den haltungslosen Manieren der „Berufspolitiker“; sie genießen unter den Amerikanern selber kein Vertrauen und werden von den Ausländern verächtlich angesehen; von ihren Gehältern können sie unmöglich standesgemäß leben und sind deshalb dazu geneigt, mit unehrenhaften Mitteln Geld zu machen. Diese Leute schaden dem amerikanischen Seemann mehr, wenn sie ihm helfen wollen, als wenn sie unfreundlich gegen ihn sind. Ich habe Ausnahmen von dieser Regel gekannt. Es waren arme Kreaturen, die auf irgend einer Insel sitzen blieben, weil sie diese schließlich lieb gewonnen hatten und nicht Energie genug besaßen, etwas anderes zu versuchen. Diese Ausnahmen sind selten. Ich habe auch ganz Europa nach solchen durchsucht, — auch China; es sind ihrer so wenig, daß sie hier außer Betracht fallen.

Heute, da die Vereinigten Staaten daran sind, Cuba und Porto Rico zu reorganisieren, wäre es uns von großem Nutzen gewesen, bei dieser Aufgabe eine Anzahl von Beamten zur Hand zu haben, die Vertrautheit mit den westindischen Verhältnissen besessen oder die schon in Cuba oder auf Inseln von entsprechender geographischer Lage gedient gehabt hätten. Es mangelte an ihnen, und derselbe Mangel machte sich auf den Philippinen fühlbar.

Wie die Dinge nun liegen, sind wir gezwungen, unsere Beamten auf gut Glück zu wählen. Unser erster cubanischer Gouverneur ist ein Freiwilligengeneral, der sechs Monate vor Ausbruch des Krieges mit Spanien Assistenzarzt in der Armee war. In einigen Jahren mag er etwas von der Insel und ihrer Bevölkerung verstehen, dann — darf er gehen und einem anderen Platz machen.

Der erste Militär-Gouverneur von Havana war ein ausgezeichneter Genieoffizier, der aus der Schule von West Point hervorgegangen war. Die ihn persönlich kannten, setzten große Hoffnungen auf ihn. Aber er war kaum lange genug in Havana, um die Situation der Straßen und Abzugskanäle kennen zu lernen, als er abberufen wurde mit dem speziellen Auftrag, die Organisation der europäischen Heere zu studieren. General Merritt hatte erst einige Wochen in Manila das Kommando geführt, als er den Befehl erhielt, nach Paris zu gehen, zu dem ausgesprochenen Zweck, daß er über Angelegenheiten Aufklärungen gebe, in denen er offensichtlich Ignorant war. Und so fort!

In diesem Augenblick sind wir im Begriff, in Cuba und auf den Philippinen dieselben politischen Fehler zu machen, durch die die spanische Verwaltung auf der ganzen Welt sprichwörtlich geworden ist. Unsere erste Aufgabe wäre daher, unsere eigene Verwaltung auf der Grundlage solider Geschäftskenntnis neu zu organisieren, so daß wir im Lauf der Zeit für unsern Kolonialdienst nicht politischen Janhagel, verfehlte Existenzen, sozialen Auswurf heranzuziehen brauchten, sondern daß wir dem Regierungsdienst die Blüte unserer gutgebildeten jungen Männer zuführen könnten, die einer politischen Laufbahn dieser Art mit eben soviel Zutrauen und Begeisterung sich widmen würden, wie der Schüler von West Point nach Beendigung seines vierjährigen Studiums an der Nationalakademie seinem Beruf entgegengeht.

Die Vereinigten Staaten brauchen ein koloniales West Point, eine Schule, in der junge Männer für den administrativen Dienst in fernen Ländern vorbereitet werden sollen, — eine Schule, in der die Beförderung auf Grund guter Leistungen und nicht allein auf politische Einflüsse hin erfolgen soll. Mit einer solchen Schule und mit dem ehrlichen Wunsch und Willen nach Wohlfahrt der uns anvertrauten Kolonien dürfen wir für Westindien eine glänzende Zukunft erhoffen.

XXXI.

Australien.

> Das Schicksal der modernen Demokratien ist vorgezeichnet in der Geschichte der Demokratien der Alten. Es ist der Kampf der Reichen gegen die Armen, der sie zu Grunde richtete, wie er uns auch zu Grunde richten wird, wenn wir uns nicht vorsehen.
>
> „Laveleye, Ureigentum" Bd. V.

Die Gleichgültigkeit des Mutterlandes dieser Kolonie gegenüber — Die großen Fortschritte der Kolonie in wirtschaftlicher und politischer Beziehung.

Der Erdglobus und ein halbes Dutzend statistischer Zahlen wissen uns von der angelsächsischen Expansion eine Geschichte zu erzählen, die uns heute mit Bewunderung erfüllt und der in der Zukunft vielleicht eine noch wunderbarere Gestaltung vorbehalten ist. Australien ist nicht nur die größte Insel der Welt, es ist ein Kontinent mit beinahe dem Flächenraum der Vereinigten Staaten ($7^1/_2$ Millionen Quadratkilometer) und mit einer stärkeren englisch sprechenden weißen Bevölkerung, als die Vereinigten Staaten von Amerika besaßen zur Zeit, da sie sich vom Mutterlande loslösten (1783). Auf dem nordamerikanischen Kontinent gibt es Franzosen in Canada und Louisiana und spanisch sprechende Mexikaner bis über den Rio Grande hinaus. In ganz Australien dagegen mit Einschluß von Tasmanien und Neu-Seeland haben wir heute eine vollständig homogene angelsächsische Bevölkerung, die sich mit Erfolg selber regiert und die sich nicht nur fähig erweist, für ihre eigenen Angelegenheiten zu sorgen, sondern auch im Fall der Not Truppen zur Verteidigung des Mutterlandes aufzustellen wie im heutigen südafrikanischen Kriege. Wie wir in Amerika den 4. Juli 1776 feiern, so kann für Australien der 9. Juli 1900 als ein Tag höchsten nationalen Interesses angesehen werden; denn an ihm vollzog sich endlich der bundesmäßige Zusammenschluß der verschiedenen australischen Kolonien: Neu Süd-Wales, Viktoria, Queensland, Süd- und West-Australien und Tasmanien. Neu-Seeland kann für unsere Zwecke ohne weiteres als Teil Australiens angesehen werden, da es dieselbe Sprache, dieselbe Rasse und dieselben Gebräuche hat. Aber da die Insel 1200 Meilen von der Hauptinsel entfernt ist, hat man es bis jetzt nicht für angebracht gehalten, sie als Teil des australischen Staatenbundes zu betrachten. Das erinnert etwas an das frühere Verhältnis zwischen Barbados und Virginien. Beide Kolonien besaßen die Selbstregierung, und ihre Bestrebungen liefen auf der gemeinsamen angelsächsischen Linie, aber ihre räumliche Entfernung voneinander machte im Jahre 1776 ein Zusammengehen unmöglich. Als ich die australische Küste 1876 zum erstenmal zu Gesicht bekam, wurde dieser Teil der Erde noch als etwas vom großen Strom der menschlichen Interessen ganz weitab Liegendes betrachtet. Die benachbarten Inseln wurden als eine Art herrenloses Land behandelt; Kaufleute führten eine kriegerische Ausrüstung mit sich, wenn sie in den

Gewässern der Nachbarschaft kreuzten; das Innere des großen Kontinents wurde als Wildnis geschildert und mit der sogenannten großen amerikanischen Wüste verglichen, die die Generation der amerikanischen ABC-Schützen von damals seither so gut zu erobern und zu kultivieren verstanden hat.

Australien besitzt heute auf 7½ Millionen Quadratkilometer nur eine Bevölkerung von 3½ Millionen Seelen. Wenn Australien so dicht bevölkert sein wird wie gegenwärtig das Mutterland, so wird seine Bevölkerung 1500000000 betragen, — Zahlen, die wenig wahrscheinlich aussehen, blos weil sie so groß sind. Nordamerika ist noch immer ein Land der Zukunft; denn was bedeuten die heutigen 75 oder 80 Millionen Menschen auf der Fläche Nordamerikas! Und die jüngsten Ereignisse im pacifischen Ozean haben unsere Aufmerksamkeit besonders auf die Thatsache gelenkt, daß der Westen des amerikanischen Kontinents eine Welt bedeutet, deren Zukunft nicht wenig interessant ist; denn er ist schon heute mit Südafrika eines der großen Glieder, die den Zusammenhang des Reiches der Englischsprechenden um das ganze Erdenrund herstellen.

Nicht nur die 7000 Meilen seiner Küstenlänge machen Australien wichtig; vom kolonialen Standpunkt aus ist weit interessanter der politische Einfluß, den eine solche Masse energischer weißer Kolonisten ausüben muß auf die zahllosen Inseln Polynesiens, jene große Südseewildnis, die von Neu-Guinea bis nach San Franzisco reicht.

Ein treffendes Bild der neuen Position Australiens in der östlichen Welt gewährte die Thatsache, daß die australische Bevölkerung energischen Protest einlegte gegen die beabsichtigte Besitzergreifung der benachbarten Insel Neu-Guinea durch Deutschland oder auch gegen die Gründung einer französischen Strafkolonie vor ihren Thoren. England nahm sich der Sache wenig an, da es damals der großen Insel nur eine geringe kommerzielle Bedeutung zuschrieb. Aber Australien betrachtete die Sache von der Gefühlsseite und von der kommerziellen Seite. Nachdem es sich für 10 Jahre zur jährlichen Zahlung einer Summe von 15000 Pfund Sterling verpflichtet hatte, gelang es ihm im November 1884, das widerstrebende Mutterland zu bestimmen, auf jenem Teil Guineas, der von Holland und Deutschland noch nicht genommen worden war, die britische Flagge zu hissen. Das war zu der Zeit, da Bismarck seine Kolonialpolitik zu betreiben anfing und die deutsche Herrschaft aufrichtete, wo immer sich unbesetztes Gebiet fand. Neu-Guinea steht zu Australien ungefähr in der gleichen Beziehung wie Cuba zu den Vereinigten Staaten, und die Australier haben bereits im stillen so etwas wie eine Monroe Doktrin formuliert, die soviel besagt, daß bei allen zukünftigen Kolonialplänen in den benachbarten Gebieten Europa es nicht mit Westminster zu thun haben wird, sondern mit der Regierung des australischen Staatenbundes, deren Sitz in Neu-Süd-Wales ist.

Australien bietet ein neues Beispiel dafür, daß eine Kolonie erstarken kann durch Vernachlässigung von seiten des Mutterlandes. Nach der Landung von Kapitän Cook im Jahre 1770 wollte sich England nicht der Mühe unterziehen, hier seine Flagge zu hissen. Es that dies endlich infolge des amerikanischen Unabhängigkeitskrieges, da es einer Stelle bedurfte, wohin Leute, die sich daheim gegen das Gesetz vergangen hatten, deportiert werden konnten. Vor 1776 wurden solche Personen nach den jetzigen Südstaaten der Vereinigten Staaten verbracht, wo sie als Landarbeiter oder im Hausdienst willkommen waren. Zu jener Zeit wurden die Menschen der Schulden und mancher anderer Vergehen wegen, über die man heute leicht hinweggeht, ins Gefängnis gesteckt; und auf Verbrecherschiffen verließen Hunderte weißer Männer ihre Heimat, um hernach tüchtige Kolonisten der neuen Welt zu werden.

Durch mehr als durch die Verbrechersendungen (von 1788 bis zur Mitte des 19. Jahrhunderts) bekundete England sein Interesse für die fernen australischen Besitzungen nicht; und als endlich die Entdeckung von Gold einen Andrang freier und unternehmender Ansiedler aus allen Teilen der Welt mit sich brachte und die weiße Bevölkerung nach örtlicher Selbstregierung drängte, da ließ das Mutterland einfach den Dingen ihren freien Lauf. Es war sogar froh, im Selbständigkeitsdrang der Kolonie eine gute Ausrede gefunden zu haben, um alle Last der Verantwortung von sich abzuwälzen.

Australien ist im Verhältnis zu Amerika ein sehr junges Ding. Neu-Süd-Wales schuf sich eine verantwortliche Regierung im Jahre 1850, Neu-Seeland 1852, Tasmanien 1858, Südaustralien 1856, Queensland 1857 und Westaustralien erst 1890.

Der Australier hat mehr mit dem Amerikaner gemein als mit dem Engländer. Ich möchte noch weiter gehen und sagen, daß alle Kolonialvölker britischer Abstammung sich unter einander mehr gleichen als den Bewohnern des Mutterlandes. Ich wage zu glauben, daß in einer

Versammlung von Canadiern, Afrikandern, Australiern, Amerikanern und Engländern die Leute des Mutterlandes am wenigsten verstanden würden. Die Australier haben sich derbe, geschäftsmäßige Manieren angewöhnt, eine Folge der täglichen Beschäftigung mit der derben Wirklichkeit und nicht mit gemachten Bildern der Dinge. Der Australier kann wohl für einen Yankee durchgehen, nie aber für einen Londoner.

Die gegenwärtige Verfassung des australischen Staatenbundes gleicht mehr der amerikanischen als der englischen, und sie ist dabei das Werk praktischer Männer, die eine gut arbeitende Staatsmaschine wollten und sich nicht in deklamatorischen Verkündigungen abstrakter Menschenrechte ergossen.

Unter dieser neuen Verfassung behalten die einzelnen Staaten alle Rechte, deren sie sich nicht speziell begeben haben. In dieser Beziehung folgt die Verfassung dem Beispiel der Vereinigten Staaten. In Canada ist es gerade umgekehrt. Die Regierung des australischen Staatenbundes hat alle Gerechtsame der Zentralregierung der Vereinigten Staaten und viele darüber hinaus, z. B. in Ehesachen und in Bezug auf die Schlichtung gewerblicher Streitigkeiten. Die Eisenbahnen Australiens sind durchweg Eigentum der verschiedenen Staaten, und es ist zu erwarten, daß die Bundesregierung mit der Zeit die Linien von Staat zu Staat, die mehr Kapital brauchen, als ein einzelner Staat aufbringen kann, an sich ziehen wird.[1]) Der Staat ist nicht nur daran, die Post an sich

[1]) Die erste Eisenbahnlinie wurde in Argentinien 1857 eröffnet. Ende 1898 waren hier etwas mehr als 10000 Meilen in Betrieb.

zu bringen, sondern auch das Telephon- und Telegraphennetz und leistet so die ganze Arbeit, die in Amerika durch lauter Privatgesellschaften monopolisiert ist. Was das System der Verstaatlichung der Eisenbahnen betrifft, so hat sich weder in Australien noch in Südafrika der Schaden eingestellt, den wir in Amerika davon erwarteten. Im Gegenteil hat das Publikum sich dabei viel besser befunden. Es verlohnt sich wohl, hier zu konstatieren, daß der Versuch einer Verstaatlichung der Eisenbahnen, der zu gewisser Zeit eine Eigentümlichkeit von Militärmonarchien wie Deutschland und Rußland zu sein schien, seine begeistertsten Verteidiger in so ultrademokratischen Gemeinwesen wie Neu-Seeland und Australien gefunden hat.

Der australische Bundesstaat ist dem Beispiel der Vereinigten Staaten gefolgt, indem nicht nur ein Repräsentantenhaus geschaffen wurde, das gewählt wird auf Grund der Bevölkerungszahl, sondern auch ein Senat, in den jeder Staat ohne Rücksicht auf seine Größe und Bevölkerungsziffer eine gleiche Zahl von Mitgliedern sendet. Aber jeder australische Staat sendet sechs Senatoren, während in Amerika jeder Staat nur zwei schicken darf. Diese Bestimmung hat den Zweck, den kleineren Staat vor einer möglichen Majorisierung durch den größeren zu schützen; während nämlich West-Australien 2½ Millionen Quadratkilometer umfaßt, weist Tasmanien nicht ganz 70000 auf. Was das Wahlrecht anlangt, so besitzt Australien das allgemeine direkte Wahlrecht, von dem nur Verbrecher

Brasilien hat nahezu 10000 Meilen Eisenbahn. Japan besaß 1900 3635 Meilen. Australien hat ein größeres Eisenbahnnetz im Betrieb als irgend ein Staat von Südamerika.

und Irrsinnige ausgeschlossen sind. Das Oberhaus oder der Senat wird auf gleiche Weise gewählt wie das Unterhaus, so daß im australischen Staatsleben kein so hemmender Faktor sich geltend macht, wie das Oberhaus in England oder wie der indirekt gewählte amerikanische Senat, der von den gesetzgebenden Versammlungen der verschiedenen Staaten erkoren wird.

Die Mitglieder beider Häuser beziehen je 400 Pfund Sterling jährlich und haben Anspruch auf freie Fahrt auf den Staatsbahnen. Diese Einrichtung ist besser als die unserige, wobei die obersten Gesetzgeber des Landes von den Eisenbahngesellschaften Freikarten erhalten — aus besonderer Gunst. Eine derartige Vergünstigung kommt der Bestechung bedenklich nahe. Ich habe Mitglieder der gesetzgebenden Behörden gekannt, die ihre Freikarten ohne weiteres verkauften; sie hatten aber nicht viele. Die Funktionen des Ober- und Unterhauses in Australien sind so sehr beinahe dieselben, daß ein Amerikaner sich wundern mag, warum man sich nicht mit einem einzigen Haus begnügte. Mit der Zeit kann sich vielleicht das australische Oberhaus Rechte aneignen, die jetzt noch nicht ausgeschieden sind. Heute aber scheint der australische Senat nur geschaffen worden zu sein, um jeder der fünf Kolonien das Aussehen der Gleichberechtigung zu geben. Da die fünf Staaten zusammen nur 30 Senatoren abordnen, so läßt sich immerhin annehmen, daß die Körperschaft sich durch größere Würde in ihren Beratungen auszeichnen wird. Wenn Beschlüsse der beiden Häuser einander widersprechen, so können die Häuser zusammensitzen, und es gilt dann bei der Gesamtabstimmung das absolute Mehr.

Der amerikanische oberste Gerichtshof ist in Australien nachgebildet worden für Streitfälle, welche die Interpretation der Verfassung betreffen, und für Differenzen zwischen den Staaten. Dieser oberste Gerichtshof kann für gewisse Fälle den Rekurs an den Londoner „Privy Council“ gestatten; aber die Kolonien haben klugerweise Vorsorge getroffen, daß es in ihrem Belieben steht, den Rekurs nach London zuzulassen oder den Fall endgültig zu Hause zu entscheiden.

König Eduard VII. ist nominell das Haupt der Vereinigten Staaten von Australien, und der Gouverneur leitet nominell die Staatsgeschäfte, aber in Wirklichkeit ist die Kolonie vom Mutterland ebenso unabhängig wie Canada oder die Kapkolonie. Der Burenkrieg hat viel beigetragen zur Förderung des engeren Zusammenschlusses zwischen Australien und dem Mutterland, einer Entwicklung, die ihren Höhepunkt erreichte in der schließlichen Föderation der Staaten; und das Beispiel Australiens wird hinwider viel dazu beitragen, auch Südafrika zum Versuch einer Föderation zu ermutigen, worin die heute feindlich zu einander gestellten Staaten ihren Frieden und Ausgleich finden könnten. Wenn aber durch eine Föderation auch nichts erreicht würde als Freihandel von Staat zu Staat, so wäre das allein schon schwere Opfer wert.

Der Entwicklungsprozeß des australischen Staatenbundes war lang. Glücklicherweise war er nicht von Blutvergießen begleitet, trotzdem viel Verbitterung überwunden werden mußte, bis man sich auf einige grundwesentliche Punkte einigen konnte. Natürlich brachte die Zollfrage manche Reibereien; denn alle, welche an die

Segnungen des freien Handels mit der Außenwelt glaubten, spürten, daß sie durch eine Zollmauer rund um sie herum schwer leiden würden, indem sie dann gezwungen wären, Artikel einheimischer Produktion mit teueren Preisen zu bezahlen, nachdem sie bisher dieselben Artikel billig und gut ohne Abgabe aus dem Ausland erhalten hatten. Unsere Staaten Louisiana und Virginien dachten ebenso, als der industriellen Interessen von Massachusetts und von Pennsylvanien wegen Einfuhrzölle auf Artikel, die die Pflanzer brauchten, erhoben wurden. Diese Angelegenheit allein war sehr dazu angethan, die öffentliche Meinung im Süden im Jahre 1860 für eine Trennung einzunehmen.

Die ersten Anfänge des australischen Staatenbundes reichen zum ersten Jubiläum der Königin Viktoria zurück (1887). Englische Weltreisende fingen an, den Gedanken populär zu machen, daß die vielen englischen Kolonien, die über die Welt zerstreut liegen, mehr seien als blos isolierte Gebilde, daß sie die Grundlage bildeten für ein Weltreich, dessen titulares Haupt der englische Souverän sein sollte.

George Parkin, der jetzige Rektor der Universität in Toronto, war einer der Urheber dieser großen Bewegung, einer Bewegung, die stark genährt wurde durch die rasch wachsende Zahl von Familien, die zur Erholung oder zur Erziehung ihrer Kinder aus den Kolonien nach England zurückkehrten. Im Jahre 1889 besuchte General Sir Eduard Bevan Edwards Australien mit einer Art Auftrag, der britischen Regierung Bericht zu erstatten über die Frage der kolonialen Verteidigung. Er befürwortete natürlich eine australische Staatenvereinigung.

Sir Edwards Besuch gab wohl die Veranlassung dazu, daß eine Versammlung der australischen Ministerpräsidenten einberufen wurde, die 1890 zusammentrat, den Gedanken der Vereinigung aufrichtig guthieß und alle Staaten aufforderte, im folgenden Jahre Delegierte zu einem Kongreß zu senden, der die Frage diskutieren sollte.

Alle Staaten mit Einschluß von Neu-Seeland sandten Delegierte. Sir Henry Parkes präsidierte die Versammlung, und nach mehrwöchentlichen Beratungen wurde ein Statut entworfen, das die Grundlage bildete für alle nachfolgenden gesetzlichen Ordnungen über diesen Gegenstand.

Der Kongreß von 1891 leistete hervorragende Arbeit; aber er vermochte keinen großen Enthusiasmus im Volke hervorzurufen, da seine Mitglieder nicht aus direkter Volkswahl hevorgegangen waren und die ganze Sache dem Volk noch zu neu war.

Die Angelegenheit wurde im Jahre 1895 abermals ernstlich ins Auge gefaßt. Es fand eine Zusammenkunft der Ministerpräsidenten in Tasmania statt, und hier wurde beschlossen, eine Versammlung abzuhalten von Delegierten, die direkt durch das Volk zu wählen wären. Diese Versammlung trat zusammen im Jahre 1897, dem Jahre des zweiten Jubiläums der Königin Viktoria. Das große Ereignis bei dieser Jubiläumsfeier war ein festlicher Umzug in London, an dem Vertreter aller britischen Kolonien beteiligt waren; er bot der Welt ein Bild von angelsächsischer Einigkeit und Macht.

Die letzten Schwierigkeiten wurden zu Ende des Jahres 1899 mitten im südafrikanischen Krieg gehoben, und am 9. Juli 1900 trat der australische Staatenbund ins Leben, einer der Großen unter den englischen Kolonien nnd dabei das gewaltigste Zentrum angelsächsischer Kraft im fernen Osten. Keine andere Nation hat für zukünftige Operationen im südpacifischen Ozean einen solchen Stützpunkt wie Australien. Franzosen, Holländer und Deutsche mögen in jenen Breiten Kohlenstationen und Kronkolonien besitzen; — der Angelsachse besitzt hier eine Pflanzstätte eigenen Fleisches und Blutes, die von Tag zu Tag leistungsfähiger wird und die in dem Maße, wie sie zunimmt, das Mutterland von großem Aufwand entlastet, den die Aufrechterhaltung des Handelsverkehrs jenseits des Suezkanals mit sich bringt.

Im Falle eines künftigen europäischen Krieges, in dem England seine ganze Flotte zur eigenen Verteidigung nötig haben wird, wird man sehen, daß Australien sich nicht nur fähig erweist, seine Küsten selber zu schützen, sondern auch eine Seemacht zu entfalten zum Schutze von Hongkong, Singapur und anderen exponierten Plätzen. Auf jeden Fall kann sich Kleinengland auf der nördlichen Hemisphäre mit dem Gedanken trösten, daß, soweit der südliche Teil des pacifischen Ozeans in Frage kommt, seine kräftigen Söhne bereit sind, die Aufgabe der Selbstverteidigung in jenem Teil der Welt auf sich zu nehmen, ohne vom Mutterlande mehr als wohlwollende Neutralität zu verlangen.

Neu-Seeland ist klein im Vergleich zu Australien, doch ist es so groß wie ganz England, Schottland, Wales und die Hälfte von Irland. Es erstreckt sich über tausend Meilen von Nord nach Süd; und wie es 1200 Meilen vom australischen Kontinent entfernt liegt, so beträgt die

Distanz bis zum nächsten südafrikanischen Hafen fast 5000 Meilen, dazwischen nichts als einsames Weltmeer. Diese glückliche Insel hat ein wunderbar gemäßigtes Klima, und beinahe alles, was der Mensch braucht, wächst hier in Fülle. Erst unter der Regierung der Königin Viktoria schritt man — und zwar mit Widerstreben — zur Eingliederung Neu-Seelands in das britische Reich. In der Tat ein merkwürdiges Beispiel menschlicher Trüglichkeit! Denn während Flotte auf Flotte in den Gewässern der caribischen See im Kampf um ärmliche kleine Inselchen zerstört worden ist, wurden die großen Ländermassen auf der südlichen Halbkugel, namentlich Australien und Südafrika, noch bis spät ins 19. Jahrhundert als wertlose Anhängsel behandelt. Man hat guten Grund anzunehmen, daß die außerordentliche Bereitwilligkeit, mit der England seinen Söhnen auf der südlichen Hemisphäre vollständige Autonomie gewährte, sich hauptsächlich darauf zurückführt, daß dem Mutterlande das Vorhandensein dieser Söhne gleichgültig war, oder gar auf den Wunsch, sich ihrer so billig als möglich zu entledigen. Um 1850 träumte noch niemand davon, daß die Deutschen Schantung kolonisieren, die Russen Port Arthur befestigen würden, oder daß Kriegsschiffe in Californien gebaut würden.

Neu-Seeland ist heute das Versuchsfeld eines Staatssozialismus, der hier weiter entwickelt ist als in jedem anderen demokratischen Gemeinwesen. Die Eisenbahnen sind hier, wie in Australien, in den Händen des Staats; aber viel mehr als dies, die Regierung hat die Regelung der Beziehungen zwischen Kapital und Arbeit thatsächlich in die Hand genommen.

Neu-Seeland dekretiert kühn den Achtstundenarbeitstag, setzt jedem Arbeiter eine Altersrente aus, erzwingt für die Ladenmädchen die Sitzgelegenheit und tritt nach mancher anderen Seite hin vermittelnd zwischen Arbeiter und Arbeitgeber mit einer Vaterstelle vertretenden, wenn nicht sozialistischen Gesetzgebung. Diese Kolonie hat bestimmt, daß keine Streiks oder Aussperrungen stattfinden dürfen, und daß in Streitfällen zwischen Arbeitgebern und Arbeitern beide Teile den Austrag des Streites zwangsweise einem Schiedsgericht überlassen müssen. Unter einer solchen Staatsordnung, wo sich die politische Macht in den Händen des Arbeiters befindet, sind die Gerichte natürlich geneigt, im Interesse des Arbeiters zu entscheiden; doch gibt es in Neu-Seeland viele ernste Schriftsteller, die von den Erfahrungen in dieser Beziehung gar nicht entmutigt sind. Diejenigen von uns, die den Verlauf der großen Streiks in den Vereinigten Staaten in den letzten 25 Jahren verfolgt haben, müssen zugestehen, daß jede Einrichtung, die uns in dieser schlimmen Frage von der gegenwärtigen Unsicherheit befreien würde, Segen genug brächte, um uns willkommen zu sein und um uns manchen Schaden in den Kauf nehmen zu lassen.

Schon 1890 war der Staat, nach dem offiziellen Bericht des Vertreters von Neu-Seeland in London, der größte Rentmeister und der größte Arbeitgeber. Er besaß beinahe alle Telegraphen-, Eisenbahn- und Telephonlinien. Er beaufsichtigte und unterstützte die Spitäler und Irrenhäuser und besorgte im wesentlichen das ganze Wohltätigkeitswesen im Lande. Seine Beamten vollzogen von Amts wegen alle rechtlichen Akte im Grundstücksverkehr, Arbeiten, mit denen sich manche Londoner und New-Yorker Advokaten große Vermögen machen. Neu-Seeland hat der übrigen angelsächsischen Welt ein glänzendes Beispiel gegeben mit der Erleichterung des Grundstückverkehrs durch ein einfaches und beinahe kostenloses Handänderungsverfahren. Neu-Seeland hat ebenso die Uebelstände zu beschränken gesucht, die sich aus der Monopolisierung des Bodenbesitzes ergeben und gewährt deshalb Verpachtungen auf 999 Jahre gegen eine Abgabe von vier Prozent des Bodenwertes, die auf der einen Seite die Grundrente nicht ganz absorbiert, andererseits aber verhindert, daß der Boden unbebaut bleibt.

Der Staat übernimmt die Verwaltung von Vermögen und kann zum Testamentsvollstrecker ernannt werden; mit anderen Worten, er betrachtet sich dem ganzen Volk gegenüber als Familienhaupt. Wir, die in der hartherzigen Schule eines Cobden und Adam Smith erzogen worden sind, sehen ruhig zu, wie der Schwache unterliegt und der Kapitalkräftige die Macht gebraucht. Neu-Seeland erklärt einen solchen Zustand der Gesellschaft für unbefriedigend und bekundet seinerseits den Willen, Versuche anzustellen, in der Hoffnung, etwas Besseres zu finden. Wir sind nun vollständig einverstanden, daß Henry George in seinem Werk „Progress and Poverty" eine meisterhafte Analyse der modernen Gesellschaft geliefert hat; — aber man weiß durchaus noch nicht, inwieweit sein Heilmittel mit Erfolg angewendet werden kann. Auf jeden Fall aber verdient der Versuch Neu-Seelands unsere ganz besondere Beachtung, wie der Erfolg schließlich auch sein mag.

Natürlich ist der Schulbesuch in Neu-Seeland wie in ganz Australien unentgeltlich und obligatorisch.

Die Bildung großer Vermögen sucht man zu verhindern durch eine progressive Einkommensteuer, welche geringes Einkommen nur wenig belastet, dagegen um so stärker das große. Der Einfluß von Henry George äußert sich in einem neuseeländischen Gesetz, nach welchem nur das Land selber besteuert wird, nicht dagegen Verbesserungen und Bauanlagen auf einer Farm. Der Kleinbauer ist durchweg steuerfrei. Grundbesitz im Kapitalwert von 5000 Pfund Sterling wird mit einem Penny vom Pfund Sterling besteuert. Mit dem steigenden Wert steigt auch der Steuerfuß, der seine höchste Höhe erreicht mit 3 Pence auf ein Pfund Sterling bei Grundbesitz im Werte von 210000 Pfund Sterling und mehr. Sowohl Frauen als Männer haben in Neu-Seeland das Stimmrecht.

Wir dürfen die neuseeländischen Staatssozialisten nicht mit denen von Frankreich oder Deutschland vergleichen, deren Auffassungen mit so viel theoretischem Blendwerk umgeben sind, daß der praktische Politiker mit ihnen selten etwas anfangen kann. Der Neu-Seeländer ist ein praktischer Engländer, der Versuche auf neuen Gebieten nur nach reiflicher Ueberlegung und unter günstigen Bedingungen unternimmt, Experimente, die in England wie in jedem anderen Land der alten Welt, wo die Menschen an soziale Vorurteile und Ueberlieferungen gebunden sind, als revolutionär verurteilt würden. Schon in Amerika werden die Leute, die Reformen befürworten, wie Neu-Seeland sie genießt, als verrückt gescholten.

Es ist interessant zu beobachten, wie von unbedeutenden Ausnahmen abgesehen, alle Gemeinwesen der Weißen südlich vom Aequator entweder Republiken, auch dem Namen nach, sind oder doch in Wirklichkeit sich selbst regieren. Unter diesen Gemeinwesen sind die südamerikanischen die ältesten, die auch am frühesten das Joch Spaniens abwarfen und sich für unabhängig erklärten. Brasilien ging dem Namen nach zuletzt zur republikanischen Staatsform über. In Wirklichkeit hatte es sich schon das ganze letzte Jahrhundert hindurch einer liberalen konstitutionellen Regierung erfreut. Britisch-Guyana genießt weitgehende lokale Freiheit. Die drei Guyanas könnten wir übrigens außer Betracht lassen, auch wenn sie auf der südlichen Halbkugel lägen, da sie gegenüber der Gesamtmasse des südlichen Amerika unbedeutend sind.

Die beiden südafrikanischen Republiken wurden ungefähr zur gleichen Zeit gegründet, als den verschiedenen australischen Staaten eigene Regierung gegeben wurde. Die englischen Kolonien am Kap und in Natal haben in Wirklichkeit sich der Selbstregierung erfreut, obschon sie als reine Kronkolonien figurierten. Südafrika, Australien und Südamerika werden jetzt vom weißen Mann beherrscht. In jedem dieser Kontinente sind die Eingeborenen einem Ausrottungsprozeß verfallen. Australien hat ungefähr noch 50000 Eingeborene. Auch in Afrika kann sich der Neger gegenüber dem von Bombay importierten Arbeiter nicht halten. Was Südamerika anlangt, so dürfen wir mit Sicherheit sagen — wenn wir uns auf Chile, Peru und die angrenzenden Länder beschränken —, daß die Zeiten der Eingeborenen vorbei und daß die Tage des weißen Mannes oder wenigstens des Chinesen gekommen sind. Südamerika ist jedoch zurück durch eine Jahrhunderte lange klerikale Mißwirtschaft und durch die starke Durchsetzung der Bevölkerung mit Negerelementen. Die Weißen in Südafrika und Australien sind in dieser Beziehung klüger gewesen und haben sich nicht auf Kosten der Rassenreinheit zu vermehren gesucht. Australien ist das jüngste unter diesen großen Staatengebilden auf der südlichen Halbkugel. Es ist zugleich auch am einheitlichsten, aufgeklärtesten, am wenigsten an die Tradition gefesselt und ist am ehesten bereit, neue Ideen anzunehmen und Versuche mit neuen Theorien zu machen. Es ist deshalb gar nicht überraschend, wenn es sich in den letzten fünfzig Jahren schneller entwickelt hat als Südafrika, von Argentinien und Chile gar nicht zu reden. Es bietet das einzige Beispiel einer so großen Anhäufung von Staaten, die sich nur durch die Kraft des Gemeinsinns und nicht durch die Furcht vor einem gemeinsamen Feinde zu einem einheitlichen Organismus zusammenschlossen.

Wir werden vielleicht die Zeit noch erleben, da es sowohl Vereinigte Staaten von Südamerika als auch Vereinigte Staaten von Afrika gibt. Erst wenn die Zeit gekommen ist, wird Australien Grund haben, für den Fortbestand seiner Suprematie auf der Südhalbkugel zu fürchten — vorher nicht.

XXXII.

Kann der Weiße mit Frau und Kind in den Tropen leben?

„Wir gehören zu jener Rasse, deren sichtbare Aufgabe es ist, bürgerliche Freiheit zu verbreiten in jedem Teile der Erde, auf dem Festland und den Inseln."

[Francis Lieber: Civil Liberty and Self-government p. 21.]

Die Bedeutung der Eisenbahnen und der Gesundheitspflege für den Weißen in den Tropen — Die Ungefährlichkeit der Hitze.

Bis in unser Zeitalter, das wir kurz als die Periode des Dampfverkehrs bezeichnen können, hat man einen Maßstab dafür, was der Weiße in den Tropen ausrichten kann, fast nur in den Erfahrungen der Engländer in Ostindien und Afrika gehabt, Erfahrungen, unter solchen Umständen gemacht, daß sie in der Frage nicht viel beweisen. Bis 1855 war Britisch-Indien thatsächlich das Monopol einer großen privilegierten Handelsgesellschaft, welche Festungen baute, Truppen zu Land und zur See unterhielt, Geschäftsträger aussandte und bei allem nur den Zweck hatte, den Gesellschaftern in London hohe Dividenden zu verschaffen. Vor der Anwendung des Dampfes in jenen Gebieten, als die Fahrt von Indien um das Kap nach England auf der See mehr als ein halbes Jahr dauerte, da war der Kolonialbeamte gezwungen, auf seinem Posten zu bleiben, wie ungesund dieser auch sein mochte; denn es war damals nicht möglich, wie heute zur Luftänderung mit der Eisenbahn in die Berge oder an die See zu eilen.

So war es auch auf den Philippinen. Die weißen Kaufleute durften nicht wagen, ihre Frauen mit sich dorthin zu nehmen; diese Monotonie der vollständigsten Vereinsamung war zu trübselig. Zu Anfang des 19. Jahrhunderts war für Leute, die in Ostindien ihre Gesundheit eingebüßt hatten, das Kap der guten Hoffnung die nächste Erholungsstation, wohin die Reise lang und kostspielig war, obschon es noch nicht auf halbem Weg nach Europa liegt.

Heute kann sich der Kaufmann von Singapur oder Manila alljährlich mit Frau und Kindern an einen gesunden und verhältnismäßig nahe gelegenen Aufenthaltsort in die Ferien begeben, sei es in das Hügelland um Nagasaki oder an die Ufer des Golfes von Petschili oder ganz nach Süden, nach Neu-Seeland. Sogar die Reise nach Europa dauert nur 30 Tage, gegen wenigstens 130 Tage noch vor 50 Jahren in der Zeit der Segelschiffe.

Der große dunkle Kontinent galt in den Tagen meiner Kindheit als ein Land des Schreckens, in welches nur wenige verwegene, um nicht zu sagen tolle Enthusiasten eingedrungen waren, die, wenn es gut ging, wieder auftauchten mit Geschichten von Pestilenz und menschlicher Wildheit, wodurch wahrlich keine Kolonisten angezogen wurden.

Längs der Küsten waren da und dort Handelsstationen angelegt, für welche sich das Personal nur zu äußerst hohen Preisen gewinnen ließ wegen der geringen Wahrscheinlichkeit, daß man lebend wieder heim kam.

Man muß sich auch vergegenwärtigen, wie Europa und besonders England am Schluß der napoleonischen Kriege in Bezug auf das Kolonialwesen in eine sonderbare Gleichgiltigkeit verfielen, während noch gegen Ende des 18. Jahrhunderts in wilden Kämpfen um den Besitz von Kolonien gerungen war. Zur Zeit des großen siebenjährigen Krieges, der 1763 seinen Abschluß fand, stand die halbe Welt in Flammen. Es wurde Krieg geführt in Canada, Westindien, Indien und auf den malayischen Inseln. Alle Meere waren belebt von den Kriegsschiffen der europäischen Mächte, die ihren letzten Blutstropfen aufs Spiel setzten im heftigen Eroberungskampf um hauptsächlich tropische Länder. Kaum zwei Generationen später; — und wir sehen England sich sträuben, Neu-Seeland aufzunehmen, als es ihm von den englischen Ansiedlern dargeboten wird; sehen, wie es Australien als finanzielle Last behandelt, nur brauchbar als Abladeplatz für Verbrecher, wie es im Parlament die Frage diskutiert, ob Indien die Mühe des Verteidigens lohne, wie es den Wert Hongkongs in Frage zieht und sogar die Uebernahme der Verantwortlichkeit für jene südafrikanischen Territorien zurückweist, welche im Jahre 1900 ihm so wertvoll sind, daß es mit 200000 Mann britischer Truppen um sie kämpft.

Diese sonderbare Gleichgiltigkeit gegenüber den Kolonien, die andauerte von den napoleonischen Kriegen bis zu der durch das Vorgehen der deutschen Regierung veranlaßten Aufteilung Afrikas (um 1890), beruhte zunächst auf der verminderten Wertschätzung der tropischen Länder, die infolge der Antisklavereibewegung allgemein eingetreten war. Engländer, wie Cobden und Bright, die imperialistischen Tendenzen entgegenarbeiteten, verstärkten diese Richtung. Vor allem aber sah das Mutterland es als eine Geldverschwendung an, — wenigstens in Bezug auf die Tropen — sich mit Ländereien abzuquälen, die nur einigen wenigen Händlern und Missionaren Gewinn versprachen. Heute dagegen zeigt sich schon bei unserer Jungmannschaft eine gewaltige Umwälzung dieser Anschauungen, und man braucht kein großer Sanguiniker zu sein, um eine noch viel umfassendere gleichartige Umwälzung in der Zukunft bei unseren Kindern vorauszusehen. Vor unseren eigenen Augen haben äquatoriale Gebiete, die einst als unbewohnbar verpönt waren, heute eine geschäftige, starke weiße Bevölkerung erhalten. Lassen wir den tapferen Buren Gerechtigkeit widerfahren, die zuerst bewiesen, daß der Weiße im Innern Südafrikas große Familien aufbringen und gesunde Gemeinwesen gründen kann. Natal, an der Küste Südafrikas, ist ein tropisches Land. Dank aber seiner ausgezeichneten sanitarischen Verwaltung blüht dort eine weiße Bevölkerung. Der Bewohner von Durban kann in wenig Stunden seine Familie auf eine Höhe von 4—5000 Fuß bringen, wo die Nächte trocken und kalt sind wie in den Adirondacks. Das war noch vor zehn Jahren unmöglich; und als wir in die Schule gingen, betrachtete man das

Land dort als überhaupt unbewohnbar für eine weiße Bevölkerung. Soviel ich weiß, ist freilich Natal die einzige Tropenkolonie in Afrika, in der die weiße Bevölkerung mit Frauen und Kindern bequem lebt. Aber wenn das in anderen Kolonien nicht der Fall ist, so ist dies nicht darauf zurückzuführen, daß die Vorsehung ihnen übel wollte, sondern daß sie nicht die gleiche Energie gehabt haben, um das Land trocken zu legen und Eisenbahnen nach den höheren Gebieten im Innern zu bauen.

In Britisch-Guyana, wo Demerara etwas von einem Holland in den Tropen hat, — einer Kolonie, die ihren holländischen Ursprung in der guten Anlage der Kanäle und der Reinlichkeit der Straßen zeigt, — lebt der Weiße nur 7 Grad nördlich vom Aequator zwischen Amazonenstrom und Orinoko, und doch haben mir so hervorragende Landeskundige wie Darnell Davis Beweise gezeigt, daß Generationen weißer Bewohner hier gediehen sind dank der gesunden Beschaffenheit des Landes, die noch verbessert wird durch eine stetig vom atlantischen Ozean her wehende Brise. Ich empfand hier nicht einmal bei nächtlichem Aufenthalt im Freien ein Unbehagen, womit ich mir in Französisch-Guyana, das ungefähr dieselben geographischen Verhältnisse hat, ganz sicher einen Fieberanfall zugezogen hätte. Britisch-Guyana ist das Natal Südamerikas, eine reinliche, gesunde, gut regierte Oase in einer Wildnis von sogenannten Freistaaten. Es genießt den Vorteil schneller und häufiger Verkehrsverbindungen mit Barbados und der weiteren Welt; von außerordentlich großem Nutzen würde noch sein, wenn man durch Demerara nach den Quellgebirgen des Esequibo eine Bahn baute; denn dann hätten die Bewohner Gelegenheit, mit einem verhältnismäßig geringen Aufwand an Zeit und Geld schnell in den Bereich der stärkenden Bergluft zu gelangen. Hongkong und Manila haben, was die Temperatur anlangt, ungefähr dieselbe Lage; und deshalb sollte der weiße Mann am einen Ort leisten können, was er am anderen leistet. England besetzte nun Hongkong im Jahr 1841, also erst vor 60 Jahren, und so ist es natürlich zu früh, Schlüsse zu ziehen. Aber nach dem Zeugnis älterer Kaufleute werden auf der Insel weiße Kinder geboren und erzogen, und wenn ihnen heute das dortige Klima auch nicht so zuträglich ist wie das des Mutterlandes, so bringt doch fast jeder Tag eine Verbesserung, die das Leben daselbst angenehmer gestaltet. In den ersten Jahren der Niederlassung diskutierte die englische Regierung lebhaft die Frage, die Kolonie des ungesunden Klimas wegen wieder aufzugeben. Seither haben Kanalisation und ausgezeichnete Wasserversorgung den Ort für kurzen Aufenthalt ganz erträglich gemacht, während eine Eisenbahn, die auf die Spitze des in der Mitte der Insel gelegenen Berges führt, es dem weißen Kaufmann ermöglicht, Frau und Kinder in eine gesunde Atmosphäre zu versetzen, wo er selber jeden Abend nach Schluß der Geschäftsstunden Erholung findet.

In Manila kann sich der Weiße ein recht angenehmes Leben schaffen, sofern sein Haus am Meeresstrand steht, wo ihm die Brise von der Meeresbucht her frische Luft zuführt. Aber wir brauchen mehr als das, und die Regierung sollte sogleich für militärische und andere Zwecke eine Bahn nach den nahen Bergen bauen und betreiben und für häufigen und raschen Zugsverkehr Sorge tragen.

Unsere Flotte und unsere Armee brauchen einen gesunden Aufenthaltsort in den Tropen, und das Geld, das man hierfür ausgäbe, würde hundertfach wieder eingebracht werden durch die vermehrte Leistungsfähigkeit unserer Streitkräfte in den chinesischen Gewässern. Auch der weiße Kaufmann benötigt für sein Weib und seine Kinder ein bequemes Heim, und kein Schritt unserer Regierung würde auf eine Sanierung der sittlichen Verhältnisse der Inseln so sehr hinarbeiten wie die Ermöglichung eines wohlgeordneten Familienlebens der Weißen. Der weiße Mann hat dem Eingeborenen auf den Philippinen bisher ein höchst trauriges Bild der Immoralität — des Konkubinats mit eingeborenen Frauen — der Spielwut und Trunkenheit gegeben. Wir sind gleich bereit, diese Mißstände dem Klima zuzuschreiben, während sie in Wirklichkeit durch unsere Gleichgiltigkeit gegenüber den Anforderungen eines gesunden Lebens verschuldet sind.

Bei meinem Aufenthalt in Manila zur Zeit des spanisch-amerikanischen Krieges fand ich die Spitäler, in denen Amerikaner verpflegt wurden, — der Barracken gar nicht zu gedenken — in hygienischer Beziehung so ungenügend, weil so schmutzig, daß Epidemien nicht ausbleiben konnten. Ich versuchte mein Boot in die Kanäle zu rudern, die in den Pasig münden: an Stellen, wo der Gestank mir ein weiteres Vordringen untersagte, badeten Mütter ihre Kinder und atmeten die amerikanischen Freiwilligen die gefährlichen Bakterien ein. Ist es da ein Wunder, daß die Sterblichkeit an solchen Orten so groß ist? Ist es da nicht viel mehr ein Wunder, wenn von unseren Truppen überhaupt jemand zurückkehrt?

Wir hören so viel von tropischen Gemeinwesen, wo Quarantäne statt Gesundheitspflege betrieben wird; aber die Zeitungen haben keine Zeit, von den ruhigen, blühenden Gemeinwesen zu erzählen, die ihre Straßen und Wasserläufe rein halten und damit in den Tropen ebenso gut bestehen wie die Menschen in Boston oder Liverpool. Manila war unter der spanischen Herrschaft ein schmutziger, ungesunder Ort, und er wird es unter amerikanischer Verwaltung bleiben, wenn diese aus Erfahrungen keinen Nutzen zieht.

Havana in Westindien ist in einem Zustand chronischer Unreinlichkeit und Verseuchung gewesen, seit die Bevölkerung zahlreich genug war, um den Boden, das Wasser und die Luft zu verpesten. Die Flutbewegung im Hafen ist kaum bemerklich, und der Schmutz, der hineinfließt, bleibt vor den Thoren der Stadt. Cuba braucht für Havana eine so strenge Gesundheitspolizei, wie sie für die Philippinen nötig ist. Hier wie dort wird der Eisenbahnbau nach allen Richtungen des Landes als das wirksamste Mittel zur Aufschließung und Entwicklung des Innern und zur Befestigung einer wohlthätigen Suprematie unserer Regierung anzusehen sein. Wir sollten imstande sein, in Cuba und Porto Rico mit Leichtigkeit das zu leisten, was andere Weiße in anderen Teilen Westindiens geleistet haben, so namentlich in Jamaica, St. Kitts, Antigua und Barbados, wo überall die weißen Engländer leben und seit Generationen lebten.

Es soll auch ein Faktor nicht unerwähnt bleiben, der Westindien und nicht weniger englischen Besitzungen in anderen Tropengebieten großen Schaden gebracht hat. Das ist die Politik der Krone gewesen, die Aemter in den Kolonien durchweg mit Leuten zu besetzen, die im Mutterland geboren waren. Das hat seine Vorteile für gewisse hohe Stellen, wo es nötig ist, daß der Regierungsbeamte über den lokalen Parteiungen steht. Aber es gehört mit zur politischen Klugheit, so viel als möglich die Kolonialbevölkerung selber für ihre Regierung zu interessieren, indem man ihren Söhnen in der Verwaltung der Kolonie eine Laufbahn eröffnet, statt daß man sie zwingt, sich anderswo eine Stellung zu schaffen. Da England längere Zeit die westindischen Beamten aus dem Mutterland nahm, so haben seine westindischen Inseln inzwischen den Vereinigten Staaten eine Menge auswandernder Kreolen zugeführt, die zu Ansehen gelangt sind, und die sehr brauchbare englische Kolonialbeamte geworden wären, wenn man ihnen dazu Gelegenheit geboten hätte.

Beamte, die aus Europa nach Westindien kommen, bleiben in der Regel nur eine beschränkte Zahl von Jahren, können sich den Interessen der Kolonie nicht mit der nötigen Wärme hingeben, bringen fast immer keine Familie mit und tragen oft ihr Gehalt mit fort, um es zu Hause zu verzehren. Hätte England sich zur Regel gemacht, solche Aemter den in der Kolonie Geborenen vorzubehalten oder doch wenigstens solchen, die dort erzogen und mit den Bedürfnissen der Kreolenbevölkerung ganz vertraut wären, so würde es von mancher seiner Kolonien mehr verstehen, und wir hätten noch bessere Beweise von der Fähigkeit unserer Rasse, sich in den Tropen ein Heim zu schaffen.

Es ist für uns von großer Bedeutung festzustellen, daß beinahe auf allen westindischen Inseln sich hohe Berge befinden, die zu Erholungsstationen hervorragend geeignet sind. Auf den meisten dieser Inseln könnten die Weißen so bequem leben wie in Virginien oder Kentucky, wenn die Regierung nur das Hochland im Inneren der Besiedelung erschließen wollte, wie das in Südafrika dank den Buren und den Staatseisenbahnen geschehen ist.

Natürlich sind im allgemeinen alle Extreme von Hitze und Kälte einem glücklichen Leben hinderlich, und es sei ferne von mir, die Wanderung des weißen Mannes nach Orten zu befürworten, die seinen unumgänglichen Ansprüchen ans Leben nicht Genüge leisten können. Aber wie ich hervorgehoben habe, haben sich viele Orte, die ehedem allgemein als unbewohnbar oder wenigstens als gesundheitsschädlich angesehen worden waren, nach wenigen Jahren verständiger Verwaltung als zur Besiedelung passend erwiesen. Und es ist gleicherweise klar, daß manche Plätze, die heute übel bescholten sind, wie Cuba und Manila, unter tüchtiger Verwaltung sanitarische Zustände erhalten werden, die den Weißen beiderlei Geschlechts zusagen dürften. Ich will nicht behaupten, daß sie in dieser Beziehung New-Orleans oder Marseille — was zwar auch nicht viel sagen will — gleichkommen werden, sondern sie werden eher Durban in Afrika und Georgetown in Demerara ähnlich werden.

Bei dem gegenwärtigen Stand des Tropenlebens, wo die sanitarischen Verhältnisse noch unbefriedigend sind, bilden sich Niederlassungen, in der Hauptsache zusammengesetzt aus jungen Männern, die natürlich dem Grundsatz huldigen, daß Whiski ein Schutzmittel gegen Malaria sei. Es ist in der That bemerkenswert, daß Leute, die irgend einer Leidenschaft fröhnen, dafür gewöhnlich auch einen plausibeln Vorwand haben. Ich wenigstens habe nirgends einen so allgemein verbreiteten Genuß von Spirituosen zu allen Tageszeiten gefunden wie gerade in den Tropen, wo doch gerade das Wasser als das gesundeste Getränk anzusehen wäre; und fast immer entschuldigte sich der Mann, der solcher Unsitte ergeben war, damit, daß er das Bedürfnis fühle, etwas für seinen Magen zu thun.

Es ist nicht ein Zufall, daß Araber, Chinesen, Malaien und Hindus — der Neger nicht zu gedenken — das Wasser für das natürliche Getränk des Menschen halten. Der allgemeine Gebrauch des Thees in China ist nur auf die Verunreinigung des Wassers zurückzuführen und auf die daraus sich ergebende Notwendigkeit, das Wasser zum Schutz gegen Unterleibsbeschwerden zu kochen. China und Japan haben die Dysenterie immer im Lande, und das Wunderbare ist hier — wenigstens in China —, daß man überhaupt noch Menschen im Lande findet, da doch die Brunnen beinahe alle verunreinigt sind. Aber Männer, die sich mit dem Studium der Expeditionen der Weißen in Afrika viel beschäftigt haben, versichern mir, daß das schlechteste Wasser immer noch besser ist als alkoholische Getränke, und daß in allen Fällen, wo alkoholische Getränke vom Menschen fern gehalten wurden, sich später die Vorteile dieser Enthaltung klar ergeben haben.

Wenn eine Vereinigung weißer Menschen in den Tropen, wie es heute noch oft der Fall ist, nur aus jungen, unverheirateten Männern mit hohen Gehältern und überschüssiger Lebenskraft sich zusammensetzt, so ist es nur zu natürlich, daß sich hier die Anschauung ausbildet, es sei besser, ein kurzes und fröhliches Leben zu genießen, als sich durch ein langes Leben langsam hindurchzuquälen. In manchen Fällen zwar haben die jungen Männer auf Tropenstationen, dank einer täglichen, tüchtigen Schwitzkur auf dem Tennis- oder Poloplatz, nicht nur gelernt, ein fröhliches, sondern dazu auch ein ziemlich langes Leben zu genießen; aber die meisten sind mit einem für immer geschwächten Körper heimgekehrt.

Heutzutage sollte jede weiße Frau, wenn sie die Interessen ihrer Geschlechtsgenossinnen im Auge hat, agitieren für eine Sanierung der tropischen Welt und für den Bau von Bahnen nach den gebirgigen Hinterländern. Denn nur wenn das gethan ist, kann etwas erreicht werden für den unglücklichen Ueberschuß an Frauen, die zu Hause bleiben müssen, während ihre Brüder, Gatten oder Geliebten weitweg sind, um in Indien, Borneo, Sumatra, Jamaica oder anderswo in der heißen Zone die Mittel zu erwerben, mit denen sie heimzukehren und ein Familienleben zu führen gedenken, aber gewöhnlich erst heimkehren in einem Alter, in dem sie für Frauen uninteressant und sich selber eine Last geworden sind. Es gilt als Grundsatz in der Literatur und auf dem Theater, daß, wenn die Frau etwas will, sie Mittel findet, ihren Willen durchzusetzen. Nun, gebe man ihr die Möglichkeit, daß sie unter gewissen Bedingungen ihrem Geliebten sicher in die Tropen folgen kann, daß sie heiraten und auf den Hügeln, von denen der Hafen zu übersehen ist, wo ihr Gemahl mit dem dichten Tropenhelm bewaffnet den Tag verbringt, ihr Heim aufschlagen kann. Man vergewissere sie einmal, daß sie jeden Abend Lawn Tennis spielen oder zu Pferd einen Ausritt unternehmen und sich den vielen kleinen Vergnügungen hingeben kann, die das Leben angenehm machen, und ich bin sicher, daß jede Kolonialregierung ihr alsbald zur Dankbarkeit verpflichtet sein wird.

XXXIII.

Die weiße Invasion in China.

„Nicht dichte Bevölkerung, sondern Verhinderung einer natürlichen Entwicklung der sozialen Organisation ist die Ursache, daß Millionen fast verhungern."

(Henry George: Progress and Poverty p. 109, Ed. 1881.)

Vertragshäfen — Die Selbstregierung der weißen Kaufleute — Die Politik der offenen Thüre.

Chinas erste Erfahrungen in Bezug auf die ständige Ansiedelung von Weißen auf seinem Staatsgebiet reichen fast vier Jahrhunderte zurück, bis 1557, als sich Portugal die Verleihung des nahe bei Kanton, also im Tropengebiet liegenden Macao sicherte. Die letzten Erfahrungen dieser Art machte es im Norden, wo das Deutsche Reich 1897 eine Pachtung des Territoriums Kiautschou erwarb. Die Besetzung von Wei-hai-Wei durch die Engländer ist, abgesehen von der deutschen Aktion, auf die Erwerbung von Port Arthur durch Rußland zurückzuführen.

Die Besetzung Macaos durch die Portugiesen wurde ursprünglich mit Gleichgültigkeit angeschaut, da die Suprematie der chinesischen Regierung als Besitzerin des Bodens nicht in Zweifel gezogen war; das kleine Stück okkupierten

Landes (früher eine Insel, jetzt eine Halbinsel) stellte für die Regierung in Peking nie mehr dar als eine Handelsstation. Selbst als im Jahre 1881 Portugal die eigene Jurisdiktion in jenem heruntergekommenen Hafen erhielt, da bildete diese Konzession durchaus keine Bedrohung der chinesischen Regierung.

Im Jahre 1841 besetzte England aus strategischen Rücksichten die unfruchtbare und damals unbewohnte Insel Hongkong in unmittelbarer Nähe von Kanton und beinahe in Sicht von Macao. In diesem Fall hatte kein Chinese Ursache zu der Empfindung, daß der Boden seines Heimatlandes entheiligt werde; denn der ganze Klumpen von Inseln in diesem Teil der chinesischen Gewässer bildete eine Art Freibeuterparadies, und die Gegenwart Englands erweckte sogleich weithin das Vertrauen in die zurückgekehrte Verkehrssicherheit. Auf dem unwirtlichen Felsen siedelte sich fast im Augenblick ein solcher Schwarm von Chinesen an, daß die Behörden Mühe hatten, den Ellbogenraum zu behaupten. Nach dem Kriege von 1860, in welchem französische und englische Truppen vereinigt auf Peking marschierten auf der Straße, die im Jahre 1900 von den vereinigten Truppen der Großmächte wieder benutzt wurde, vergrößerte England das Gebiet von Hongkong um einen Streifen festen Landes, wo nun Schiffswerften, große Trockendocks, Lagerhäuser und Anlegeplätze für Dampfschiffe den kommerziellen Charakter dieser Annexion bezeugen. Aber auch dieses Gebiet erwies sich für die kommerziellen Bedürfnisse der wunderbar aufblühenden Kolonie als unzulänglich, und im Jahre 1898 wurde für die Kolonie ein neuer Landstreifen erworben, der ungefähr so groß ist wie das Gebiet, das im Jahre vorher Deutschland bei Kiautschou besetzte.

Mit was für Gefühlen auch immer die Mandarinen den Dingen zusehen mögen — denn ihr korruptes System verlangt natürlich den gänzlichen Ausschluß der Fremden —, so ist doch kein Zweifel, daß das Volk im allgemeinen vom großen Bankier von Kanton herab bis zum ärmsten Bootführer von Hongkong diese Aenderung als eine Aussicht auf bessere Zeiten begrüßte.

Stewart Lockhart, ein hervorragender Kenner chinesischer Verhältnisse, der mit der Grenzabsteckung bei Hongkong betraut war, teilte mir mit, daß er während seiner schwierigen und gefährlichen Mission überall von den Chinesen, mit Ausnahme der Mandarinen, begrüßt worden sei mit ernstgemeinten Fragen, wie bald sie nun unter die britische Flagge kommen würden. Wir dürfen es fast als erwiesen ansehen, daß überall, wo ein britischer Unterthan belästigt oder die britische Flagge beschimpft wird, die Ursache entweder in Aufstachelungen von seiten der eingeborenen Beamten oder in grober Taktlosigkeit von seiten des Opfers zu suchen ist.

Bei meiner ersten Reise nach China im Jahre 1876 herrschte in den Vertragshäfen große Beunruhigung wegen der eben vorgekommenen befremdenden Ermordung von Margary, dessen Kenntnis chinesischer Verhältnisse und dessen Takt im Umgang mit den Eingeborenen ihn in hohem Grade geeignet gemacht hätten zur Durchquerung Chinas bis zu den Grenzen Indiens. Gleich nach seiner Ermordung erklärte die chinesische Regierung laut, daß sie keinen Anteil daran habe, daß er vielmehr das Opfer eines fanatischen Pöbels geworden sei. Aber die später veröffentlichten Briefe des tapferen Mannes sowie die spätere amtliche Untersuchung ergaben zur Genüge, daß er auf der ganzen Reise nach Indien keine Veranlassung hatte, besondere Vorsichtsmaßregeln für seine Sicherheit zu treffen, und daß er auf der Rückreise infolge von behördlicher Aufreizung ermordet wurde.

Die kolonisatorische Thätigkeit der Weißen in China ist von zweierlei Art. Die eine Art wird von Frankreich, Rußland und in gewisser Beziehung auch von Deutschland vertreten, die andere von Großbritannien, den Vereinigten Staaten und einem halben Dutzend anderer europäischer Nationen, die selber keinen großen kolonialen Ehrgeiz zeigen, aber im stillen die Politik der Angelsachsen unterstützen. Ich denke hier hauptsächlich an Norwegen, Schweden, Dänemark, Holland und die Schweiz und an das deutsche Element, das nicht zum Beamten- und Militärsystem hält. Frankreich überträgt nach Südchina sein eigenes Verwaltungssystem, wie es das nämliche auf Algier übertragen hat. Die Russen verfahren in Wladiwostok und in Port Arthur noch schärfer mit der Ausschließung fremder Unternehmungen. Die Deutschen in Kiautschou proklamieren theoretisch die Politik der offenen Thüre, in Wirklichkeit aber hängt die Thüre in so rostigen Angeln, daß sie sich nur dem Deutschen in Uniform öffnet; immerhin sind Anzeichen einer Aenderung dieser Praxis vorhanden. Die angelsächsischen Kräfte haben, im Gegensatz dazu, China von Hongkong nach Tientsin in sogenannten Vertragshäfen kolonial aufgeschlossen, Hafenplätzen, denen die chinesische Regierung zu verschiedenen Malen während der letzten 60 Jahre Küstenprivilegien gewährt hat für Handelszwecke zu Land und zu Wasser. Diese Konzessionen wurden zuerst erworben und ausgebeutet von englischen und amerikanischen Kaufleuten unter Verträgen, die der übrigen Welt auch gestatteten, zu gleichen Bedingungen an der Exploitierung teilzunehmen. Alle Welt hat aus der Expedition des Commodore Perry nach Japan im Jahre 1853 Gewinn gezogen und ebenso aus der Reihe der Maßnahmen, die England später getroffen hat, um im ganzen Gebiet des fernen Ostens für den europäischen Kaufmann Sicherheit herzustellen.

Japan hat zur Genüge dargethan, daß es eine der großen zivilisierten Weltmächte ist, und in richtiger Erkenntnis dessen ist die Ausnahmestellung, die der Weiße früher dort hatte, aufgehoben worden. Aber in China verharrt die Regierung noch immer auf einer so tiefen Stufe amtlicher Moral, daß wir keine Garantie für die Aufrechterhaltung der Vertragsrechte haben ohne die ständige Anwesenheit der Kriegsschiffe.

Man verdankt es den Vorzügen der Selbstregierung, die Engländern und Amerikanern angeboren ist, daß Hafenorte wie Tientsin, Tschifu, Shanghai und andere heute Muster ausgezeichneter Gemeindeverwaltung sind, welche gegen die schmutzigen chinesischen Gemeinwesen ringsum scharf abstechen. Die sogenannten Vertragshäfen, die ich kenne, brauchen einen Vergleich mit Ansiedelungen derselben Größe in irgend einem anderen Lande der Welt durchaus nicht zu scheuen. Diese „fremden Konzessionen“ sind, obschon sie nominell von den Konsuln der fremden Mächte geleitet und ständig von Kriegsschiffen besucht werden, in Wirklichkeit auf ihre eigne Kraft angewiesen, sowohl in Bezug auf die Bedürfnisse der laufenden munizipalen Selbstverwaltung als auch namentlich gegenüber plötzlichen Ausbrüchen des Fanatismus der Eingeborenen.

Den Eindruck einer Musterseestadt erweckt z. B. Shanghai, dessen Bürgerschaft mit den örtlichen Abgaben, die sie entrichtet, bedeutend mehr leistet als die Bürger von New York oder Chicago. Diese wundervolle Hauptstadt des Yangtsekiangthales hat die ganze der See zugekehrte Seite in einen Vergnügungsgarten umgewandelt, der alle Annehmlichkeiten bietet, deren wir uns in New York auch erfreuen würden, wenn unser Riverside Park sich rund um die ganze Insel ausdehnte. An warmen Abenden kommen hier die Familien zusammen, um der Musik zu lauschen, die von Filipinos vorgetragen wird, den großen Künstlern im Fach der Musik für diesen Teil der Welt, wie es für Nordamerika die Mexikaner sind. Auch ein ausgezeichnet eingerichtetes Haus des „Country Club" ist da, in dem Erfrischungen eingenommen werden können. In der Nähe ist eine Rennbahn abgesteckt, und Polo, Tennis, Cricket und andere Sports geben hier beiden Geschlechtern Gelegenheit zur Erholung.

Am Woosong hat sich ein Ruder- und Yacht-Klub seine vorzügliche Einrichtung geschaffen; er veranstaltet oft Wettfahrten, denen der internationale Wetteifer erhöhtes Interesse verleiht. Die Straßen in Shanghai und sogar die Hintergäßchen sind so rein gehalten wie die eines europäischen Parks und werden bewacht von berittenen Leuten, die mit ihren großen Turbans, den blitzenden Augen und ihren großen Schnurrbärten sich als Krieger aus den Bergen Indiens — als die gefürchteten Sikhs zu erkennen geben. Der Chinese hat einen ganz besonderen Respekt vor diesen Kriegern, die mit dem Gleichmut des englischen „Bobby“ die orientalische Verschlagenheit verbinden, wodurch sie für ihren Beruf geeigneter sind als irgend ein anderes importiertes Element. Es gibt auch chinesische Schutzleute, und über allen stehen weiße Inspektoren.

Shanghai hat überdies eine ganz gute örtliche Militärorganisation in seiner freiwilligen Miliz, dazu einen eigenen Feuerwehrdienst, Wohltätigkeitsvereine und die vielen anderen still und bescheiden arbeitenden Institutionen, an denen man die Bürgerschaft mit Selbstregierung erkennt. In Bezug auf das Regierungswesen bestehen im übrigen abnorme Zustände in diesem Vertragshafen von Shanghai. Denn gewisse landesherrliche Rechte übt China aus, und anderenteils hängt die Leitung von der Gnade eines Komitee ab, das sich aus den Konsuln der verschiedenen Staaten zusammensetzt. Alle Elemente der Zwietracht und der behördlichen Unordnung sind hier vorhanden. Jede Nation besitzt ihr eigenes Postamt, und von einem System solcher Art ist natürlich nur die äußerste Verwirrung zu erwarten. Die Konsuln verwalten nicht nur die Postämter, sondern erfüllen auch die Richterpflichten gegenüber ihren Landsleuten, und in den Fällen, wo Chinesen beteiligt sind, sitzen sie mit dem chinesischen Kollegen auf derselben Richterbank.

Heute ist das ganze System geradezu unsinnig, und seine Abschaffung läge im Interesse der Kolonisten. Shanghai sollte z. B. mit genügendem Territorium ausgestattet werden, um der weißen Bevölkerung eine ihren wachsenden Bedürfnissen angemessene Ausbreitung zu ermöglichen. Das würde die Bürger von Shanghai in den Stand setzen, mit einigem Erfolg die Kanalisierung, den Straßenbau und die Bewachung des Hafens zu übernehmen, und ihnen zu gleicher Zeit die Mittel an die Hand geben, die Sandbank an der Mündung des Woosong auszubaggern, die heute Ozeandampfer von der Einfahrt auszuschließen droht.

Dieser große Hafenplatz ist durch die Initiative der weißen Kolonisten aufgebaut worden, die mit ihren Familien hierhergekommen sind, um ihr Glück zu machen, — gerade so wie andere, die nach Kalkutta, Durban oder Demerara gegangen sind. Die Kaufleute von Shanghai brauchen durchaus mehr Land, über das sie die polizeiliche Kontrolle ausüben können, und bedürfen der Beseitigung der vielen Hemmungen, die dadurch entstehen, daß ein Komitee von streitenden Konsuln die Geschäfte der Kolonie führt.

Die Republik von Shanghai ist reif für lokale Unabhängkeit unter der allgemeinen Garantie Europas. Im Interesse des Weltverkehrs sollte Shanghai zur Stellung eines Freihafens — eines Venedigs des fernen Ostens — erhoben werden wie Hamburg vor der Bismarck'schen Aera.

Alle Bestandteile dieses Gemeinwesens leiden unter dem gegenwärtigen System, vielleicht niemand mehr als die Amerikaner, bei denen die jetzige und frühere Art der Gewinnung der Konsularkräfte noch eine besondere Rolle spielt. Als ich im Jahre 1876 China besuchte, war ein Mann amerikanischer Generalkonsul, der von der Kaufmannsgilde als Dieb angesehen und kurz nachher ins Gefängnis gesteckt wurde, da er aus den Postsendungen Geld gestohlen hatte.

Bei meinem zweiten Besuch in Shanghai im Jahre 1898 war der Inhaber des amerikanischen Generalkonsulats ein Mann, dessen Ernennung den Protest jedes achtungswerten Kaufmanns von Minneapolis, seiner Heimatstadt, herausgefordert hätte. Die einzige Vorbildung für seine hohe Stellung hatte er als Leiter eines Base-ball Klubs gewonnen; sonst wäre seine Laufbahn die eines mittelmäßigen Winkelpolitikers gewesen. Er war im Shanghai-Klub von seinem Amtsvorgänger öffentlich geohrfeigt worden, unter solchen begleitenden Umständen, die das Klubkomitee den Vorfall durchaus nicht bedauern ließen; — weshalb wohl die Nebenbemerkung erlaubt ist, daß ein Mann, der in der guten Meinung seiner Mitmenschen so tief sinkt, nicht dazu geeignet sein möchte, in jenem fernen Osten ein tüchtiger öffentlicher Beamter zu werden.

Unserer Ansicht nach haben Konsuln in Kolonien, die offiziell als „Vertragshäfen" bezeichnet sind, gar nichts zu suchen. Wenn China in dem Sinne eine zivilisierte Macht ist, daß wir mit ihm unter gleichen Bedingungen diplomatische Vertreter austauschen, dann sollen unsere Konsuln nach den Städten der Chinesen und nicht nach den Ansiedelungen der Weißen gesandt werden. Wenn sich aber unsere Kousuln fürchten, mitten in chinesischen Gemeinden ihren Aufenthalt zu nehmen, so wollen wir diese Thatsache offen eingestehen. Dann sollen wir auch von der Farce des Empfangs chinesischer diplomatischer Vertreter lassen und die Gemeinwesen der Weißen als Kolonien im Land der Barbaren behandeln. Heute ist der Weiße in den Ansiedelungen, die er durch seine Energie zur Blüte gebracht hat, täglich der Beschimpfung ausgesetzt. In Tschifu sagte mir Dr. Corbett, der älteste Missionar, daß keine weiße Dame allein durch die Stadt gehen dürfe der schmutzigen Reden wegen, die sie zu hören bekäme. In diesem Hafenort hat die Energie des Weißen reine Straßen geschaffen und solide Häuser gebaut; — doch die Ansiedler sind auf einem engen Raum eingesperrt und werden, wie von jeher, von einer großen Chinesenarmee belagert, durch deren Mitte man sich den Weg bahnen muß, um aufs offene Land zu gelangen.

In Canton ist die Gemeinde der Weißen auf einer Insel eingepfercht, wenig größer als ein atlantischer Postdampfer, das ganze Jahr hindurch erfahren die Frauen der Kaufleute kaum, was ein wirklicher Spaziergang aufs Land ist.

Tientsin ist wie Johannesburg durch den Unternehmungsgeist der Weißen zu einem bedeutenden Platz gemacht worden, und doch hat die chinesische Regierung ebensowenig bei dieser Ansiedlung am Peiho wie bei der Schwestersiedelung zu Shanghai auch nur den kleinen Finger bewegt, um die Wasserzufahrten schiffbar zu erhalten. 1876 fuhr ich sowohl nach Tientsin als nach Shanghai per Dampfer. 1898 waren beide Häfen nicht imstande, den für Seeschiffe nötigen Wasserstand aufrecht zu erhalten.

Bei dem gegenwärtigen chaotischen Zustand der chinesischen Politik, da die Situation durch die Eifersucht der Mächte noch unsicherer gemacht wird, ist die Aufgabe Englands und Amerikas, soweit beide nur vom Interesse der Erweiterung des Handelsverkehrs geleitet werden, klar vorgezeichnet. Sie sollten einmal solchen Niederlassungen wie Shanghai, Tschifu und Tientsin die lokale Unabhängigkeit unter internationaler Garantie verschaffen und so viel Territorium, als aus Gesundheitsrücksichten für die weißen Familien nötig erscheint.

Als Deutschland Kiautschou besetzte, hatten sich dort noch keine Weißen niedergelassen, die für die Besetzung hätten einen Vorwand bilden können. Es trieb hier die Chinesen aus ihrem Besitz und ist im Begriff, in Schantung eine Gemeinde zu schaffen, die deutsch sein soll in Regierung und Sprache.

Aber der preußische Adler duldet nicht leicht Selbstregierung, und ohne Selbstregierung ist es nicht wahrscheinlich, daß die deutschen Kaufleute, die jetzt in Hongkong und Shanghai ansässig sind, sich nach Kiautschou wenden werden.

Die internationale Garantie, die ich vorgeschlagen habe, enthält keine Bedrohung der Integrität Chinas, — wenigstens gewiß keine stärkere Bedrohung, als sie heute durch die Vertragshäfen gegeben ist. Es ist nicht wahrscheinlich, daß sich jemals unsere Rasse über China weit ausbreiten wird, oder daß sie heute auch nur den Wunsch dazu hat. Wir haben nur den berechtigteu Wunsch, uns bei dem chinesischen Volk derselben Handelsgarantien zu erfreuen wie bei den Japanern. Die weißen Bewohner der Vertragshäfen verlangen Land nicht für militärische Zwecke, und sie verlangen nur soviel, als ihnen dringend nötig ist, denn jede Meile mehr bringt neue Verwaltungskosten. Aber was sie verlangen, ist durch die Thatsache gerechtfertigt, daß China bis jetzt außerstande ist, sich selber zu regieren, und noch viel weniger eine für den

Weißen passende Regierung zu schaffen vermag. Wenn die Niederlassungen der Weißen blühen sollen, so müssen sie eine Art Enklaven auf dem Boden des chinesischen Reiches bilden. Diese Enklaven, deren Zahl auf ein halbes Dutzend beschränkt bleiben kann, müssen aber so gelegen sein, daß sie den Kriegsschiffen gut zugänglich sind.

In China hat der Weiße keine gesellschaftliche Gemeinschaft mit der chinesischen Bevölkerung und wird eine solche noch manche Generationen hindurch nicht haben können; denn der Abgrund, der ihre häuslichen Einrichtungen scheidet, ist zu klaffend, um bald überbrückt werden zu können. In ganz China kenne ich keinen Klub, in dem Chinesen und Weiße auf gleichem Fuße miteinander verkehren. In Japan dagegen befand ich mich wohl in der gesellschaftlichen Atmosphäre der Japaner, ich fühlte mich umgeben von Anschauungen über Ehre, Reinheit, Weib, Sittlichkeit, die oft den unsrigen, wie wir sie predigen und praktisch zu bethätigen suchen, noch überlegen sind. Im vornehmsten Klub von Tokio verkehren Japaner und Angelsachsen miteinander auf dem Fuße vollständiger Gleichheit, und ich möchte sogar sagen, daß der Angelsachse in Japan sich besser zu Hause fühlt als an verschiedenen Orten des südlichen Europa, deren Bewohner aus Höflichkeit Weiße genannt werden.

Die Politik der weißen Nationen sollte nicht auf eine Zerteilung Chinas hinarbeiten. Im Jahre 1900, als beim Eintritt der alliierten Armeen in Tientsin das Plündern allgemein war, gab der japanische General Fukushima ein Beispiel militärischer Selbstbaherrschung, während man von anderen Armeen sagen konnte: es wird Zeit, daß wir die Missionare in die Kasernen der sogenannten christlichen Soldaten schicken. Ich kann mich nun der Energie erinnern, mit der dieser General Fukushima schon 1897 alle Neigungen zu einer Aufteilung Chinas mißbilligte, wobei er mit zwingender Beweisführung darauf bestand, daß auf dieses in seiner Integrität erhaltene China ein andauernder Druck geübt werden sollte, um es zur Besserung seines Regierungswesens hinzuleiten.

Es würde offenbar ein Wahnwitz sein, auf Zerreißung einer Rasseneinheit wie China hinzuarbeiten zu einer Zeit, da die Geschichte so klare Beweise für die Torheit solchen Beginnens an die Hand gibt. Das 19. Jahrhundert ist ein Jahrhundert der nationalen Reorganisation in den Grenzen der Rassenverwandtschaft gewesen: die Einheit des italienischen Staates bietet ein Beispiel dafür; die Einheit Deutschlands ist nur zum Teil vollendet; die Erfahrungen Rußlands in Polen zeigen die Torheit einer Teilung eines nationalen Gebildes. China ist gegenwärtig politisch verfault, in kriegerischer Beziehung hilflos und für nationale Begeisterung merkwürdig wenig empfänglich. Aber das sind Verhältnisse, die einen Umbildungsprozeß durchmachen, und wir können sicher sein, daß eine Teilung des Landes unter die großen Militärmächte ein chinesisches Polen bringen würde, gegen das sogar ein paar russische Reiche unwirksam wären.

Heute kann das angelsächsische Element mit der Hilfe Japans in China viel thun für die Sache der Zivilisation und vermag sich damit am Ende die Dankbarkeit der Chinesen selber zu sichern. Und indem wir die Integrität ihres Reiches aufrechterhalten, können wir zugleich die Integrität unserer Kolonien am Yangtsekiang, Peiho und anderswo behaupten. Wir sind in der Lage, ihren Post- und Telegraphendienst in Verwahrung zu nehmen und uns dadurch ebenso ihren Dank zu verdienen, wie es durch die Verwaltung der Zölle bereits geschehen ist. Wir können ihre Eisenbahnen und ihre Landstraßen bauen, ohne im geringsten ihre landesherrlichen Rechte zu beeinträchtigen oder die feindliche Flagge zu entfalten. Diese Unternehmungen alle werden eine gewaltige Zahl von Eingeborenen beschäftigen, die alsdann Ehrlichkeit, Pünktlichkeit und Gerechtigkeit bei der Lösung großer Aufgaben kennen lernen werden. Alle welche bei der Ueberwachung der verschiedenen Zweige dieser öffentlichen Unternehmungen thätig sind, werden, wie beim Seezollamt, nominell Beamte der chinesischen Regierung sein, und alle Einkünfte werden dem chinesischen Staat überwiesen oder zu seinem Vorteil verwendet werden. In gleicher Weise müßten die Kanäle in China gereinigt und wieder schiffbar gemacht werden, und hier würde wieder die ungeheure Masse der Verwendung findenden Kulis die öffentliche Meinung in einer dem Weißen günstigen Weise beeinflussen können.

Wir wissen, wieviel für die Sicherheit in Mexiko gethan wurde durch das Eindringen der amerikanischen Eisenbahn mit ihrem Heer von Beamten, die zur Pünktkeit, Ehrlichkeit und Redlichkeit erzogen sind. Es ist keine Uebertreibung, wenn man behauptet, daß die Lokomotive für unseren Nachbar jenseits des Rio Grande soviel wert gewesen ist wie eine riesengroße Polizeimacht, und daß die Lokomotive das einzige Element ist, gegen welches sich das Revolutionenveranstalten als machtlos erweist. Man kämpft in der Regel nicht gegen die Quelle, die einem Brot und Butter spendet, auch in China wird daher der Weiße wenig Widerstand finden, solange der Fortschritt, den er bringt, bemerkbar bleibt nicht durch die Zahl der Missionsstationen oder der Soldatengräber, sondern durch die industriellen Triumphe, an denen der Chinese selber im Lohnerwerb seinen Anteil hat. Die Lokomotive wird China erobern, doch wird alles von der Kaltblütigkeit und dem Mut ihrer Führer abhangen.

XXXIV.

Die Lehren der Kolonisation.

„Das Ideal, dem wir im kommenden zwanzigsten Jahrhundert entgegensehen müssen, ist die Konsolidierung der Nationen unter Weltregierungen. Der Gedanke, daß die Schweiz und die Vereinigten Staaten unter eine Regierung zu stehen kommen sollten, ist nicht so sinnlos, wie er zu sein scheint."

New York Independent v. 13. Dez. 1900.

Der Handel folgt nicht notwendigerweise der Flagge — Die Pflicht des Mutterlandes zur Förderung der Auswanderung.

Die letzten vier Jahrhunderte haben zu unserem Nutzen in kolonialer Beziehung eine Menge Erfahrungen aufgespeichert, die jetzt zu guter Anwendung gelangen sollten. Portugiesen, Spanier, Holländer, Franzosen und schließlich das imperiale Deutschland haben alle zur Lösung von Problemen, die zeitweilig die ernsteste Beachtung der Staatsmänner auf sich lenken müssen, ihren Beitrag geliefert. England selber hat in vergangenen Zeiten fast alle die Torheiten begangen, durch welche andere Nationen zu Grunde gerichtet worden sind; aber zu unserem Glücke hat das englische Volk die Fehler der Regierung schneller gut zu machen gewußt als die Regierung den angerichteten Schaden nur zu schätzen vermochte.

Koloniale Doktrinen, aufgebaut auf der Grundlage theologischer oder politischer Engherzigkeit, mußten eine nach der anderen liberaleren Anschauungen weichen, bis schließlich in unseren Tagen — wenigstens in der angelsächsischen Welt — die Kolonien nicht nur die Erlaubnis zur Selbstregierung erhielten, sondern geradezu gedrängt wurden zur möglichst unbeschränkten Ausübung derselben.

Bei einigen Nationen, wie z. B. Frankreich und Deutschland, bringen es allerdings ihre gegenwärtigen Verhältnisse mit sich, daß der Staat eine offizielle Kolonisation betreibt; wir müssen dies jedoch sorgfältig vermeiden, denn es führt zu jenen Fehlern zurück, die Spaniens Stärke untergruben.

Die Bismarck'sche Schule der Staatsweisheit hat Anhänger über die Grenzen des Deutschen Reiches hinaus. Sie ist eine gefährliche Schule für Kolonialpolitik; denn sie lehrt, daß physische Kraft in der nationalen Entwicklung der dominierende Faktor sei. Bismarck erschien immer mit dem Schwert in der Rechten — sogar in den friedlichen Hallen, die der Gesetzgebung geweiht sind; das Kennzeichen einer guten Regierung war für ihn die Zweckmäßigkeit und strenge Nüchternheit des Kasernenhofes.

Heute hören wir oft den gedankenlos ausgesprochenen Satz: „Der Handel folgt der Flagge", — einen Grundsatz, der das kontinentale Europa geblendet und Deutschland zu gewaltigen pekuniären Opfern angespornt hat, um seine Flagge nach fernen Inseln zu tragen. Aber der deutsche Handel ist früher der deutschen Flagge nicht gefolgt und thut es auch heute nicht; er folgt gerade im Gegenteil der englischen und amerikanischen Flagge und wird bei dieser Gefolgschaft bleiben, solange er sich dabei besser steht. Deutscher Handel und deutsche Schiffahrt waren zu einer glänzenden Entwicklung gelangt, bevor Deutschland nur eine einzige Kolonie besaß, und es lohnt sich wohl der Mühe, hier zu erwähnen, daß das Verlangen nach Kolonien nicht von den nüchternen Kaufleuten Bremens oder Hamburgs ausgegangen ist, sondern seinen Ursprung in den Kreisen der Militärs, Beamten und der Akademiker hat, die nur wenig praktische Erfahrungen besitzen. Die großen Dampferlinien von Deutschland nach New York nehmen natürlich Subsidien gern; ob sie zweckmäßig sind, haben andere zu beurteilen; aber keine Regierungssubsidien können nur für einen Moment die natürlichen Vorteile übertreffen, die ein freier Verkehr mit Häfen, wie New York und Boston und denen des La Plata oder von Hongkong mit sich bringt. Die deutsche Regierung kann durch große Subsidien eine Dampferlinie zwischen Kiautschou und Shanghai aufrecht erhalten, aber der deutsche Steuerzahler muß den Eigentümern dieser Linie geben, was man hätte mehr zahlen müssen an eine Unternehmung, die ohne staatliche Frachtvergütung Transporte vornimmt. „Der Handel folgt der Flagge", das ist eine jener halben Wahrheiten, die dazu angethan sind, viel Schaden anzurichten. Ihr zufolge würde man seine Waren nach Gefühlserwägungen und nicht nach geschäftlichen Grundsätzen kaufen. In Wirklichkeit thut das kein vernünftiger

Mensch. Wir kaufen unsere Waren nicht im zunächst-liegenden Geschäft, wenn wir im ferner gelegenen für unser Geld etwas Besseres bekommen. Wir machen die Fahrt über den Ozean nicht in Schiffen unserer Nationalität, wenn andere da sind, die den Transport so gut und dazu billiger besorgen als die unsrigen. Die deutschen Schiffe verlassen New York, ganz besetzt mit amerikanischen Passagieren, und auf ihrer Rückreise von Australien oder Hongkong sind sie gedrängt voll Engländer. Wenn der Handel der Flagge folgte, so würde der Personenverkehr der erste sein, das zu beweisen; aber er thut es nicht. Im Gegenteil, unter sonst gleichen Verhältnissen zeigen Engländer und Amerikaner unverkennbar, daß sie den Dampferlinien ihre Kundschaft mit derselben Unparteilichkeit zuwenden, mit der sie ihren Wein oder ihre Spezereien kaufen.

Manche der intelligentesten, fleißigsten und unternehmendsten europäischen Nationen, die einen stetigen jährlichen Strom von Ansiedlern hinaussenden, besitzen — im deutschen Sinne — keine Flagge, der sie folgen können, bereichern aber sich, das Land ihrer Niederlassung und die alte Heimat doch Tag für Tag. Sie schauen mit einem durch Vorurteile nicht getrübten Blick in die Welt; sie wählen den Schauplatz ihrer Thätigkeit mit der einzigen Rücksicht auf ihre persönlichen Erfordernisse, und sie kommen vorwärts ohne die Hilfe der heimischen Regierung. Norwegen wird täglich kräftiger und reicher; es besitzt keine nennenswerten Kolonien, sendet aber jährlich einen großen Prozentsatz seiner kräftigen Bevölkerung nach den Vereinigten Staaten oder anderswo hin.

Politiker von der bezeichneten deutschen Schule zählen die Leute, die ihr Land verlassen, und setzen sie einfach auf die Verlustliste, wollen aber die indirekten Vorteile nicht sehen, die den zeitweiligen Verlust ausgleichen. Sie können es begreifen, warum einer ihrer Landsleute in ein anderes Land gehen will, vermögen aber nicht die Thatsache zu würdigen, daß ein solcher, wo er sich auch niederlassen mag, ob in New York oder in Australien, nach Geblüt und Lebensart, vielleicht sogar in seinen politischen Sympathien — ein Deutscher bleibt. Die deutschen Auswanderer mögen deutsche Bureaukratie verabscheuen und frohen Herzens den politischen Zusammenhang mit ihrem Geburtsland aufgeben; nichtsdestoweniger werden sie, ihre Kinder und ihre Kindeskinder stolz sein auf die Geschichte ihres Volkes, werden gute Beziehungen mit den Leuten von ihrer Nation pflegen, und wenn es einst zum Reisen kommt, so wird es mit der Macht der Natur sie ziehen nach dem Heim der Vorfahren im Vaterlande.

Das heutige Deutschland erntet reichen Ertrag aus dem Handel mit Amerika, dank den Kolonisten, die sich unter dem Sternenbanner niederließen, da sie zu Hause nicht finden konnten, was ihnen not that.

Solange das offizielle Deutschland den Deutsch-Amerikanern gestattet, ohne zu weitgehende polizeiliche Behinderung in ihrem Vaterlande Heimkehr zu halten und sich seiner zu erfreuen, wird es einen stetig wachsenden Ertrag aus dieser Quelle ziehen, und nach und nach wird sogar der deutsche Regierungsmann die Thatsache richtig würdigen lernen, daß Auswanderer in fremde Lande für das Mutterland nicht einen bleibenden Verlust bedeuten.

Andrerseits ist es für die Rasse ein größerer Vorteil, wenn sie die Welt nach einem mehr kosmopolitischen Plan kolonisiert, als wenn sie aus der Kolonie einfach eine Wiederholung des Mutterlandes macht. In Europa sind durch die Jahrhunderte der Kriege, der religiösen Intoleranz und der politischen Engherzigkeit Schranken zwischen den Nationen aufgerichtet worden. Die Regierungsorgane verschiedener europäischer Staaten veröffentlichen fortwährend Angaben, ganz dazu angethan, einen falschen Patriotismus zu züchten, der sich an der Vorstellung ergötzt, als ob alle anderen Nationen minderwertig seien.

Richtige Kolonisten kennen den engherzigen Patriotismus nicht, der in ihrem Mutterlande wütet. Der deutsche, französische und englische Kaufmann in Hongkong, Kapstadt oder New York lächelt über die vielen Lügen, die die Zeitungen in ihrem Mutterlande herumbieten. Sie kennen einander; — und das genügt ihnen. In Indien bewundert der deutsche Kaufmann die Hochherzigkeit der Briten[1]),

---

1) Hier ein neuester Beleg für die obige Behauptung:

Unterm 24. August 1901 wird der „Kölnischen Zeitung" aus Bombay geschrieben: „Es mag in Europa wenig bekannt sein, in wie liberaler Weise die indische Regierung die Eingeborenen zu allen Verwaltungsämtern zuläßt. Nicht nur in den Subaltern-Stellen, sondern in den hohen und höchsten Aemtern, die mit Gehältern bis zu 40000 Rupien (55000 Mk.) verknüpft sind, befindet sich eine ganze Anzahl Eingeborener, Mohammedaner, Parsen, Hindu. Trotzdem nehmen die Eingeborenenblätter Anlaß zu ständigen Klagen, daß die Eingeborenen nicht in genügender Weise zu Verwaltungsämtern herangezogen würden. Man kann sich dem Eindruck nicht verschließen, daß die Regierung hier wie die, obwohl Eroberer dieses Reiches, dem Volk eine solche Fülle wohlthätiger Regierungsmaßregeln zugewandt haben, daß dieselben in ihrer Ausdehnung und Wirksamkeit Staunen erregen. Ein solcher Kaufmann weiß nicht, was er zu hören bekommt, wenn die Berliner Presse eine indische Hungersnot als die Wirkung britischer Grausamkeit und Mißwirtschaft schildert! Der Kolonist, der unter der Flagge seines Staates sich ansiedelt und nur mit Leuten seiner Denkart zusammenkommt, vergrößert wohl seinen Gesichtskreis und gewinnt etwas an politischer Erfahrung; aber am meisten wird nur der gewinnen, der aus der verderblichen Atmosphäre internationaler Aufsässigkeit herauskommt und nach ein paar Tagen der Ueberfahrt in einem Gemeinwesen anlangt, wo Männer aller Nationen Schulter an Schulter arbeiten an der Aufgabe der Bezwingung der Natur, der Lenkung der eingeborenen Rassen, der Entwicklung des Handels, der Hebung der Schätze, die die Erde bietet.

Das sind die Leute, die den größten Gewinn ziehen aus den köstlichen Lehren der Kolonisation, und deren

---

in vielen andern Beziehungen viel zu nachsichtig vorgeht. Es muß ja, in Anbetracht der äußerst geringen militärischen Kräfte Indiens, die Politik der Engländer sein, sich mit den Eingeborenen auf einen gewissermaßen freundschaftlichen Fuß zu stellen, doch ist das Vorgehen der Regierung in neuester Zeit nur als äußerst schwach zu bezeichnen. Kein Wunder, daß der Eingeborene sich unter der englischen Regierung äußerst wohl fühlt, doch die Forderungen werden kein Ende nehmen, sodaß über kurz oder lang die Regierung doch einmal energisch wird Front dagegen machen müssen."

Beginnen die heimische Regierung Förderung angedeihen lassen sollte. Sie sind die wahren Missionare, die Männer, die die Rassengegensätze mildern, die den nationalen Groll über Bord werfen, die den Weg bahnen für die Jahrtausendfeier des Freihandels, — des Wohlwollens von Nation zu Nation.

XXXV.

Der Amerikaner als Kolonist.

„Ich werde sie zwingen, sich zu konformieren, oder ich werde sie aus dem Land jagen."

(Jakob I. in einer Rede über die Puritaner zu Hampton Court.)

(Botschaft von 1901.) „Die Königin beauftragt mich, durch Sie dem australischen Volk Ausdruck zu geben von ihrer Majestät tiefgefühltestem Interesse an der Eröffnung des australischen Staatenbundes und von ihrer Majestät ernstem Wunsch, daß der Bund mit Gottes Hilfe das wachsende Gedeihen und die Wohlfahrt ihrer getreuen und geliebten Unterthanen in Australien sichern möge."

Die Ausbreitung der Neu-Engländer über Nordamerika — Ihre Fähigkeit zur lokalen Selbstregierung.

Bis zum Jahre 1898, als die Vereinigten Staaten plötzlich und ungestüm zum Range einer Kolonialmacht aufstiegen, glaubte man europäischerseits gewöhnlich, in dieser Beziehung nicht mit den Amerikanern rechnen zu müssen. Europäische Schriftsteller, die über Kolonisation schrieben, erwähnten mit keinem Wort das Amerika nach der Trennung von England im Jahre 1783, während sie Rußland und sogar Dänemark mit einem Kapitel beehrten.

Und doch bildeten die Vereinigten Staaten von 1783 eine kolonisierende Familie, ausgezeichnet durch die besten angelsächsischen Traditionen, die sie aus dem Mutterlande mitgebracht hatte. Das amerikanische System der Kolonisation bildet den genauen Gegensatz zum russischen, dem so manche Schriftsteller unbegründete Bewunderung gezollt haben. Der Czar hat mittels einer Verwaltungsmaschine, die dem nach Millionen zählenden Einerlei seiner unwissenden, sklavenartigen Unterthanen angepaßt ist, über Sibirien eine Menschensaat ausgestreut, deren Massenhaftigkeit Erstaunen, deren Qualität aber lebhafte Sorge erregt. Die Geschichte amerikanischer Kolonisation spiegelt sich wider in den Familienchroniken von Hunderten, die, vor dem Druck religiöser oder politischer Intoleranz weichend, mit ihrem eigenen Willen und auf eigene Kosten in ein Land gingen, wo die Freiheit, die sie suchten, ihnen noch süßer ward durch die Gefahren in deren Begleitung. Als Kinder geboren wurden und die kleinen Gemeinwesen sich ausbreiteten, zeigte die heranwachsende Generation dieselbe Begierde nach neuen Wagnissen wie die ersten Ansiedler. Und so sehen wir eine englische Familie, die 1620 in der Massachusetts-Bai gelandet war, dreißig Jahre später ihre Sprossen westwärts nach dem Connecticut-River senden und in einer weiteren Generation sich um Hartford oder New Haven niederlassen. Nachher findet sich ihr Name zum ersten Mal am Hudson wieder, und abermals eine neue Generation trägt den Namen unter die Kämpfer gegen die Franzosen an der Grenze des heutigen Staates New York.

So hat sich von Geschlecht zu Geschlecht der knorrige Neu-Englandstamm ausgebreitet von dem Schottland ähnlichen, steinigen Boden von Massachusetts westwärts nach den großen Seen, dem Tale des Mississippi und darüber hinaus: die Wildnis erobernd, von keiner Regierung Gunst verlangend, sich selber besteuernd zum Bau von Schulhäusern und Kirchen, im Kampfe mit den Indianern Heimstätten, Dörfer, Städte und schließlich Staaten gründend, die, wann ihre Zeit gekommen war, auf eigenes Verlangen hin aufgenommen wurden in die amerikanische Union.

Neu-England hat den besten Typus des amerikanischen Kolonisten geliefert, wenn gleich, wäre kein Neu-England gewesen, immer noch Virginien und seine Nachbaren der Welt Musterkolonisten die Fülle gestellt hätten.

Die Einführung der Negersklaverei in den Vereinigten Staaten bedeutete einen politischen und wirtschaftlichen Fehler und hielt in mancher Beziehung die volle Entwicklung der Staaten, die sie duldeten, zurück. Doch lassen wir diese Frage, und fassen wir ins Auge, was wirklich geschehen ist! Da tritt uns mit besonderer Deutlichkeit die Thatsache entgegen, daß für mehr als zwei Jahrhunderte in einem kleinen Teil Neu-Englands die Bildungsanstalten konzentriert gewesen sind, aus denen eine Generation nach der anderen von scharfsinnigen, ehrgeizigen, gut disziplinierten und sehr unterrichteten jungen Männern hervorging, die als Lehrer, Geistliche, Aerzte und Advokaten immer den ersten Bahnbrechern nach, Schritt für Schritt nach dem Westen weiter gewandert sind. Um zu ermessen, was das zu bedeuten hatte, brauchen wir nur auf die stumpfe Masse der französischen Canadier einen Blick zu werfen und sie mit den Neu-Engländern vor 100 Jahren zu vergleichen.

Der hervorstechende Zug der amerikanischen Kolonisation ist, besonders seit Beginn des 19. Jahrhunderts bis zur Besiedelung Californiens nach den Goldentdeckungen, die regelmäßige Erscheinung des freiwilligen Zusammenschlusses einer Anzahl von Kolonisten zu offensiven und defensiven Zwecken, das vollständige Fehlen aller Intervention von seiten der Centralregierung und auf seiten der Kolonisten das gleich ehrenvolle Fehlen allen Verlangens nach Regierungshilfe. Wir können nur eine oder zwei scharf hervortretende Ausnahmen konstatieren, aber sie verschwinden gegenüber der ganzen großen Bewegung, die allein im vergangenen Jahrhundert französisches und spanisches Wesen aus dem ganzen nordamerikanischen Kontinent verdrängt, die englische Sprache ohne administrativen Zwang vom einen Ende zum anderen ausgebreitet und der Selbstregierung ein Denkmal errichtet hat, das die kühnsten politischen Träume unserer Väter übertrifft.

Die Angelsachsen, die gegen Ende des 18. Jahrhunderts durch die Alleghanies trekkten und in den Wäldern von Tennessee und Kentucky ihre Blockhäuser errichteten, verzichteten auf den Verkehr mit der zivilisierten Menschheit. genau wie die Buren es thaten bei ihrem Einbruch in die Kafferngebiete Innerafrikas. Die Geschichte der Republik Texas ist ein kolonialer Roman. Der Yankee unserer Tage, dem der Haß gegen Spanien im Blut lag, fiel über die spanischen Niederlassungen in den großen südwestlichen Gebieten her, wo spanische Priester und mexikanische Alkalden dieselbe Kulturhöhe vertraten, die vor drei Jahrhunderten ein Sporn gewesen war für die Freibeuterexpeditionen von Drake und Raleigh. Der einzelne Amerikaner konnte, was auch immer seine Regierung anordnen mochte, die spanischen Bastardinstitutionen nicht dulden, die zur Zeit, da die Grenzen der Vereinigten Staaten weiter und weiter gegen Sonnenuntergang vorgeschoben wurden, in Californien, Arizona, Neu Mexiko und Texas noch aufrecht standen. Der Konflikt war unvermeidlich, und sein Ausgang war gewiß. Spanisches Wesen samt mexikanischem Regiment wurden von der Flut der eindringenden Kolonisten widerstandslos weggefegt, und heute erinnern an die drei Jahrhunderte spanischer oder mexikanischer Herrschaft nur noch einige Ruinen von Missionsstationen für spanische Priester und einige wenige pittoreske spanische Namen, die das Wörterbuch des Goldgräbers oder Cowboys bereichert haben.

Während dieser ganzen Periode amerikanischer Kolonisation, namentlich in den ersten 50 Jahren des neunzehnten Jahrhunderts, waren die Engländer beschäftigt, Australien, Neu Seeland und das Kap der guten Hoffnung zu kolonisieren, und ergossen sich dazu in stetigem Strom nach Canada und den Vereinigten Staaten.

Der Angelsachse also stellte seinen Mann durch die Kolonisation in allen Teilen der Welt, mit oder ohne Regierungsgeheiß.

Auch Deutschland sandte unter dem Druck trauriger politischer und ökonomischer Verhältnisse jährlich eine große Schar unzufriedener Auswandener in die weite Welt; eine befriedigende Berechnung ihrer Zahl ist leider nie gemacht worden. Offizielle Berechnungen sind notwendigerweise unvollständig, da verschiedene deutsche Regierungen der Auswanderung Hindernisse in den Weg legten und deshalb eine große Zahl derer, die ihre Heimat verließen, es geheim, unter falschem Namen oder unter dem Vorwand, einer anderen Nation anzugehören, thaten.

Die politische Verfolgung, die der Revolution von 1848 folgte, brachte aus Deutschland die erste bedeutende Zahl von geistig hervorragenden Männern. Amerika ist heute mit gesellschaftlichen Organisationen deutschen Charakters durchsetzt, die innige Beziehungen zum litterarischen und politischen Leben des Vaterlandes pflegen. Es giebt kaum eine amerikanische Stadt, die nicht ihren deutschen Turnverein oder ihre deutsche Liedertafel hätte. New York, Chicago und andere Zentren haben deutsche Klubs, die eine wohlhabende und zahlreiche Mitgliederschaft aufweisen. Für die besten deutschen Schauspieler lohnen sich Kunstreisen über den Ozean, auch wenn sie nur vor deutscher Zuhörerschaft auftreten. Die deutschen Zeitungen Amerikas sind vielfach nicht nur besser redigiert als manche mir bekannte Tageszeitungen unserer großen Städte, sondern ich kenne auch keine Berliner Tageszeitung, die den Vergleich mit der Staats-Zeitung von New-York aushielte. Diese und manche andere Zeichen sprechen für den hohen Stand der Intelligenz und der Bildung, der die Millionen von Deutschen charakterisiert, die einen kostbaren Teil der amerikanischen Bürgerschaft bilden. Sie sind nach Amerika gekommen, um Amerikaner zu werden, und sie haben von Anfang an Anteil an allen Rechten der Amerikaner gehabt.

Aber es ist doch sonderbar, daß in all diesen Jahren, besonders als Amerika von den Alleghanies bis zum stillen Ozean noch eine Wildnis war, nicht ein einziges deutsches Gemeinwesen sich bemüht hat, seine eigene Sprache und seine eigenen Institutionen zu erhalten nach der Art der Buren in Transvaal oder der Mormonen in Utah. Hier war keine Staatsverwaltung, die sie daran gehindert hätte. Das Land stand im Gegenteil allen Ankömmlingen offen, und peinlichen Fragen wurden sie nicht unterworfen.

Wie jedoch jede Nation nach der Meinung gewisser Philosophen ihre Eigenart ausdrückt in dem besonderen Judentypus, der sich bei ihr ausbildet, so werden im Lauf der Zeit die Monarchen eine Art Abbild von ihren Völkern; und so ist es kein bloßer Zufall, daß Deutschland eine lange Reihe von Herrschern hervorgebracht hat, deren Art mehr diejenige von militärischen Befehlshabern ihres Volkes als von konstitutionellen Trägern der Staatsgewalt war.

Das mag bis zu einem gewissen Grad die überraschende Ungeeignetheit des Deutschen zur Selbstregierung erklären, bei all seinen Tugenden in anderer Beziehung.

Der Amerikaner hat nun aber seinen kolonialen Unternehmungsgeist durchaus nicht auf sein eigenes Land, so weit es auch sein mag, beschränkt. Er ist seinen Interessen in jedem Teil der Welt, wo Wagnisse oder Reichtümer winkten, nachgegangen, sei es auf den Goldfeldern Australiens oder Südafrikas, auf einer Flibustierfahrt nach Südamerika, auf einem Posten im ägyptischen Heeresdienst oder als Händler in China. Es gibt nicht leicht eine Weltecke, wo der Reisende nicht auf prosperierende Yankees träfe, die sich im Lande ihrer Adoption ganz zu Hause fühlen, ihren Konsuln so wenig als möglich zu Gesicht kommen, sich alle Vorteile zu Nutzen machen, auf die sie rechtlichen Anspruch erheben können, und sich im übrigen mit ihren Nachbarn und der ganzen Welt gut vertragen.

In den britischen Kolonien und den Vertragshäfen barbarischer Länder gehen Engländer und Amerikaner natürlich bei allen Verbesserungs- und Umwälzungsplänen Hand in Hand. Sie verstehen einander instinktiv; sie besitzen dieselben Ideale gesetzlicher Freiheit und Gerechtigkeit und haben in derselben politischen Schule gelernt, wie man beide gewinnt. Ob in Johannesburg oder Shanghai, in Barbados oder Kairo, im Klub in Manila oder im Kasino in Buenos Ayres, überall, wo Vertreter verschiedener Nationalitäten sich einfinden, da stehen die beiden Sprossen der angelsächsischen Familie zusammen zu gegenseitiger Unterstützung. Amerika braucht keine Auswanderungsbestrebungen zu fördern, denn es hat jetzt noch Land genug. Aber wenn die Dichte der Bevölkerung diesen Kontinent, wie gegenwärtig die Länder der alten Welt, ängstigen wird, dann wird er Riesenkräfte der Kolonisation entfalten. Denn wenn der Yankee trotz der Fülle des Raumes in seiner Nähe sich nichtsdestoweniger über das ganze Nordamerika ausgebreitet hat und bereits über dessen Grenzen hinausgegangen ist in fremde Kolonialgebiete, was dürfen wir dann erwarten, wenn sich einmal der Antrieb des Hungers mit dem des bloßen Abenteuers oder des nationalen Ehrgeizes verbindet!

Kolibri 360 GmbH
Ferdinand-Jühlke-Straße 7
99095 Erfurt, Deutschland
produktsicherheit@kolibri360.de